TRAITÉ

DES

SERVITUDES.

CORBEIL, IMP. DE CRÉTÉ.

TRAITÉ
DES SERVITUDES,

OU

SERVICES FONCIERS.

Huitième Edition

Corrigée et considérablement augmentée, en ce qui concerne principalement

LES ACTIONS POSSESSOIRES, LES CHEMINS, LES COURS D'EAU,

LES USAGES ET LE VOISINAGE ;

PAR J.-M. PARDESSUS,

MEMBRE DE L'INSTITUT (ACADÉMIE DES INSCRIPTIONS).

TOME PREMIER.

PARIS,

CHEZ LES ACQUÉREURS DU FONDS DE M. NÈVE,

G. THOREL, LIBRAIRE,
Successeur d'ALEX-GOBELET,
PLACE DU PANTHÉON, 4, et PLACE DAUPHINE, 29.

GUILBERT, LIBRAIRE,
RUE J.-J. ROUSSEAU, 3.

1838

AVERTISSEMENT

DE L'AUTEUR.

L'ouvrage dont je publie la *huitième* édition a été imprimé, pour la première fois, en 1806; il y avoit à peine deux ans que le code civil, dont il a pour objet de développer un titre important, étoit promulgué.

La matière des servitudes est une de celles sur lesquelles la jurisprudence des différens parlemens du royaume étoit le plus divisée; celle qui, tout en reposant sur un petit nombre de règles communes puisées dans le droit romain, avoit donné lieu aux conséquences les plus diverses, et souvent diamétralement opposées.

Un avocat estimable de l'ancien parlement de Paris, Lalaure, dans son *Traité des servitudes réelles*, publié en 1761, plusieurs fois réimprimé, avoit essayé de résumer les principes généraux et de rassembler les monumens de la jurisprudence des différens parlemens sur l'acquisition et l'extinction des servitudes.

Ce travail étoit d'autant plus utile que les ouvrages de Davezan (1), de Cæpolla (2), de Dandini (3), composés en latin, et calqués sur le droit romain, dont ils adop-

(1) *Servitutum liber*, Aurel. 1650, in-4.

(2) *Tract. de servitutibus*, Lugduni, 1666, in-4. Il y en a eu plusieurs éditions antérieures et postérieures.

(3) *De Servitutibus prædiorum*, Veronæ, 1741, in-4.

toient toutes les subtilités, n'étoient que dans les mains d'un bien petit nombre de jurisconsultes, et que le petit *Traité des servitudes* publié par Astruc, professeur à l'université de Toulouse, en 1751, 1 vol. in-12 de 200 pages, n'offroit qu'une sorte de programme.

Lalaure enrichit son ouvrage d'une collection de presque tous les textes de droit romain relatifs aux servitudes; et quoiqu'il n'ait point accompagné ces textes de notes pour les comparer, pour expliquer les antinomies apparentes et indiquer ce qui étoit sans application ou d'une application modifiée par la jurisprudence, il rendoit un très grand service.

L'ouvrage de Lalaure a servi de guide et de fond pour l'article *Servitude* du Répertoire de jurisprudence.

Mais Lalaure, après avoir donné les règles générales sur les caractères des servitudes, la manière de les acquérir, d'en user, de les supporter, de les perdre, avoit senti la nécessité et conçu le projet de traiter, dans une autre partie, des diverses espèces de servitudes.

« Si, dit-il à la fin de sa préface, l'ouvrage se bornoit à ce volume, le plan que l'auteur annonce, ne se trouveroit pas totalement rempli; les principes généraux y sont développés, mais on n'y voit point l'application à l'espèce de chaque servitude différente. Aussi le public doit-il pressentir que cet objet formera la matière d'un second volume qui, quoique d'un genre et d'un ordre différent de celui-ci, en fera la suite. Il ne tardera pas à paroître.

« On y traitera de chaque servitude en particulier; on

en composera différens titres, rangés par ordre alphabétique, dans lesquels on trouvera toutes les dispositions des coutumes relatives à chaque objet; les sentimens des auteurs les plus accrédités; les questions les plus importantes sur la matière, et les jugemens qui les auront décidées : on y rassemblera tout ce qui concerne les arbres, les bornages, les égoûts, les gouttières, les eaux, les étangs, les decrets, les experts, les fontaines, les puits, les rues, les jours, les vues, les fossés, les haies, les clôtures, les écluses, les murs, les rivières, les chemins, les passages, les pâturages, etc. Le nombre immense des matériaux que l'auteur a rassemblés, le met à portée de faire part au public d'une infinité d'ordonnances, d'arrêts et de règlemens qui, faute d'avoir été rapprochés les uns des autres, et d'avoir été recueillis avec le soin qu'ils méritoient, sont ignorés ou restés dans l'oubli. »

Il est entré dans mon plan, ainsi qu'on peut le voir par la simple lecture de la table des chapitres, d'exécuter ce que Lalaure avoit projeté.

Depuis la promulgation du code civil, un grand nombre d'ouvrages, ou généraux sur l'ensemble du droit, ou spéciaux, ont traité la matière des servitudes ou quelques objets qui en font partie. Tous ces ouvrages, à l'exception de la première édition du *Traité du voisinage*, par M. Fournel, et de la *Compétence des juges de paix*, par M. Henrion de Pansey, sont postérieurs aux premières éditions de mon *Traité des servitudes*.

A mesure que la bienveillance du public en rendoit de

nouvelles éditions nécessaires, j'ai développé mes opinions, ou je les ai rectifiées avec le secours de la jurisprudence et des auteurs modernes.

La huitième que je publie est le résultat d'une révision qui n'a cessé de m'occuper; car, plus je devois de reconnaissance au public, plus je me suis cru dans l'obligation de chercher sans cesse à améliorer mon travail.

J'ai fidèlement indiqué, dans des notes, les questions sur lesquelles je n'étois pas d'accord, soit avec la jurisprudence de la cour de cassation, ce qui est rare, soit avec les auteurs les plus recommandables qui ont expliqué ou commenté le code civil.

Lorsque cette différence d'opinion m'a mis dans la nécessité d'entrer dans une discussion de textes et d'autorités, j'ai renvoyé cette controverse à des notes développées, à la fin de l'ouvrage.

J'ai donc lieu d'espérer que les jurisconsultes me sauront gré des soins que j'ai pris pour augmenter et perfectionner cette édition.

TABLE

DES

CHAPITRES, SECTIONS ET PARAGRAPHES

CONTENUS DANS CE VOLUME.

SECONDE PARTIE.

FIN DE LA TABLE DES CHAPITRES.

TRAITÉ

DES SERVITUDES,

OU SERVICES FONCIERS.

INTRODUCTION.

1. L'origine des servitudes dont nous avons le projet de traiter dans cet ouvrage, est aussi ancienne que celle de la propriété, puisqu'elles en sont une modification. La disposition des lieux imposoit naturellement aux fonds inférieurs quelques assujétissemens envers les terrains plus élevés, et les premiers possesseurs des biens ne purent en méconnoître la nécessité (1).

Lorsque l'extension de la culture rapprocha les hommes, et que le besoin d'une défense commune forma les premières sociétés, l'utilité et la sûreté

(1) Dig. lib. 39, tit. 3, *De aq. et aq. pluv arc.* l. 1, § 22 et 23.

publiques firent sentir combien il étoit nécessaire de restreindre, dans certains cas, des droits, légitimes en eux-mêmes, mais dont l'exercice absolu ne pouvoit avoir lieu sans rendre quelques propriétés presque sans valeur (1).

Bientôt les particuliers conçurent l'idée d'en stipuler de semblables pour leur utilité respective, et même pour leur seul agrément. C'est ainsi que la disposition des lieux, le besoin social, et la liberté des conventions ont fait naître les services fonciers (2).

2. Les jurisconsultes romains donnèrent à ces sortes d'assujétissemens le nom de *Servitudes* (3). Les principes qu'ils avoient développés sur cette matière aussi importante que difficile, régissoient la presque totalité des Gaules, qui depuis ont formé le royaume de France, au moment où les invasions des nations germaniques dans ces contrées y donnèrent ou y préparèrent une nouvelle forme sociale.

Les propriétés publiques, et une grande partie de celles des particuliers, furent distribuées entre les conquérans, et ceux-ci les concédèrent bientôt, ou d'une manière absolue, ou sous des conditions de révocabilité, à des cultivateurs à qui ils imposèrent des prestations désignées aussi sous le nom de servitudes.

(1) Dig. lib. 10, tit. 1, *Finium regundorum*, l. 13.

(2) Cujas, *Observationum*, lib. 22, cap. 37.

(3) Instit. lib. 2, tit. 2, *De rebus corporal. et incorp.* § 5. —Dig. lib. 1, tit. 8, *De divisione et qualitate rerum*, l. 1, § 1.

La force et quelquefois des consentemens arrachés par la misère ou par la nécessité d'une protection indispensable dans les temps d'anarchie, frappèrent même les habitans des campagnes, d'une servitude personnelle, qui n'étoit pas tout-à-fait inconnue dans le droit romain sous les empereurs (1), et à laquelle on donna assez généralement le nom de *main-morte*. Les hommes qui cultivoient les terres furent confondus et en quelque sorte incorporés avec ces mêmes terres; on ne les considéra plus que comme des animaux consacrés à la culture et attachés à la glèbe (2) : si l'on en excepte les villes où l'industrie et la liberté s'étoient réfugiées, et quelques terres qui conservoient leur franchise sous le nom d'*allodialité*, la France n'étoit habitée que par des maîtres et des serfs.

La politique des rois, l'intérêt des propriétaires et surtout l'influence de la religion chrétienne qui, à cet égard, fut plus puissante en France que dans les autres parties de l'Europe, abolirent la main-morte, et la convertirent assez généralement en services individuels, ou en charges foncières; comme prix ou signe du rachat des personnes (3). Cette sorte de servage qui tendoit sans cesse à se

(1) Cod. lib. 11, tit. 47, *De agricolis et censitis*; tit. 57, *De omni agro deserto*; tit 61, *De fundis patrim.* etc.

(2) Édit de Louis XVI du mois d'août 1779 pour l'abolition de la main-morte.

(3) Bouhier, *Obs. sur la cout. de Bourgogne*, ch. 60, n. 8. — Hervé, *Théorie des matières féodales*, t. 1, p. 176 et suiv.

modifier dans l'intérêt de l'affranchissement des personnes, subsistoit encore dans quelques provinces en 1789.

A cette époque, les charges imposées aux personnes furent abolies. Celles qui frappoient les biens, sous le nom de *droits féodaux*, le furent aussi, d'abord sous des conditions de rachats ou d'indemnités, bientôt d'une manière absolue et gratuite, même lorsqu'elles avoient été le prix d'une concession de fonds (1). Après le retour de l'ordre, il fut plus facile de déplorer les injustices qu'avoient causées la généralité et l'uniformité de cette mesure que de les réparer.

C'est dans cet état de la législation, que le code civil a été donné à la France. Les rédacteurs de ce grand ouvrage prirent les choses au point où les avoit laissées l'entière abolition du régime féodal et de tout ce qui en avoit été considéré, même par des extensions injustes et arbitraires, comme le résultat. Le titre IV du livre II, dont nous nous proposons d'expliquer les dispositions, n'attribue le nom de *Servitudes* qu'à des charges dont un immeuble peut être tenu envers un autre immeuble. Si cette dénomination, qui autrefois avoit une bien plus grande extension, a été conservée, c'est évidemment pour ne point hérisser de difficultés la comparaison du code avec les coutumes anciennes, qu'il est si important de consulter sur cette matière, et avec le droit romain, qui devra toujours être

(1) Loi du 28 août 1792; décret du 17 juillet 1793.

l'objet des méditations des jurisconsultes et le guide des magistrats. D'ailleurs on n'a pas cru dangereux de conserver une dénomination dont l'abus n'est plus à craindre, lorsque la définition a été convenue, ou clairement expliquée.

Nous diviserons ce traité en quatre parties.

La première exposera les principes généraux sur les servitudes;

La seconde fera connoître leur division, suivant les causes qui les produisent, ainsi que les règles particulières à chaque espèce de servitudes;

La troisième contiendra ce qui concerne l'acquisition et l'extinction de ces charges.

La quatrième traitera des actions auxquelles les servitudes peuvent donner lieu.

PREMIÈRE PARTIE.

PRINCIPES GÉNÉRAUX SUR LES SERVITUDES.

3. Les servitudes peuvent être diversement définies, selon le point de vue sous lequel on les envisage.

En déclarant qu'une servitude est une charge imposée sur un héritage pour l'usage et l'utilité d'un héritage appartenant à un autre propriétaire, sans établir aucune prééminence, les articles 637 et 638 du code civil réunissent dans un petit nombre de mots, tout ce qui peut caractériser ces droits; soit qu'ils grèvent les fonds, soit qu'ils leur procurent quelque utilité.

Nous diviserons cette première partie en trois chapitres.

Dans le premier, nous parlerons des caractères des servitudes; nous ferons connoître dans le second quelles choses sont susceptibles d'en être grevées; nous consacrerons le troisième à donner des règles générales sur l'exercice de ces droits.

Avant d'entrer dans l'exposition et le développement de ces principes, nous croyons qu'il n'est pas sans quelque utilité de faire observer que dans le titre des servitudes, le code civil a placé plusieurs espèces de droits qui n'en ont point le caractère véritable et auxquels, par conséquent, ces principes généraux ne peuvent toujours être appliqués.

Ainsi plusieurs règles sur l'usage des eaux, celles qui concernent le bornage et la clôture, font partie du titre des servitudes.

Cependant, ce n'est pas toujours par servitude que des riverains ou des établissemens d'industrie ont la faculté de se servir des eaux courantes; mais par le seul résultat de l'accession, de l'occupation, du droit qu'a chacun d'user de ce qui est à tous.

Le droit qu'un propriétaire a de contraindre son voisin à déterminer, par des bornes, le point de limite entre eux, n'est point, de la part de celui qui l'exige ou peut l'exiger, une servitude sur ce voisin; c'est une conséquence de la propriété (1). Une fois que le bornage a été fait, l'héritage de celui qui l'a provoqué, ne conserve plus de droits qui grèvent l'héritage voisin; même avant qu'il l'exerçât, cet héritage n'étoit grevé, envers l'autre, d'aucune charge qui en attenuât la valeur, ou qui en restreignît la liberté.

Il en est ainsi, à bien plus forte raison, du droit de clôture; non-seulement en l'exerçant, celui qui clot son héritage, n'use d'aucun droit sur l'héritage d'autrui, mais au contraire, il peut être géné dans le libre exercice de ce droit par l'obligation où il

(1) Dig., lib. 1, tit. 1, *De justitiâ et jure*, l. 5.

seroit de souffrir quelques servitudes avec lesquelles la clôture ne seroit pas compatible : non-seulement ce droit ne grève jamais l'héritage appartenant à une personne autre que celle qui l'exerce, caractère que nous verrons être essentiel à des servitudes, mais au contraire, il est un moyen de se soustraire à une sorte de servitude légale connue sous le nom de vaine pâture.

En pressant encore plus ces réflexions, on est conduit à reconnoître qu'un assez grand nombre de dispositions relatives à la mitoyenneté des murs, des fossés, des haies et à quelques objets semblables, sont plutôt des effets de la copropriété ou du voisinage, que des servitudes véritables.

C'étoit dans le titre du code civil relatif au droit de propriété, et aux conséquences qui en résultent, que les règles sur les matières que nous venons d'indiquer, auroient dû être placées.

Mais si nous eussions voulu suivre cette rigoureuse méthode qui, sans doute, n'auroit aucun inconvénient dans un travail général sur l'ensemble du code civil, nous aurions été obligé de laisser de côté beaucoup de dispositions que le législateur a placées dans le titre des servitudes ; et nous eussions été justement exposé au reproche de n'avoir pas présenté un travail complet.

Nous devions toutefois faire ces réflexions afin de bien constater que les principes généraux qui vont être expliqués, ne sont pas toujours et sans restriction applicables aux matières dont nous venons de donner l'indication.

CHAPITRE PREMIER.

Caractères des servitudes.

4. On doit considérer dans les servitudes ce qui est de leur nature, et les différences que produisent leurs effets. Les premiers caractères sont *essentiels*, ils doivent par conséquent convenir à toutes les espèces diverses de servitudes, et les droits qui n'auroient pas ce caractère ne seroient pas dans la réalité de véritables servitudes; les seconds sont *accidentels*, c'est-à-dire qu'ils ne conviennent qu'à quelques espèces de servitudes; mais les uns et les autres sont des caractères généraux parce qu'ils appartiennent aux servitudes en elles-mêmes, abstraction faite de la division qui résulte de leur origine.

C'est ce qui va faire l'objet des deux sections suivantes.

SECTION PREMIÈRE.

Caractères essentiels des servitudes.

5. La définition que la loi a donnée des servitudes, nous sert à établir leurs caractères essentiels. 1° Elles sont des charges, c'est-à-dire des

choses incorporelles, et dans les mains de ceux à qui elles sont dues, elles diffèrent d'un droit de propriété foncière. 2° Elles sont imposées sur des héritages, leur seul objet étant de restreindre la liberté naturelle d'un fonds, sans imposer aucune obligation personnelle à celui qui en est propriétaire ou possesseur, ce qui les distingue des dettes, même hypothécaires, ou des redevances foncières. 3° Elles ont pour objet l'utilité d'un héritage, et par cette raison elles ne peuvent être établies en faveur des personnes. 4° L'héritage grevé d'une telle charge doit appartenir à un propriétaire autre que celui au profit duquel on l'a constituée, d'où il suit que l'usage qu'on fait de sa propre chose ou de la chose publique, ne peut recevoir le nom de servitude. 5° Elles n'établissent aucune prééminence d'un fonds sur un autre, et par conséquent elles diffèrent de ce qu'on appeloit autrefois droits féodaux, qui supposoient nécessairement une obligation personnelle primitive, une foi promise, dont les effets s'étendoient ensuite sur les biens à l'occasion desquels cette promesse avoit été faite. 6° Elles sont des droits parfaits, et par conséquent elles diffèrent des actes de pure faculté et de simple tolérance.

A ces six caractères absolus, nous ajouterons celui de l'indivisibilité qui, si elle n'est pas, à proprement parler, de l'essence des servitudes, accompagne presque toujours ces droits dans leur exercice.

Nous n'avons pas considéré la perpétuité de la

causê et de la durée comme un caractère essentiel aux servitudes (1). La nature des choses ne permet guère que la durée des servitudes dérivant de la situation des lieux, ou imposées par la loi soit limitée ; quant aux conventionnelles, le droit d'en établir, soit à perpétuité, soit pour un temps, soit pendant la vie de celui qui en jouit ou pendant la vie d'un tiers, soit avec une condition résolutoire, résulte de l'article 688 du code, sous les seules restrictions qu'il prononce (2). Il suffit de dire que toute servitude, dont le titre n'indique point le terme, doit subsister jusqu'à ce que l'extinction en soit arrivée par l'une des causes dont nous parlerons dans la troisième partie (3).

§ Ier. *Les servitudes sont incorporelles.*

6. Une servitude est une chose incorporelle qui ne peut subsister sans un immeuble (4). Elle n'est, en la considérant comme passive, c'est-à-dire dans l'obligation de la souffrir, qu'une charge qui diminue d'autant la valeur du fonds grevé : en la considérant comme active, c'est-à-dire dans le droit de l'exercer, elle n'est qu'un accessoire du fonds pour

(1) Dig. lib. 8, tit. 1, *De serv.* l. 4 pr. ; lib. 8, tit. 2, *De serv. præd. urb.* l. 28 — Heineccius, *De causâ servitutum perpetuâ.* Opp. t. 12, p. 178.

(2) Dig. lib. 20, tit. 1, *De pign. et hypoth.* l. 1. — Dumoulin, *Div. et indiv.* part. 3, n. 312. — Domat, *Lois civiles*, tit. 12, sect. 1, § 8.

(3) Cœpolla, *De servitutibus*, tr. I, cap. 37, n. 2 et 3.

(4) Dig. lib. 8, tit. 1, *De serv.* l. 14, pr.

l'utilité duquel on l'a constituée (1). Ainsi les servitudes, par elles-mêmes, ne peuvent être classées dans aucune des deux espèces de biens que distingue l'article 516 du code civil; mais considérées dans leur union avec les immeubles, elles sont de la même nature que ces biens, conformément à l'article 526.

La première conséquence de ce principe est qu'en général une servitude ne peut être vendue ni louée séparément du fonds qui en profite (2). C'est un service qui ne passe à la personne qu'à cause de ce fonds (3). Une seconde conséquence est que celui à qui un droit de cette espèce auroit été vendu ou donné, ne pourroit, par la nature des choses, recourir à la transcription, ni aux notifications autorisées par les articles 2181 et suivans du code pour purger les droits des créanciers ayant hypothèque sur le fonds grevé. Mais nous parlerons, n. 245, des précautions qu'il pourroit prendre pour éviter d'être inquiété par ces derniers, et nous examinerons même jusqu'à quel point, dans certaines circonstances, l'intérêt des créanciers d'un fonds que leur débiteur auroit grevé, pourroit modifier le principe qu'en général une servitude ne peut être vendue séparément du fonds au profit duquel elle a été établie. Une troisième conséquence est qu'une servitude

(1) Cæpolla, tr. 1, cap. 2, n. 4, et cap. 13, n. 1.

(2) Dig. lib. 19, tit. 2, *Locati conducti*, l. 1. — Cujas, *Observationum*, lib. 15, cap. 6.

(3) Domat, *Lois civiles*, tit. 12, sect. 1, n. 3.

ne peut aussi, en général, être hypothéquée isolément et sans l'héritage auquel elle est due (1).

7. Il ne faut pas confondre une servitude, soit avec une propriété souterraine ou superficiaire (2), soit avec une propriété indivise. Ainsi ce n'est point à titre de servitude qu'une personne posséderoit sous l'héritage d'autrui une cave (3), un aqueduc (4) ou qu'elle auroit au-dessus de cet héritage une terrasse (5). Ainsi celui qui auroit avec une ou plusieurs personnes le droit de communauté indivise dans un puits, une cour, une allée, un chemin ou un sentier, n'exerceroit point sur ces objets une servitude de support, de puisage, de passage; il auroit une propriété moins libre, moins étendue sans doute que si la totalité étoit réunie dans sa

(1) Dig. lib. 20, tit. 1, *De pignoribus et hypothecis*, l. 11, § 3. — Vinnius, ad leg. 11, hujusd. tit. — Dumoulin, *Dividui et individui*, part. 3, n. 331.

(2) Dig. lib. 8, tit. 2, *De servit. præd. urb.* l. 25, pr. — Decius, *Consil.*, 41, n. 1. — Dumoulin, sur l'art. 230 de la *Coutume de Blois*. — Chopin, *De moribus parisiensium*, lib. 1, tit. 4, n. 2. — Mornac, ad. leg. 9, Dig., de servitutibus. — Louet, lettre S, som. 1, n. 3. — Bouguier, lettre S, arr. 3. — Jovet, V° *Servitude*, n. 2. — Basnage, *Coutume de Normandie*, art. 67. — Buridan, *Coutume de Vermandois*, art. 146. — Coquille, *Coutume de Nivernois*, chap. 10, art. 2. — Ferrière, *Coutume de Paris*, art. 136, gl. 1, n. 10. — Bourjon, *Droit commun de la France*, Des Servitudes, ch. 1, sect. 3, n. 14 et 15. — Davot, *Traités de Droit à l'usage de la Cout. de Bourgogne*, t. 3. p. 179.

(3) Rejet, 22 octobre 1811, S. 11, 136.

(4) Rejet, 13 avril 1830. D. 1830, 1, 206. Rejet, 9 décembre 1833. D. 34, 1, 6.

(5) Dig., lib. 43, tit. 17, *Uti possidetis*, l. 3, § 7.

main (1); mais cette circonstance ne change rien à la nature de son droit.

Il est vrai que celui dans l'héritage duquel des ouvrages superficiaires ou souterrains se trouvent placés pourroit prétendre que, suivant l'article 552 du code, la propriété du sol emporte celle du dessus et du dessous, et, par ce motif, exiger que ces ouvrages soient enlevés ou détruits, ou même s'en dire propriétaire : mais l'article que nous venons de citer n'est pas une de ces présomptions qui excluent toute preuve contraire; il se borne à déclarer un des effets de la propriété. Si, conformément à l'article 1352, celui qui a cette présomption en sa faveur est dispensé de preuve, son adversaire peut justifier le contraire. Loin de supposer que le dessous ne puisse jamais appartenir à un autre que celui qui a le dessus, l'article 553 prévoit le cas contraire; et c'est sur cette hypothèse que repose tout le système de la législation sur les mines, dont l'état actuel est fixé par la loi du 21 avril 1810. D'un autre côté, l'article 712 du code place l'incorporation au nombre des moyens d'acquérir la propriété, et le cas dont il s'agit ici est évidemment une incorporation.

Les constructions et inédifications superficiaires ou souterraines qu'une personne peut avoir dans l'héritage d'autrui, étant de véritables propriétés foncières, si les tribunaux se croyoient obligés d'être sévères sur l'admission de la preuve testimo-

(1) Pothier, *Pand. Justin.* lib. 8, tit. 2, n. 5, *not. ad leg.* 25, *de serv. prœd. urb.*

niale offerte à défaut de titres, ou pour contrebalancer les titres exclusifs produits par l'une des parties, ce ne seroit pas parce que cette preuve est interdite, mais parce que la facilité de tromper, à l'aide de faits équivoques de possession, devroit n'en faire admettre aucun qu'on pût soupçonner de clandestinité (1).

Ce vice est en effet le plus grand de tous, parce qu'il détruit la prescription dans son essence. Tout propriétaire d'un héritage étant présumé retenir son droit par la seule intention, et ne vouloir l'abandonner à un autre que volontairement et en connoissance de cause, il faut que la jouissance de celui qui prescrit contre lui soit assez publique pour qu'il sache qu'on acquiert à son préjudice. A bien plus forte raison cette publicité est-elle requise lorsque le propriétaire, continuant de jouir de la superficie, qui est seule utile et productive, un autre prétend avoir acquis le dessous (2).

8. Les mêmes raisons et les mêmes principes s'appliquent à la manière dont on peut acquérir et conserver des droits de copropriété indivise dans un puits, une cour, une allée, un sentier, etc. Ce n'est pas uniquement l'usage de ces objets, facile, au premier aperçu, à confondre avec une servitude, qu'il faudroit envisager, parce que, dans ce cas, l'emploi de la chose dont on est copro-

(1) Arrêt du parlement de Paris du 16 juin 1755, rapporté par Denisart, V° *Prescription*, n. 25.

(2) Pothier, *Traité des Prescriptions*, n. 37.

priétaire ressemble la plupart du temps à celui qu'on peut faire d'un fonds grevé de servitude, dont cependant on n'est pas propriétaire. Le point de distinction entre l'usage d'une chose à titre de servitude et l'usage d'une chose à titre de propriété, est quelquefois imperceptible. Alors les tribunaux peuvent se trouver placés entre l'inconvénient de rejeter les preuves régulières de la propriété, et celui d'admettre, contre la volonté de la loi, la preuve testimoniale de certaines charges qui ne peuvent pas être justifiées ainsi. Par exemple, celle de puisage doit, d'après l'art. 691 du code, être fondée sur un titre; un demandeur, prévoyant que l'offre qu'il feroit d'une preuve testimoniale sera rejetée, sachant au contraire que des titres ne sont pas indispensables pour constater la copropriété d'un immeuble quelconque, et par conséquent d'un puits, pourroit soutenir que celui dans lequel on lui refuse le puisage lui appartient en communauté avec la personne qui s'en dit seule propriétaire. Ces prétentions, adroitement exposées, pourroient mettre les juges dans une sorte de perplexité, parce que s'il est vrai que le fait du puisage n'en puisse jamais attribuer la servitude, ce fait est pourtant le seul par lequel le copropriétaire d'un puits soit à même d'en user(1). On peut en dire autant des sentiers sur lesquels nous donnerons quelques notions dans le n. 216.

(1) Rejet, 29 novembre 1814, D. 1, 791. — Rejet, 11 décembre 1827, D. 36, 1, 275.

Le plus souvent, sans doute, les titres produits par les parties donneront le moyen de lever les incertitudes : dans le silence des actes, les principes généraux doivent être sainement appliqués. Le droit de propriété assure le libre exercice de tous les usages auxquels une chose peut être consacrée ; et quoique, dans les cas dont nous parlons, la nature particulière de l'objet dont la copropriété est prétendue puisse y apporter des restrictions, l'exercice de ce droit est toujours plus varié et plus étendu que celui d'une servitude qui se renferme dans des actes spécialement déterminés. Ainsi, en continuant l'exemple que nous venons de citer, si un titre, quelque ancien qu'il soit, attribue à l'une des parties le puits qui fait l'objet de la contestation, la possession la plus longue d'y puiser n'en donnera pas la copropriété à son adversaire, quoiqu'en thèse ordinaire la possession de trente ans fasse acquérir un immeuble, nonobstant les titres qui l'attribuent à un autre. Il paroît peu conforme aux principes d'une saine logique que la seule possession puisse attribuer la copropriété dans une chose dont un titre donne l'entière propriété à quelqu'un qui n'a pas cessé d'en jouir, de la seule manière possible d'après la nature des choses. Avant que celui qui prétend avoir acquis la copropriété par la prescription, commençât à posséder, l'autre avoit ou un titre ou une jouissance exclusive, qui étoit le fondement de son droit. La propriété une fois acquise, se conservant par la possession qui en est la suite, il n'auroit pu perdre que ce qu'auroit possédé son adversaire, par des faits exclusifs. Or, dans l'espèce, cette possession exclusive n'existeroit pas; la jouissance n'ayant pu être qu'indivise, suivant la prétention même du demandeur. Ces actes ne devroient donc être regardés que comme une servitude qu'il auroit tenté d'exercer.

La difficulté seroit plus grande, sans doute, si les deux parties n'avoient pas de titres, ou si l'époque de leur usage commun et concurrent étoit tellement ancienne qu'on ne pût découvrir quand a commencé le plus récent. Dans ce cas, les faits seroient singulièrement à considérer. Si l'un avoit la jouissance *utile et corporelle* de tout le terrain environnant le puits, tandis que l'autre se seroit borné à y passer pour venir puiser; s'il entretenoit la couverture, les murs, les bords de ce puits; en un mot, s'il supportoit tout ce que la propriété peut avoir d'onéreux, tandis que l'autre en tireroit certains avantages, sans supporter rien de plus que les dépenses purement relatives à son usage, et si légères d'ailleurs qu'on pourroit les considérer comme une simple charge de la jouissance : le premier devroit être réputé propriétaire, et le second n'avoir exercé qu'une servitude. Si toutefois il existoit une incertitude absolue, les tribunaux pourroient admettre la communauté, et se décider par la preuve d'une possession trentenaire, sans violer les principes d'après lesquels le droit réclamé, s'il étoit considéré comme une servitude, ne seroit pas susceptible d'être prouvé par témoins (1).

Les principes qui gouvernent les propriétés de ce genre sont un peu différens des règles ordinaires sur la copropriété des biens immeubles susceptibles de produire des fruits naturels ou industriels. Ils se rapprochent extrêmement de ceux qui sont relatifs aux mitoyennetés. C'est ce rapport qui nous détermine à en traiter spécialement n. 190 et suivans.

§ II. *Les servitudes sont des droits réels.*

9. L'objet d'une servitude est d'attribuer à celui à qui elle appartient, un droit réel sur le fonds grevé; ce fonds, s'il est permis d'employer cette expression, est considéré comme sa propriété à quelques égards (2). Le droit de servitude est acquis à l'instant de la convention, de même que la propriété d'un fonds est transmise à l'acquéreur par la seule force du contrat, conformément à l'art. 1583 du code; l'acquéreur en jouit à cause du fonds pour l'utilité duquel on l'a constituée; il l'exerce quand il veut et ne la perd que par le non usage prolongé pendant la même durée de temps qui fait perdre la propriété des immeubles (3), conformément à ce que nous dirons n. 301.

Il ne faut donc pas confondre les servitudes avec

(1) Rejet, 4 mars 1828. D. 28, 1, 161.

(2) Pothier, *Traité des choses*, § 2 et 23.

(3) Cœpolla, Tr. 1, cap. 57, n. 6. — Duval, *De rebus dubiis*, Tr. 7, n. 110.

les créances qui donnent des droits contre la personne et ne s'attachent aux biens que d'une manière accessoire, en vertu de la règle écrite dans l'art. 2092 du code, portant que quiconque s'est obligé personnellement, est tenu de remplir son engagement sur tous ses biens présens et à venir. On ne doit pas même les confondre avec les hypothèques qui sont des droits réels, mais simples accessoires d'une dette susceptible d'exister sans cette garantie.

Le droit principal qui résulte d'une créance existe contre la personne obligée, pour obtenir d'elle un paiement qui éteindra la dette, et l'hypothèque sur les biens de cette personne, n'est qu'une sûreté pour le créancier. Au contraire, le droit principal que donne une servitude, frappe le fonds grevé, indépendamment de toute obligation personnelle du propriétaire; il ne se réfléchit contre lui qu'à cause de ce fonds. Ainsi une inscription sur les registres publics n'est pas nécessaire pour constituer et conserver une servitude; l'accomplissement des formalités prescrites pour purger les hypothèques, ne l'éteindroit point.

Lorsqu'après une vente volontaire ou forcée du fonds grevé, on procède à la distribution du prix, on ne peut contraindre celui à qui elle est due, à recevoir son remboursement; à son tour, il ne peut exiger la conversion de son droit en une somme colloquée sur ce prix. Par la même raison, une servitude ne peut être rachetée, si ce n'est dans les cas spéciaux qu'une loi auroit déclarés, comme nous en verrons un exemple n. 320; et cette loi ne seroit qu'une exception au principe, limitée au cas prévu.

Une servitude ne pourroit donc être éteinte par compensation. Si un fonds devoit une servitude à un autre fonds qui, de son côté, seroit grevé envers celui-ci d'une servitude semblable, ces deux droits seroient exercés et supportés réciproquement, tant que les deux propriétaires ne s'accorderoient pas pour libérer leurs fonds.

De ce qu'une servitude n'est point une simple obligation de faire ou de ne pas faire, contractée par une personne, il faut tirer la conséquence que le refus d'en souffrir l'exercice ne doit pas simplement se résoudre en dommages-intérêts; le propriétaire au profit de qui les tribunaux auroient reconnu l'existence d'un droit de cette nature, seroit fondé à employer les moyens autorisés par les articles 1143, 1144 et 1610 du code, pour s'en procurer la jouissance effective.

De ce caractère de droits réels qui appartient aux servitudes, résulte la conséquence que les mutations de propriétaires n'apportent aucun changement aux rapports réciproques des deux fonds. Celui qui, à un titre quelconque, acquiert un fonds auquel une servitude est due, peut en user quand même l'existence n'en seroit point indiquée dans le contrat de vente (1). Cette règle est tellement sans exception, que si un testateur ayant légué un droit de cette espèce sur un bien de sa succession, au profit du

(1) Dig. lib. 18, tit. 1, *De contrah. empt.* l. 47, 48, 49; lib. 30, *De legatis*, l. 84, § 4, l. 116, § 4.

domaine d'un de ses amis, le légataire, depuis la mort du testateur et avant de connoître le testament, avoit vendu son domaine, il ne pourroit pas renoncer au legs malgré l'acquéreur, qui seul auroit droit de réclamer l'exécution du testament en cette partie (1).

A son tour, le nouveau propriétaire d'un héritage grevé de servitude doit la souffrir, lors même qu'il auroit acheté sans charges (2), pourvu qu'à l'époque de son acquisition, celui à qui cette servitude avoit été concédée en eût la jouissance (3), ou que l'acte en vertu duquel on la réclame eût une date rendue certaine par les moyens que détermine l'art. 1328 du code (*). Le vendeur n'est même tenu à indemniser l'acquéreur, que s'il a vendu l'héritage libre de toutes charges (4), ou si celles qu'il n'a pas déclarées sont de nature à faire rescinder la vente, conformément à l'art. 1638. Nous expliquerons, n. 328, les cas dans lesquels cette garantie a lieu et ses effets.

C'est par suite de ces principes, que l'art. 597 donne à l'usufruitier le droit de jouir des servitudes dues au fonds dont il a l'usufruit, et qu'il est obligé de supporter celles dont ce fonds est grevé (5).

(1) Dig. lib 7, tit. 4, *Quibus modis usufr. vel usus amitt.*, l. 19; lib. 8, tit. 6, *Quemadm. servit. amitt.*, l. 19, § 1.

(2) Dig. lib. 7, t. 4, *Quib. modis*, etc. l. 1; lib. 8, t. 3, *De serv. præd. rust.* l. 23, § 2, l. 36; t. 4, *Comm. præd.* l. 12; lib. 21, t. 2, *De evictionibus*, l. 75; — Cod. lib. 3, t. 34, *De servit. et aquâ*, l. 3.

(3) Voet, *Comment. ad Pand.* lib. 8, tit. 1, n. 6.

(4) Dig. lib. 41, tit. 1, *De acq. rer. dom.* l. 20, § 1.

(5) Dig. lib. 7, tit. 1, *De usuf. et quemadm.* l. 27, § 3 et 4.

(*) Voir la note A, à la fin de l'ouvrage.

Enfin, la mort naturelle ou civile de celui qui a stipulé ou consenti une servitude, ne l'éteint pas de plein droit (1). L'usage qu'en faisoit celui à qui elle étoit due, l'obligation de la souffrir, étoit un accessoire du fonds, qui passe dans la même étendue aux héritiers ou autres successeurs de celui à qui il appartenoit; et ce principe ne pourroit être modifié que dans le cas où la convention qui a constitué la servitude en auroit limité la durée à la vie du promettant ou du stipulant (2), puisque nous avons vu, n. 5, qu'il étoit permis de créer des servitudes temporaires.

Il ne faudroit pas toutefois en tirer la conséquence que le propriétaire d'un fonds auquel une servitude est due n'eût pas le droit, lorsqu'il vend une partie de ce fonds, de déclarer que la partie vendue ne jouira point de la servitude, et qu'elle restera seulement attachée à la partie qu'il se réserve. Il n'y auroit en cela rien de contraire aux vrais principes, puisque la servitude continueroit d'être due au fonds, quoique moins considérable qu'à l'époque où elle a été constituée. Seulement il ne pourroit, en vendant la totalité de ce fonds sans la servitude, réserver pour lui la jouissance de cette même servitude, car alors elle n'auroit plus le caractère essentiel d'être due à un fonds; il ne pourroit même l'annexer à un autre de ses domaines, sans le consentement du propriétaire de l'héritage grevé.

(1) Dig. lib. 8, tit. 6, *Quemadm. serv. amitt.* l. 3.

(2) Dig. lib. 43, tit. 20, *De aquâ. quotid. et æstiv.* l. 1, § 43.

§ III. *Les servitudes ne peuvent être établies qu'en faveur de biens-fonds.*

10. Les servitudes sont des charges imposées sur des fonds au profit d'autres fonds (1), et comme on l'a vu n. 9, les propriétaires ou possesseurs de ces fonds ne sont considérés que secondairement. Quoiqu'en général la liberté des conventions n'ait d'autres limites que l'obligation de ne pas violer les lois prohibitives, fondées sur l'intérêt de l'ordre public et des bonnes mœurs, cette liberté ne s'étend pas, ainsi que le déclare expressément l'article 686 du code, jusqu'à pouvoir constituer sous le nom et avec les effets des servitudes, des services qui seroient exclusivement en faveur des personnes.

On ne peut donc en général mettre au rang des servitudes, le droit de jouir d'un immeuble dont la propriété appartient à un autre. Il est bien vrai que l'exercice de ce droit présente un des caractères essentiels aux servitudes, d'être une charge imposée sur un fonds, mais il ne l'est point en faveur d'un fonds; c'est à la personne qu'il est accordé, et la jouissance qui en résulte est limitée à un intérêt individuel. On donne à ce droit, selon son objet et son importance, les noms d'usufruit, d'habitation, d'usage. Cependant nous devons, dès ce moment, faire observer que le même mot *usage* est aussi consacré pour qualifier une espèce de servitude

(1) Dig. lib. 8, tit. 4, *Comm. præd.* l. 1, § 1. — Cassation, 23 novembre 1808. D. 6, 1, 548.

sur laquelle nous aurons occasion de donner des notions n. 11.

La distinction entre les droits personnels et les droits réels, quoique pouvant les uns et les autres être exercés sur des immeubles, n'est pas seulement dans les mots; elle a des effets importans pour le mode d'acquisition, de conservation et d'extinction des droits. Il est donc convenable de présenter quelques explications qui puissent aider à ne pas les confondre.

Il ne faudroit pas s'arrêter à l'emploi du mot *servitude*, pour en conclure que la concession en a le caractère; et réciproquement, de ce qu'une concession n'auroit pas été qualifiée *servitude*, il seroit peu logique d'en conclure qu'elle ne doit pas être régie par les principes propres à ces sortes de droits. La nature d'un acte se détermine plus par la substance, que par le nom qu'il auroit reçu (1).

Dès qu'un droit accordé sur un fonds a pour objet de rendre plus précieux et plus utile un autre fonds, il importe peu que la concession soit expressément déclarée être faite à ce fonds ou à une personne qui dans le fait possède cet héritage et qui auroit qualité pour acquérir des droits en sa faveur, suivant les règles que nous expliquerons n. 244 et suivans.

Il en seroit autrement si cette concession n'avoit pour but principal et évident que d'accorder

(1) Cod. lib. 4, tit. 22, *Plus valere quod agitur*, etc. tot. tit. — Dargentré, *Cout. de Bretagne*, art. 269. — Tiraqueau, *De retractu gentil.* § 1, gl. 14, n. 57.

une jouissance individuelle et d'agrément personnel à celui qui l'a stipulée, encore bien que le concessionnaire possédât alors un fonds et même qu'il n'eût d'occassion de jouir de la concession qu'en possédant ce fonds (1).

11. Les servitudes consistent, soit dans l'obligation du propriétaire d'un fonds de souffrir qu'on y exerce un droit, soit dans l'obligation de ce propriétaire de s'abstenir de quelque chose qu'il auroit naturellement droit d'y faire. Nous allons présenter, dans chacune de ces hypothèses, les exemples les plus propres à bien faire sentir la distinction qui vient d'être indiquée.

Lorsque le propriétaire d'une maison stipule le droit d'appuyer soit des poutres, soit des pièces de bois sur le mur de son voisin (2); de pouvoir avancer un balcon, une galerie, ou bien un toit, sur le terrain d'autrui (3); d'y laisser écouler ses eaux pluviales ou ménagères, ou d'y construire un canal destiné à amener les eaux sur son fonds (4); d'y prendre des jours, d'y exercer des vues (5); d'y

(1) Cœpolla, tr. 2, cap. 4, n. 2, 3, 4, 5, 6, 8. —Voet, *ad Pand.*, lib. 8, tit. 2, sum. 1.

(2) Dig. lib. 8, tit. 2, *De servit. præd. urb.*, l. 2, l. 20, l. 33; tit. 5, *Si servitus vind.* l. 6, l. 8, § 2; lib. 50, tit. 16, *De verb. signif.* l. 242, § 1.

(3) Dig. lib. 8, tit. 2, *De servit. præd. urb.* l. 2.

(4) Dig. lib. 8, tit. 1, *De servit.* l. 7; tit. 2, *De servit. præd. urb.* l. 2; tit. 3, *De servit. præd. rust.* l. 1.

(5) Dig. lib. 8, tit. 2, *De servit. præd. urb.* l. 15. — Cod. lib. 8, tit. 10, *De ædif. priv.* l. 12, § 3.

passer (1); d'aller y puiser, ou d'y conduire ses bestiaux à l'abreuvage, au pacage, etc. (2); de faire le vin, le cidre, l'huile des fruits de son domaine, à tel pressoir, à tel moulin; de faire battre ou serrer ses grains dans la grange d'un autre (3); de prendre une certaine quantité d'arbres dans un bois pour réparer ou pour construire (4); de déposer des terres, du sable, des pierres sur un fonds (5); d'en tirer du sable, de la terre, de la marne, d'y cuire de la chaux destinée à l'engrais, à la culture, ou même à l'amélioration de luxe de son héritage (6); de faire passer les racines de ses arbres dans le terrain voisin, ou d'y laisser s'étendre leurs branches (7); de pouvoir jeter ou faire déposer sur le fonds de son voisin, les terres ou les pierres extraites de son champ (8); d'y pouvoir entretenir une machine hydraulique (9); de prendre dans un bois les échalas destinés à soutenir les vignes, à former les espaliers de

(1) Dig. lib. 8, tit. 3, *De servit. præd. rust.* l. 1, pr.

(2) Dig. lib. 8, tit. 3, *De servit. præd. rust.* l. 1, § 1, l. 3, pr., l. 7, l. 20, § 3.

(3) Dig. lib. 8, tit. 3, *De servit. præd. rust.* l. 34, § 1; lib. 34, tit. 1, *De alimentis et cibariis legatis*, l. 14, § 3.

(4) Voet, *ad Pandect.* lib. 7, tit. 8, sum. 2. — Bouhier, *Cout. de Bourgogne*, ch. 62, n. 27 et 28.

(5) Dig. lib. 8, tit. 2, *De servit. præd. urb.* l. 20, § 1; tit. 3, *De servit. præd. rust.* l. 3, § 2.

(6) Dig. lib. 8, tit. 3, *De servitutibus præd. rust.* l. 1, § 1, l. 3, § 2.

(7) Dig. lib. 47, tit. 7, *Arborum furtim cæsarum*, l. 6, § 2.

(8) Dig. lib. 8, tit. 3, *De servit. præd. rust.* l. 3, § 2,

(9) Dig. lib. 8, tit. 4, *Communia præd.* l. 2.

ses jardins (1); d'établir sur un fonds une cabane destinée à loger le berger qui conduira aux pâturages les bestiaux de son domaine (2), quand même le pâturage s'exerceroit sur un fonds différent : on ne peut sérieusement mettre en doute que toutes ces charges ne soient des servitudes. Nous croyons même, quoiqu'au premier aperçu cela pût paroître moins évident, qu'il y auroit servitude dans l'obligation imposée au propriétaire d'un mur, de souffrir qu'il y soit appliqué des peintures susceptibles d'assurer un reflet ou un aspect plus agréable à la maison voisine.

Dans ces cas, dans tous ceux qui peuvent y être comparés et présenter de l'analogie, à moins que l'auteur de la concession n'ait annoncé d'une manière évidente qu'il l'a faite en faveur d'une personne et pour ses besoins individuels ou pour ceux de sa famille (3), on doit reconnoître qu'un fonds est grevé d'une charge, et que cette charge procure une utilité réelle à un autre fonds.

On peut demander toutefois s'il en seroit ainsi, lorsque le résultat de l'exercice du droit concédé est tel, qu'il procure une plus grande utilité aux besoins de famille, aux jouissances individuelles, à l'industrie du propriétaire d'un fonds, qu'à ce

(1) Dig. lib. 8, tit. 3, *De servitutibus præd. rust.* l. 3, § 1, l. 6, § 1.

(2) Dig. lib. 8, tit. 3, *De servit. præd. rust.* l. 6, § 1.

(3) Dig. lib. 8, tit. 3, *De servit. præd. rust.* l. 4; lib. 33, tit. 3, *De servit. legata*, l. 6, § 1; lib. 34, tit. 1, *De alimentis et cib. leg.* l. 14, § 3. — Voet. lib. 8, tit. 1, summ. 1.

fonds considéré en lui-même et abstraction faite du propriétaire ou du possesseur ; c'est le cas d'une espèce de concession, très usitée autrefois, qui consistoit à donner le droit de prendre dans une forêt les bois nécessaires au chauffage : on pourroit dire en effet que s'il est vrai que, dans ses rapports avec la forêt grevée, cette concession ait le caractère véritable d'une servitude, ce caractère n'est pas aussi marqué dans ses rapports avec ceux qui sont appelés à en jouir.

Les besoins auxquels le chauffage a pour objet de pourvoir, sont des besoins personnels et de famille ; les individus seuls en profitent : on peut dire qu'il n'en résulte aucun avantage propre et direct pour les immeubles occupés par ceux qui jouiront du chauffage, et qu'il n'en est pas de ce droit comme du droit de prendre le bois nécessaire à des constructions ou à des réparations.

Le doute peut être plus grand encore, lorsqu'au lieu d'être accordé à des maisons désignées, ce droit a été concédé à une commune entière, dans la vue que tous ceux qui en deviendroient habitans, puissent en profiter.

Toutefois, en considérant le but que s'étoient primitivement proposé ceux qui ont concédé, soit aux propriétaires de certaines maisons, soit à des communes, des droits de chauffage, but qui consistoit à inviter la population à s'y fixer, à y bâtir des habitations, à mettre en valeur les terres incultes, on s'est décidé à n'y pas voir de simples usufruits; on a pensé que la concession avoit été faite aux maisons qui formoient la commune et à celles qui, construites ultérieurement avec l'agrément du propriétaire de la forêt grevée, seroient admises par lui à la jouissance du chauffage ; et personne n'hésite depuis longtemps à considérer ces usages comme des servitudes foncières (1).

A plus forte raison devroit-on le décider, lorsqu'il s'agiroit de concessions faites à des usines ou à des manufactures, du droit de prendre dans une forêt, dans une tourbière, dans une mine à charbon, le combustible nécessaire à leur exploitation; et nous ne saurions douter qu'il n'en fût de même si on avoit stipulé en faveur d'une fabrique de poterie, de tuiles ou de briques, ou d'un four à chaux, le droit de prendre dans un fonds, la terre ou les pierres qu'ils doivent convertir en objets destinés à être vendus.

Dans tous ces cas, il existe un immeuble qui devient d'autant plus utile, d'autant plus précieux, que les moyens d'exploitation dont il a besoin, sont plus étendus et plus assurés (2).

On peut, avec le secours de ces notions, résoudre les difficultés que présenteroient les restrictions apportées au libre exercice du droit de propriété. Si celui à qui un fonds appartient stipule

(1) Legrand, *Coutume de Troyes*, tit. 10, art. 168, n. 35 et suiv. — Rejet, 6 mars 1817. D. 17, 1, 208.

(2) Dig. lib. 8, tit. 3, *De servit. præd. rust.*, l. 4, l. 5, pr. — Bruneman, ad leg. 19. Dig. De servit., n. 1.

que le propriétaire d'un autre fonds ne pourra y planter des arbres, y construire un bâtiment, un mur, ou qu'il ne le pourra qu'à certaines distances, en se renfermant dans une certaine hauteur (1), non seulement pour ne pas l'excéder, mais quelquefois même pour qu'elle ne soit pas moindre qu'on n'en est convenu (2); qu'il lui sera interdit de faire, dans tel appartement, du feu susceptible de laisser échapper de la fumée (3) : si celui qui a acquis le droit de passer sur une propriété de son voisin, veut encore ajouter à cet avantage quelqu'autre qui consisteroit à restreindre les droits que celui-ci conservoit naturellement sur sa propriété : par exemple lui interdire d'y ouvrir des croisées (4), on ne peut douter que ces interdictions, dès qu'elles auront été consenties, ne constituent de véritables servitudes. Nous croyons même, quoiqu'il pût y avoir plus de doute, que la convention par laquelle le propriétaire d'un terrain promettroit au propriétaire d'une maison voisine que, dans le cas où il y construira, son édifice ne pourra jamais être consacré à faire un cabaret, une auberge, devroit être considérée comme servitude (5).

(1) Dig. lib. 8, tit. 2, *De servit. præd. urb.*, l. 2, 3, 4, 17, pr.; 39, tit. 1, *De novi operis nunc.* l. 15; tit. 2, *De damno infecto*, l. 45.

(2) Dig. lib. 8, tit 2, *De servit. præd. urb.*, l. 2.

(3) Dig. lib. 8, tit. 5, *Si servitus vindicetur*, l. 8, § 5 et 7.

(4) Rejet, 25 juin 1834. D. 34, 1, 329.

(5) Cassation, 4 frimaire an 3. D., 1, 52.

Ce qu'il faut envisager principalement, en cas de doute, c'est l'existence d'un immeuble auquel le droit concédé apporte une utilité. Chaque fois donc que la convention ne déclarera pas, ou ne supposera pas l'existence d'un immeuble, dont la culture, l'occupation, l'exploitation, puissent être améliorées, et obtenir un plus grand avantage par l'effet de la charge imposée sur le fonds d'autrui, cette charge n'aura pas le caractère de servitude (1). Ainsi celui qui, sans avoir la propriété d'une manufacture ou d'une fabrique de tuiles ou de vases de terre, stipuleroit qu'il lui sera permis de construire sur le fonds d'autrui, un four propre à cette fabrication, n'aura point acquis une servitude : il ne sera intervenu qu'une concession d'usufruit, une location (2); car l'établissement de ce four sur l'héritage d'autrui ne pourra point être présumé former l'accessoire ou le moyen d'exploitation d'une fabrique appartenant au stipulant.

Dans les cas même où il existeroit un immeuble occupé par une personne à qui la concession pourroit être de quelque utilité, si cette utilité étoit d'un genre tel, qu'il n'en pût, dans la réalité, résulter aucun avantage en faveur de l'immeuble, et que la personne qui l'a stipulée en tirât seule un avantage ou un

(1) Cœpolla, tr. 2, cap. 4, n. 2, 3, 4, 5, 6, 8.

(2) Dig. lib. 8, tit. 3, *De servit. præd. rust.* l. 5, § 1; l. 6, pr. et § 1.

agrément personnel, on devroit hésiter à y voir une servitude. Tel seroit le cas où un marchand, propriétaire de deux maisons, en vendroit une à la condition qu'on n'y établira point un commerce rival de celui qu'il exerce. Quelque licite d'ailleurs que fût une telle convention, en ce sens qu'à faute de l'exécuter, le vendeur pourroit ou provoquer la résolution du contrat, ou exiger des dommages-intérêts, elle ne seroit point une servitude grevant la maison vendue, dans quelques mains qu'elle passe ultérieurement, mais une simple obligation personnelle de l'acquéreur (1).

Il peut s'élever des doutes assez graves sur la question de savoir si on pourroit, à titre de servitude, acquérir pour un fonds, le droit de chasse ou de pêche, sur un autre fonds; un avis du conseil d'état approuvé le 19 octobre 1811, paroît avoir consacré la négative. Nous serions portés à faire une distinction, notamment pour la pêche, dans le cas où la stipulation seroit la condition de la vente du fonds sur lequel le vendeur se réserveroit ce droit exclusif au profit d'un autre fonds séparé par un cours d'eau, de celui qu'il aliène; ou dans le cas d'un accommodement entre deux propriétaires riverains du même cours d'eau, conformément à ce qui sera expliqué n. 107.

Sans doute, hors ces cas, un particulier pour-

(1) Cæpolla, tr. 1, cap. 12, n. 1.

roit valablement stipuler qu'il aura, soit pendant un temps déterminé, soit pendant sa vie ou la vie de personnes désignées, le droit de chasse ou de pêche, sur l'héritage d'un autre, puisque les lois relatives à la chasse et à la pêche, déclarent formellement qu'il est permis d'en user sur le terrain d'autrui avec sa permission; mais de quelques expressions qu'on se fût servi, nous hésiterions à voir, dans des concessions de cette espèce, autre chose que des droits personnels, dont la durée, si elle n'avoit pas été fixée, le seroit par les tribunaux, d'après les circonstances; droits que ceux à qui ils sont accordés, leurs héritiers ou leurs cessionnaires seuls pourroient exercer. Ils ne grèveroient point le tiers acquéreur en vertu des principes sur les servitudes, expliqués n. 9, mais par suite de ceux qui imposent à l'acquéreur d'un fonds l'obligation d'entretenir les baux faits par le vendeur.

Les opinions peuvent aussi être partagées sur le caractère de la convention qui attribueroit aux habitans d'une maison la faculté de se promener dans un jardin, d'y cueillir des fruits (1); les tribunaux auroient à se décider d'après les termes du contrat et l'intention des parties. S'ils décidoient, dans l'interprétation qu'ils donneroient au contrat, qu'il y a droit réel, l'acquéreur du fonds grevé en seroit tenu envers celui à

(1) Dig. lib. 8, tit. 1. *De servitutibus*, l. 8. — Cujas, *Observ.* lib. 24, obs. 24. — Vinnius, *Instit.* de usufructu.

qui la concession a été faite, de même que l'acquéreur du fonds auquel le droit a été attaché activement en jouiroit, quoique son contrat gardât le silence à cet égard. Le contraire auroit lieu si les juges déclaroient que la concession a été personnelle (1).

Les principes que nous venons d'exposer nous portent à croire qu'on ne doit pas considérer comme servitude, la convention intervenue entre les propriétaires de maisons ou les habitans d'un hameau, d'une commune, et celui qui a construit un four, un moulin, par laquelle ce dernier se seroit chargé d'entretenir ces édifices en état de procurer la cuisson du pain, la conversion des grains en farine, etc., au moyen de l'engagement pris par ceux qui ont traité avec lui, d'y venir cuire, moudre, etc.

Les conventions de cette espèce, connues sous le nom de *banalités*, ont été abolies, en tout ce qui tenoit ou paroissoit tenir au régime féodal, par l'art. 24 de la loi du 28 mars 1790 : mais le premier alinéa de cette loi a maintenu celles qui étoient étrangères à la féodalité (2); et s'il est vrai que d'après deux avis du conseil d'état approuvés, l'un le 11 brumaire an XIV, l'autre le 3 juillet 1808, les communes ne doivent pas être autorisées à établir des banalités à leur profit, celles qui existoient en 1790 et qui n'ont

(1) Rejet, 1er février 1825. D. 25, 1, 82.
(2) Cassation, 7 frimaire an 13. D. 3, 1, 125.

point été abolies, subsistent : on ne voit même pas par quel motif des particuliers seroient privés de la faculté d'en consentir en leur nom privé.

Sans doute le four, le moulin est tenu d'un service, mais ce service n'est pas dû à des fonds; il est dû à des personnes, sans égard si elles sont ou non propriétaires de fonds. La charge dont le four, le moulin est tenu, est du même caractère que celle qui affecte une maison louée. Celui qui a contracté l'engagement d'entretenir le four, le moulin en état de service, peut s'en décharger, non pas en l'abandonnant, mais en payant des dommages-intérêts selon la nature et l'étendue de son engagement et d'après le tort causé par ce changement de sa volonté. A leur tour, ceux qui se sont obligés à faire cuire au four ou à moudre au moulin banal, moyennant les rétributions convenues, ont droit de s'en affranchir par une indemnité pécuniaire.

Si le nouvel acquéreur du four ou du moulin banal étoit tenu d'en souffrir l'usage permis par les précédens propriétaires, ce ne seroit pas comme charge réelle qui suit de plein droit un fonds dans quelques mains qu'il passe, ce seroit parce que le contrat de son acquisition l'y obligeroit, et que le vendeur en lui imposant cette charge a fait une stipulation autorisée par l'art. 1121 du code civil. Si, lorsque la banalité est imposée à une commune, à un hameau, les habitans sont obligés de ne pas cuire ou moudre ailleurs qu'au four ou au moulin convenu, c'est par l'effet d'une obligation personnelle que le contrat valablement passé dans l'origine par les représentans de la commune, a imposée à tous ceux qui l'habiteroient, conformément aux principes qui seront expliqués n. 336; c'est, en quelque sorte, par l'effet d'une loi locale. Il n'y a donc, selon nous, aucun caractère essentiel des servitudes dans les banalités dont nous venons de parler (1).

Par le même motif, on ne sauroit voir une imposition de servitude dans la convention par laquelle les constructeurs ou les propriétaires d'une salle de spectacle, de bal ou de concert, se seroient obligés envers une commune, à ne donner jamais, ou pendant un certain temps convenu, aucune autre destination à cette salle. Il n'en résulteroit point de droit réel envers la commune, car la salle seroit destinée à faciliter les amusemens du public : il n'en résulteroit point aussi une charge réelle pour cette salle; ce seroit une location dont la durée et les conditions respectives devroient être exécutées dans les termes et suivant le mode fixés par le contrat; mais en cas d'inexécution de l'une ou de l'autre part, il n'y auroit lieu qu'à des actions personnelles (2).

On doit en dire autant de l'usage que font les communes, des halles que ceux à qui elles

(1) Dumoulin, *Divid. et indiv.* part. 3, n. 269.
(2) Rejet, 24 novembre 1830. D. 36, 1, 394.

appartenoient ont été astreints à leur louer, conformément à l'art. 19 du titre 11 de la loi du 28 mars 1790, interprété par un avis du conseil d'état approuvé le 2 août 1811.

Nous aurons occasion de donner quelques développemens à ces principes, n. 137, en parlant des assujétissemens imposés à certains immeubles dans l'intérêt public, improprement qualifiés de servitudes légales.

Quelquefois, nous ne saurions le dissimuler, les nuances qui peuvent servir à constater la différence entre le droit concédé à un fonds et le droit purement personnel, seront presque imperceptibles. Les tribunaux auront à se décider par les expressions des actes, l'intention, la position des parties (1).

Si le doute étoit absolu, si aucune des circonstances, dont l'appréciation leur appartient, ne pouvoit le lever, il seroit plus sûr de décider que la stipulation est personnelle, plutôt que de la qualifier servitude; d'abord parce qu'en général une clause obscure doit être expliquée contre le stipulant et en faveur de l'obligé, conformément à l'art. 1162 du code; en second lieu parce que la cause de la liberté est la plus favorable, et qu'une concession en faveur des personnes, présente une chance de durée moins longue et par conséquent une charge moindre qu'une concession à titre de servitude.

(1) Voet, *ad Pandectas*, lib. 8, tit. 2, summ. 12.

Nous n'avons point à nous occuper des effets que devroit avoir une concession personnelle; il suffit de dire que les tribunaux auroient à se décider d'après les règles du droit commun sur les usufruits, les locations d'immeubles, les obligations de faire ou de ne pas faire (1). C'est d'après ces principes qu'ils déclareroient jusqu'à quel point, et combien de temps le droit est de nature à être exercé, soit par celui qui l'a stipulé, soit par ses héritiers; s'il peut être cédé; comment il faut que la cession soit faite; de quelle manière un acquéreur du fonds sur lequel le droit a été établi peut en être tenu; de quels dommages-intérêts celui qui a fait la concession, seroit tenu, en cas de refus de l'exécuter. Mais quoique sous ce rapport, il y eût quelquefois lieu d'appliquer quelques-uns des principes relatifs aux servitudes, on ne pourroit néanmoins en reconnoître le caractère et en donner le nom à des concessions de cette espèce. Il ne peut donc entrer dans le plan de notre travail de présenter plus de développemens.

13. On voit, par les explications dans lesquelles nous sommes entrés, que les servitudes dont un fonds est grevé restreignent plus ou moins la liberté qu'auroit le propriétaire d'en user à son gré et d'une manière illimitée. Mais le droit naturel ne nous permettant pas de gêner la liberté des

(1) Dig. lib. 8, tit. 3. *De servitut. præd. rust.* l. 5, § 1, et l. 6.

autres, même de leur consentement, sans qu'il en provienne quelque utilité pour nous, et l'intérêt du demandeur étant le fondement nécessaire de toutes les actions qu'il veut intenter (1), il s'ensuit que nul ne pourroit établir de servitudes qui ne seroient d'aucune utilité possible, prochaine ou éloignée pour son héritage (2). Celui qui vendroit une maison ne pourroit stipuler qu'elle ne sera jamais élevée au-dessus de telle hauteur, s'il n'avoit ni édifice, ni aucune autre propriété foncière auxquels cette stipulation pût profiter (3); à moins qu'il ne parût clairement qu'elle a pour objet l'avantage, soit d'une propriété qu'il se propose d'acquérir ou de construire, soit de toute autre propriété foncière (4), même celle d'un tiers, auquel cas on appliqueroit le principe consacré par l'article 1121 du code civil.

Ainsi la stipulation par laquelle on obligeroit quelqu'un à ne faire aucun usage de sa propre chose, ne seroit point une servitude, à moins qu'elle n'eût pour objet l'avantage réel d'un autre fonds. Telle seroit l'obligation imposée à un propriétaire de ne pas creuser de puits dans telle

(1) Cicero, *De officiis*, lib. 1, cap. 10. — Dig. lib. 45, tit. 1. *De verb. oblig.* l. 38, § 17. — Dumoulin, *Tract. quat. leg.* n. 5.

(2) Dig. lib. 8, tit. 1. *De servitutibus*, l. 15 pr. — Joan. Superior ad leg. 13, de serv. n. 1. — Voet, lib. 8, tit. 3, sum. 12. — Prévot de la Jannès, *Princ. de jurisprudence française*, n. 192.

(3) Dig. lib. 7, tit. 1. *De usuf. et quemadm.* l. 32.

(4) Dig. lib. 8, tit. 2. *De servit. præd. urb.* l. 2 et 3. — Cassation, 7 mars 1825. D. 25, 1, 84.

étendue de son terrain (1), puisque cette stipulation pourroit avoir pour cause de prévenir l'inconvénient dont il sera parlé n. 76; telle seroit aussi l'interdiction de puiser de l'eau dans une fontaine à laquelle celui qui impose la servitude auroit le droit de faire abreuver ses bestiaux ou de puiser (2). La stipulation dont nous venons de parler, qui n'auroit pas ces caractères, ne recevroit que l'effet des obligations ordinaires de faire ou de ne pas faire, si d'ailleurs elle n'avoit rien d'opposé aux lois de police et à l'intérêt public; mais les principes sur les servitudes ne pourroient y être appliqués (3).

L'intérêt qui doit exister pour qu'une servitude soit valablement constituée, peut toutefois être celui d'un simple agrément, et cela n'a rien de contraire à la définition que nous avons donnée n. 3. L'article 637 du code dans lequel nous avons puisé le principe, s'applique plus particulièrement aux servitudes commandées par la force des choses ou par la volonté de la loi; mais l'article 686 laisse une latitude qui ne permet pas de douter qu'on ne puisse par conventions, en créer qui auroient le simple agrément pour objet (4).

14. Il n'est pas indispensable que l'utilité ou

(1) Dig. lib. 43, tit. 1. *De aquâ quotidianâ et æstivâ*, l. 1, § 28.

(2) Dig. lib. 8, tit. 1. *De servitutibus*, l. 15 pr.

(3) Cæpolla, tr. 1, cap. 3, n. 10.

(4) Dig. lib. 43, tit 20. *De aquâ quot.* l. 3 pr.—Cujas, in leg. 8, de servit. — Despeisses, part. 2, tit. 1, art. 4, sect. 1, n. 11.

l'agrément de l'héritage pour lequel la servitude est constituée, existe au moment où l'on contracte. Un propriétaire peut stipuler pour son héritage des droits qui ne lui sont pas encore utiles, mais dont il est possible que l'utilité se fasse sentir un jour (1). Ainsi celui qui a une ou plusieurs issues peut en acquérir une nouvelle, quoiqu'il n'en ait actuellement aucun besoin pressant. Sans doute il ne pourroit, dans cette position, exiger de son voisin qu'il lui livre un passage, en vertu des principes que nous aurons occasion d'expliquer n. 217 et suivans, parce que le passage dont il s'agit dans ce cas est une servitude légale accordée à la seule nécessité, tandis que les servitudes conventionnelles peuvent avoir pour objet le simple agrément, et même le superflu.

On peut aussi acquérir des servitudes au profit d'un immeuble qui n'est pas encore construit (2). L'objet de la stipulation est un avantage futur, et l'intérêt futur n'est pas un motif moins déterminant que l'intérêt présent. Aussi avons nous déja dit qu'on pouvoit valablement stipuler une servitude au profit d'un fonds dont on n'est pas encore propriétaire. Mais dans ces différens cas, l'effet de la stipulation restera suspendu jusqu'à ce que ce fonds soit devenu la propriété du stipulant; et même il faut que la

(1) Dig. lib. 8, tit. 1, *De serv.* l. 19; tit. 2, *De serv. præd. urb.* l. 22. — Cæpolla, tr. 2, cap. 4, n. 17. — Dumoulin, *Tract. sexd. leg.* n. 13. — Domat, *Lois civiles*, liv. 1, tit. 12, sect. 1, n. 17.

(2) Dig. lib. 8, tit. 2, *De serv. præd. urb.* l. 23, § 1.

convention laisse suffisamment entendre qu'elle est faite dans la prévision de cet événement.

Les tribunaux doivent donc mettre un grand soin dans l'appréciation des diverses circonstances et dans leur combinaison avec le principe que nous venons d'expliquer.

15. Le défaut d'intérêt doit, en effet, être considéré sous deux rapports qu'il ne seroit pas toujours sage de confondre : en ce qui touche la constitution de servitude en elle-même; en ce qui touche le droit d'agir pour l'exercer ou en conserver le droit. Certainement si une personne stipuloit un droit de vue sur un fonds dont l'héritage en faveur duquel cette stipulation a lieu, est séparé par une montagne, ou par un espace tellement vaste que l'exercice du droit de vue fût physiquement impossible, la stipulation seroit nulle (1). Mais comme en général les conventions doivent être réputées sérieuses et faites avec intention qu'elles obtiennent un effet, il faudroit que l'obstacle à la possibilité d'exercer la servitude fût reconnu insurmontable. Ainsi on pourroit valablement stipuler le droit de passer sur un fonds dont on est séparé par un fleuve difficile ou même dangereux à traverser, ou par un espace qui ne permet d'arriver au fonds grevé qu'au moyen de détours longs et périlleux (2) ; car s'il est vrai

(1) Dig. lib. 8, tit. 2, *De servit. præd. urb.* l. 38.

(2) Dig. lib. 8, tit. 3, *De servit. præd. rust.* l. 38; lib. 39, tit. 3, *De aquâ et aquâ pluviæ arc.* l. 17, § 2 et 4. — Dumoulin, *Divid. et indiv.* part. 3, n. 359.

qu'assez généralement le fonds grevé de servitude et celui à qui elle est due doivent être voisins, il n'est pas essentiel qu'ils soient contigus (1).

Mais, lors même que la servitude a pu être valablement imposée d'après les principes que nous venons d'expliquer, il faut que celui qui en réclame l'exercice y ait un intérêt véritable. Ainsi on peut stipuler d'une manière valable, un droit de vue sur un fonds, quoiqu'il soit séparé de celui à qui la servitude est concédée, par le mur d'autrui qui en empêche absolument l'exercice, parce que le stipulant peut dans la suite s'arranger avec le propriétaire de ce mur, de manière à faciliter l'usage de la servitude; mais tant qu'il n'a pas pris ces arrangemens, il sera sans intérêt, et par conséquent sans droit à s'opposer à ce que le propriétaire du fonds grevé y fasse des constructions de nature à contrarier l'exercice de la servitude (2). Il n'aura d'autres ressources, pour empêcher que le non usage pendant 30 ans, éteigne son droit, que de faire des actes de protestation, appelés conservatoires : nous développerons ce point n. 310. Toutefois, si par un événement quelconque le mur intermédiaire est renversé, de manière que la servitude de vue puisse être exercée, le propriétaire du fonds grevé ne pourra se défendre de la souffrir, ni faire ou maintenir rien qui y porte obstacle, sous prétexte que d'un jour à l'autre, ce

(1) Dig. lib. 8, tit. 5, *Si servitus vindicetur*. l. 4, § 8.

(2) Dig. lib. 8, tit. 5, *Si servitus vindicetur*, l. 6 pr.

mur intermédiaire peut être reconstruit, car il exciperoit du droit d'autrui (1).

De ces principes qui nous paroissent certains, on doit conclure qu'une personne ayant stipulé le droit d'appuyer des poutres sur un mur dont sa maison est séparée par le terrain d'un tiers, ou même par la voie publique, peut exiger l'exercice de ce droit contre le propriétaire du mur grevé de servitude, sans que ce dernier soit recevable à s'y refuser sous prétexte que l'administration ou le tiers n'ont pas autorisé que la voie publique ou le terrain intermédiaire fussent couverts par ces poutres, car il exciperoit encore le droit d'autrui (2).

§ IV. *Les servitudes ne s'exercent que sur un fonds dont on n'est pas propriétaire.*

16. Il est de l'essence d'une servitude que l'héritage grevé appartienne à un autre que celui du fonds au profit duquel ce droit est établi. C'est la disposition formelle de l'art. 637. En effet, les droits de passage, de vue et autres semblables qu'on exerce sur son propre bien, sont confondus dans la pleine propriété que chacun a de son domaine (3). Ainsi lorsque le propriétaire d'un fonds

(1) Dig. lib. 8, tit. 5, *Si servitus vindic.* l. 4, § 8, l. 5 et 6.

(2) Dig. lib. 8, tit. 2, *De servit. præd. urb.* l. 1 pr.

(3) Dig. lib. 8, tit. 2, *De serv. præd. urb.* l. 26, lib. 39, tit. 3, l. 17, § 3. — Cujas, ad leg. 8, § 6, Dig. Si serv. vind.

en faveur duquel une servitude a été constituée, est en même temps propriétaire de l'héritage assujéti, l'usage qu'il en tire ne prendroit le caractère de servitude qu'à l'époque où les deux propriétés cesseroient d'être dans la même main, suivant certaines règles particulières que nous ferons connoître n. 283 et suivans.

17. Mais il ne faut pas en conclure que la copropriété dans une chose, exclut d'une manière absolue l'existence simultanée de droits de servitude sur cette même chose, en faveur de l'un des copropriétaires.

Sans doute l'usage de la chose commune, l'utilité personnelle qu'en retirent les copropriétaires, n'est et ne peut être une servitude; on ne s'en doit point à soi-même : mais les droits individuels de chacun d'eux sur ce qui lui appartient exclusivement, étant distincts de leurs droits communs dans l'objet dont ils ont la copropriété (1), l'un d'eux peut, pour l'utilité spéciale d'un fonds distinct, avoir sur le fonds commun quelque servitude. Dans ce cas le droit d'en exercer à son gré, ne dériveroit pas du seul fait de la copropriété : le consentement de tous les copropriétaires seroit indispensable (2). Seulement il est évident que les droits qu'on peut réclamer à ce dernier titre, doivent être autres que ceux qu'on pourroit exercer

(1) Dig. lib. 8, tit. 3, *De serv. præd. rust.* l. 27.

(2) Dig. lib. 8, tit. 2, *De serv. præd. urb.* l. 27 pr. § 1.

en vertu de la copropriété et comme un de ses effets. Nous donnerons quelques développemens à ces principes dans les n. 190 et suivans.

De même un fonds indivis peut avoir un droit de servitude sur le fonds qui appartient exclusivement à l'un des copropriétaires.

18. Puisqu'une servitude est une charge imposée sur un fonds, au préjudice de sa liberté qu'elle restreint, on ne peut voir une constitution de servitude dans la convention par laquelle un des contractans stipuleroit la conservation ou l'usage d'un droit qui dérive naturellement de sa propriété; par exemple, que son voisin ne l'empêchera pas d'élever son bâtiment (1). Si cette faculté lui est interdite, ce ne peut être qu'à titre de servitude ou légale ou conventionnelle. Dans le premier cas, la permission ne seroit valable qu'autant que la prohibition de la loi auroit eu en vue seulement l'intérêt privé de ce voisin, et non l'ordre public, parce qu'un particulier ne peut, comme on le verra n. 231, permettre à un autre ce que la loi défend par des motifs d'intérêt général. Dans le second cas, la faculté accordée seroit la libération d'une servitude, loin d'en constituer une. Ainsi, dans la vérité du principe, une personne n'a pas besoin d'obtenir de son voisin la faculté de laisser échapper sur lui la fumée de ses cheminées. Mais si une manufacture exhaloit

(1) Cæpolla, tr. 1, cap. 25, n. 2.

des vapeurs susceptibles de nuire aux propriétés voisines, celui à qui ces vapeurs nuisent, et qui, en règle générale, auroit droit d'obtenir des dommages-intérêts dans les cas que nous indiquerons n. 142, pourroit y renoncer et grever son héritage de la souffrance qui résulte de ce voisinage (1).

De même on ne pourroit, à titre de servitude, prohiber à quelqu'un l'usage d'une chose destinée au public. Celui qui se soumettroit à cette prohibition, n'accorderoit rien sur sa propriété; et la convention qui d'ailleurs, si elle n'étoit pas illicite, devroit être exécutée, n'auroit rien qui pût la faire considérer comme un service foncier.

§ V. *Les servitudes n'imposent point d'obligations personnelles et n'établissent aucune prééminence d'un fonds sur un autre.*

19. Les servitudes consistent, de la part de ceux qui les doivent, à souffrir que ceux à qui elles sont dues se servent des fonds assujétis dans la mesure de leurs droits; ou bien à s'abstenir des choses que ces mêmes personnes ont le droit d'empêcher. A l'égard de ceux à qui elles sont dues, les servitudes consistent dans le droit ou d'user du fonds assujéti, ou d'empêcher que le propriétaire de ce fonds n'y fasse certaines choses (2).

(1) Dig. lib. 8, tit. 5, *Si servitus vindic.* l. 8, § 7.
(2) Voet, *ad Pandectas*, lib. 8, tit. 1, sum. 2.

Il suit de là, qu'en général l'effet d'une servitude n'est point d'imposer au propriétaire du fonds grevé, l'obligation de faire quelque chose de positif. Mais ce principe limité aux servitudes, ne pourroit, sans confusion comme sans injustice, être appliqué à des droits de copropriété qui, suivant ce qui a été dit n. 7, ne sont point des servitudes.

Il faut encore remarquer que l'obligation de faire quelque chose, quoique n'étant pas un effet naturel des servitudes, peut y être ajoutée sans en changer le caractère, ainsi qu'on le verra n. 69.

L'article 686 ne permettant pas de stipuler des servitudes imposées à la personne, on ne pourroit en donner le nom et en attribuer les effets à des travaux ou journées d'hommes ou d'animaux, que le donateur ou le vendeur d'un immeuble imposeroit à l'acquéreur, quand même ces prestations auroient pour objet de procurer une plus grande utilité à un héritage en faveur duquel elles auroient été stipulées ou réservées (1). Peu importeroit que les contractans eussent déclaré que la charge sera foncière et perpétuelle sur *tel* ou *tel* héritage; parce que la liberté des conventions ne va pas jusqu'à modifier ce qui est de l'essence des choses. On ne pourroit y voir qu'un louage de services; si la durée n'en avoit pas été limitée par la convention des parties, elle devroit l'être par

(1) Cocceii, *Jus civile controversum*, De servit. quest. 11.

les tribunaux; elle n'obligeroit que celui qui auroit promis et ses héritiers, dans les cas où, d'après les principes du droit commun, ceux-ci sont tenus d'exécuter une obligation de faire, contractée par leurs auteurs. Celui qui, par la suite, deviendroit acquéreur du fonds, dans la vente duquel cette convention accessoire auroit été stipulée, n'en seroit tenu que si une clause spéciale de sa propre acquisition l'en chargeoit, à la différence d'une servitude, dont il seroit tenu de plein droit et sans stipulation expresse, comme on l'a vu n. 9.

On peut, par application de ces principes, demander quel seroit le caractère de l'obligation par laquelle le propriétaire d'un domaine auroit contracté, tant pour lui que pour ceux qui en deviendroient propriétaires, l'obligation d'entretenir le bief d'un moulin, les écluses, les fossés d'un autre domaine.

Il nous semble qu'une distinction seroit nécessaire. Si les eaux qui passent par ce bief, par cette écluse, bordent ou traversent l'héritage que son propriétaire a grevé de cette obligation; si le fossé, quoique dépendant de la propriété en faveur de laquelle l'obligation d'entretien a été imposée à l'autre, le sépare de celui qui s'est engagé à l'entretenir; nous serions portés à croire que cette charge d'entretien peut, sans violer les principes, être considérée comme une servitude. Au premier cas, elle seroit l'accessoire de la charge de laisser passer les eaux;

au second cas, elle seroit un accommodement de voisinage, dans l'intérêt respectif des fonds, bien plus qu'une simple obligation personnelle. Mais s'il n'en est point ainsi, on doit rentrer dans la règle posée ci-dessus (1).

On voit également combien les servitudes diffèrent des redevances que le vendeur d'un fonds stipuleroit, soit à son profit, soit au profit de ceux qui deviendront après lui propriétaires d'un héritage dont celui qu'il vend fait partie; ou du droit qu'il se réserveroit de rentrer dans le fonds qu'il aliène, soit à une époque déterminée, soit à sa volonté, soit, en cas de mutation, en remboursant le prix de la vente, en indemnisant à dire d'experts, ou en payant le prix stipulé dans le contrat du nouvel acquéreur, pourvu toutefois que ces sortes de conventions dont quelques-unes ne paroissent pas être actuellement autorisées, le fussent dans la suite. Nous n'entendons point, en effet, décider ici, que ces diverses conventions soient permises sans distinction, ou qu'elles soient toutes illicites; c'est une question étrangère à l'objet de notre travail. Il appartient au législateur de prévenir, par une sanction convenable, les abus qu'il croit devoir interdire; et dans le silence du législateur, c'est aux tribunaux à juger d'après les règles de l'analogie, l'esprit général de la législation, l'intérêt de la société et l'équité.

(1) Vinnius, *Comm. ad instit.* lib. 2, tit. 3, n. 1.

Il nous suffit de dire que, n'eussent-elles rien d'illégal, des stipulations de ce genre ne seroient pas des servitudes et ne pourroient être régies par les principes particuliers à ces droits.

20. Les servitudes n'établissent aucune prééminence d'un fonds sur un autre. Cette disposition de l'art. 638 du code qui a pour but principal, ainsi que l'art. 1er de la loi du 6 octobre 1791, de prévenir le retour des asservissemens féodaux, conduit à la conséquence qu'un droit dont l'héritage au profit duquel il est stipulé ne retireroit pas une utilité réelle, ne seroit pas une servitude; et que, dans le cas même où les lois n'en interdiroient pas expressément ou implicitement la stipulation, ce ne seroient point les principes de cette matière qu'on devroit y appliquer : il suffit de se reporter à ce qui a été dit n. 11.

Nous avouerons toutefois que s'il est facile de donner des règles et d'établir des principes, il n'est pas aussi aisé de les appliquer. C'est surtout dans cette matière que le jurisconsulte doit balancer avec scrupule jusqu'aux plus légères circonstances, parce qu'il n'est pas moins dangereux de rendre les conventions inutiles, par un zèle mal entendu pour les lois, que de faciliter les moyens d'éluder les prohibitions de ces mêmes lois, en affectant un respect indiscret pour la liberté des conventions.

§ VI. *Les servitudes diffèrent des actes de pure faculté et de simple tolérance.*

21. Quoique souvent l'usage ou l'imperfection du langage habituel fassent attribuer aux servitudes le nom de facultés, parce qu'en résultat leur objet étant l'utilité d'un fonds, il dépend de la liberté du propriétaire de ce fonds d'user ou de ne pas user de son droit, on ne peut néanmoins confondre les servitudes avec les actes de pure faculté dont parle l'article 2232 du code civil.

Nous n'avons point l'intention, en indiquant cette distinction, trop importante pour qu'il nous fût permis de la passer sous silence, de nous jeter dans des considérations abstraites et métaphysiques sur ce qui constitue les facultés en général. L'objet de notre travail ne nous permet de nous en occuper que relativement aux choses et même aux immeubles, seuls biens susceptibles d'être grevés de servitudes. Ce même objet ne nous permet aussi de ne nous occuper des facultés qu'en ce qui pourroit présenter des points de contact ou d'assimilation avec les servitudes ; et quelques réflexions sont nécessaires pour indiquer, autant qu'il est possible, le caractère de ces différences.

Les facultés peuvent être considérées, ou dans l'usage des choses qui nous appartiennent ; ou dans l'usage des choses qui, soit par leur nature, soit par la destination qu'en a faite l'autorité publique, sont consacrées à l'utilité de tous; ou dans l'usage de la propriété privée appartenant à autrui. Nous croyons mieux nous faire comprendre en présentant quelques exemples, qu'en faisant l'essai périlleux de chercher des définitions. Ces exemples seront pris dans chacune des hypothèses auxquelles on vient de voir que pouvoient s'appliquer les facultés dans leurs rapports avec les immeubles.

La faculté d'user de la chose qui nous appartient, sous les seules limitations qu'y apportent les lois, ou des droits acquis à des tiers, ne dépend que de nous, relativement au temps et au mode de son exercice. Une personne est propriétaire d'un terrain; après l'avoir cultivé, elle le laisse en friche; elle le remet en culture; elle varie cette culture à son gré : nul n'a le droit de s'y opposer; nul ne peut invoquer contre elle, pour lui interdire l'usage de cette faculté, la considération que depuis longtemps, depuis un temps immémorial, si l'on veut, elle a laissé son héritage dans *tel* ou *tel* état : elle seule est juge de son intérêt; seule elle a droit de décider à quel moment cet intérêt lui paroît assez évident, assez urgent pour qu'elle y satisfasse. Quelque désagréable que cette nouvelle disposition des lieux soit à un voisin, quelque utilité, quelque agrément qu'il ait tiré pendant un très long temps de la disposition ancienne, il n'est point admissible à réclamer. L'usage que le propriétaire a fait de sa faculté, ne l'a grevé d'aucune obligation de ne pas changer, tant qu'un autre n'a pas acquis sur ce terrain, soit par convention, soit par le laps de temps appelé prescription, une servitude à laquelle il ne lui seroit plus permis de porter atteinte.

Le propriétaire d'une maison a été long-temps sans éprouver le besoin d'ouvrir dans son mur des croisées propres à lui donner du jour, ou une vue agréable dans une certaine direction; il peut en ouvrir quand bon lui semble, malgré son voisin dont la propriété se trouve exposée à des regards peut-être indiscrets; la loi du voisinage l'oblige seulement, si ce voisin ne l'en a pas dispensé, à ne faire ces ouvertures qu'à certaines distances, ou avec certaines précautions, comme on le verra n. 202 et suiv.

Lorsque les choses sont par leur nature hors de toute appropriation, comme le prévoit l'article 714 du code civil, ou qu'étant susceptibles en elles-mêmes d'appropriation, elles ont été consacrées par l'autorité publique à l'usage de tous, les actes de faculté consistent à s'en servir concuremment avec ceux qui ont un semblable intérêt, dans les limites tracées par les lois ou par les réglemens, et même en l'absence des réglemens écrits, suivant le mode qui résulte de la destination de ces choses. Comme chacun en use ainsi, non par l'effet d'un droit privé et exclusif, mais par l'effet du droit qui appartient à tous (1); ni le temps, ni une plus ou moins grande continuité d'usage de cette faculté ne peuvent la faire perdre à l'un, ou l'attribuer exclusivement à d'autres (2).

Les facultés sur les propriétes privées qui consistent à y exercer, sans qu'une convention préalable les ait constitués, certains droits définis par la loi ou dérivant du voisinage et consacrés par l'art. 1370 du code civil, ne sont pas susceptibles d'une aussi grande étendue, parce qu'elles ne sont accordées qu'à quelques besoins individuels; mais le principe ne sera pas différent. Ainsi, celui qui n'ayant aucun moyen de se rendre à son héritage ou à la voie publique, sans passer par le fonds d'un autre, a, d'après l'art. 682 du code, le droit de réclamer un passage en payant indemnité, peut user de cette faculté quand bon lui semble, quelque temps qu'il ait été sans en user; nous développerons les conséquences de ce principe n. 218 et suivans.

On avançeroit sans doute une proposition inexacte, en disant que les facultés ne donnent point de droits d'où naîtroient des actions propres à les réclamer en justice; mais ces droits ne sont point parfaits et absolus. Celui qui s'est long-temps servi d'une fontaine publique, en

(1) Dig. lib. 43, tit. 8, *Ne quid in loco publico*, l. 2, § 2.

(2) Dunod, *Traité des prescriptions*, lib. 1, ch. 12, p. 88.—Rejet, 16 mai 1826. D. 26, 1, 302.

vertu de la faculté qu'en ont tous les habitans, n'auroit point d'action privée contre la commune propriétaire de cet objet, pour l'empêcher de la supprimer ou d'imposer des restrictions à cet usage : si au contraire il avoit une servitude de puisage à une fontaine située dans un terrain appartenant à la commune, à titre de propriété privée et non de destination publique, cette servitude lui attribueroit le droit de s'opposer à tout ce qui seroit de nature à en diminuer les avantages.

Le propriétaire qui n'a aucun passage pour se rendre à son héritage ou à la voie publique, et qui sans doute, comme on l'a vu plus haut, a la faculté d'exiger, quand bon lui semblera, que son voisin lui fournisse passage, n'auroit pas le droit, dans la prévision de l'exercice qu'il en pourra faire un jour, de s'opposer à ce que ce dernier construise un édifice, sous prétexte qu'à l'époque où il pourra avoir besoin d'acquérir le passage, cette construction le mettra dans la nécessité de demander le passage à un autre, ou de l'obtenir par un point moins commode. Mais il en sera autrement lorsque l'exercice de la faculté ayant été consommé, il aura acquis un droit parfait, une véritable servitude, au préjudice de laquelle le voisin ne pourra plus rien faire.

Un propriétaire peut en tout temps contraindre son voisin à lui vendre la mitoyenneté du mur qui les sépare, conformément à l'art. 661 ; le défaut d'exercice de cette faculté pendant le plus long-temps possible ne la lui fait point perdre : mais si avant qu'il l'ait exercée le voisin détruit le mur, il ne pourra point s'opposer à cette démolition, sous prétexte qu'il a la faculté d'en requérir la mitoyenneté quand il voudra. Si au contraire il a usé de la faculté et rendu le mur commun, il aura acquis un droit parfait, auquel le voisin ne pourra plus seul et de son chef porter atteinte.

On voit, par ces exemples que nous aurions pu multiplier, comment les facultés diffèrent des servitudes, et combien il importe de ne pas les confondre. Le premier et le principal caractère de différence consiste dans l'imperfection du droit que les facultés donnent à l'égard des tiers sur les propriétés desquels on peut les exercer. Précisément parce qu'elles ne sont pas des droits parfaits et acquis, mais une puissance d'en acquérir quand on en éprouvera le besoin, le défaut de les avoir exercées, quelque temps qu'il ait duré, ne sauroit les éteindre, tant que la qualité qui les donne n'est pas détruite (1), ou tant que, dans les cas où ni les lois, ni les réglemens relatifs à l'ordre public ne s'y opposent, on n'a pas consenti un abandon de ces facultés.

Il est un autre caractère qui mérite aussi d'être considéré, c'est que jamais les actes de pure faculté ne dérivent des conventions : dès

(1) Dumoulin, *Cout. de Paris*, tit. 1, § 1, gl. 4, n. 15.

qu'elles ont cette source, ce sont des droits. Sans doute ceux à qui ils appartiennent sont les maîtres de les exercer ou de ne pas les exercer, mais le défaut d'exercice pendant le temps fixé par la loi les fait perdre, sans que celui à qui le droit appartenoit puisse échapper aux conséquences de cette prescription, sous prétexte qu'il n'avoit stipulé la servitude que pour son besoin; qu'il étoit juge de ce besoin, et qu'il a été maître de ne rien demander tant qu'il n'y trouvoit pas d'intérêt.

Il importe enfin de signaler un dernier caractère de différence entre les servitudes et les facultés. Si le non-exercice d'une servitude, pendant le temps déterminé, en a produit l'extinction, elle ne peut renaître sans une acquisition nouvelle, qui exige ou le consentement exprès du propriétaire dont le fonds sera grevé, ou le consentement tacite pendant le temps de la prescription, quand la servitude est susceptible d'être acquise par cette voie. Au contraire, s'il s'agit d'une faculté, on peut bien perdre par le non usage le droit qu'on avoit exercé; mais on pourra de nouveau invoquer la faculté de l'acquérir. Ainsi lorsqu'après avoir obligé un voisin à vendre la mitoyenneté d'un mur, on laisse ce voisin reprendre la propriété exclusive de ce même mur, on peut de nouveau le forcer à vendre cette mitoyenneté; et il en seroit de même du passage dans le cas prévu par l'article 682.

S'il importe de ne pas confondre les facultés

avec les servitudes, quoique cependant il y ait entre les unes et les autres des points de contact assez délicats et des ressemblances qu'il n'est pas toujours facile de démêler, à plus forte raison ne faut-il pas confondre les servitudes avec les simples tolérances. Les tolérances sont beaucoup moins que les facultés, quoique souvent on les désigne par ce mot (1) ; elles n'ont d'autre base que la bienveillance dans celui qui tolère, bienveillance à laquelle il peut mettre un terme quand il veut. La loi n'intervient pas pour lui imposer l'obligation de tolérer, comme elle intervient pour imposer celle de supporter l'exercice des facultés qu'elle a cru devoir accorder à l'un sur la propriété de l'autre; son intervention se borne à exempter du reproche d'injustice et de voie de fait répréhensible, celui qui use de la tolérance ; à déterminer dans certains cas, ainsi qu'on le verra n. 229, à quels signes il devra reconnoître que la tolérance lui est retirée, et que dorénavant l'usage de la chose d'autrui qu'il continueroit de faire sera un usage illicite.

§ VII. *De l'indivisibilité des servitudes.*

22. L'indivisibilité ne nous semble pas être un caractère essentiel des servitudes. Assez ordinai-

(1) Coquille, *Coutume de Nivernois*, tit 10, art. 26. — Dunod, *Traité des prescriptions*, p. 81 et 85.

rement, à la vérité, elles consistent dans des faits qui ne sont susceptibles d'aucune division (1): mais, poser en principe qu'elles sont essentiellement indivisibles, comme on a vu qu'elles sont essentiellement incorporelles et réelles, ce seroit donner lieu à des conséquences contraires à l'objet d'un grand nombre de ces droits, et aux dispositions de la loi elle-même.

En effet, s'il étoit de l'essence des servitudes qu'elles fussent indivisibles, jamais elles ne pourroient être restreintes par la prescription, puisque ce qui n'a point de parties ne peut être diminué partiellement. Nous verrons n. 305 et suivans, comment la nature des choses et le texte même de la loi prévoient la possibilité qu'une servitude soit en partie perdue par le non-usage, et se trouve ainsi réduite à une moindre étendue que celle qui résultoit du titre constitutif.

S'il étoit de l'essence des servitudes qu'elles fussent indivisibles, elles resteroient toujours dues en entier à la totalité d'un fonds, même après le partage; alors la jouissance d'un seul des propriétaires qui y ont droit, la conservant même à ceux qui ne l'exercent pas, il n'y auroit jamais lieu d'appliquer le principe consacré par l'article 709, que l'usage d'un seul ne conserve pour les autres qu'autant que l'héritage est indivis.

(1) Dig. lib. 8, tit. 1, *De servit.* l. 17.

23. Il est de fait qu'un grand nombre de servitudes peuvent être partagées, non-seulement par suite et à l'occasion du partage des fonds au profit desquels elles existent (1), mais en elles-mêmes et comme objets naturellement susceptibles de division (2).

Une servitude est donc, comme tout autre droit, divisible ou indivisible, suivant que le fait qui la constitue est susceptible ou non de division. Si ce fait est tel, qu'il puisse être exercé en partie par une personne et en partie par une autre; s'il consiste, par exemple, à prendre un certain nombre de mesures de marne dans un fonds, ou à y faire pacager un certain nombre de bestiaux; la quantité de mesures de marne, le nombre déterminé de bestiaux étant divisible, la servitude l'est également (3) : elle est, au contraire, indivisible si ce fait est tel qu'il ne puisse être exercé en partie par l'un, et en partie par un autre; tel seroit un passage pour se rendre à un point déterminé (4).

24. Mais les servitudes sont des obligations de fonds envers d'autres fonds; les principes qui régissent les obligations conventionnelles doivent

(1) Dig. lib. 8, tit. 3, *De servit. præd. rust.* l. 25; lib. 10, tit. 3, *Communi divid.* l. 19, § 3.

(2) Dumoulin, *Divid. et indiv.* pars 3, n. 86 et 291.

(3) Dig. lib. 45, tit. 1, *De verb. oblig.* l. 2, § 1.

(4) Dig. lib. 10, tit. 1, *Finium regund.* l. 25, § 9 et 10.— Dumoulin, *Divid. et indiv.* pars 3, n. 362. — Pothier, *Traité des obligations.* n. 292.

donc leur être appliqués. Or, l'indivisibilité des obligations ne consiste pas simplement en ce que le fait qui en est l'objet n'est susceptible d'aucune division; elle consiste surtout en ce que ce fait, quand même il seroit susceptible de division, a été stipulé pour être exécuté intégralement. C'est la disposition précise de l'article 1218 du code.

Ainsi les servitudes qui sont divisibles de leur nature, n'en sont pas moins indivisibles dans l'obligation (1). Il n'est pas même besoin qu'on l'ait stipulé, parce que toute servitude étant acquise à un fonds dans l'état où il se trouve au moment de l'acquisition, est due à l'intégralité de ce fonds et à chacune de ses parties (2). C'est véritablement sous ce rapport que les servitudes sont indivisibles. Mais on voit que cette indivisibilité n'est pas de leur essence; elle n'est qu'une qualité particulière, inhérente à celles qui en elles-même ne sont pas susceptibles de division (3), et simplement relative, à l'égard de celles qui en sont susceptibles.

25. Comme dans ce dernier cas, cette qualité accidentelle n'est produite que par l'intérêt d'un fonds, il est possible que les circonstances la détruisent et fassent évanouir les avantages

(1) Dig. lib. 32, *De legatis* 3°, l. 11, § 24. — Dumoulin, *Tract. quat. leg.* n. 42.

(2) Dig. lib. 8, tit. 3, *De serv. præd. rust.* l. 32, § 3.

(3) Dumoulin, *Divid. et indiv.* pars 3, n. 60.

qui en résultent (1). Ainsi, du moment que les actes d'une servitude susceptible de division, qui étoit due à un fonds appartenant à plusieurs copropriétaires, auront été exercés partiellement par chacun d'eux, et pendant le temps nécessaire pour prescrire, chacun d'eux ne pourra plus en jouir pour la totalité; chacun n'aura que sa part dont il jouira sans avoir besoin du concours des autres. Ainsi, dans le cas même où elle seroit indivisible par sa nature, du moment que le fonds aura été partagé, le droit de chacun des copartageans dans la totalité de cette servitude, qui ne peut se partager comme le fonds même, et dont, par conséquent, chacun d'eux usera en totalité, ne sera plus une jouissance commune; l'exercice que fera l'un d'eux, fût-ce de la totalité du droit, n'en conservera rien à ceux qui n'en ont point usé, parce qu'ils ne posséderont plus en commun. Dans l'un et l'autre cas, le droit des uns ne sera point conservé par la jouissance ou les exceptions personnelles des autres. Par une conséquence naturelle la perte ou la remise de la servitude au profit d'un seul des copartageans n'en amènera point l'extinction absolue à l'égard de tous, et la prescription acquise contre l'un d'entre eux ne s'étendra pas aux autres.

26. Mais cette disposition particulière ne peut

(1) Dumoulin, *Divid. et indiv.* pars 3, n. 60.

jamais être amenée par le propriétaire du fonds assujéti, ni dépendre de lui; parce qu'il est de principe général que la volonté du débiteur ne doit point apporter de modifications aux droits du créancier. Ce propriétaire ne peut donc contraindre ceux du fonds auquel est due la servitude, à diviser entre eux, soit ce fonds, soit l'exercice du droit, soit l'un et l'autre, lors même que le partage seroit possible (1). Ses intérêts sont suffisamment conservés, tant qu'il ne souffre au profit de tous, rien de plus que ce qu'il est obligé de souffrir par le titre qui l'assujétit; et s'il laisse le fonds grevé à plusieurs héritiers, les actions relatives à la servitude seront valablement exercées contre chacun d'eux, sans qu'ils puissent réclamer la division, comme l'article 870 du code l'établit pour les dettes et charges d'une succession (2).

SECTION DEUXIÈME.

Caractères accidentels des servitudes.

27. Nous donnons aux caractères dont nous allons parler dans cette section, la qualification d'*accidentels*, parce qu'ils ne se rencontrent pas dans toutes les servitudes indistinctement; mais comme ils peuvent convenir à toutes, ils n'en sont

(1) Cæpolla, tr. 2, cap. 9, n. 22.

(2) Dig. lib. 50, tit. 17, *De reg. jur.* l. 192, pr.

pas moins des caractères généraux qu'il est utile de déterminer.

Les articles 688 et 689 en distinguent quatre espèces : la continuité, la discontinuité, l'apparence et la non apparence. L'appréciation des faits et surtout de l'état des lieux qui constituent ces caractères est laissée par la nature des choses à la prudence des juges, auxquels la loi offre, pour les guider, quelques règles que nous allons développer.

28. Les servitudes continues sont, d'après l'article 688, celles dont l'usage est ou peut être continuel, sans avoir besoin du fait actuel de l'homme: tels sont les conduites d'eau, les égoûts, les vues et autres droits de cette espèce.

Il importe peu que les effets en soient continuels, comme le sont ceux d'une croisée qui transmet toujours la lumière, d'une poutre toujours appuyée, d'un avancement d'édifice existant toujours (1); ou que ces effets éprouvent quelque suspension, comme sont des gouttières qui ne versent l'eau sur le fonds assujéti qu'à l'occasion des pluies; parce que la servitude consiste moins à verser les eaux sur le voisin, qu'à pouvoir jouir de ce droit chaque fois qu'il pleut, sans qu'un nouveau fait de l'homme soit nécessaire pour constituer la servitude (2). Il en seroit de même

(1) Buridan, *Cout. de Vermandois*, art. 145.

(2) Cæpolla, tr. 1, cap. 19, n. 2. — Cocceii, *Jus civile controv. de serv.* quæst. 2. — d'Argentré, *Anc. cout. de Bretagne*, art. 271, V°. *Sans titre*, n. 8 et 10.

d'une prise d'eau dans un canal, quoiqu'elle ne pût s'exercer qu'en levant une vanne, ou en ouvrant une écluse, même quand, par l'effet de l'état des lieux, de conventions ou de réglemens locaux, elle ne pourroit être exercée qu'à certains jours et en certaines saisons.

Les servitudes discontinues sont celles qui ont toujours besoin du fait actuel de l'homme pour être exercées; tels sont les droits de passage, puisage, pacage, de tirer du sable, de la marne, des pierres, etc., dans un terrain ou une carrière, et autres droits semblables, qu'on a sur la propriété d'autrui. Leur usage n'est continuel, ni en actes, ni en puissance (1); et le caractère d'apparence qu'elles pourroient avoir n'en changeroit point la nature.

Les servitudes apparentes, qu'on nomme aussi *visibles* ou *patentes*, sont celles qui, suivant l'article 689 du code, s'annoncent par des ouvrages extérieurs, tels qu'une fenêtre, une porte, un aqueduc; ces constructions déposent à chaque instant et visiblement de l'existence de la servitude. Il est possible quelquefois de les confondre avec l'incorporation, lorsque certains ouvrages apparens sont faits sur l'héritage d'autrui; mais les règles que nous avons données, n. 7 et suivans, suffisent pour lever les incertitudes.

Les servitudes *non apparentes*, qu'on appelle

(1) Dig. lib. 8, tit. 1, *De servit.* l. 14, pr. — Buridan, *Cout. de Vermandois*, art. 145.

aussi *cachées* ou *latentes*, n'ont pas de signe extérieur de leur existence. L'article 689 en donne pour exemple la prohibition de bâtir sur un fonds, ou de n'élever un bâtiment qu'à une hauteur déterminée. Cet assujétissement peut être ignoré des propriétaires ou possesseurs nouveaux de l'héritage grevé, jusqu'à ce que le propriétaire ou le possesseur de celui au profit duquel il est établi, le réclame.

29. Il ne faut pas confondre la continuité d'une servitude avec la perpétuité de sa cause dont nous avons parlé n. 5; ce que nous avons dit nous dispense d'en expliquer ici les motifs. Il ne faut pas aussi confondre les servitudes *continues* avec les servitudes *apparentes*, quoiqu'elles aient ce point de ressemblance que les unes et les autres ont un effet non interrompu (1).

Il existe un grand nombre de servitudes dont l'effet agit toujours, quoiqu'il ne soit pas sensible aux yeux; par exemple, la prohibition d'élever une maison ou un mur de clôture au-dessus d'une certaine hauteur, est rangée à juste titre, par l'article 689 du code, au nombre des servitudes non apparentes. En effet, on ne peut reconnoître à l'œil si les limites de la hauteur d'une maison sont la suite d'une servitude ou de la volonté seule du propriétaire, qui n'a pas jugé à propos de

(1) Dunod, *Traité des prescriptions*, part. 3, ch. 6, p. 287. — Davot et Bannelier, *Traités de droit à l'usage de Bourgogne*, t. 3, p. 182 et suiv.

construire à une plus grande élévation. Cependant elle est *continue*, puisque l'existence du bâtiment à *telle* ou *telle* hauteur dépose sans cesse en faveur de la servitude.

Par les motifs que nous avons déja donnés, il ne faut pas confondre les servitudes *discontinues* avec les servitudes *latentes* ou *non-apparentes*, sur le fondement que les unes et les autres n'ont qu'un effet interrompu; car, de même qu'il peut exister des servitudes continues, quoique non-apparentes, de même il en existe d'apparentes, qui cependant sont discontinues : par exemple, le droit de passage qui, tout en s'annonçant quelquefois par des ouvrages extérieurs, a cependant besoin du fait actuel de l'homme pour être exercé.

3o. Ce seroit une erreur de croire que cette classification tienne à une simple différence de mots, et que les définitions ci-dessus aient peu d'importance (1). Elles sont la base de tout le système de la législation sur l'acquisition et l'extinction des servitudes.

On ne doit pas se dissimuler néanmoins que, malgré son exactitude, cette division donne encore lieu à quelques difficultés. Par exemple, une servitude apparente, telle qu'un droit de vue, peut ne pas se manifester toujours par des ouvrages extérieurs, soit que le droit simplement acquis n'ait pas été exercé, soit qu'après son exercice, l'ou-

(1) Buridan, *Cout. de Vermandois*, art. 145.

vrage qui l'annonçoit ait péri. Mais dans ce cas, et dans tous les autres semblables, il faut se souvenir que la distinction des servitudes apparentes ou non apparentes n'est pas de simple théorie. La loi en déduit des conséquences, et attribue à chacune des effets particuliers. Ces effets sont relatifs à l'acquisition ou à l'extinction par prescription, dont nous traiterons dans la troisième partie. Or, on sent que ce n'est pas seulement le droit d'avoir une servitude apparente, mais l'apparence même, manifestée réellement par des ouvrages extérieurs et non précaires, qui doit décider les magistrats dans des questions aussi délicates.

31. Le code n'a point admis une autre division des servitudes, celle qui les classe en *affirmatives* et *négatives;* division qui, lors qu'on n'a d'autre objet que de faire une classification d'idées, résulte de ce que nous avons dit n. 19. Il ne fait point résulter de ces caractères des règles ou des principes particuliers. Cette distinction avoit quelque importance dans l'ancien droit, en ce qui concernoit surtout la prescription (1). Le temps, pour acquérir les premières, commençoit du jour qu'on en avoit usé; et pour les secondes, à compter seulement de la prohibition qu'avoit faite celui qui prétendoit avoir droit d'empêcher *telle* ou *telle* chose. Les servitudes affirmatives étoient éteintes par une simple cessation d'usage pendant le temps

(1) Dunod, *Traité des prescriptions*, part. 3, ch. 6, p. 292.

requis pour la prescription; les servitudes négatives ne se perdoient point par le laps du temps, mais seulement par un changement d'état des lieux qui anéantissoit la servitude. On verra, n. 285 et suivans, en quoi ces règles peuvent encore recevoir quelque application.

CHAPITRE II.

Sur quels objets les Servitudes peuvent être imposées.

32. Toutes sortes de choses ne sont pas indistinctement et surtout indéfiniment susceptibles d'être grevées de servitudes. Nous allons établir, dans les deux sections qui diviseront ce chapitre, ces distinctions, ces limitations, et les règles sur lesquelles elles sont fondées.

La première traitera de choses qui ne sont pas susceptibles d'être grevées de servitudes; la seconde, de celles qui en sont susceptibles.

SECTION PREMIÈRE.

Des objets sur lesquels on ne peut imposer des servitudes.

33. L'article 637 du code définit, comme on l'a vu n. 3, les servitudes, des charges imposées sur

des *héritages*. Par ce dernier mot, on n'entend, en droit, que des *immeubles* (1).

Il en résulte qu'une servitude ne peut être grevée d'une autre (2), puisqu'elle n'est point un fonds, comme nous l'avons dit, n. 6, mais seulement qu'elle est inhérente à l'immeuble auquel elle est due, dont elle devient une qualité (3). On ne doit pas toutefois en induire que si quelqu'un recevoit activement ou passivement les eaux d'un héritage supérieur, il ne pût valablement s'obliger à transmettre ces mêmes eaux à *tel* ou *tel* autre héritage. Nous verrons, n. 59, que rien n'est plus licite, pourvu que, dans le premier cas, les charges du fonds grevé ne soient point augmentées, ou que, dans le second cas, le fonds qui a des droits n'éprouve aucune lésion. Il peut aussi en être de même dans une infinité d'autres circonstances. Mais ce n'est pas, à proprement parler, ce qu'on appelle imposer une servitude sur une autre (4). A quelque titre que cet usage ait été acquis, il ne sera pas dû par la servitude, mais par le fonds même dont elle fait partie. Il n'en résulte point de droits contre le domaine grevé au profit de celui qui a obtenu cette sous-concession. Si, par un moyen quelconque, le premier se libère envers

(1) Dig. lib. 50, tit. 16, *De verb. signif.* l. 211. — Cæpolla, tr. 1, cap. 2, n. 2.

(2) Dig. lib. 8, tit. 3, *De servit. præd. rust.* l. 33, § 1; lib. 33, tit. 2, *De usu et usuf.* l. 1.

(3) Dig. lib. 50, tit. 16, *De verb. signif.* l. 86.

(4) Dig. lib. 8, tit. 3, *De serv. præd. rust.* l. 33, § 1.

celui au fonds duquel le sien est assujéti, celui qui en profitoit secondairement ne peut continuer de l'exercer, sous prétexte que la libération n'a pas été acquise directement contre lui.

34. Mais parmi les immeubles, il en est que l'intérêt général, auquel les particuliers ne doivent refuser aucun sacrifice, a fait excepter de la règle commune (1). Tantôt ils ne sont soumis qu'avec certaines modifications aux servitudes qu'entraîne la disposition des lieux, et dont rien ne les affranchiroit s'ils étoient dans le commerce; plus souvent ils sont dispensés des servitudes légales que le seul fait du voisinage leur imposeroit dans le même cas; enfin l'usage qu'on en feroit par suite de leur destination, ne pourroit, à proprement parler, être considéré comme une servitude.

Ces espèces d'immeubles forment deux classes qui n'ont entre elles, pour ce qui regarde l'application des principes que nous allons exposer, rien de différent que leur degré d'importance ou d'utilité.

Nous les désignerons sous le nom de *domaine public* et de *domaine municipal.*

35. Le domaine public se compose de tous les objets immobiliers appartenant à l'état, qui sont consacrés aux besoins du corps social, et ne pour-

(1) Domat, *Droit public*, liv. 1, tit. 8, sect. 1, n. 1.

roient devenir propriété privée, sans cesser d'être appliqués à cette destination. Telles sont, d'après l'art. 538 du code, les routes à la charge de l'état, dont l'acte du gouvernement du 16 décembre 1811, met la construction et l'entretien au compte du trésor public, et celles que des lois ou ordonnances spéciales ont pu y ajouter, même lorsque ces routes servent de rues dans les communes qu'elles traversent; les ponts construits par l'état sur les fleuves et rivières qui dépendent du domaine public, suivant ce qui sera dit plus bas, et même ceux qui le seroient sur d'autres cours d'eaux, lorsque ces ponts forment la continuation et qu'ils sont dépendances d'une route comprise dans ce domaine (1).

Tels sont encore, d'après les dispositions combinées de l'art. 538 du code et de l'art. 1er de la loi du 15 avril 1829, les fleuves et rivières navigables ou flottables par bateaux, trains et radeaux, car le simple flottage à bûches perdues ne seroit pas une condition suffisante (2). Les plus anciens principes du droit français, reproduits par l'art. 3 de la loi du 15 avril 1829, attribuent au gouvernement le droit de déclarer quels sont les cours d'eaux qui lui paroissant réunir ces conditions, devoient être considérés comme dépendances du domaine public; et même par suite des principes particuliers aux cours d'eaux qui ne font point

(1) Domat, *Droit public*, liv. 1, t. 8, sect. 1, n. 7.
(2) Rejet, 22 août 1823, D. 2, 252.

partie du domaine public, ainsi que nous l'expliquerons n. 77, le gouvernement a le droit de déclarer navigables ou flottables des rivières qui, jusqu'au moment de cette déclaration, n'avoient point eu ce caractère. Par ce moyen, il les enlève à la propriété privée, les fait entrer dans le domaine public (1), et oblige les riverains à supporter la servitude du halage envers la navigation, sauf l'indemnité au profit des propriétaires, conformément au décret du 22 janvier 1808, et aux lois des 8 mars 1810, 15 avril 1829 et 3 juillet 1833.

Plusieurs fleuves, et même c'est le plus grand nombre, n'ont pas un lit naturel, tellement encaissé, qu'il ne puisse souvent s'élever des doutes pour connoître ce qui le constitue. On peut donner pour règle générale que ce lit est composé de l'espace occupé par les eaux dans leur plus grande hauteur commune, sans qu'on puisse y comprendre les terrains que les eaux couvriroient accidentellement par l'effet d'innondations rares ou extraordinaires, Le plus souvent, le lit des fleuves qui, coulant sur des terrains plats et charriant beaucoup de terres ou de sables, se répandroient sur de vastes espaces si on ne les reserroit, est formé par des turcies ou levées, servant à endiguer, et en quelque sorte à canaliser les eaux. Point de doute que tout ce qui est contenu entre ces levées ne constitue le lit des fleuves. Les îles

(1) Rejet, 29 juillet 1828, D. 28, 1, 355.

ou presqu'îles qui s'y formeroient appartiennent à l'état, sauf les droits de propriété particulière acquis par titre ou par prescription, conformément à l'art. 560 du code.

Mais, en outre ces levées artificielles, qui presque toujours, en même temps qu'elles resserrent le fleuve, sont consacrées à former des routes, deviennent des dépendances accessoires du fleuve, et, comme lui, appartiennent au domaine public; les plus anciens monumens de la législation française constatent qu'elles ont été construites et toujours été entretenues aux frais de l'état. Les propriétaires des terrains occupés ou employés pour les construire, sont présumés avoir reçu une indemnité, ou avoir perdu, par la longueur du temps, le droit d'en exiger. Si un particulier avoit planté sur les glacis de ces levées ou y avoit fait quelques constructions, ces entreprises ne seroient que l'effet de tolérances qui ne constitueroient pas un droit de propriété, à moins d'une concession expresse ou présumée, suivant ce que nous dirons n. 141.

Il peut arriver que par l'effet des infiltrations, des terrains situés en dehors des levées de ces fleuves, soient souvent et même habituellement inondés. On ne pourroit en conclure qu'ils font partie du fleuve; et à moins que l'état ne justifiât son droit de propriété privée, il ne pourroit les revendiquer à ce titre contre les possesseurs. Ces derniers peuvent en disposer librement, sauf les servitudes pour l'utilité publique, auxquelles ils sont assujétis.

De même, si dans la vue de prévenir la destruction des ponts par la violence du fleuve, ou pour tout autre motif d'utilité, les levées avoient été disposées d'une manière telle que les eaux parvenues à une certaine hauteur, s'écoulassent par des déchargeoirs, se répandissent sur des propriétés riveraines, et formassent une sorte de lit temporaire et subsidiaire, on ne pourroit considérer les terrains inondés plus ou moins fréquemment, par le résultat de ces mesures, comme dépendances du fleuve et partie du domaine public : à moins que l'état ne prouvât qu'il les a acquis et qu'il en a conservé la possession en les cultivant ou en les affermant pour son compte, la propriété ne pourroit en être contestée par lui à ceux qui les possèdent. Seulement ces derniers ne pourroient, ni se refuser à la servitude du passage des eaux, dont ils sont réputés avoir été indemnisés, s'ils la supportent depuis plus de trente ans sans réclamation, ni rien faire qui portât obstacle à l'exercice de cette servitude; mais ils conserveroient tous les autres droits de propriété compatibles avec cet exercice.

Les canaux de navigation intérieure, construits par l'état, exploités au profit du trésor public et entretenus à ses frais, ou sur le produit des droits de navigation, ayant la même destination que les routes à la charge de l'état, font également partie du domaine public; aussi la loi du 29 floréal an x les a-t-elle placés sous la même protection administrative.

Il est rare que, pour l'alimentation de ces canaux, il n'existe pas d'étangs ou réserves propres à contenir les eaux qu'on dirige dans le canal, à mesure des besoins, ou des rigoles destinées à y amener les eaux. Il ne seroit pas impossible que des particuliers exerçassent sur ces étangs, sur ces rigoles, quelques servitudes de pâturage ou d'abreuvage des bestiaux, droits qui, ainsi qu'on le verra n. 275, ne peuvent à la vérité être acquis que par titres. En supposant l'existence de ces titres, il faudroit distinguer si les concessions faites par l'état ou par les propriétaires du canal dont il a acquis les droits, sont postérieures ou antérieures à la disposition qui a consacré ces étangs ou ces rigoles aux besoins du canal. Si elles sont postérieures, la concession de servitude seroit limitée par la nécessité que ces objets servent avant tout à l'alimentation du canal. Si la concession est antérieure à la disposition qui a appliqué ces étangs, ces rigoles, ces réservoirs aux besoins du canal, la restriction que nous venons d'indiquer n'auroit pas lieu. L'état devroit, comme tout acquéreur d'un fonds grevé de servitude, la supporter dans toute son étendue; mais en vertu du droit qu'il a d'acquérir pour un service public, les propriétés particulières, il pourroit restreindre ces servitudes moyennant une indemnité.

Ce n'est point ici le lieu de parler des canaux appartenant à des particuliers et non à l'état; nous nous en occuperons n. 47.

L'article 538 met encore au rang des dépendances du domaine public, les ports, les havres, les rades, les rivages, lais et relais de la mer. La généralité de ces derniers mots a été modifiée par l'art. 41 de la loi du 16 septembre 1807, d'après lequel les lais et relais de la mer, pour les parties qui ne peuvent, à proprement parler, prendre le nom de rivage, sont de simples domaines nationaux aliénables, prescriptibles et par conséquent pouvant être grevés de servitudes.

Quant au rivage, l'importance qu'il y avoit de le conserver libre pour assurer la défense de l'état et la police de sûreté ou de douanes qu'il a intérêt d'y exercer, a dû évidemment le faire considérer comme dépendance du domaine public. Conformément à l'art. 1er du titre 7 du livre 4 de l'ordonnance de 1681, ce rivage se compose, du côté de l'Océan, de tout ce que la mer couvre et découvre pendant les nouvelles et pleines lunes, et jusqu'où le grand flot de mars se peut étendre sur les grèves; et du côté de la Méditerranée, de ce que les plus grandes eaux couvrent en quelque temps que ce soit (1) : mais il ne comprend pas les terrains qu'inonderoit quelquefois une tempête extraordinaire (2). Il ne comprend pas aussi les bords des rivières qui tombent dans la mer; la circonstance que, par l'effet des marées, une partie de leur lit est occupée par les eaux de la mer, n'en changeant point la nature et ne pou-

(1) *Instit.* lib. 2, tit. 1, *De rerum divis.* § 3. — Dig. lib. 50, tit. 16, *De verborum signif.* l. 96.

(2) Valin, *Comment. sur l'ordonn. de* 1681, liv. 4, tit. 7, art. 1.

vant ôter aux riverains leurs droits de propriété ou d'alluvion (1).

Nous n'avons parlé que du rivage, car pour ce qui concerne la mer en elle-même, elle est offerte à tous les hommes et n'est d'aucun domaine. Les questions de prépondérance, de police, de navigation exclusive dans quelques-unes de ses dépendances, tiennent au droit politique entre les nations ; l'usage qu'en font les particuliers ne peut jamais être à titre de propriété ou de servitude.

Enfin l'article 540 déclare partie du domaine public, les portes, murs, fossés, remparts des places de guerre et des forteresses. Les preuves de domanialité pour ces objets, surtout pour quelques-unes de leurs dépendances, ne sont pas aussi évidentes que celles qui s'appliquent aux grandes routes, aux fleuves, etc., parce que le temps et des changemens apportés au système de défense du territoire national, peuvent être souvent cause que des places fortes, ou des dépendances de places fortes, cessent d'être nécessaires. Mais la loi du 10 juillet 1791 fournit les moyens de ne pas tomber dans l'erreur. Il n'y a de places de guerre, de postes militaires, que ceux qui ont été portés sur les états annexés à cette loi, ou ceux qui y ont été ajoutés par un classement postérieur ; et même à l'égard des places ou des postes classés, le ministre de la guerre peut déclarer quelles portions de leurs

(1) Rejet, 23 janvier 1830, D. 30, 1, 307.

anciennes dépendances cessent d'en faire partie, et rentrent dans la simple classe des propriétés privées appartenant à l'état. Ces règles servent à expliquer et à modifier ce qu'auroient de trop absolu et de trop général les termes de l'article 540 du code.

Ainsi les fortifications, fossés et autres dépendances d'anciennes places de guerre, ou d'anciens postes militaires, qui n'auroient point été compris dans les états dressés ou prévus par la loi précitée, ne sont, s'ils n'ont point encore été aliénés, que des propriétés privées nationales : les particuliers pourroient les acquérir, même par prescription, au préjudice de l'état; et par conséquent, ils peuvent y acquérir des servitudes, comme sur toute autre propriété privée. Il en est de même relativement aux places de guerre maintenues sur les états, lorsque quelques-unes de leurs dépendances ont été déclarées inutiles au service, et mises à la disposition de l'administration des domaines.

Le gouvernement est conservateur et en quelque sorte dépositaire de tous les objets dont se compose le domaine public, pour en garantir la destination. Il est seul compétent pour déterminer à quels signes ils doivent être distingués de ce que nous dirons, dans la section suivante, composer simplement le domaine national. Tandis que cette dernière classe de propriétés de l'état est soumise aux mêmes règles que les propriétés privées, par une exception que l'intérêt général a commandée, les objets dont le domaine public est composé, ne dépendent que de l'administration générale. C'est à elle que les lois ont conféré le droit d'en reconnoître et d'en déterminer l'étendue, même aux dépens des fonds voisins, sauf à indemniser les propriétaires dans les cas prévus, mais sans laisser à ceux-ci le droit de contester le bornage devant les tribunaux.

Les art. 13 et suivans du titre 1 de la loi du 10 juillet 1791, et les art. 2 et 9 de celle du 17 juillet 1819, donnent à ce sujet, pour quelques objets particuliers, des règles susceptibles d'être appliquées à tous les autres.

Le domaine municipal est composé d'objets également consacrés à l'utilité de tous, mais d'une manière moins générale que le domaine public et dans un intérêt qu'on peut appeler de localité.

Nous plaçons au premier rang les rues qui ne sont point, par leur incorporation dans les grandes routes, considérées comme partie du domaine public; les chemins qui servent à la communication soit des communes entre elles, soit des divers villages ou hameaux des communes, ainsi que les ponts qui en sont la continuation ou les moyens de jonction; les places publiques.

Le nom de rues est particulièrement donné aux communications plus ou moins fréquentées dont la largeur est très variable et qui, dans les parties des communes où les habitations sont agglomérées, séparent les maisons, y donnent accès, en reçoivent et en facilitent les vues. Ce sont des espèces de chemins, entretenus ordinairement avec un soin plus spécial et plus appropriés à la circulation intérieure, qu'aux communications extérieures, auxquelles, néanmoins, elles conduisent très souvent.

Les chemins sont destinés à assurer les communications des communes avec celles qui les avoisinent et même avec de plus éloignées, et à faciliter l'accès des routes. Quelquefois ils ont un objet plus restreint qui consiste à assurer les relations réciproques des villages et hameaux dont une commune est composée, et des différens corps de domaines ou d'héritages qui y sont disséminés (1).

Les places sont des étendues de terrain plus larges que les rues et les chemins, situées dans certains quartiers, pour offrir plus de moyens de circulation intérieure, ou pour servir à la tenue des marchés et à d'autres usages publics du même genre.

Les principes sur la propriété de tous ces objets sont les mêmes. Avant l'abolition de la féodalité, presque partout, et sauf quelques exceptions en faveur des villes ou des bourgs jouissant d'un véritable droit municipal, ces objets étoient réputés appartenir aux seigneurs (2).

(1) Dig. lib. 43, tit. 7. *De locis et itin. publ.* l. 3; tit. 8, *Ne quid in loco public.* l. 2, § 22, 23.

(2) Loisel, *Instit. coutumières*, liv. 2, tit. 2, art. 6. — Coquille, *Cout. de Nivernois*, chap. 16, art. 2. — Freminville, *Pratique des terriers*, t. 2, p. 449, 583 et t. 4, p. 353, 403. — *Nouv. éditeurs de Denisart*, V°. Chemin, § 3. — *Répertoire de jurisprudence*, V°. Chemin public, n. 1. — De La Mare, *Traité de la police*, t. 4, liv. 13, § 9 et 10. — Poullain du Parc, *Principes de jurisprudence*, t. 2, p. 394.

Mais dans ce système qui n'étoit pas exempt de controverse, cette attribution ne donnoit pas à ceux-ci le droit d'en changer arbitrairement la destination. Ils y exerçoient tous les droits d'administration et de voirie; ils jouissoient des profits ou des produits dont ces objets étoient encore susceptibles dans leur état d'affectation à l'usage public; et lorsqu'un chemin, une rue, une place, avoient été régulièrement supprimés, ils étoient admis à s'en emparer comme terrains vagues.

Sans examiner quels étoient l'origine et le fondement de cette présomption, il suffit de dire que l'art. 1er de la loi du 15 août 1790, a aboli expressément toutes les conséquences qui pouvoient en résulter. L'art. 1er de la section 6 de la loi du 6 octobre 1791, les art. 5 de la section 1ère et 36 de la section 3 de celle du 10 juin 1793, l'art. 1er de celle du 16 frimaire an II, l'art. 103 de celle du 3 frimaire an VII, l'art. 4 de celle du 11 du même mois, la discussion du conseil d'état sur l'article 538 du code (1), enfin les lois des 28 juillet 1824 et 21 mai 1836, ne permettent pas de douter que tous ces objets n'appartiennent aux communes dans le territoire desquelles ils sont situés, avec la condition néanmoins de ne rien changer à leur destination, sans remplir certaines formalités et sans l'autorisation de l'administration supérieure, conformément à l'arrêté du directoire exécutif du 23 messidor an V, et à un

(1) Procès-verbal, séance du 20 vendémiaire an XII.

avis du conseil d'état approuvé le 13 novembre 1813. S'ils cessoient d'être utiles au public, les communes seules auroient le droit d'en disposer à l'exclusion de l'état, ainsi que l'a reconnu un arrêté du gouvernement du 24 vendémiaire an XI, non inséré au Bulletin des lois (1). Nous n'hésiterions donc point à croire que dans le cas où, conformément à l'art. 19 de la loi du 21 mai 1836, des particuliers deviennent propriétaires, moyennant un prix, d'un chemin supprimé, les sommes en provenant n'appartiennent aux communes dont ce chemin traversoit le territoire, chacune en droit soi.

Les mêmes principes sont applicables aux fontaines, lavoirs, abreuvoirs, puits, promenades, consacrés à l'usage de tous les habitans d'une commune, d'un village ou d'un hameau (2), que les lois citées ci-dessus, ainsi que les ordonnances ou instructions administratives, obligent les communes à entretenir, afin que l'objet de cette destination ne cesse jamais d'être rempli.

Nous devons en dire autant des églises, quoique l'état vague et imparfait de la législation laisse une assez grande incertitude sur la propriété de ces édifices.

Un avis du conseil d'état du 2 pluviôse an XIII, approuvé le 6 par le chef du gouvernement, qui n'a point été inséré au Bulletin des lois, mais que le ministre de l'intérieur a transmis aux préfets

(1) Il est rapporté par M. Garnier, *Traité des chemins*, p. 286.

(2) Instit. lib. 2, tit. 1. *De rerum divisione*, § 6.

par une circulaire du 30 du même mois (1), déclare que ces édifices doivent être considérés comme propriétés communales. Mais en rapprochant cette décision des actes et lois antérieurs et postérieurs, la propriété des communes ne paroît pas hors de contestation.

Il est certain qu'avant la révolution de 1789, quels que fussent ceux qui avoient construit des églises, la consécration de ces édifices à l'exercice du culte catholique, seule religion alors reconnue, les avoit rendus propriétés ecclésiastiques. Ces églises furent, par suite du décret du 2 novembre 1789 et des lois nombreuses qui en ont réglé l'exécution, réputées biens nationaux. Une grande partie fut vendue, les autres restèrent consacrées à l'exercice du culte ou à d'autres usages publics. L'art. 106 de la loi du 3 frimaire an VII, en réglant comment elles seroient portées aux rôles dés contributions, les considéroit évidemment encore comme biens nationaux, affranchis en conséquence de la contribution foncière. La question de propriété communale ne paroît point avoir été résolue par un arrêté du gouvernement du 7 nivôse an VIII, qui en délaissa la libre jouissance aux communes, ni même par l'art. 75 de la loi du 18 germinal an X, portant que les églises non vendues seroient remises aux évêques pour l'exercice de la religion catholique. L'avis du conseil d'état

(1) *Circulaires et instructions du ministre de l'intérieur*, t. I, p. 365.

cité plus haut, est donc jusqu'à présent le seul titre des communes. En lui-même, il laisse encore beaucoup à désirer, puisque dans la hiérarchie du culte catholique, il y a des églises métropolitaines ou cathédrales, dont l'existence intéresse un diocèse entier, et dont l'entretien n'est pas une simple charge communale. On ne peut même s'empêcher de reconnoître que la force de l'avis du 2 pluviôse an XIII, atténué déja peut-être par la circonstance que jamais il n'a été inséré au Bulletin des lois, sembleroit anéantie par les décrets des 30 mai et 31 juillet 1806, qui ont attribué aux fabriques créées par la loi du 18 germinal an X, la propriété des églises et presbytères des paroisses supprimées, et par l'art. 1er de celui du 30 décembre 1809, sur l'organisation et l'administration des fabriques, qui reconnoît à ces établissemens le droit d'aliéner, échanger ou louer à leur profit, les églises et presbytères des paroisses supprimées.

Le système qui mettroit de côté l'avis du 2 pluviôse an XIII, pour s'en tenir aux conséquences légales des autres actes postérieurs, et pour considérer les églises comme propriétés des fabriques, sembleroit acquérir d'autant plus de force, que les démarcations administratives des municipalités ne concordent pas toujours avec celles des paroisses; que souvent une paroisse renferme plusieurs municipalités, et qu'alors on ne sauroit à laquelle l'église appartient. Ce n'est point d'ailleurs aux représentans de la commune qu'est confié le soin d'administrer, de conserver et d'entretenir ces édifices : le décret du 30 décembre 1809 l'attribue aux fabriques dont les membres ne sont point à la nomination des maires ou des conseils municipaux. Les communes n'interviennent à cet entretien, que pour subvenir à l'insuffisance des revenus des fabriques.

Au surplus, que l'on se décide ultérieurement pour déclarer que les églises sont des propriétés communales, qu'on les considère comme propriétés des fabriques, ce n'est toujours qu'à la charge de ne point en changer la destination; et l'objet de cette destination apprend suffisamment qu'elles doivent jouir de la même immunité que les autres objets du domaine municipal, consacrés à un service public.

Ces règles s'appliqueroient aux temples des autres religions.

Dans l'exactitude des principes, les circonscriptions territoriales connues sous le nom de cantons, d'arrondissemens, de départemens, n'étant que des distributions de territoire, créées pour rendre l'administration plus facile, ne devroient point être considérées comme des êtres moraux, habiles à acquérir des propriétés.

Mais par une déviation des vrais principes on a admis les départemens et les arrondissemens à faire des acquisitions de propriétés pour leur service administratif. C'est ainsi que le décret du 9 avril 1811, déclare qu'il est fait concession gratuite en toute propriété aux départemens et arrondissemens, pour être acceptée en leur nom par les préfets et sous-préfets, des édifices occupés pour le service de l'administration, des cours et tribunaux: ainsi le décret du 16 décembre 1811, a créé une classe de routes départementales; ainsi des lois, des ordonnances ont autorisé les départemens et même quelquefois les arrondissemens, à ouvrir des routes ou à faire d'autres établissemens d'utilité aux frais des administrés sur qui la dépense en étoit spécialement répartie. On ne peut donc méconnoître que dans l'état actuel de la législation, il n'existe des propriétés départementales et d'arrondissement, dont quelques-unes, telles que les routes et les ponts, sont consacrées à un service d'utilité publique, excluant toute idée d'appropriation ou d'affectation privée.

Pour ne pas multiplier les dénominations et n'être pas forcé à en créer de nouvelles, nous comprenons ces objets sous le titre commun de domaine municipal.

36. La plupart des objets sur lesquels nous venons de présenter quelques notions n'étant dans le domaine public ou municipal, que parce qu'ils sont destinés au service commun, chacun a la faculté d'en user, pourvu qu'il se conforme aux règles établies, et que cet usage ne dégénère pas en une occupation individuelle et privée (1).

(1) Dig. lib. 43, tit. 8, *Ne quid in loco publico*, l. 2, § 2. — Domat, *Lois civiles*, liv. 2, tit. 8, sect. 3, n. 13.—Joan. Superior, *De serv.* proem. n. 6.

Des lois spéciales, les principes sur l'administration, et surtout la nature de ces objets et le genre de services ou d'utilité auxquels on les a consacrés, servent à régler cet usage (1).

En effet, tous ne sont, et même ne peuvent être indéfiniment et indistinctement consacrés à l'usage commun et concurrent de tous les citoyens. On ne peut considérer comme tels que les routes, les chemins, les places, les rues, les marchés et quelques autres immeubles de ce genre : encore faut-il se conformer aux conditions et aux restrictions que le gouvernement ou les autorités locales compétentes jugeroient à propos d'imposer.

Ainsi, l'ordonnance du 23 décembre 1816 nous fait connoître qu'il est des routes qu'on ne peut parcourir qu'en certaines saisons, et avec certaines précautions. Il peut exister, dans certaines villes, des rues dans lesquelles la police locale défendroit de passer en voiture ou à cheval (2). Cette même autorité détermine les obligations des propriétaires de maisons, en ce qui concerne l'écoulement des eaux de leurs toits ou autres dans les rues : il y a souvent des plantations, des jardins publics, sur lesquels des réglemens de police locale ne permettroient d'avoir des égoûts, des ouvertures qu'à certaines conditions et avec des limitations particulières; des fontaines dans lesquelles il n'est pas permis de puiser à toute heure.

(1) Domat, *Droit public*, liv. 1, sect. 2, note sur le n. 1.

(2) Rejet, 18 mai 1830. D. 30, 1, 249.

37. D'autres objets ne sont offerts à l'usage commun que d'une manière encore plus restreinte. Ainsi, la navigation sur les rivières navigables ou flottables n'est permise qu'à ceux qui se conforment aux réglemens, et souvent même il est nécessaire qu'ils acquittent des droits spéciaux. A l'exception de la faculté de s'y baigner, d'y laver et d'y puiser, facultés qui peuvent toutefois être elles-mêmes restreintes par des réglemens locaux, on ne peut dire que tout le monde indistinctement ait le droit d'en user. La pêche n'y est en effet permise, d'après la loi du 15 avril 1829, qu'aux personnes qui ont obtenu l'autorisation du gouvernement ou de ceux à qui il l'afferme au profit de l'état; l'art. 644 du code ne permet pas d'y faire des prises d'eau, par cela seul qu'on seroit propriétaire d'un héritage contigu, et, à plus forte raison d'y établir des moulins ou autres usines : nous verrons dans la suite qu'il en est de même pour tout autre genre d'utilité semblable qu'on voudroit en tirer.

La liberté d'user du rivage de la mer ne consiste pour ainsi dire d'une manière absolue, que dans le droit de s'y promener, d'y laver, de s'y baigner, et encore les réglemens de police pourroient-ils y apporter des restrictions. Le droit de s'y embarquer et d'y tenir des embarcations amarrées, est soumis aux mêmes conditions

Celui d'y pêcher et par suite d'y étendre et sécher les filets, auroit pu à la rigueur être réservé par l'état, de même qu'il afferme et concède les pêches ou certains usages dans les fleuves. S'il juge plus convenable et plus utile d'en laisser la liberté à tous, c'est à la charge de se conformer aux réglemens que l'intérêt public rend nécessaires (1).

Nul ne peut donc placer sur le rivage, d'une manière même momentanée, des cabanes pour les bains, ou des pêcheries, sans l'autorisation du gouvernement chargé de conserver dans son intégrité cette partie du domaine public, et d'empêcher qu'une occupation individuelle ne prive l'état de l'usage qu'il peut en faire pour la défense et pour l'exercice de la surveillance contre la contrebande, ou n'en compromette la sûreté. Ainsi un édit du mois de février 1710, dont les dispositions sont nécessairement maintenues par l'article 538 du code, interdit toutes entreprises sur les rivages, sans une permission spéciale et nécessairement précaire (*).

Ainsi un acte du gouvernement du 9 germinal an XI, dont l'objet a été de remettre en vigueur les dispositions du titre 7 du livre 4 de l'ordonnance de la marine de 1681, oubliées, négligées ou violées pendant les désordres de la révolution, ne permet d'établir des bordigues ou madragues pour la pêche du thon, qu'avec une autorisation du gouvernement.

(1) Valin, *Commentaire sur l'ord. de* 1681, liv. 5, tit. 1, art 1.— Boutaric, *Institutes*, p. 128.

(*) Cette opinion, partagée par M. Troplong, *Commentaire du titre des prescriptions*, t. 1, p. 246 et suiv. est combattue par M. Toullier, t. 3, n. 479.

Quelquefois même les actes de l'administration publique restreignent l'exercice de certaines facultés qui sembleroient naturellement appartenir à tous, pour ne l'attribuer qu'à certaines personnes. Ainsi la pêche ou récolte des herbes marines connues sous le nom de varech ou gouesmon, appartient exclusivement, d'après le titre 10 du livre 4 de l'ordonnance de 1681, et les actes du gouvernement des 15 thermidor an VI et 18 thermidor an X, aux habitans de certaines communes, obligés de se conformer à des règles particulières de police.

Quoique d'après ces principes, nul ne puisse imposer de servitudes ni sur le rivage, ni sur la mer qui le baigne, nous ne croyons pas qu'on puisse considérer comme nulle la convention par laquelle les propriétaires de quelques établissemens de pêche, interdiroient à d'autres la faculté d'en former dans une certaine distance (1). Mais cette convention, valable dans notre opinion, et dont la violation devroit donner lieu à des dommages-intérêts, quand même les établissemens qu'elle auroit interdits auroient été autorisés par le gouvernement, ne seroit pas une servitude.

Par suite du même principe, le propriétaire d'une madrague pourroit pour l'utilité de sa pêche, stipuler quelques droits sur celle du voisin; il y auroit certainement là une servitude, mais elle seroit superficiaire : conformément à ce que

(1) Dig. lib. 8, tit. 4, *Communia præd.* l. 13, pr

nous dirons n. 48, elle affecteroit seulement la madrague désignée, mais non la partie du domaine public où celle-ci est construite.

On voit par ce qui vient d'être dit, pourquoi les ports, rades ou havres ne sont ouverts qu'aux navigateurs nationaux ou étrangers, qui ont subi les conditions ou rempli les formalités déterminées par les lois de police maritime, de santé publique ou de sûreté générale.

38. Il est enfin des portions du domaine public ou municipal dont l'usage n'est, sous aucun rapport, offert aux citoyens en cette seule qualité : tels sont les remparts, les fortifications, les fossés des villes de guerre et terrains qui en dépendent, les prisons et autres établissemens de cette nature. Dans divers cas, l'usage n'en est permis qu'à des agens particuliers; dans les autres, on n'y est admis que pour des temps et sous les conditions déterminées par des réglemens spéciaux.

Quelquefois même certaines portions de ces objets, susceptibles de rapporter quelques fruits par la culture ou par tout autre usage individuel, sont affermées ou louées à des particuliers, mais toujours, ainsi qu'on en trouve des exemples dans les art. 15 et suivans du titre 1er de la loi du 10 juillet 1791, et 10 de celle du 17 juillet 1819, sous la condition expresse ou même tacite, de souffrir la dépossession si un service public la rend nécessaire. On ne pourroit donc pas y prétendre des vues, des passages, des égoûts, comme il est en général permis d'en avoir sur les rues ou sur les places publiques.

La raison de ces distinctions est sensible. Les routes, les chemins sont faits pour faciliter l'accès des villes, bourgs ou villages; les places, les rues, pour donner l'entrée à l'air et au jour dans les maisons qui les bordent, et pour assurer la circulation intérieure (1) : mais les lieux que nous venons de désigner ne sont destinés ni à l'usage des maisons qui les avoisinent, ni au service de tous les habitans des villes où ils sont établis.

39. Il arrive même que des objets sont rangés dans le domaine public sous certains rapports seulement, et que sous les autres ils restent soumis aux mêmes règles que les domaines nationaux. Cette modification est la conséquence du principe que les exceptions au droit commun doivent être limitées à l'objet pour lequel on les a établies. Par exemple, on a vu que les fleuves et rivières navigables sont du domaine public, et comme tels ne peuvent être usurpés par prescription : les îles qui s'y forment devroient être assujéties à la même règle. Mais comme ces îles peuvent, sans que la destination du fleuve où elles existent soit changée, entrer dans le domaine privé, l'art. 41 de la loi du 16 septembre 1807 permet au gouvernement de les aliéner; l'art. 560 du code les a mises, pour leur acquisition par prescription et leur

(1) Cochin, tom. 2, p. 550, édit. de 1821.

assujétissement à des servitudes, dans la classe des domaines nationaux; et l'art. 556 déclare que les alluvions qui s'y forment appartiennent aux riverains. Mais, tout en établissant ces restrictions à la règle, le législateur ne perd pas de vue son objet principal : il exige toujours qu'on se conforme aux lois spéciales et même aux réglemens d'administration relatifs à la police des eaux et à la prohibition de ce qui pourroit faciliter la formation d'îles ou d'alluvions nouvelles; il place même la conservation des intérêts généraux sous la protection particulière de l'administration, conformément à la loi du 29 floréal an x.

On a étendu la même règle aux lais et relais de la mer; quoiqu'accessoires du rivage, que nous avons vu faire partie du domaine public, ils ne sont, nonobstant les termes trop généraux de l'article 538 du code, que de simples domaines nationaux; ils peuvent être vendus par le gouvernement, conformément à l'article précité de la loi du 16 septembre 1807, et, par ce motif, ils peuvent être acquis ou grevés de servitudes par prescription. Nous donnerons quelques développemens sur ces questions d'alluvion n. 122.

40. L'usage des choses du domaine public ou municipal, ne peut être considéré comme une servitude (1). D'abord dans la plupart des circonstances, il n'a pas le caractère propre à ces sortes

(1) Cæpolla, tr. 1, cap 14, n. 10.

de droits, celui d'être exercé comme dépendance de *tel* ou *tel* immeuble. Il importe peu, en effet, que celui qui passe dans une rue, dans une promenade, qui vient dans une église, dans un marché, ait ou n'ait pas une propriété dans la commune où il jouit de cette faculté, ou qu'il en soit habitant. Lors même qu'un tel usage a quelque chose de plus réel, par l'utilité qu'en retireroient certains immeubles, le droit à cet usage ne produiroit pas des actions de la nature de celles qui naissent des servitudes. Ceux qui jouissent des routes, des rues, des places pour entrer dans leurs maisons, ne peuvent s'opposer à ce que d'autres, et surtout les propriétaires riverains, y laissent tomber les eaux de leurs toits, ou s'en servent de toute autre manière non prohibée par les lois et règlemens, quelque incommodité qu'ils en éprouvent (1); parce que l'usage qu'eux-mêmes font de ces rues ou places n'est pas, ainsi qu'on l'a vu n. 21, l'effet d'un droit individuel et exclusif, et qu'à la police locale seule il appartient de déterminer les restrictions ou les conditions de cet usage, ainsi que nous l'avons dit n. 36. Cette règle est la source des distinctions que nous indiquerons n. 336, relativement aux actions que rendroient nécessaires les entreprises faites par des particuliers sur les objets ainsi consacrés à l'usage de tous.

(1) Cæpolla, tr. 1, cap. 42, n. 5. — Toullieu, *De rebus meræ facultatis*, p. 187.

41. Nous sommes naturellement conduit à examiner quel seroit l'effet d'un changement de destination d'un objet qui fait partie du domaine public, relativement à des fonds qui en faisoient usage lorsqu'il avoit cette destination.

Une route, une rue sur lesquelles des maisons avoient des ouvertures ou des vues, des égoûts de toits ou d'eaux ménagères, etc., peuvent être supprimées; et l'emplacement peut en être mis en vente, ou concédé par échange à des particuliers. Sans doute l'autorité administrative suprême, qui seule a droit de prononcer en dernier ressort sur ce changement, qui ne doit le faire et ne le fait qu'après avoir consulté les autorités locales, après avoir admis tous les intéressés à présenter leurs réclamations, prendra des mesures pour que la nouvelle destination à donner au terrain de la route, de la rue ou de la place, ne rende pas inutiles des constructions faites de bonne foi, dans l'opinion que ces emplacemens subsisteroient et ne changeroient pas de nature; elle ne prendra ou ne maintiendra pas une décision qui lèseroit des intérêts si dignes de considération (1). Mais si cette autorité, nonobstant les réclamations ou les oppositions, ordonnoit et effectuoit la vente, la dation en paiement, l'échange de ces emplacemens de routes, de rues ou de places supprimées, sans imposer à l'acquéreur aucune charge

(1) Arrêt de la chambre des comptes de 1705, cité par Cochin, t. 2, édit. de 1824, page 551.

en faveur des riverains, ceux-ci ne pourroient prétendre que l'emplacement vendu, ayant été grevé de servitude à leur profit, continuera de leur en devoir, et que l'acquéreur du terrain, encore qu'il n'ait été chargé par l'acte d'aliénation d'aucune servitude envers eux, doit néanmoins supporter les vues, les passages, conformément aux principes expliqués n. 9. Nous nous croyons autorisé à tirer cette conséquence, par le motif que tant que ces routes, rues ou places étoient dans leur état de destination publique, l'usage qu'on en faisoit n'étoit pas une servitude (1).

Mais comme l'état et les communes sont soumis à la règle d'équité qui ne permet pas de changer de résolution au préjudice d'autrui; comme ils ne sont pas plus affranchis que les particuliers de l'obligation d'indemniser celui à qui ils ont causé un tort; il pourroit y avoir lieu de prononcer des dommages-intérêts contre eux.

C'est alors que l'origine et la nature des usages exercés sur des immeubles faisant partie du domaine public ou municipal, doivent être soigneusement considérés. Il n'est point contre la nature des choses que le gouvernement, ou l'autorité municipale duement autorisée, concèdent sur des immeubles, même consacrés au service public, certains usages privés (2) qui n'empêchent pas

(1) Nous ne devons pas dissimuler néanmoins qu'un arrêt de rejet, du 11 février 1828, D. 28, 1, 124, paroît contraire à cette opinion.

(2) Rejet, 16 juin 1835, D. 35, 1, 305.

toujours qu'ils ne continuent de remplir leur destination, sauf le droit des tiers de s'y opposer en justifiant de leur intérêt dont l'autorité administrative auroit l'appréciation (1); c'est ce que l'art. 43 du titre 27 de l'ordonnance de 1669 avoit déclaré au sujet des moulins ou autres ouvrages faits dans les fleuves, et ce qu'a reconnu l'art. 5 de l'arrêté du directoire du 19 ventôse an VI. Seulement ces concessions, quelque expresses qu'elles fussent, ne nous sembleroient pas devoir être régies exclusivement par les principes du droit commun relatifs aux servitudes (2). Elles n'auroient pas pour effet d'empêcher les nouvelles dispositions par suite desquelles la jouissance concédée seroit modifiée ou même anéantie; seulement elles seroient des titres légitimes à une indemnité, si, sur la foi de ces concessions, ceux qui les ont obtenues avoient fait des constructions, des établissemens, des dispositions, ou acquis les propriétés au profit desquelles ces concessions étoient faites; à moins que des règles législatives dont le décret du 12 février 1813 présente un exemple, et qu'il est maintenant d'un usage général d'insérer dans les actes, n'eussent appris à tous les intéressés que la concession sera toujours révocable.

Il ne seroit même pas nécessaire, dans certains

(1) Lettres-patentes de Charles VI du 9 octobre 1392, relatives aux fontaines de Paris, *Ordonn. du Louvre*, t. 7, p. 510. — Cæpolla, tr. 1, cap. 60, n. 4.

(2) Dig. lib. 8, tit. 4, *Communia præd.* l. 2.

cas, que des concessions expresses et duement autorisées eussent eu lieu pour qu'une indemnité fût due en cas de changement apporté à l'état de choses sur la foi duquel des propriétés ont été construites, disposées ou acquises; la concession peut, dans un grand nombre de circonstances, être réputée consentie par le seul fait de la destination publique du terrain sur lequel l'usage en est exercé. Lorsqu'un propriétaire a construit une maison le long d'un terrain qui, par les déclarations de l'administration ou l'usage de tous les habitans, étoit considéré comme une route, une rue, un chemin, une place; lorsqu'il y a ouvert des portes, des croisées, il y a été excité par la considération que ces emplacemens étoient destinés à lui procurer les diverses facilités indispensables à une habitation. Il ne l'auroit pas construite sans cela; il a donc en sa faveur la plus puissante des autorités, la foi publique; et si aucun de ces usages n'a été contraire aux règlemens de la voirie ou de la police, si même il lui étoit en quelque sorte imposé par la loi, comme nous voyons que l'art. 681 du code oblige les particuliers à diriger l'égoût de leurs toits sur leur propriété ou sur la voie publique, la nouvelle disposition qui l'en prive en tout ou en partie lui donne le droit d'obtenir des dommages-intérêts. Seulement il ne peut obtenir que les tribunaux interdisent à l'administration le droit d'exécuter les changemens qu'elle a jugés nécessaires, comme celui à qui une servitude est due sur le fonds de son voisin a droit de faire interdire à celui-ci tout ce qui peut en diminuer les agrémens ou les avantages. Mais dès qu'il éprouve un dommage, sans qu'on puisse l'accuser de faute ou d'imprudence, il a droit d'obtenir des indemnités contre l'état ou la commune (1).

Le résultat sera, à peu de choses près, le même en faveur de celui qui éprouve ainsi un tort auquel il ne devoit pas s'attendre, dès qu'il n'avoit rien fait qui ne fût permis. Il sera indemnisé, ainsi le veut l'équité : mais ce ne sera pas parce qu'il avoit une servitude; car, s'il en étoit ainsi, il pourroit refuser l'indemnité et exiger qu'aucun changement ne soit apporté à l'état des lieux; il auroit tous les droits auxquels donne lieu une servitude, et c'est ce que ne permet pas d'admettre la nature des choses qui composent le domaine public ou municipal.

Il s'ensuit que ce propriétaire n'auroit droit à aucune indemnité si la nouvelle disposition n'avoit pour résultat que de diminuer les avantages du service qu'il tient de la chose publique par l'effet d'un droit commun à tous. Tels seroient les cas où une place, après avoir été long-temps vaste et libre, seroit consacrée par la commune à la construction d'un édifice; où une fontaine voisine seroit transportée à une plus grande distance ou même supprimée, etc.

A plus forte raison aucune indemnité ne seroit

(1) Rejet, 18 janvier 1826, D. 26, 1, 130.

que si l'usage dont un particulier est privé par une nouvelle disposition des choses, ne dérivoit ni d'une concession expresse, ni d'une concession tacite, supposée par cela seul qu'il n'a rien fait que n'autorisassent les lois ou les réglemens de voirie et de police. Par exemple, celui qui auroit fait sur l'emplacement de la rue un banc ou tout autre avancement contraire aux règles générales ou particulières de police; qui auroit pratiqué sous le sol de cette rue un aqueduc, une cave ou toute autre entreprise contraire à la destination essentielle de la voie publique, et au droit de liberté et d'usage concurrens qui appartiennent à tous, ne pourroit, quelque continues et apparentes qu'eussent été ces entreprises, quelque long qu'eût été le silence de la police locale ou de l'administration, prétendre qu'il en résulte pour lui des droits stables et permanens (1).

Il pouvoit bien, par tolérance, n'en être pas privé: mais comme chaque jour ce qui est hors du commerce peut y rentrer; comme il peut arriver, même dans le cas où ces objets continueroient d'être dans le domaine public ou municipal, que l'usage toléré long-temps, révélât des inconvéniens qui d'abord n'avoient pas été aperçus ou qu'on s'étoit dissimulé (2), il faut aussi être tou-

(1) Dig. lib. 43, tit. 10, *De viâ publicâ*, l. 1. § 2. — Cæpolla, tr. 2, cap. 4, n. 46.—Loisel, *Instit. cout.* liv. 5, tit. 5, n. 23.—Rejet, 13 février 1828, D. 29, 1, 130.

(2) Dig. lib. 43, tit. 8, *Ne quid in loco publico*, l. 2, § 31.

jours prêt à se remettre en règle et à se conformer à ce qui est prescrit par la loi. En vain pour s'en défendre exciperoit-on de la prescription, dont nous parlerons dans la troisième partie de ce traité ; les choses dont il s'agit sont hors du commerce (1), et tout ce qui est hors du commerce ne peut être prescrit, suivant l'article 2226 du code. La jouissance seroit, comme on l'a vu n. 21, ou de pure faculté ou de simple tolérance, et l'article 2232 déclare que de tels actes ne peuvent fonder ni possession, ni prescription.

Mais ces principes ne doivent pas produire des conséquences qui n'en résulteroient pas immédiatement. Ce qui ne permet pas de voir l'exercice d'une servitude sur un objet consacré à l'utilité et au service public, c'est que chacun a droit d'en user en tant qu'habitant, ou même passant occasionellement dans le lieu où cet objet est situé ; c'est que cet usage est accordé aux personnes bien plus qu'aux choses ; c'est que tous ont un droit commun et égal. Si donc, après qu'une fontaine communale a offert ses eaux à l'utilité de tous, sans qu'aucun pût y prétendre quelque chose à titre de servitude, il arrivoit que les eaux s'écoulassent à travers des propriétés pour se perdre dans une rivière, un lac, un étang, etc., le cours qu'elles forment ne conservera point le

(1) Dunod, *Traité des prescriptions*, part. 1, ch. 12, p. 79 et 80. — Rejet, 1 décembre 1823. D. 24, 1, 231. Rejet, 19 avril 1825. D. 25, 1, 275. Rejet, 13 février 1828. D. 29, 1, 130.

caractère que nous avons reconnu à la fontaine, d'être une dépendance du domaine municipal, sur lequel nul ne peut acquérir de servitude. Ces eaux en s'échappant deviendront l'accessoire des terrains qui en formeront le lit ; et quand même elles traverseroient des héritages appartenant à cette commune, le droit d'en user au passage deviendroit un droit privé pour celui dont elles borderoient ou traverseroient ensuite le fonds ; il pourroit même acquérir, par les moyens que nous indiquerons n. 93 et suiv., le droit d'empêcher la commune de donner au superflu des eaux non absorbées par la consommation, une direction à la sortie des emplacemens publics, qui ne permettroit plus à ces eaux de venir sur son fonds.

42. On ne peut toutefois se dissimuler que la situation naturelle des lieux ne place souvent les objets qui composent le domaine public ou municipal dans la dépendance de quelques fonds particuliers, et alors ce que nous avons dit plus haut ne seroit pas applicable ; tel est le cas où un fonds placé dans le domaine public ou municipal est forcé de recevoir les eaux qui découlent d'un héritage supérieur. Ici la nature des choses l'emporte sur toute autre considération. Mais dans ce cas même, cet effet indispensable de la situation des lieux n'est point réglé comme s'il s'agissoit de biens qui seroient dans le commerce. Ceux-ci ne peuvent jamais être affranchis des servitudes naturelles que par le consentement formel et libre

des propriétaires qui ont le droit de les réclamer, ou par le changement des lieux ; lorsque plusieurs héritages sont en position de recevoir les eaux d'un fonds supérieur, on verra, n. 84 et 87, qu'il appartient aux tribunaux de déterminer celui qui doit les recevoir : au contraire, le privilége des choses qui composent le domaine public ou municipal est si grand, que les principes du droit commun peuvent, dans ces cas, être modifiés en leur faveur. Ainsi une place, une promenade, un rempart ou les fossés d'une ville pourroient être situés de manière à recevoir naturellement les eaux supérieures ; et cependant le gouvernement ou l'administration locale auroit droit d'exiger que le propriétaire du fonds le plus élevé dirigeât l'écoulement de manière qu'elles ne vinssent pas se rendre sur cette promenade ou dans ces fossés. Le propriétaire voisin qui par ce changement se trouveroit recevoir des eaux qui se rendoient plus naturellement sur la propriété publique ou communale ne pourroit s'y refuser, comme nous verrons plus bas qu'il en auroit le droit, si une propriété privée devoit les recevoir par la disposition des lieux (1).

Cet exemple suffit, avec d'autant plus de raison, qu'il ne peut y avoir de législation précise sur ce point ; l'utilité publique, qui est la loi suprême, étant subordonnée aux circonstances, et d'ailleurs cette matière étant régie par des règles particu-

(1) Dig. lib. 39, tit. 3, *De aq. et aq. pluv. arc.* l. 2, § 5.

lières, dont l'appréciation n'appartient point aux tribunaux.

43. C'est principalement, comme on l'a vu n. 34, à l'égard des servitudes légales qu'existe cet affranchissement du domaine public ou municipal (1). On ne pourroit invoquer, pour en exercer quelques-unes sur les objets qui le composent, les lois qui y assujétiroient, dans les mêmes circonstances et dans la même position, les biens des particuliers.

Celui dont la propriété joint immédiatement les fortifications d'une ville où tout autre édifice public, ne pourroit argumenter de la présomption légale de mitoyenneté, ou exiger que la mitoyenneté lui soit vendue, en invoquant les articles 653 et 661 du code; le voisin d'une prison ou de tout autre édifice public ne pourroit ouvrir sur les cours ou terrains qui en font partie, les jours qu'autorisent les articles 676 et 677, comme il le pourroit sur des propriétés particulières (2). Lorsque par le résultat des jugemens rendus par les tribunaux, conformément à l'article 1 de la loi du 12 mai 1825, l'état a été déclaré propriétaire des arbres plantés au bord des routes, les riverains ne sont pas admissibles à invoquer les règles de distances déterminées par l'article 671 du

(1) Dig. lib. 8, tit. 1, *De servit.* l. 14. § 2; lib. 39, tit. 3, *De aq. et aq. pluv. arc.* l. 17, § 2 et 3.

(2) Bourjon, *Des servitudes*, tit. 1, chap. 11, sect. 2, n. 7.

code ; car ce seroit rendre impossible cette plantation, qui a paru si utile à l'intérêt public que la loi du 9 ventôse an XIII, conforme à d'anciens règlemens, en avoit imposé l'obligation aux riverains.

On sent aisément les motifs qui ont fait admettre ces exceptions au droit commun (1), pour soumettre ces sortes de propriétés aux lois et règlemens administratifs. Nous aurons occasion de développer ce qui vient d'être dit lorsque nous traiterons des servitudes établies dans l'intérêt public.

Quant aux servitudes conventionnelles, ce que nous avons dit n. 41 suffit pour démontrer que la prescription ne pourroit point en faire acquérir, et pour expliquer le caractère des concessions qu'accorderoit l'administration, ainsi que les effets des titres qu'on invoqueroit contre elle.

44. Mais ce privilége des objets dont se compose le domaine public et municipal, n'emporte pas une réciprocité nécessaire. Sans doute, lorsque dans les cas prévus par les lois des 9 ventôse an XIII et 12 mai 1825, les particuliers sont reconnus propriétaires d'arbres plantés sur le bord d'un chemin, l'état ou les communes ne pourroient les obliger à observer les distances prescrites par l'article 671 du code. Les lois et règlemens administratifs pourroient seuls être invoqués

(1) Cod. lib. 8, tit. 10, *De ædificiis priv.* l. 9. — Cæpolla, tr. 1, cap. 61, n. 5.

relativement à l'élagage. Mais sauf ces exceptions et d'autres qu'indiqueroit l'analogie, on peut tenir pour principe que les biens des particuliers sont assujétis envers les objets formant le domaine public ou municipal, aux mêmes servitudes et de la même manière que si ces objets apparte-noient à des particuliers ; et en outre, par suite des principes que nous avons énoncés plus haut, ils peuvent, par des motifs d'utilité publique, être obligés d'en souffrir dans des circonstances où ils n'y seroient pas obligés envers les particuliers, ainsi que cela résulte des articles 29 et suivans du titre 1er de la loi du 10 juillet 1791, et des articles 1 et suivans de celle du 17 juillet 1819.

SECTION DEUXIÈME.

Immeubles qu'on peut grever de servitudes.

45. Tous les immeubles susceptibles de propriété privée, quel que soit celui à qui ils appartiennent, peuvent être grevés de servitudes. Nous donnons sans hésiter ce nom d'immeubles susceptibles de propriété privée, à ceux qui appartiennent à l'état, connus sous le nom de *domaine national*, qu'il ne faut pas confondre avec le domaine public dont nous avons parlé dans la section précédente. Les domaines ou biens nationaux sont dans les mains de l'état, comme ceux des

particuliers sont dans leurs mains; il en perçoit les produits ou il en afferme la jouissance, et lors même qu'il les exploiteroit pour l'utilité d'une branche de service public, tels que sont les hôtels occupés soit par des ministères, soit par des administrations générales ou spéciales, des moulins à poudre, des forges, etc., ce seroit méconnoître tous les principes que de les ranger sous la qualification de domaine public, et de leur en appliquer les priviléges. Souvent même certains objets qui, pendant un temps plus ou moins long, ont été considérés et employés comme partie du domaine public, perdent cette qualité par des dispositions des lois ou du gouvernement; on a vu n. 35, que les fortifications des villes qui ne sont plus places de guerre, des châteaux forts dont le service est jugé inutile, se trouvent dans ce cas, conformément aux articles 5 de la loi du 1er décembre 1790, 3 du titre 1er de celle du 10 juillet 1791, et 541 du code civil.

Les règles particulières sur l'administration des biens nationaux ne permettent point qu'ils soient aliénés autrement que suivant les formes spéciales déterminées par les lois; et comme l'imposition d'une servitude est une sorte d'aliénation, il s'ensuit que les administrateurs sont astreints à remplir certaines formalités, lorsqu'il s'agit d'une imposition de servitudes. Mais ces biens peuvent, conformément à l'article 541, être acquis par prescription au préjudice de l'état, contre lequel la prescription court dans les mêmes cas où elle court contre les particuliers, ainsi que le décide l'article 2227; la prescription serviroit donc à y faire acquérir des servitudes.

A plus forte raison, ces biens ne sont-ils point affranchis des servitudes naturelles et des servitudes légales auxquelles ils seroient soumis, s'ils étoient entre les mains des particuliers. Tout le droit de l'état consisteroit à les éteindre, au moyen d'une indemnité pécuniaire, par suite du principe qui autorise l'expropriation pour cause d'utilité publique.

Il est une autre classe de biens qui sortis du domaine national et appliqués à la dotation de la liste civile, jouissent d'une plus grande faveur que les biens dont l'état est propriétaire et dont ses agens conservent l'administration. Aux termes de l'article 9 de la loi du 8 novembre 1814, les biens formant la dotation de la liste civile, sont imprescriptibles et ne peuvent être grevés d'aucune charge; mais cette faveur ne les exempte ni de l'obligation de supporter les servitudes résultant de la situation des lieux, ni de celles que la loi a établies en faveur du voisinage (1), ni même des servitudes conventionnelles dont ils se trouvoient grevés, lorsqu'ils sont entrés dans le domaine de l'état qui les a ensuite attribués à la liste civile.

Il peut y avoir plus de doutes sur les biens des apanages. Il est bien vrai qu'un senatus-consulte

(1) Rejet, 7 mars 1829, D. 29, 1, 238.

du 30 janvier 1810, articles 74 et 75, leur avoit appliqué les règles relatives aux biens de la liste civile. Mais cet acte a cessé d'être en vigueur avec la dynastie qu'il concernoit. Il semble difficile de considérer les biens dont un apanage est formé sous un autre point de vue que les biens substitués; c'est donc par les règles que nous expliquerons n. 247, qu'il faudroit se décider à cet égard.

46. De même qu'il ne faut pas confondre les biens nationaux avec le domaine public, de même on ne peut confondre avec le domaine municipal, des biens qui appartiendroient à une commune ou à une section de commune, nommés *biens communaux* (1).

L'article 542 du code, reproduisant une définition qu'avoit donnée l'article 1 de la section 1ère de la loi du 10 juin 1793, confond sous cette dénomination générique de communaux, et les biens sur la propriété desquels les habitans d'une commune ou d'une section de commune ont un droit commun, et ceux dont ils n'ont que le produit : mais il est évident que si la commune n'a droit qu'au produit d'un immeuble, c'est parce que le fonds ne lui appartient pas et qu'il appartient à un autre; qu'alors le droit au produit n'est qu'une servitude habituellement connue sous le nom d'*usage*.

(1) Dig. lib. 18, tit. 1, *De contrahendâ emptione*, l. 6 pr.

Ce ne peut donc être dans ce dernier sens que nous entendons ici le mot biens communaux. Il importe peu que ces biens soient affermés ou loués par les administrateurs de la commune pour employer le montant des redevances à ses besoins, tels que seroient des maisons, des terres labourables, des prés, etc.; que les habitans s'en partagent, à certaines époques, les produits naturels tels que des bois dont la distribution a lieu sous le nom d'affouages; que ces objets soient consacrés à l'utilité et au service particulier de la commune, comme les maisons dites de la mairie, les colléges, les logemens d'instituteurs ou d'institutrices primaires, et même les presbytères, lorsqu'au lieu d'appartenir aux fabriques par l'effet des restitutions qu'a prescrites l'arrêté du gouvernement du 7 thermidor an XI, interprété par un avis du conseil d'état approuvé le 30 avril 1807, ou d'avoir été acquis par ces établissemens, ils l'ont été par les communes; ou enfin que tous les habitans en jouissent chaque jour en commun, par exemple des pâturages où les bestiaux paissent perpétuellement : ces biens sont entre les mains des communes ce que sont les autres propriétés dans les mains des citoyens (1). Non-seulement ils sont susceptibles d'être vendus, en remplissant les formalités prescrites par les lois et règlemens; mais ils peuvent même, conformé-

(1) Dig. lib. 5, tit. 8, *De rerum divis.* l. 6 § 1. — d'Argentré, *Cout. de Bretagne*, art. 266, chap. 25.

ment à l'article 2227 du code, être acquis par prescription; ils peuvent donc être grevés de servitudes soit par des conventions dûment autorisées, soit par l'effet de la prescription dans les mêmes cas où elle en feroit acquérir contre les particuliers (1); à plus forte raison sont-ils assujétis à celles qui naissent de la situation des lieux et du voisinage (2).

Ces règles s'appliquent sans le moindre doute aux biens qui de leur nature sont susceptibles d'une propriété privée, et en outre à ceux qui n'en ayant point été susceptibles pendant un temps plus ou moins long, et ayant fait partie du domaine municipal, cessent d'être consacrés à l'usage public. Ainsi des rues, des places, des cimetières, peuvent être supprimés dans les cas prévus par la loi du 15 mai 1791 et les actes du gouvernement des 23 messidor an IV et 24 prairial an XII; ils ne sont plus alors que de simples biens communaux.

La législation intervenue depuis 1789 donne, au sujet des biens communaux, des règles qui ont singulièrement modifié les principes de l'ancienne jurisprudence. La plus importante de ces modifications est celle qui résulte des lois des 28 août 1792 et 10 juin 1793, lesquelles en étendant les effets de l'abolition du régime féodal, ont enlevé aux anciens seigneurs la propriété des terres

(1) Rejet, 21 mars 1831. D. 31, 1, 152.
(2) Dig. lib. 3 et 4, *Quod cujuscumque univ.* l. 9.

vaines et vagues et l'ont transférée aux communes, à qui déja la loi du 15 août 1790 avoit attribué les rues et places, et les chemins dits vicinaux ou communaux, comme on l'a vu n. 41.

Ces terres vaines et vagues, désignées sous un grand nombre de dénominations diverses, sont par l'article 9 de la loi du 28 août 1792 et par l'article 8 de la section 4 de celle du 10 juin 1793, déclarées faire, de plein droit, partie des biens communaux. Toutefois cette faveur n'a été accordée qu'à la condition que les communes en feroient la réclamation dans le délai de cinq ans à partir de la promulgation de la première de ces lois. La jurisprudence a expliqué cette dernière disposition en déclarant que la nécessité d'agir n'étoit pas imposée aux communes qui étoient en possession. Mais cette exception, fondée sur la règle que celui qui possède un bien, ne peut être tenu d'agir en revendication de ce bien contre qui que ce soit, nous semble ne devoir être entendue que d'une possession à titre de propriétaire, telle que la définissent l'article 2229 du code civil et l'article 23 du code de procédure; de manière que s'il étoit établi que la possession de la commune dérive d'une concession qui ne lui attribueroit qu'un usage, il auroit été nécessaire, si elle prétendoit avoir la propriété, qu'elle agît dans le délai de cinq ans. Des développemens plus étendus sortiroient des limites que nous trace le titre de cet ouvrage.

Des établissemens formés dans les communes,

administrés avec leur concours et sous leur surveillance, quelquefois même soutenus par une partie des revenus communaux, tels que des hospices, maisons de charité, etc., peuvent aussi avoir des propriétés. Ce que nous venons de dire sur les biens communaux et sur la possibilité qu'ils soient grevés de servitudes y seroit applicable. Il y auroit également lieu de les appliquer à des propriétés appartenant aux départemens et aux arrondissemens, lorsque ces propriétés ne sont pas du nombre de celles qu'on peut, suivant les principes expliqués n. 35, ranger dans le domaine municipal.

47. Quant aux biens qui appartiennent aux particuliers, il n'en est aucun qui ne soit susceptible d'être grevé de servitudes, sauf l'application des règles de capacité dans la personne de ceux qui les possèdent ou qui les administrent.

La circonstance que quelques immeubles sont déja grevés de servitude envers le public, ne seroit pas un motif qui s'opposât à ce que des particuliers y pussent acquérir des servitudes dans l'intérêt privé de leurs fonds. Ces objets ne jouissent pas de l'immunité dont nous avons expliqué les causes et les effets n. 41. Ils ne sont pas propriétés publiques. Ce qui appartient au public, ce n'est pas le fonds, mais la servitude; c'est donc la servitude seule qui est inaliénable et par conséquent imprescriptible. Mais si, sans diminuer ou entraver en rien la servitude due au public, quelqu'autre servitude privée, peut être exercée sur ces objets, rien ne s'oppose à ce qu'elle y soit valablement acquise.

Ainsi, comme nous l'avons vu n. 12, des particuliers, presque toujours en assez grand nombre et constitués en société civile ou commerciale, ont construit des chemins, des canaux qu'ils se sont engagés à grever de la servitude perpétuelle envers le public d'y permettre le passage, sous les conditions et aux prix déterminés par les autorisations que leur a données le gouvernement.

Ces chemins, ces canaux n'en sont pas moins des propriétés privées qui peuvent être vendues par ceux à qui elles appartiennent. Dès qu'elles peuvent être vendues, rien, en principe, ne feroit obstacle à ce que la prescription en dépouillât leurs propriétaires; mais les nouveaux acquéreurs, de quelque manière qu'ils fassent ces acquisitions, seroient obligés de maintenir le chemin, le canal, ou la portion devenue leur propriété, en état de sujétion à la servitude enver les public. Ces objets ne seroient entrés dans leurs mains qu'avec la charge précédemment imposée, suivant les principes expliqués n. 10.

Dès qu'ils peuvent être aliénés, ils peuvent être grevés de servitudes, sous la même condition et avec la même restriction.

Il s'ensuit que si parmi les dépendances d'un canal, telles que les berges ou francs-bords, les étangs ou lieux de réserve des eaux, les rigoles, il se trouvoit quelques portions susceptibles d'offrir un service d'utilité à un fonds, sans rien diminuer de celui que le canal procure au public, ce service d'utilité pourroit être acquis et former une servitude, sans qu'on eût droit d'invoquer la règle d'après laquelle le domaine public est imprescriptible.

Nous avons supposé dans ce qui vient d'être dit, que les particuliers ou les compagnies qui ont construit les ponts, chemins ou canaux dont il a été parlé, en étoient propriétaires à charge de servitude envers le public. Il faut maintenant supposer une autre hypothèse qui se réalise quelquefois ,et qui même se reproduira souvent d'après la marche que prend le gouvernement en accordant les autorisations.

Il peut se faire que le particulier ou la compagnie constructeurs soient tombés d'accord avec l'état que leur droit de concession finiroit à une certaine époque, 50, 60, 80 ans ou plus, à compter de la parfaite confection de l'ouvrage entrepris ; époque à laquelle l'état en disposeroit librement et à son gré.

On peut demander, dans ce cas, quel est le caractère de ces sortes de propriétés, pendant le temps de la jouissance des entrepreneurs ou constructeurs : font-ils, dès le moment de la construction, partie du domaine public, ou ne le deviendront-ils qu'au terme où expirera le droit des entrepreneurs ?

On sent l'importance de la question pour l'application des principes ci-dessus ; car si ces objets font, même pendant la jouissance des entrepreneurs, partie du domaine public, ils ont été imprescriptibles, conformément aux articles 538 et 2226 combinés du code.

Une distinction nous semble nécessaire. Si la convention intervenue entre l'état et les entrepreneurs se borne à donner à l'état la faculté de prendre le pont, le chemin, le canal, moyennant un certain prix ou un remboursement plus ou moins considérable, l'état ne sera propriétaire qu'à cette époque; jusque-là le pont, le chemin, le canal, auront été une propriété privée qui aura pu être valablement grevée de servitudes. Lorsque l'état usera de son droit d'achat, il ne pourra se refuser à les souffrir, sauf son action en dommages-intérêts contre les constructeurs qui auront atténué l'objet qu'ils s'étoient obligés à lui céder.

Mais si la concession constate que les concessionnaires s'obligent envers l'état à construire le pont, le chemin, le canal, à en faire les dépenses en totalité de leurs fonds, ou en partie avec leurs fonds, en partie avec les fonds du trésor ou de corps moraux, tels que communes ou départemens, et que pour se rembourser ils auront une jouissance de 60, 80, 100 ans, dès cet instant ces objets appartiennent à l'état. Toute chose doit avoir un propriétaire; évidemment celui-là n'est pas propriétaire d'une chose qui n'a droit d'en jouir que pendant un temps déterminé, n'importe quelle en soit la durée; il n'est qu'un usufruitier, un emphytéote. Le propriétaire véritable est celui qui, à l'expiration du terme, se trouvera, soit par lui, soit par ses représentans, joindre, à son droit au fonds, le droit à la jouissance. Dans notre espèce, c'est donc évidemment l'état; le pont, le chemin, le canal, lui appartiennent, les concessionnaires en sont seulement usufruitiers.

Nous ne croyons point ici mettre en avant des principes exceptionnels au droit commun. Cette position peut se présenter dans les affaires privées. Une personne peut construire une maison; et, soit par libéralité, soit parce qu'un autre lui a fourni une partie des dépenses, le constructeur peut consentir à n'être qu'usufruitier de cette maison, dont l'autre sera nu-propriétaire. Dans notre espèce, lors même que la construction est faite en entier par les fonds des entrepreneurs, il est vrai de dire que l'état leur paie la nue-propriété, d'abord en leur cédant son droit d'expropriation pour cause d'utilité publique, et souvent aussi les portions de domaine national ou de domaine public qu'il est nécessaire d'englober dans la construction; en outre en leur concédant le droit de percevoir pendant leur jouissance un impôt appelé taxe, impôt prélevé sur tous ceux qui useront de la chose construite, et combiné de manière que les entrepreneurs ont le juste espoir de retrouver leurs capitaux, des intérêts et des bénéfices. Ainsi l'état a réellement donné un prix pour acquérir cette nue-propriété à laquelle l'usufruit ne doit se joindre qu'au bout d'un long-temps.

Mais puisqu'il est nu-propriétaire d'un objet

consacré au service public, cet objet est alors une partie intégrante du domaine public, et en a dès l'instant même tous les privilèges. Nul ne peut donc y acquérir, si ce n'est dans les formes déterminées pour l'aliénation du domaine public, ni propriété, ni servitudes.

S'il n'en est point ainsi des ponts, routes ou canaux appartenant aux constructeurs d'une manière indéfinie, perpétuelle et incommutable, c'est que l'état n'est pas propriétaire de ces objets, et que la première condition pour qu'une chose fasse partie du domaine public est qu'elle appartienne à l'état.

Nous examinerons n. 247 quel pourroit être l'effet d'une servitude acquise sur une chose grevée d'usufruit, et ce que nous dirons à ce sujet pourra servir à compléter la théorie que nous venons d'exposer.

48. La liberté que les particuliers ont de grever leurs fonds de servitudes, n'a d'autres limites que celles que tracent, ou des obligations précédentes, en ce sens qu'on ne peut concéder une servitude qui anéantiroit ou modifieroit une servitude déja concédée, ou les lois qui pouvant, ainsi qu'on le verra n. 136 et suivans, obliger les propriétaires à supporter sur leurs fonds certaines charges en faveur d'autres fonds, peuvent par le même motif les empêcher d'en imposer lorsqu'il pourroit en résulter quelque effet contraire à l'utilité publique.

Mais ces prohibitions ne se présument pas ; les lois ou les règlemens autorisés par les lois doivent les prononcer expressément. Lorsqu'ils le font, leur effet s'applique tant à l'état actuel qu'à l'état futur ; quelquefois même ils ne prohibent pas simplement les stipulations pour l'avenir, ils s'appliquent encore à celles qui existent déja, pour les anéantir ou les modifier (1). Nous en donnerons quelques exemples n. 320.

Un héritage peut devoir la même servitude par le même lieu et à la même heure, à plusieurs fonds qui appartiennent à différens propriétaires. Ainsi un passage peut servir, une fontaine peut fournir de l'eau à divers héritages (2) ; mais entre ces concessionnaires on doit établir un ordre qui empêche que l'un ne nuise à l'autre dans l'exercice de son droit (3). Il suit de là que celui qui est tenu de laisser couler sur un fonds l'eau qui naît dans son héritage, peut concéder le même droit à un autre, sans le consentement du propriétaire du premier, et ainsi de suite, en respectant les droits ou l'intérêt de ce premier concessionnaire, ainsi que des autres, dans l'ordre de leurs titres (4). Les tribunaux jugeroient si la source

(1) Dig. lib. 8, tit. 3, *De servit. præd. rust.* l. 2, § 1 et 2, tit. 4, *Communia præd.* l. 15 ; lib. 33, tit. 3, *De servit. legatâ*, l. 4. — Voet, *ad Pand.* lib. 1, tit. 3, sum. 17.

(2) Legrand, *Cout. de Troyes*, art. 173, n. 3. — Bouhier, *Cout. de Bourgogne*, ch. 62, n. 79. — Salvaing, *Usage des fiefs*, p. 472.

(3) Dig. lib. 43, tit. 20, *De aquâ quotid. et æst.* l. 4.

(4) Dig. lib. 39, tit. 3, *De aq. et aq. pluv. arc.* l. 8.

produit assez d'eau pour que l'effet d'une concession postérieure ne nuise pas aux antérieures (1); et s'il étoit jugé qu'elle leur nuit, la concession n'auroit aucun effet à leur préjudice.

Mais ce principe n'est pas toujours aussi facile à appliquer, qu'il paroît simple et vrai.

Supposons en effet qu'en vertu d'un accord avec le propriétaire de la source, un canal d'irrigation destiné à porter au loin les eaux ait été construit; que des concessions successives aient accordé des prises en quantités déterminées à un grand nombre de propriétaires; qu'après avoir pendant un certain temps rempli cette destination, sans que les premiers concessionnaires aient été lésés par les concessions postérieures, un événement de force majeure diminue considérablement le volume général de l'eau, il ne sera ni juste ni possible d'opérer par voie de retranchement graduel de manière à priver totalement les derniers pour conserver aux premiers tout ce qui leur a été concédé. C'est une force majeure qui les frappe tous, et une réduction proportionnelle est le seul remède qui nous paroisse praticable. Nous ne croyons pas même qu'on pût distinguer, parmi ceux qui ont des prises d'eau, les acquéreurs par titres et les acquéreurs par prescription.

Dans les cas où les tribunaux refuseroient à un concessionnaire postérieur l'usage d'une ser-

(1) Cod. lib. 3, tit. 34, *De servit. et aquâ*, l. 4.—Cæpolla, tr. 2, cap. 4, n. 11.

vitude, les termes des actes et même les circonstances devroient être appréciés lorsqu'il s'agiroit de prononcer les dommages-intérêts. Si la concession avoit été gratuite, on auroit juste sujet d'en conclure que le donateur n'a entendu accorder que ce qu'il étoit possible d'avoir dans l'état où se trouvoient les choses, et aucune garantie ne seroit due par lui. Si la concession avoit été faite moyennant un prix, la même présomption ne seroit pas admissible, à moins qu'il ne se rencontrât d'autres considérations, et le cédant seroit en général tenu à rendre le prix (1). Si le droit avoit été acquis par prescription, il est évident qu'aucune garantie, aucune indemnité ne seroit due; car celui qui invoque la prescription n'a pu acquérir que ce qui étoit susceptible d'être acquis.

On voit par ce qui vient d'être dit, qu'à plus forte raison, il est permis d'accorder sur un fonds une servitude autre que celle qu'il doit déja : celui qui a droit à la première, ne peut s'opposer à l'exercice de la seconde, sauf le cas où elles se nuiroient respectivement; alors le droit du premier concessionnaire devroit être préféré (2).

De même qu'un héritage peut devoir une même servitude à des fonds divers, de même plusieurs héritages peuvent en devoir une en commun au

(1) Alexander, cons. 203, n. 14 et 15.—Dumoulin, ad h. cons. — Legrand, *Cout. de Troyes*, art. 180, n. 16.—Henrys, liv. 3, ch. 3, quest. 35.—Sanleger, *Resolut. civ.* cap. 48, n. 18.

(2) Dig. lib. 8, tit. 3, *De servit. præd. rust.* l. 14.

même héritage. Le droit de l'exercer, la manière de la conserver et l'obligation de la souffrir, ont lieu comme si chacun d'eux en devoit une séparément.

49. On a droit d'imposer des servitudes sur la seule superficie, ce qui peut s'entendre sous plusieurs rapports.

Celui qui a le dessus d'un terrain dont le dessous appartient à un autre, ou l'étage supérieur d'une maison dont les étages inférieurs appartiennent à d'autres propriétaires, peut grever sa propriété de telle servitude qu'il juge à propos; il faut seulement qu'il n'en résulte rien de préjudiciable aux droits des autres copropriétaires, et que celui à qui cette servitude est accordée ne fasse rien de plus qu'il n'est permis à celui qui l'a concédée.

Celui qui a obtenu la faculté temporaire ou illimitée, mais révocable, de construire sur le sol d'autrui peut accorder sur cette construction une servitude ; mais elle n'affectera pas les fonds, parce que la superficie et le fonds sont distincts (1), elle n'excèdera aussi ni l'étendue, ni la durée des droits du cédant.

On peut acquérir le droit d'avoir des arbres plantés sur le terrain d'autrui, conformément à l'article 553, et dans ce cas la seule superficie est

(1) Dig. lib. 8, tit. 1, *De servit.* l 3 ; lib. 43, tit. 18, *De superficiebus*, l. 1, § 9.

grevée ; car ce que produit le fonds, naturellement ou par culture, à l'exception des arbres, appartient au propriétaire grevé (1).

Enfin, on peut convenir, que tant qu'un héritage sera dans *tel* état de culture, il sera soumis à *telle* servitude : par exemple, on peut grever un étang d'un droit de pacage, sans l'assujétir à aucune charge représentative pendant le temps qu'il sera remis en culture ordinaire.

50. Il n'est pas nécessaire que l'immeuble sur lequel on accorde la servitude, ou que celui en faveur duquel on la constitue, existe au moment du contrat (2). Ainsi, de même que nous avons vu n. 14, qu'on pouvoit promettre une servitude sur un fonds dont on n'est pas encore propriétaire, ou en stipuler une sur un fonds qu'on ne possède point encore, de même on peut acquérir le droit de faire passer par un champ une source qui n'est pas encore découverte (3); et la convention aura son exécution, soit à l'époque à laquelle le fonds sera devenu la propriété de celui qui a accordé le droit de servitude, soit quand l'état des lieux en permettra l'exercice. On peut, par la même rai-

(1) Rejet, 26 décembre 1833. D. 34, 1, 72. Rejet, 13 février 1834. D. 34, 1, 120.

(2) Dig. lib. 8, tit. 2, *De serv. præd. urb.* l. 23, § 1. — Cæpolla, tr. 1, cap. 16, n. 2. — Dumoulin, *Tract. sexd. leg.* n. 13, 14, 15, 26, 30, 36, 47 et 52. — Cocceii, *Jus civile controversum*, de servit. quæst. 8.

(3) Dig. lib. 8, tit. 3, *De servit. præd. rust.* l. 10 ; lib. 8, tit. 5, *Si servit. vind.* l. 21.

son, convenir qu'après sa construction, un édifice jouira ou sera grevé de certaines servitudes.

Nous donnerons, n. 301 et 310, quelques règles sur la manière dont les effets d'une telle stipulation peuvent être anéantis ou modifiés par la prescription. Il suffit de dire ici qu'elle n'auroit rien de contraire aux principes généraux.

51. Les héritages auxquels peuvent être dues des servitudes étant urbains ou ruraux, il en résulte une distinction semblable entre les servitudes; mais cette distinction très importante dans l'ancien droit, n'a plus, sous l'empire du code civil, d'influence sur la manière de les acquérir, d'en user ou de les perdre.

On nomme *urbaines* les servitudes établies pour l'usage d'un héritage urbain, et *rurales* celles qui sont établies pour l'usage d'un héritage rural.

La dénomination de ces servitudes semble s'écarter un peu de leur définition. On seroit tenté, pour l'appliquer, de ne considérer que la situation des héritages, et de donner le nom d'urbains à tous ceux qui sont situés dans les villes, et celui de ruraux à tous ceux qui sont situés dans les campagnes.

L'article 687 du code repousse une telle interprétation, en qualifiant héritages *urbains* les bâtimens quoique situés à la campagne, et *ruraux*, les seuls fonds de terre.

52. Il en résulte que les moulins, étables, gran-

ges, celliers, pressoirs, etc., quoiqu'ils aient une destination purement champêtre, sont des héritages urbains (1), et que les servitudes qui leur sont dues, doivent recevoir ce nom (2). On ne doit pas même hésiter à décider que les jardins ou terrains cultivés, joints à des habitations situées dans les villes, doivent être classés parmi les héritages ruraux. Quelque raison apparente qu'on pût avoir de croire que ces portions de terrains accessoires des bâtimens qu'ils rendent plus agréables, sont de même nature que l'objet principal, il n'est pas dans l'esprit de la loi de faire une telle distinction qui prêteroit trop à l'arbitraire.

CHAPITRE III.

Principes généraux sur l'exercice des servitudes.

53. Le droit d'user des servitudes et l'obligation de les souffrir, sont assujétis à des règles générales dont il nous semble naturel de parler ici, en faisant remarquer toutefois que ces règles

(1) Dig. lib. 33, tit. 10, *De suppel. leg.* l. 12; lib. 50, tit. 16, *De verb. signif.* l. 166, 198, 211 : mais on voit Dig. lib. 8, tit. 3, *De servit. præd. rust.* l. 2; tit. 4, *Communia præd.* l. 1; lib. 20, tit. 2, *In quibus causis*, etc., l. 2, § 1, que les sentimens étoient divisés.

(2) Dunod, *Traité des prescrip.* part. 3, ch. 6, p. 287.

s'appliquent plus particulièrement et plus habituellement aux servitudes conventionnelles. Celles qui naissent de la disposition des lieux ou de la volonté de la loi étant des obligations de voisinage et des engagemens qui se forment sans convention, ainsi que les définit l'article 1370 du code, les règles sur la manière dont on doit en user ou les supporter, sont plus étroitement liées avec les principes sur la nature et les effets de ces charges. Dans les chapitres spécialement consacrés à ces espèces de servitudes, on trouvera les modifications et les développemens dont est susceptible, à leur égard, ce que nous dirons dans les deux sections suivantes. Il sera même utile, en ce qui concerne les servitudes conventionnelles, de se reporter aux notions que nous donnerons n. 230 et suivans.

SECTION PREMIÈRE.

Comment on doit user des servitudes.

54. Celui qui a un droit de servitude, ne peut l'exercer que dans la mesure fixée par la loi ou les règlemens de l'administration publique dans les matières qui, telles que les servitudes naturelles, en sont susceptibles; par les conventions; par la prescription, ou, à défaut de ces moyens, par l'arbitrage des tribunaux. Ainsi, celui qui a le

droit de faire passer à travers un fonds une certaine quantité d'eaux ne peut en augmenter le volume. Il ne peut, en général, altérer ces eaux, de manière à nuire à la propriété grevée, à moins que cela ne soit une conséquence évidente et nécessaire du droit qui lui appartient (1); et surtout il ne peut y mêler des eaux étrangères à celles qu'on a eu en vue dans l'établissement de la servitude. S'il se permet cette infraction, il peut être condamné à des dommages-intérêts (2). Nous verrons n. 85, 88 et 91, comment ces principes sont applicables à l'obligation de recevoir les eaux qui coulent par la disposition des lieux.

Nous ne tirons pas toutefois du principe qui vient d'être exposé la conséquence que celui à qui la servitude est due, soit obligé de faire les ouvrages propres à empêcher qu'elle soit, pour le fonds grevé, une source de dommage. Ainsi, lorsqu'il existe un droit de pâturage dans un bois, s'il est nécessaire d'établir des fossés ou autres clôtures pour empêcher les bestiaux de se répandre de la partie défensable dans celle qui ne l'est pas, ces mesures de précaution sont à la charge du fonds grevé. Si le second alinéa de l'art. 71 du code forestier a établi d'autres règles en faveur des bois de l'état, elles n'ont point été étendues aux bois des particuliers, et les raisons d'analogie ne sont pas assez décisives pour qu'on les y applique.

(1) Dig. lib. 43, tit 21. *De rivis*, l. 1, § 8.

(2) Dig. lib. 43, tit. 20. *De aquâ quotid. et æstivâ*, l. 1, § 17.

Le droit que donne une servitude s'étend nécessairement à tous les accessoires sans lesquels il ne seroit pas possible d'en user (1). Ainsi, le puisage, l'abreuvage dans un puits, une fontaine, donne le droit de passer sur la partie de l'héritage dans laquelle ces objets sont situés. Mais l'usage de ces accessoires doit être limité au seul objet de la servitude, et n'être exercé que de la manière la moins incommode au fonds grevé (2). Il est même assez naturel que le propriétaire de ce fonds ait le droit de déterminer le point par lequel le passage aura lieu. Le premier alinéa de l'article 71 du code forestier le décide formellement en faveur de l'état, lorsqu'il s'agit du passage des bestiaux pour se rendre au pâturage dans les bois; il seroit injuste de ne pas reconnoître un droit semblable aux particuliers, sauf le recours aux tribunaux si les usagers prétendoient en éprouver quelques diminutions dans leurs droits.

55. L'article 697 du code civil accorde à celui à qui une servitude est due, le droit de faire ce qu'il faut pour en user et la conserver (3). Par exemple, il est permis d'aplanir le terrain d'un

(1) Dig. lib. 8, tit. 2, *De servit. præd. urb.* l. 20, § 1. — Cæpolla, tr. 2, cap 23, n. 6 et 7.

(2) Dig. lib. 8, tit. 1. *De servitutibus*, l. 10. J. Superior ad leg. 8, *De servitutibus*, n. 1, et ad leg. 9, n. 1.

(3) Dig. lib. 8, tit. 3, *De servit. præd. rust.* l. 15; tit. 5, *Si servitus vindic.* l. 4, § 5; lib. 43, tit. 21, *De aq. quot. et æstivâ*, l. 3, § 5, l. 4, pr. et § 1, l. 5, pr.

passage, de le paver, d'y faire même un escalier, si la servitude ne peut être utile que de cette manière (1). Ce droit fait en quelque sorte partie de la servitude elle-même; mais rien n'empêcheroit qu'une clause de l'acte n'en interdît ou n'en modifiât l'exercice. Il ne faut point aussi perdre de vue que la loi n'autorise que les ouvrages nécessaires. Ainsi, celui qui jouit d'un passage à travers un parc, un jardin, ne peut faire paver le point par lequel il exerce cette servitude, sous prétexte d'en rendre l'usage plus commode, si le propriétaire du jardin s'y oppose, parce que le passage n'ayant pas été désigné comme un chemin pavé, ce changement peut nuire à l'agrément de sa propriété (2). Cependant, comme il est juste qu'un tel refus ait au moins une cause plausible, si le propriétaire du fonds auquel est due la servitude de passage, vouloit y faire une amélioration évidemment utile ou du moins agréable, par exemple, le faire sabler, l'opposition du propriétaire du fonds grevé seroit une malice à laquelle les tribunaux ne devroient pas avoir égard.

56. Ce n'est pas seulement lorsqu'il s'agit d'ouvrages sur le fonds grevé que ces principes doivent être suivis; lors même qu'il ne s'agit que d'ouvrages sur le fonds auquel la servitude est due, il

(1) Dig. lib. 8, tit. 4, *Comm. præd.* l. 11, § 1; lib. 43, tit. 19, *De itin. actuq. priv.* l. 3, § 12 et seq.

(2) Dig. lib. 43, tit. 19, *De itin. actuq. priv.* l. 3, § 15.

faut qu'ils ne la rendent pas plus incommode au fonds grevé. Celui qui auroit un droit d'égoût de ses toits sur le terrain de son voisin, ne pourroit réunir les eaux dans une seule gouttière pour les diriger en masse, ou supprimer les gouttières pour les laisser tomber dans toute l'étendue du toit, si le voisin avoit de justes motifs de se refuser à ce changement : il ne pourroit encore étendre la dimension de ses bâtimens, de manière qu'une plus grande surface de toit eût son égoût sur le voisin (1). Si même, sans changer l'étendue du toit, une plus grande élévation qu'il lui donneroit nuisoit à l'héritage grevé, elle ne pourroit avoir lieu sans le consentement du propriétaire de ce fonds.

De même, en réparant le passage par lequel il exerce son droit de servitude, il doit en conserver l'ancien état et les dimensions que détermine le titre constitutif, ou qui existent depuis trente ans, sans pouvoir l'élargir, l'alonger, le creuser, ni l'élever d'une manière qui soit nuisible ou seulement plus incommode au propriétaire du fonds grevé (2). La conséquence de ce principe va jusqu'à lui interdire les changemens qui enlèveroient à ce propriétaire l'utilité qu'il pourroit lui-même tirer de la servitude.

Il faut cependant excepter de cette prohibition, le cas où lés changemens arrivés, soit naturelle-

(1) Dig. lib. 8, tit. 2, *De servit. præd. urb.* l. 20, § 4 et 5.
(2) Dig. lib. 43, tit. 19, *De itin. actuq. priv.* l. 3, § 15.

ment, soit par cas fortuit, à l'état des lieux ou des choses, nécessiteroient des dispositions nouvelles, dont l'effet indispensable seroit d'aggraver la servitude; et c'est principalement à l'égard de celles qui proviennent de la situation des lieux, que cela peut arriver.

Il en est de même de l'exercice des facultés. Celui qui depuis trente ans ou plus, n'avoit pratiqué dans son mur, qui joint immédiatement la cour de son voisin, qu'une seule ouverture de *jours*, suivant les règles déterminées par les articles 676 et suivans du code, pourroit en faire de nouvelles. Le voisin ne peut s'y opposer, sous prétexte que c'est un changement qui aggrave sa portion, parce que celui qui ouvre ces jours n'avoit pas, à proprement parler, une servitude sur le voisin. Le droit d'ouvrir son mur pour obtenir du jour dans sa maison, dérive de sa propriété comme nous l'avons dit n. 21; il est donc maître d'en user suivant son besoin, et quand il veut, pourvu qu'il s'astreigne à prendre certaines précautions que la loi lui impose dans l'intérêt du voisin.

Les servitudes conventionnelles peuvent aussi offrir des cas d'extention semblables, lorsque le titre constitutif donne un droit indéfini. Ainsi un particulier qui a droit d'ouvrir des *vues*, telles qu'il les voudra, sur la maison voisine, ou d'appuyer ses poutres et solives, sans limitation de nombre, sur le mur voisin, peut, s'il le juge convenable, agrandir ses fenêtres, les multiplier même, ou placer de nouvelles poutres et de nouvelles solives dans le mur assujéti. Celui qui a stipulé la faculté de bâtir devant la propriété de son voisin, sans observer la servitude de distances légales que lui imposoit l'article 678 du code, pourra faire sa construction de telle hauteur qu'il voudra, même après avoir d'abord observé une hauteur peu considérable (1). La faveur de la liberté est moins grande encore que le respect pour les conventions, et ce n'est que dans le doute que l'interprétation doit être faite dans l'intérêt du débiteur. A la vérité ce droit, ainsi qu'on le verra n. 301, cessera s'il s'est écoulé trente ans depuis que l'état des lieux est ainsi fixé, parce que si, comme nous l'avons dit, les facultés qui dérivent de la nature ou de la loi ne se perdent pas par le non-usage, ou ne se limitent pas par l'usage qu'on en a fait, il en est autrement des facultés accordées par conventions (2).

Du reste, il est évident que l'appréciation des circonstances appartient aux tribunaux (3). Il étoit impossible que le législateur fît autre chose que de poser une règle générale.

57. Les ouvrages que nécessite l'établissement ou la conservation de la servitude sont aux frais

(1) Dig. lib. 8, tit. 2, *De servit. præd. urb.* l. 24.

(2) Pothier, *Contr. de vente.* n. 391. — Dunod, *Traité des prescriptions*, part. 1, chap. 12, p. 90 et suiv.

(3) Rejet, 30 décembre 1824. D. 25, 1, 45.

de celui à qui elle est due, suivant les principes que nous avons indiqués n. 19. Le plus souvent sans doute il ne peut être contraint par le propriétaire du fonds grevé à les entretenir, parce que cet entretien est uniquement dans son intérêt; cependant il y a des cas où l'action du propriétaire grevé seroit recevable, parce qu'elle seroit justifiée par un intérêt légitime. Ainsi lorsqu'un propriétaire a acquis à titre de servitude, le droit d'avoir, à travers un cours d'eau, une digue appuyant sur la propriété d'un autre, si un événement de force majeure dégrade cette digue, de telle manière que dans cet état la propriété grevée éprouve quelque dommage, il peut et doit être condamné ou à faire cette réparation, ou à détruire la digue en totalité (1).

Le propriétaire du fonds grevé ne peut se refuser à laisser exécuter les travaux nécessaires à l'usage de la servitude, quand même il éprouveroit quelque dommage (2). Le temps et le mode des ouvrages ou des réparations à faire, doivent être disposés de manière que le fonds assujéti n'éprouve que les incommodités indispensables dans une telle circonstance. En conséquence, il faut notifier au propriétaire grevé, avant l'introduction des ouvriers, l'intention de faire les réparations, de manière qu'il puisse prendre les arrangemens

(1) Dig. lib. 8, tit. 5, *Si servitus vindic.* l. 13, — Rejet, 29 novembre 1827. D. 28, 1, 303.

(2) Dig. lib. 43, tit. 21, *De rivis*, l. 3, § 10. — Domat, *Lois civiles* liv. 1, tit 12, sect. 1, n. 2; sect. 4, n. 2, 3, 5; sect. 5, n. 3.

nécessaires pour éviter le préjudice que ce travail pourroit lui occasioner s'il n'étoit pas averti : de son côté ce dernier peut demander qu'on détermine un délai pendant lequel les ouvrages seront achevés, et réclamer des dommages-intérêts pour le tort que lui causeroit un retard dans l'exécution de ces travaux.

Celui qui veut faire exécuter les travaux ne peut profiter de cette occasion pour changer à son avantage ou au détriment du fonds grevé l'état des lieux et l'exercice de la servitude. Le moyen le plus sûr d'éviter les contestations est de faire constater préalablement, et en présence des parties intéressées ou, dans le cas où elles s'y refuseroient, par experts nommés d'office, l'état dans lequel se trouvent les lieux avant l'introduction des ouvriers. C'est le cas d'appliquer par analogie les dispositions de l'article 662 du code, relatif aux ouvrages qu'un des voisins veut pratiquer dans le mur mitoyen.

Souvent dans l'exécution de ces sortes de travaux, le terrain sur lequel est assigné l'exercice de la servitude ne se trouve pas assez étendu pour contenir les matériaux qu'il faut approcher et préparer. Alors le propriétaire de l'héritage assujéti doit souffrir qu'ils soient déposés de la manière la moins incommode pour lui, sur le point le plus voisin de celui sur lequel la servitude est assignée, sans qu'il puisse exiger d'indemnité (1).

(1) Dig. lib. 8, tit. 4, *Communia præd.* l. 11, pr.

58. Le propriétaire d'un fonds auquel une servitude est due, doit se conformer exactement aux conditions d'usage que le titre, et souvent même à défaut d'expressions formelles dans le titre, la nature particulière du droit concédé lui imposent. Ainsi celui qui a le droit d'enlever du sable, de la pierre, du gazon, des feuilles vertes ou mortes dans un héritage, ne peut l'exercer avant d'en avoir averti le propriétaire, pour que celui-ci convienne avec lui du mode le moins dommageable, ou prenne les mesures propres à éviter les abus. Lors même que le titre le dispenseroit expressément de donner cet avertissement, il ne pourroit s'en exempter si l'héritage grevé étoit enclos; il ne lui seroit pas permis de rompre des clôtures de sa propre autorité, sans sommation préalable et sans permission de justice.

Quelquefois même les lois exigent, encore bien que le titre ne le déclare pas, que ceux à qui certaines espèces de servitudes sont dues, ne les exercent qu'avec le concours et l'autorisation pour chaque exercice, du propriétaire du fonds grevé. Tel est le cas d'usages dans les bois : quelque étendue que soit la faculté d'y prendre de quoi se chauffer, construire ou fabriquer certains ustensiles, l'usager ne peut faire aucune coupe, aucun enlèvement, sans avoir obtenu du propriétaire ce qu'on appelle une délivrance. Cette mesure depuis long-temps prescrite relativement aux bois de l'état, et appliquée par une jurisprudence constante à ceux des particuliers, a été consacrée de nouveau par les articles 79 et 120 du code forestier (1). On peut demander, il est vrai, si ces articles sont applicables à des terrains qui produisant de l'herbe ou autres fruits, et étant plantés d'arbres, ne sont pas expressément soumis à l'empire de ce code; terrains sur lesquels il pourroit cependant exister des servitudes de prendre du bois à titre d'usage. Nous n'en doutons point, parce que le code forestier applique une règle générale aux bois, sans entendre la restreindre et l'abroger pour les autres propriétés dont il ne parle pas.

Cette règle ne doit point toutefois devenir une occasion d'abus; et si la délivrance étoit refusée sans cause légitime, l'article 121 du même code donne aux tribunaux le pouvoir suffisant pour vaincre une injuste résistance. Il ne nous semble même pas contraire aux principes, que l'acte de concession dispense l'usager de cette demande en délivrance (2). Cette dispense peut être implicite dans le cas où l'usager a droit d'exploiter toute la superficie d'une portion déterminée d'un bois. Mais à cette exception près, nous ne croyons pas qu'une longue possession de l'usager, d'exploiter sans délivrance, fît obstacle au droit du propriétaire de réclamer le retour au principe.

(1) Rejet, 21 novembre 1812, *Répert. de jurisp.* 5e édit. t. 18, p. 294. Rejet, 24 août 1820. D. 24, 1, 98. Rejet, 13 octobre 1820. D. 22, 1, 61. Rejet, 9 mai 1822. D. 22, 1, 442. Rejet, 20 mars 1823. D. 23, 1, 140.

(2) Rejet, 4 janvier 1821, *Répert. de jur.* 5e édit. t. 18, p. 310.

C'étoit pour ce dernier une faculté dont le non-usage n'a pu lui ôter le droit.

Les servitudes étant des charges imposés à une propriété, leur exercice doit être strictement renfermé dans les termes des conventions qui les ont constituées.

On ne pourroit par identité de raison, réclamer sur un fonds une servitude qui n'a pu être exprimée par l'acte d'assujétissement, à moins que cette servitude ne fût l'accessoire et le mode d'exécution inséparable et indispensable du droit qu'on a ; tel est, comme on l'a vu n. 54, le passage pour exercer le droit de puisage ou d'abreuvage à la fontaine grevée de cette servitude.

Ainsi lorsqu'un canal a été construit et grevé envers le public de la servitude de souffrir le passage des bateaux, trains de bois et autres marchandises, ceux qui en usent ne peuvent exiger un autre service, tel que seroit un stationnement plus ou moins long (1), à moins qu'il ne fût le résultat d'une force majeure, d'un événement imprévu ou de quelque faute des propriétaires du canal ou de leurs employés. On ne pourroit fonder cette prétention sur l'assimilation de ces canaux aux routes publiques, sur lesquelles il est permis de stationner sans autre restriction que l'obligation de ne point intercepter la circulation. Ainsi les propriétaires du canal auroient droit de refuser des bateaux, même à ceux qui offriroient de

(1) Rejet, 5 mars 1829. D. 29, 1, 16.

payer une rétribution ; ils pourroient empêcher d'y naviguer par simple partie de plaisir ; ils pourroient s'opposer à ce qu'on y pêche, simplement à la ligne, quoique chacun ait ce droit sur les fleuves dépendant du domaine public.

Les règles d'exercice de certaines servitudes sont également déterminées, quelquefois par le législateur, sans égard au silence des actes, et quelquefois même nonobstant quelques clauses de ces actes. Tels sont les droits de pâturage, glandée et autres usages de ce genre dans les bois, où l'on ne peut d'après les articles 67 et 119 du code forestier, conduire les bestiaux que lorsque ces bois sont défensables.

Celui à qui une servitude est due, ne peut aussi, sans contrevenir à l'article 702 du code civil, se permettre des innovations qui aggraveroient la servitude (1)

S'il s'agit d'un passage ou d'un puisage à une heure ou à une époque déterminée (2), cette heure ou cette époque ne peut être changée ; en un mot, comme on l'a vu n. 56, rien de ce qui augmenteroit la servitude et la rendroit plus onéreuse, n'est permis à celui qui en use.

Cependant si le fonds assujéti souffre quelque dommage par une suite naturelle de la servitude, si un héritage inférieur est inondé par

(1) Dig. lib. 8, tit. 2, *De servit. præd. urb.*, l. 29.

(2) Dig. lib. 8, tit. 1, *De servitut.* l. 5, § 1 ; tit. 4. *Communia præd.* l. 14. — Domat, *Lois civiles,* liv. 1, tit. 12, sect. 1, n. 8.

une crue considérable, à laquelle une prise d'eau donne passage; si le toit de celui qui reçoit des eaux pluviales est endommagé par la suite d'une pluie extraordinaire, celui à qui est due la servitude, n'est pas tenu des pertes qui en seroient la suite, à moins qu'il n'ait fait à l'état des lieux quelque changement que n'autoriseroit pas le titre constitutif, et que ce changement n'ait été l'occasion du dommage (1).

Enfin ce n'est point aggraver la servitude que de faire ce qui est indispensable pour en user; ce n'est point l'accroître que de faire les actes nécessaires pour l'exercer.

59. En général le propriétaire du fonds auquel est due la servitude, ne peut, quelqu'indemnité qu'il offre, en étendre l'usage à des objets qui n'en faisoient pas partie lorsque la concession a été faite. Il est douteux néanmoins qu'on appliquât cette règle dans le cas où, par l'effet de quelques échanges, le fonds auroit été diminué de sa consistance primitive et auroit recouvré cette même consistance au moyen de l'annexe des objets reçus en contre-échange: à plus forte raison, n'est-il pas douteux que les augmentations par alluvion ne doivent profiter des mêmes avantages que l'objet principal (2). L'opinion qui tendroit à établir une distinction entre l'alluvion insensi-

(1) Dig. lib. 8, tit. 3, *De servit. præd. rust.* l. 20, § 1.
(2) Pothier, *Coutume d'Orléans*, tit. 13, n. 4.

ble et l'attérissement, pour exclure les accessions de cette dernière espèce (1), ne nous sembleroit pas fondée, parce que si le propriétaire du terrain déplacé par les eaux, ne l'a point réclamé dans les délais déterminés par l'article 559 du code, l'accession que l'attérissement a produite est naturelle. Le fait du propriétaire du fonds au profit duquel la servitude a été primitivement constituée n'y contribue pas, et les terrains ajoutés par l'attérissement en font légalement partie.

Il faudroit néanmoins, pour l'application de ce que nous venons de dire, examiner avec soin comment la servitude a été concédée. Ainsi lorsqu'un droit de prise d'eau a été accordé indéfiniment à tel fonds, sans limitation de la quotité d'eau, les portions accrues peuvent être arrosées lors même qu'il en résulteroit une plus grande dépense d'eau. Mais si le titre n'a promis que l'arrosage de *tel* nombre d'hectares, ou une certaine quantité d'eau déterminée, quel que fût l'accroissement qu'eût éprouvé le fonds, le propriétaire ne pourroit exiger rien au-delà de ce que le titre a déterminé (2).

Cette observation nous conduit à examiner si, lorsqu'une servitude consiste en certaines perceptions dont la quotité est déterminée, le propriétaire du fonds auquel elle est due, pourroit

(1) Dig. lib. 43, tit. 20, *De aquâ quotidianâ et æstivâ*, l. 3, § 2.

(2) Pecchius, *De aquæductu*, lib. 2, cap. 3, quæst. 2.

employer à d'autres usages que les besoins prévus par le titre, ce qui excéderoit ceux de son fonds. Tel seroit le cas où on auroit stipulé pour la culture et l'engrais d'un terrain désigné, le droit de prendre annuellement cent mesures de marne dans le fonds d'une personne. Celui qui ne consommeroit pas la quantité à laquelle lui donne droit son titre, pourroit-il la vendre, ou l'employer à améliorer un autre fonds? Le caractère propre des servitudes, de n'être établies que pour le seul besoin de l'héritage désigné, s'y oppose (1). La précaution qu'on a prise dans le titre de régler la quotité, ne semble avoir eu pour objet que de fixer une limite au-delà de laquelle le fonds grevé ne pourra être tenu de supporter la servitude, même quand les besoins seroient plus étendus.

Les servitudes connues sous le nom de droits de chauffage présentant le plus fréquemment des occasions d'appliquer ce principe, la question a été résolue, contre les usagers, par les articles 83 et 120 du code forestier.

Il ne faudroit pas cependant outrer la règle. Sans doute celui qui auroit obtenu la servitude de passer par un fonds pour se rendre à *tel* jardin, à *tel* terrain désigné, ne seroit pas fondé à user de ce passage pour conduire des engrais dans un autre terrain voisin dont il a fait l'acquisition

(1) Dig. lib. 8, tit. 3, *De servit. præd. rust.* l. 5, § 1; et l. 6, § 1.

depuis la constitution de la servitude, ou pour en extraire les produits. Mais de ce que, après s'être rendu sur le fonds au profit duquel la servitude est constituée, il passeroit ensuite dans son autre propriété, il ne faudroit pas en conclure qu'il eût commis une extension de servitude interdite, dès qu'il n'en résulteroit pas de charges véritablement aggravantes (1). Il seroit d'une sévérité voisine de l'injustice que celui qui personnellement se rend au terrain désigné ne puisse en sortir pour aller dans un autre; qu'il soit obligé de revenir sur ses pas et de prendre un chemin particulier pour se rendre au terrain non désigné dans le titre.

Cette modification deviendroit plus sensible si la servitude étoit telle qu'il y eût une sorte de nécessité d'en communiquer les effets à un autre fonds, après qu'elle a été exercée. Telle est une prise d'eau.

Lorsque par la nature de cette prise et la disposition des lieux, celui qui a reçu l'eau sur son fonds a besoin de la faire sortir pour qu'elle aille se perdre dans une rivière, un ruisseau, ou toute autre masse d'eau, si la direction qu'il lui donne peut procurer l'irrigation à d'autres propriétés non désignées dans le titre, on ne peut voir en cela un abus de son droit. Il ne peut être contraint à conserver cette eau aux risques de rendre sa propriété insalubre et marécageuse; la force des choses exige donc qu'il lui donne un écoulement.

(1) Dig. lib. 43, tit 20. *De aquâ. quotid. et æstivâ* l. 1, § 16.

Non seulement il peut, par ce moyen, arroser d'autres propriétés qui lui appartiennent (1), il peut même prendre, avec des voisins, quelques arrangemens pour assurer à l'un plutôt qu'à l'autre l'utilité des eaux à la sortie de son fonds. Bien entendu que ces accommodemens ne devroient pas accroître les charges du fonds grevé, et qu'il ne faudroit pas aussi que l'acte constitutif interdît cette faculté, soit d'une manière expresse, soit par le mode d'exercice de la servitude; par exemple, s'il étoit dit qu'après l'arrivée de l'eau à l'extrémité du fonds qui doit être arrosé, le propriétaire de ce fonds devra clore ses canaux et rigoles, de manière à ce que l'eau revienne au point de départ.

Au surplus, dans tous les cas où, d'après ce qui vient d'être dit de la communication des avantages d'une servitude, un fonds non désigné par le titre constitutif en auroit la jouissance, il n'en résulteroit aucun droit particulier opposable au propriétaire du fonds grevé, lors même qu'il s'agiroit d'une servitude susceptible d'être acquise par prescription : cet usage résultant de la seule concession de celui qui n'étoit pas propriétaire du fonds qu'on prétendroit grevé, ne sauroit être un titre opposable à ce dernier.

60. Mais s'il n'est pas permis d'étendre l'usage

(1) Dig. lib. 43, tit. 20, *De aquâ quotidianâ et æstivâ*, l. 1, § 16. — Cæpolla, tr. 1, cap. 14, n. 16 ; tr. 2, cap. 4, n. 12 et 31. — Dumoulin, *Divid. et individ.* part. 3, n. 240, 341, 342, 343, 350.

de la servitude à des fonds autres que celui en faveur duquel on l'a établie, le propriétaire de ce fonds a-t-il du moins le droit d'en changer la nature; par exemple, au lieu d'un pré, d'en faire une terre labourable; au lieu d'un terrain cultivé, d'en faire une maison (1)? La question nous semble devoir dépendre des circonstances et de l'appréciation des tribunaux. Elle se réduira toujours à vérifier si ou non le fonds grevé éprouve une surcharge par cette disposition nouvelle; car, si d'un côté la présomption est que, dans la constitution de servitude on n'envisage le fonds au profit duquel elle est établie, que dans son état au moment de la convention; d'un autre côté aussi c'est une règle d'équité naturelle, qu'on ne peut empêcher une personne de faire ce dont on n'éprouve aucun désavantage, et que l'intérêt est la mesure de toutes les actions (2).

61. Lorsque le titre constitutif n'a déterminé ni le mode, ni les conditions, chacune des parties peut contraindre l'autre à un réglement (3), si l'espèce de la servitude ne s'oppose pas à ce qu'elle soit exercée seulement sur un point déterminé du fonds grevé; et alors, les autres portions de ce fonds sont libres, quand même elles se trouveroient appartenir à quelques héritiers de celui qui

(1) Desgodets, sur l'art. 215 de la *Cout. de Paris*, n. 9.

(2) Dunod, *Traité des prescriptions*, part. 1, chap. 12, p. 81.

(3) Dumoulin, *Tract. sexd. leg.* n. 51. — Rejet, 20 mai 1828, D. 28, 1, 250.

l'a originairement assujéti en entier (1). Elles ne sont pas même affectées hypothécairement à l'exécution de l'engagement de ce précédent propriétaire. C'est la conséquence de ce que nous avons dit n. 9. L'obligation de celui qui assujétit son héritage n'est pas personnelle; elle ne passe pas à tous ses successeurs solidairement. Une servitude ne grève que le sol, et uniquement la partie du sol qui suffit à l'exercice. De même que lorsqu'elle consiste en un droit qui affecte toutes les portions (2), tous les propriétaires en sont tenus nonobstant le partage; de même si elle ne doit s'exercer que sur quelques-unes, les seuls propriétaires de celles-ci doivent la souffrir. Ces règles ne sont que la conséquence de ce que nous avons dit n. 22 et suivans; et c'est en les appliquant que nous résoudrons plusieurs questions importantes sur l'extinction des servitudes par le non-usage.

62. Au surplus, tout ce qu'on peut dire sur le mode d'user des servitudes se réduit à deux règles générales. La première, que toujours on doit concilier l'intérêt de l'héritage qui en jouit, avec la moindre incommodité de l'héritage assujéti (3); la seconde, que dans le doute il faut se décider pour ce qui est le plus favorable à ce dernier, de

(1) Dig. lib. 8, tit. 3, *De servit. præd. rust.* l. 13, § 1.

(2) Dig. lib. 8, tit. 3. *De servit. præd. rust.* l. 21

(3) Joan. Superior, *De servit.* l. 8, n. 5.

manière qu'en résultat il ne devienne pas tout-à-fait inutile à son propriétaire (1). Ces règles ont lieu, à plus forte raison, lorsque la servitude résulte de la prescription : on doit toujours, d'après les mêmes principes, la réduire au moins dommageable; car, dès qu'il existe une incertitude quelconque, elle doit être résolue en faveur de la liberté (2).

Ces mêmes règles décident la question de savoir qui a le droit de déterminer ce que le titre constitutif de la servitude a laissé indécis sur la manière d'en user ; par exemple, de fixer le lieu d'un passage accordé indéfiniment sur un domaine pour aller à un autre. Il est évident que si l'acte constitutif n'énonce rien de précis, et si la manière d'user depuis trente ans ne fixe point le mode de cet exercice, c'est aux tribunaux à déterminer de quelle manière l'usage doit avoir lieu (3). S'il est vrai que dans le cas spécial du pâturage dans les bois de l'état, l'article 68 du code forestier donne à l'administration le droit de régler le nombre de bestiaux qui peuvent être

(1) Dumoulin, *Divid. et individ.* pars 3, n. 87 et 297. — Domat, *Lois civiles*, l. 1, tit. 12, sect. 1, n. 9.

(2) Dig. lib. 8, tit. 3, *De servit. præd. rust.* l. 26. — Favre, *Cod.* lib. 3, tit. 24, def. 4.

(3) Dig. lib. 8, tit. 1, *De servit.* l. 9; tit. 3, *De servit. præd. rust.* l. 13, § 3. — Joan. Superior *ad leg. 8 de serv.* n. 3. — Cæpolla, tr. 1, cap. 23, n. 1, 2, 3, et tr. 2, cap. 2, n. 8 et 9. — Arrêt du 4 juillet 1556, cité par le Caron (*Charondas*), *Pandectes du droit français*, liv. 2, des servitudes, chap. 13, et *Observ.* V.° Servitudes. — d'Olive, *Quest. not.* liv. 1, chap. 14.

envoyés, cette mesure n'a pas été étendue aux bois des particuliers.

63. Les principes que nous avons donnés, n. 22 et suivans, sur l'indivisibilité des servitudes, rendent facile la solution de toutes les questions relatives à l'exercice et à l'usage de celles qui sont dues à un héritage appartenant à divers propriétaires. Tant qu'il reste entier et n'est point partagé, la servitude est due indivisiblement. Si les actes sont déterminés ou limités, par exemple, s'il s'agit d'un droit de faire paître cent bêtes à laine dans *tel* domaine, tous les copropriétaires du fonds auquel la servitude est due, ne pourront, quel que soit leur nombre, faire paître plus de cent bêtes à laine : si la servitude consiste dans la perception ou la délivrance d'une certaine quantité dè produits, il en sera de même. Un seul sera, conformément à l'article 1224 du code, fondé à exiger la prestation entière. S'il a ainsi épuisé le droit total, ses co-intéressés, à moins qu'ils n'aient signifié une opposition au propriétaire du fonds grevé, ne pourront, conformément à l'article 1198, réclamer cet usage, sauf à obtenir une indemnité contre leur copropriétaire, en vertu de l'article 1197.

Mais si les actes qui constituent la servitude sont indéterminés, par exemple, s'il s'agit d'un droit de passage, les copropriétaires en useront tous, quel que soit leur nombre; néanmoins, conformément à l'article 700, ils ne le pourront que par le même point, pendant le même espace de temps, et pour le même objet que détermine le titre constitutif ou le mode de son usage.

Si la servitude étoit du genre de celles que nous avons désignées n. 11, sous le nom d'usages qui, tout en étant attachés à un fonds, procurent plus d'utilité aux personnes qu'à la chose même, les copropriétaires de ce fonds seront tenus de s'entendre pour l'exercer en commun, de la même manière que leur auteur le faisoit seul. Par exemple, si celui qui a acquis le droit de tirer de l'eau dans le puits de son voisin pour l'usage habituel de sa maison, laisse à son décès trois enfans qui, ayant chacun leur ménage, viennent tous y demeurer, le propriétaire du puits aura droit de faire régler à l'amiable ou en justice la quantité d'eau que chacun des héritiers pourra prendre, d'après ce qu'il est à présumer que leur père en employoit à son usage, de manière que l'héritage assujéti ne soit pas plus grevé qu'il ne l'étoit précédemment; à moins qu'ils ne s'arrangent pour qu'un seul exerce le droit de puisage. Il ne leur est pas dû à chacun une servitude, mais, à eux tous, une seule en commun (1).

64. Il peut y avoir plus de difficultés lorsque les copropriétaires du fonds auquel la servitude

(1) Dumoulin, *Tr. sexd. leg.* n. 49, 50 et 51. — Cæpolla, tr. 2, cap. 4, n. 13.

est due jugent à propos de sortir d'indivision; mais elles se dissipent à l'aide des principes que nous venons d'établir. Ces propriétaires peuvent diviser entre eux le fonds seulement, ou le fonds et l'usage de la servitude, lorsque le fait qui la constitue est susceptible de division.

Au premier cas, la servitude reste en commun, et chacun des copropriétaires du fonds, quoique divisé, reste copropriétaire de cette servitude, soit qu'elle consiste dans un seul fait divisible, comme le pacage d'un certain nombre de bêtes à laine, dont l'usage pourroit être facilement partagé, soit qu'elle consiste dans un fait non susceptible de division, comme un droit de passage ou de vue.

Mais nonobstant cette indivision de la servitude, chacun des copropriétaires n'en pourra jouir en entier que pour les seuls besoins de sa part : par exemple, si un droit de vue appartenoit à un fonds composé de bâtimens d'habitation, d'exploitation et de terres, et si, par l'effet du partage de ce fonds, l'un avoit seulement la maison, un second les terres, et un troisième les bâtimens d'exploitation, les propriétaires de ces deux derniers lots ne pourroient ni construire, ni ouvrir de croisées, sous prétexte du droit de vue accordé à l'héritage, lorsqu'il étoit entier (1); parce qu'ils n'ont point dans leur lot la partie de cet héritage qui étoit l'objet véritable de la servitude. Il fau-

(1) Dumoulin, *Divid. et indiv.* pars 3, n. 86.

droit se décider par les mêmes principes si un propriétaire avoit stipulé un droit de passage pour sortir les fruits de son jardin ou la récolte de ses vignes : celui des héritiers à qui il ne seroit échu en partage ni jardin, ni vignes, ne seroit pas fondé à exiger le passage au profit de sa portion. Ce n'est d'ailleurs que la conséquence de ce que nous avons dit, n. 13 et suivans, sur la nécessité d'un intérêt réel dans l'exercice d'une servitude.

Au second cas, c'est-à-dire lorsque les copropriétaires partagent non-seulement le fonds auquel est due la servitude, mais encore l'exercice (1), ce partage doit être fait de manière que les contingens n'excèdent pas l'étendue de la charge entière ; c'est la disposition de l'article 700 du code, et la seule règle qu'il y ait à suivre dans ce cas. Comme la servitude n'est pas établie seulement pour l'utilité du propriétaire du fonds, mais que son objet principal est l'utilité de ce fonds, les divers copropriétaires ne peuvent avoir, en eux tous, plus de droit que celui à qui il appartiendroit exclusivement. L'utilité du fonds à qui la servitude est due, seul objet envisagé lorsqu'elle a été établie, doit être la mesure de l'exercice ; le partage de ce fonds et le nombre de ceux à qui il appartient ne peuvent ni en accroître les droits, ni aggraver la charge du domaine assujéti (2).

(1) Dig. lib. 10, tit. 3, *Communi dividundo*, l. 19, § 4.

(2) Dumoulin, *Tr. sexdecim leg.* n. 51.

Si, par exemple le droit qui leur appartient, consistoit en des perceptions à la délivrance desquelles doit concourir le propriétaire du fonds grevé, il pourroit exiger qu'ils s'entendent tous, pour qu'un seul reçoive la délivrance, comme cela avoit lieu au moment où la servitude a été concédée à leur auteur, sauf à eux ensuite à s'en partager l'émolument. La servitude pourroit, il est vrai, consister en un droit complètement impartageable, tel qu'un passage : on ne peut se dissimuler que si celui qui l'a stipulé, laissoit dix ou quinze héritiers qui s'attribueroient chacun un lot du fonds en faveur duquel la servitude a été constituée, le propriétaire grevé n'en éprouvât beaucoup de surcharge, surtout si le passage avoit lieu à travers l'allée de sa maison, sa cour, ou son jardin. Cependant le second alinéa de l'article 700 ne paroît pas permettre qu'il s'y refuse; il a dû s'attendre à la mort du propriétaire envers qui il s'étoit engagé, et à la possibilité d'un partage entre des héritiers plus ou moins nombreux.

Peut-être y auroit-il plus de doute, si le propriétaire à qui la servitude a été concédée vendoit son héritage en détail et substituoit à sa personne un grand nombre de propriétaires partiels qui tous prétendroient au droit de passage. L'article cité ne permettroit pas, selon nous, de s'y refuser; mais si un jugement condamnoit ce propriétaire qui a vendu en détail, à des dommages-intérêts, nous pensons qu'il n'auroit rien de contraire à l'équité et aux principes.

Nous parlerons, dans la troisième partie, des autres effets de la jouissance commune ou divise d'une servitude, pour la conserver.

SECTION DEUXIÈME.

Comment on doit supporter les servitudes.

65. Le propriétaire du fonds assujéti est obligé de souffrir l'usage de la servitude et de ne rien entreprendre qui puisse en diminuer les avantages et la rendre incommode ou illusoire. Il ne peut, en conséquence, rien changer à l'ancien état des lieux, ni modifier ce qui est nécessaire pour l'exercice de la charge dont il est grevé : telle est la disposition précise de l'article 701. Ce n'est, comme on l'a vu n. 9, qu'à cette condition que sa propriété lui a été transmise. Ainsi, en règle générale, celui dont l'héritage est obligé de souffrir la vue ou les jours de son voisin, ne peut bâtir en face des croisées d'une manière susceptible de restreindre l'usage ou les avantages de l'espèce de servitude qu'il doit supporter : mais nous verrons n. 312, comment ce principe reçoit son application selon que la servitude a été acquise par titre ou par prescription. Ainsi, quoique souvent la destruction d'un édifice situé en face de celui qui a un droit de vue puisse plutôt lui donner du jour que lui en ôter, si cet édifice procuroit des jours

par réverbération, ou si, de toute autre manière, sa destruction devenoit nuisible à l'exercice de l'espèce de servitude due à ce propriétaire, elle ne pourroit avoir lieu sans son consentement (1).

Si la servitude est de nature à s'exercer sur toute l'étendue de l'héritage, celles qui s'y réunissent par accession naturelle en sont grevées comme le fonds principal, et le propriétaire n'en peut affranchir aucune portion s'il n'y est autorisé par le titre ou par la loi, comme on en verra un exemple n. 320. Il doit enfin souffrir les ouvrages qu'exigent l'entretien des lieux et les autres accessoires de la servitude, ainsi que nous l'avons dit n. 54.

66. Nous avons vu, n. 19, que cet entretien et ces ouvrages n'étoient pas de plein droit à la charge de ce propriétaire (2). Ainsi, celui qui doit un passage n'est pas obligé de le réparer; lors même qu'il s'exerce par une allée bordée de murs, celui à qui il est dû doit contribuer, avec le propriétaire du bâtiment, à la réparation des murs, sans lesquels il n'existeroit point d'allée assujétie. Si le passage devient impraticable, celui qui le doit est seulement tenu de souffrir que celui à qui il est dû le répare, conformément à ce que nous avons dit n. 54. Mais s'il en fait éga-

(1) Dig. lib. 8, tit. 2, *De servitutibus præd. urb.* l. 17, pr. § 1 et 2.

(2). Dig. lib. 8, tit. 1, *De servitutibus* l. 15, § 1.

lement usage, les frais de cette réparation doivent être supportés en commun (1).

Cependant, comme nous l'avons dit n. 53, ce principe ne sauroit être appliqué, dans toute son étendue, aux servitudes naturelles résultant de l'écoulement des eaux. Nous ferons connoître cette restriction n. 92.

67. Mais nous avons ajouté que la charge de cet entretien pouvoit être imposée à celui dont le fonds est grevé. A ne consulter que les expressions littérales de l'article 698, on pourroit croire que l'obligation de faire les ouvrages nécessaires à l'exercice de la servitude doit être expresse. Cependant, il seroit difficile de ne pas admettre que, dans quelques circonstances, la seule interprétation de la volonté des contractans pourroit suffire aux tribunaux pour décider que le grevé de servitude est assujéti à l'entretien des ouvrages prévus par l'article 698. Par exemple, si un propriétaire supérieur a pris l'engagement envers l'inférieur de retenir sur lui-même des eaux pluviales, et si une digue sert à faire cette retenue, quoique dans la règle, l'entretien et, en cas de destruction par vétusté ou force majeure, le rétablissement de la digue soient une charge du fonds inférieur (2), il ne seroit pas contre les

(1) Goupy sur Desgodets, art. 187 de la *Coutume de Paris*, n. 25.

(2) Dig. lib. 39, tit. 3. *De aqua et aq. pluv. arc.* l. 1, § 23, l. 2, § 5.

règles d'interprétation, qui évidemment appartiennent aux juges, de décider, par le concours des faits et des circonstances qui ont accompagné et suivi la constitution de servitude, que c'est au propriétaire du fonds supérieur à l'entretenir et à rétablir la digue. On pourroit aussi, par ce même moyen d'interprétation, décider que celui dont le mur doit supporter les poutres d'un autre héritage doit entretenir ce mur en état de servir sans cesse à ce support (1).

En s'en tenant encore aux expressions littérales on pourroit croire que la charge d'entretenir ne seroit pas valablement insérée dans un titre postérieur à celui d'établissement du droit; mais les termes de la loi sont démonstratifs et non limitatifs. S'il en étoit autrement, une clause de cette nature ne pourroit être ajoutée aux servitudes légales, car il n'existe point de titre primitif de leur établissement dans lequel on puisse l'inscrire; ce qui seroit certainement absurde, puisqu'il n'est pas douteux que le propriétaire d'un fonds qui a obtenu un passage forcé à travers l'héritage de son voisin, ne puisse, par convention, imposer à ce dernier l'obligation de l'entretenir.

On pourroit demander si, à défaut de ce titre, la seule possession suffit (2); mais nous renvoyons, pour l'examen de cette question, à ce

(1) Dig. lib. 8, tit. 2. *De servit. præd. urb.* l. 33; tit. 5. *Si servitus vindic.* l. 6, § 2.

(2) Domat, *Lois civiles*, liv. 1, tit. 12, sect. 4, n. 2.

que nous dirons n. 286, à l'occasion de l'acquisition des servitudes par prescription.

Du reste, il est évident que cette obligation, une fois qu'elle a été régulièrement imposée, est de la même nature que la servitude, et suit l'immeuble grevé dans quelques mains qu'il passe, conformément aux principes expliqués n. 9 et suivans.

68. Lorsque les ouvrages qu'exige une servitude ont principalement pour objet l'utilité de l'héritage assujéti, la règle qui les met à la charge de celui à qui elle est due cesse de recevoir son application; par exemple, si les eaux d'un toit tomboient dans la cour voisine par une gouttière, dont l'existence seroit moins incommode au propriétaire de cette cour que l'écoulement des eaux dans toute l'étendue du toit, il faudroit présumer, dans le doute, que la gouttière appartient à celui à qui elle est utile. Le propriétaire de l'héritage assujéti seroit tenu de l'entretenir; mais aussi il seroit le maître de ne pas la réparer et de la détruire.

69. Dans le cas où le propriétaire du fonds grevé doit entretenir les lieux, il peut arriver que les réparations aient été occasionées par la faute de celui à qui la servitude est due; l'équité ne permet pas que le premier les supporte. Par exemple, celui qui auroit surchargé un mur de terrasse où tout autre que son voisin est obligé d'entretenir, par convention ajoutée à la consti-

tution de servitude, seroit tenu de le réparer, et même des dommages-intérêts auxquels la surcharge auroit pu donner lieu. On doit remarquer encore que l'obligation de reconstruire, soit un mur, soit tout autre ouvrage semblable, se borne à la seule reconstruction. Toute la dépense que causeroit la démolition de ce qui s'y trouveroit appuyé, est à la charge de celui à qui l'édifice soutenu appartient (1). Quand à cette reconstruction en elle-même, elle doit être faite de manière à ne point diminuer les avantages de la servitude et à en assurer le plein exercice (2).

Cette convention, par laquelle le propriétaire du fonds assujéti peut être tenu de faire quelques ouvrages, n'étant point de la nature des servitudes (3), la loi a prévu la possibilité qu'elle devînt trop onéreuse pour lui; et l'article 699 lui permet de s'en affranchir par l'abandon. Nous examinerons n. 316, les questions auxquelles peut donner lieu l'exercice de cette faculté. Nous nous bornerons seulement à dire ici qu'une stipulation par laquelle cette faculté seroit interdite, ne nous sembleroit point être une stipulation illicite; elle n'a rien de contraire à l'ordre public, et reste, par conséquent, dans le domaine des conventions.

On a vu que le propriétaire du fonds grevé n'étant en général, sauf les exceptions qui viennent d'être indiquées ou celles qui résulteroient

(1) Dig. lib. 8, tit. 5, *Si servit. vindic.* l. 8, pr.

(2) Dig. lib. 8, tit. 5, *Si servit. vind.* l. 6, § 5, 6, 7; l. 7.

(3) Dig. lib. 8, tit. 5, *Si serv. vind.* l. 6, § 2.

de la nature propre de la servitude, de la loi ou de la convention, tenu d'autre chose que de laisser au propriétaire du fonds auquel elle est due, la faculté de l'exercer librement. Il en résulte que, dans les cas même où la servitude consiste dans une perception des fruits de son fonds, il n'est pas tenu, pour assurer sa libération, de faire des offres de délivrance ou de prestations à celui à qui elle est due; et si les prestations sont annuelles ou périodiques, elles ne s'arréragent point. Celui qui n'a rien réclamé au temps où il en avoit le droit, est présumé n'en avoir pas eu besoin, et c'est son besoin qui étoit la mesure de son droit. Par exemple, l'usager dans un bois, qui a laissé écouler une ou plusieurs époques ou années sans réclamer son chauffage, ne peut le demander que pour l'avenir : il a perdu tous droits à l'arriéré, à moins que l'obstacle à sa jouissance ne fût imputable au propriétaire du fonds grevé; mais alors ce ne seroit que des dommages-intérêts qu'il auroit droit d'exiger.

70. De quelque manière que le mode d'exercice de la servitude ait été déterminé, soit par la convention, soit par le juge, dans le cas prévu n. 61, il ne dépend plus ensuite de l'une des parties de changer cette désignation, sans le consentement de l'autre (1).

(1) Dig. lib. 8, tit. 1, *De serv.* l. 9. — Mornac. ad leg. 19. Dig. De servit. præd. urb. — Cæpolla, tr. 2, cap. 4, n. 34. — Serres, *Institutions*, p. 157.

Mais l'article 701 du code apporte à cette règle une modification que la faveur naturellement due à l'héritage assujéti rend nécessaire. Si l'assignation primitive étoit devenue plus onéreuse au propriétaire de ce fonds, ou si elle l'empêchoit d'y faire des améliorations, il pourroit offrir au propriétaire de l'autre fonds un point aussi commode pour l'exercice de ses droits, et celui-ci ne pourroit le refuser.

C'est à celui qui désire obtenir un changement, à faire la preuve de la nécessité ou de l'utilité qui le porte à le demander : la loi s'en remet à la prudence des tribunaux.

Il est toutefois important de remarquer qu'il ne suffit pas que le propriétaire du fonds par lequel est due la servitude, ait un intérêt bien prouvé à en changer l'assignation primitive; il faut qu'il offre un point d'exercice qui ne soit pas moins commode au propriétaire de l'autre fonds; autrement, quelqu'onéreuse qu'elle soit devenue, l'assignation primitive ne doit pas être changée. Par exemple, le propriétaire d'une maison a droit de passer dans celle de son voisin, à pied seulement, et lorsque la servitude a été constituée, ce passage s'effectuoit par la porte qui existoit alors : pour opérer des améliorations avantageuses, le propriétaire de la maison veut convertir sa porte en une croisée, et placer cette porte dans un autre point qui ouvre également sur la rue à laquelle le passage doit conduire; un pareil changement doit être autorisé sans difficulté, parce que le passage ne sera pas moins commode dans le nouvel emplacement que dans l'ancien, et même on n'aura point égard à ce qu'il faudroit faire quelques pas de plus. Mais si le passage s'effectuoit par une allée couverte, et que le nouveau dût s'exercer à travers une cour et à découvert, celui à qui est due la servitude ne seroit pas tenu de consentir au changement, parce qu'il lui deviendroit évidemment moins commode. De même si le passage traversoit une maison qui ouvriroit sur plusieurs rues, et que le changement supprimât l'issue dans l'une, celui à qui la servitude est due auroit le droit de s'y opposer.

Il ne nous semble pas indispensable que le nouveau point d'exercice soit pris sur l'héritage grevé; rien ne s'opposeroit à ce que le propriétaire du fonds assujéti offrît une servitude de même nature et également commode sur un autre héritage dont le propriétaire consentiroit l'assujétissement : c'est ce qui peut arriver souvent lorsqu'on se dispose à clore un terrain sur lequel existe un droit de passage. Si celui à qui il est dû n'avoit point d'intérêt réel à s'y refuser, les tribunaux, qui ne doivent jamais perdre de vue l'intérêt de l'agriculture, n'auroient aucun égard à son opposition. Mais, à cette modification près, la servitude ne peut être changée, restreinte ou anéantie, que de la manière que nous expliquerons dans la troisième partie; il n'existe à cet égard aucune différence entre les servitudes naturelles, légales ou conventionnelles.

71. Les servitudes n'ayant pour effet, comme on l'a vu n. 16, que d'imposer des charges aux fonds qui en sont grevés, les propriétaires de ces fonds restent les maîtres d'en disposer. Ainsi ils peuvent les aliéner, et l'objet vendu passe avec ses charges dans les mains de l'acquéreur. Le propriétaire du fonds auquel la servitude est due, ne pourroit s'y opposer, sous prétexte qu'un créancier n'est pas obligé de recevoir un autre débiteur, parce qu'en cette matière, comme nous l'avons dit n. 9, le débiteur c'est le fonds et non la personne.

A plus forte raison celui dont l'héritage est grevé peut y exercer les droits de distribution et d'amélioration inhérens à sa qualité de propriétaire (1). Par exemple, s'il doit supporter des vues, il peut convertir son terrain en pré, en terres labourables, en jardin; s'il doit un passage à travers une cour non pavée, il peut la paver, encore bien que celui à qui la servitude est due, n'eût pas toujours un droit réciproque, ainsi qu'on l'a vu n. 55. Quoique son héritage ne fût pas clos à l'époque de la constitution de servitude, il auroit évidemment le droit de l'enclore, conformément à l'article 647 du code, pourvu qu'il laisse les facilités convenables pour exercer cette servitude; et même il nous semble qu'il pourroit fermer par une porte l'entrée du passage, à la condition de la tenir ouverte, ou d'en donner une clef à

(1) Dig. lib. 8, tit. 5, *Si servitus vindic.* l. 4.

celui à qui ce passage est dû. La seule obligation qui lui soit imposée dans cet usage de sa propriété, est de ne point nuire à l'exercice de la servitude.

Cette règle serviroit à déterminer comment celui qui doit une servitude de vue sur un terrain pourroit le planter ou y construire. Le droit ne pourroit lui en être contesté tant que ses arbres ou son bâtiment ne nuiroient pas à la vue qu'il doit, ou si la manière dont il la doit ne lui interdisoit point d'avoir sur son terrain des arbres ou des constructions. Nous donnerons quelques règles à ce sujet n. 235.

Ces principes appliqués à des usages dans les bois peuvent donner lieu à une question assez délicate. Sans doute celui dont la forêt seroit grevée d'une servitude de fournir des bois pour chauffage ou construction, ne pourroit en couper toute la superficie, ou la défricher, même avec l'autorisation du gouvernement, tant qu'elle sera nécessaire, de manière à rendre impossible pendant quelques années, par le manque de bois propres à l'objet de la servitude, la faculté de l'exercer (1). Mais le propriétaire d'un bois grevé de la servitude de pâturage, pourroit-il, après avoir long-temps exploité ce bois par des aménagemens de 60, 80, 100 ans, les ramener à un état de coupes rapprochées? On ne sauroit nier que ce changement ne modifiât la jouissance qu'avoit

(1) Cæpolla, tr. 2, cap. 9, n. 40.

l'usager : en effet le pâturage étant interdit par l'article 119 du code forestier, tant que les bois n'ont pas atteint un âge de défensabilité, qui est assez généralement de 6 à 7 ans, la durée du temps de pâturage sera moins longue lorsque le bois sera coupé tous les 10 ou 12 ans, que lorsqu'il l'étoit tous les 25 ou 30 ans. Il ne nous paroît pas qu'on doive admettre un principe absolu, soit pour, soit contre l'exercice de cette faculté ; les tribunaux se décideroient par les circonstances (1), comme dans beaucoup d'autres cas où la loi les charge de concilier les intérêts de l'agriculture et ceux de la propriété. Il ne seroit pas exact, par exemple, de prétendre que ce changement d'exploitation fût toujours onéreux aux usagers, parce qu'il est reconnu que le pâturage est plus abondant et plus utile dans des taillis que dans des futaies ; cette considération pourroit donc balancer les restrictions que le nouvel aménagement imposeroit aux usagers. On ne pourroit, sans injustice, obliger le propriétaire à ne pas changer son mode d'aménagement ; et d'un autre côté, il ne faut pas que l'usager soit trop privé.

Le droit de propriété de celui dont le fonds est grevé n'étant limité que dans l'intérêt des servitudes qu'il est tenu de supporter, il est évident qu'il pourroit en accorder d'autres, ou semblables, ou différentes, pourvu que ceux à qui des servitudes sont déja dues, n'éprouvent aucune dimi-

(1) Dunod, *Traité des prescriptions*, part 1, ch. 12, page 83.

nution de leurs droits, ainsi que nous l'avons expliqué n. 48.

Il est moins douteux encore qu'il peut s'opposer à tout ce qui, d'après les principes expliqués dans la section précédente, seroit abus de la part de celui à qui la servitude est due. Il a droit aussi de faire sur lui-même tout ce qui peut prévenir ou réparer les dommages que lui causeroit l'exercice de la servitude, ou même pour la faire tourner à son avantage. Celui qui doit recevoir les eaux d'un toit ou d'une gouttière sur son terrain, peut donc le convertir en un bâtiment; et si le mur qui soutient le toit dont il reçoit les eaux est ou devient mitoyen, il peut incorporer ce toit à celui qu'il appuiera sur le mur mitoyen, pourvu qu'il ne fasse aucun tort au propriétaire à qui la servitude est due, et qu'il continue toujours de la souffrir sur son bâtiment (1). Il peut établir des gouttières, ou réunir en une seule, celles qui existent; et le voisin ne peut s'opposer à ce qu'on les attache à son toit, s'il ne prouve qu'il en résulte quelqu'inconvénient pour lui.

En supposant que les changemens apportés par le propriétaire du fonds grevé ne soient pas de nature à atténuer la servitude d'une manière notable, et qu'ils puissent être autorisés par une juste conciliation des intérêts des deux fonds, seroient-ils interdits par cela seul que l'état des

(1) Dig. lib. 8, tit. 2, *De serv. præd. urb.* l. 20, § 6. — Cæpolla, tr. 1, cap. 28, n. 7.

choses et le mode d'exercice de la servitude existent sans réclamation depuis trente ans? Nous ne le pensons pas. Le droit du propriétaire d'apporter des changemens à l'état de son domaine, pourvu que les règles ci-dessus ne soient pas violées, étoit une faculté qu'il lui appartenoit d'exercer ou de ne pas exercer; et d'après les principes expliqués n. 21, le défaut d'exercice d'une faculté, quelque long qu'il soit, ne la fait pas perdre.

Les règles que nous venons de proposer aident à déterminer dans quel cas on peut permettre à celui qui est obligé de souffrir une servitude, les mêmes faits qu'il pourroit néanmoins interdire à celui envers qui il est tenu de cette charge.

Par exemple, qu'un héritage soit grevé de l'obligation conventionnelle de souffrir une conduite d'eau dans un lit découvert, le propriétaire du fonds grevé peut, afin d'éviter les accidens auxquels ce canal ouvert l'expose, le voûter, ou faire passer l'eau par des tuyaux souterrains, sans que celui à qui la servitude est due puisse s'en plaindre, s'il n'éprouve aucune diminution dans le volume, ni aucun changement dans la rapidité du cours. Cependant, par suite des principes expliqués n. 54, la même faculté pourroit être refusée au propriétaire du fonds auquel est due la servitude, parce qu'il est possible que celui à qui appartient l'héritage grevé tire quelque avantage des eaux, soit pour en puiser, soit par la seule fraicheur que leur passage peut procurer aux arbres de son fonds; et il seroit injuste de lui enlever cette légère indemnité de son assujétissement (1).

Il seroit trop long de donner des règles précises à ce sujet. La nature et l'espèce de la servitude indiquent presque toujours quels changemens peuvent être effectués sans nuire à son usage.

72. Ce que nous avons dit jusqu'à ce moment sur l'indivisibilité des servitudes, fait connoître assez qu'il importe peu au fonds auquel il en est dû que celui qui est assujéti soit ou ne soit pas partagé. La servitude ne peut éprouver aucun changement : les droits qu'elle attribue sont immuables, et le fonds grevé est frappé indivisiblement (2). Cependant, si l'exercice étoit déterminé sur un point unique ; s'il s'agissoit d'un passage qui n'auroit lieu que par un seul point, du puisage dans une fontaine située au milieu d'un champ, la portion de ce champ sur laquelle s'exerçoit la servitude, demeureroit grevée après le partage, et les autres seroient libres, ainsi que nous l'avons dit n. 61.

(1) Dig. lib. 43, tit. 21, *De rivis*, l. 1, § 11, l. 2, l. 3, pr. — Cæpolla, tr. 1, cap. 4, passim.

(2) Dumoulin, *Divid. et individ.* part. 2, n. 176.

SECONDE PARTIE.

DES DIFFÉRENTES ESPÈCES DE SERVITUDES.

73. Jusqu'ici nous n'avons présenté les servitudes que sous un point de vue général. Nous allons maintenant les considérer suivant la distinction qui résulte de leur origine.

La nature a marqué elle-même les servitudes qui naissent de la situation des lieux; la prévoyance des lois a déterminé celles que l'intérêt public ou les devoirs respectifs du voisinage obligent chacun à supporter; les autres naissent des besoins ou des convenances réciproques, et dépendent de la volonté des propriétaires des fonds.

C'est ce qu'exprime avec précision l'article 639 du code. Nous suivrons cette distinction dans la distribution de cette partie en trois chapitres.

CHAPITRE PREMIER.

Servitudes qui dérivent de la situation des lieux.

74. Ce qui caractérise particulièrement les servitudes dérivant de la situation des lieux, c'est qu'elles existent par la seule position des héritages, sans aucun titre.

Le code en distingue trois : 1° les obligations qui concernent les eaux ; 2° le droit des propriétaires voisins de se contraindre réciproquement au bornage de leurs propriétés contiguës ; 3° la faculté de clore un héritage pour le soustraire à la vaine pâture et au parcours. Elles feront chacune l'objet d'une section particulière.

Les principes sur l'exercice de ces servitudes, et les droits et obligations qu'elles produisent, sont, en grande partie, semblables à ceux qui concernent les servitudes en général. Il y a cependant à ce sujet quelques règles particulières, dont l'application ne pourroit être faite aux servitudes conventionnelles, notamment ce qui concerne le bornage et la clôture, matières qui, ainsi qu'on l'a vu n. 3, ont été improprement placées dans le titre des servitudes.

SECTION PREMIÈRE.

Obligations qui concernent les eaux.

75. La nature elle-même veut que l'eau qui prend naissance dans un fonds, ou qui s'y rassemble, soit par la chute des pluies, soit par toute autre cause semblable, ait un écoulement sans lequel ce fonds seroit submergé; et cet écoulement ne peut avoir lieu que sur les héritages inférieurs (1). Le but de la loi est donc moins de créer cette obligation que de la faire exécuter, sans obstacles de la part de celui dont il est nécessaire que le fonds soit assujéti, et sans abus de la part de celui qui en invoque les effets.

Mais si cette condition de recevoir les eaux qui découlent d'un héritage supérieur est une charge attachée à la disposition des lieux, elle peut aussi procurer des avantages. Les eaux, d'ailleurs, lorsqu'elles ont un cours déterminé et continuel, ne sont pas destinées simplement à parcourir un espace quelconque de terrain pour aller se réunir à des eaux plus considérables. Indépendamment de leur usage pour la navigation, elles offrent à l'industrie un mobile capable de suppléer aux forces humaines, en facilitant le service des moulins et des usines; et l'agriculture les emploie aux

(1) Dig. lib. 39, tit. 3, *De aq. et aq. pluv. arc.* l. 1, § 22.

irrigations. Les propriétaires inférieurs ont donc souvent intérêt à exiger comme un droit ce qui sembleroit, au premier aspect, n'être qu'une charge imposée à leurs fonds; quelquefois même ils se disputent l'usage des eaux. On sent la nécessité qu'il y a de donner des règles précises sur tous ces points. Ce sera l'objet des quatre paragraphes suivans.

§ I. *Principes sur les eaux et leur propriété.*

76. Il y a deux espèces d'eaux. Les unes sortent du sein de la terre, et leur existence, qu'elles aient ou non un cours extérieur, est continuelle: telles sont celles des fleuves, rivières, ruisseaux, fontaines, puits. On les nomme eaux vives, même lorsqu'elles proviennent de sources intermittentes (1). Les autres tombent du ciel, ou ne coulent sur la terre que par l'effet accidentel de la température de l'air; ce sont les pluies ou les eaux qui proviennent de la fonte des neiges et des glaces (2): on peut y ajouter les infiltrations produites le plus souvent par la surabondance des eaux employées à l'irrigation (3).

La propriété s'étant introduite parmi les hommes, et les législateurs l'ayant mise au premier

(1) Dig. lib. 43, tit. 12, *De flum.* etc. l. 1, § 2.

(2) Dig. lib. 39, tit. 3, *De aq. et aq. pluv. arc.* l. 1, pr.

(3) Pecchius, *De aquæductu*, lib. 1, cap. 5, n. 9; cap. 7, quæst. 5, n. 28; cap. 10, quæst. 4, n. 21; lib. 4, quæst. 4, n. 61.

rang des droits dont le corps social doit la garantie à chaque citoyen, presque tout ce qui, dans l'état primitif, n'avoit été que l'objet d'une occupation momentanée, sortit de cette communauté universelle, appelée par les jurisconsultes communauté négative.

Mais plusieurs choses, par leur nature, ont continué de n'appartenir pas plus aux uns qu'aux autres. L'usage actuel qu'on en fait est le seul titre qu'on ait à n'en être pas dépossédé; dès qu'il a cessé, une autre personne a les mêmes droits, et si ces choses ne sont pas devenues un objet de propriété exclusive par suite de cet usage, celui qui les occupe à son tour n'est pas censé s'emparer du bien d'autrui.

L'eau, considérée comme substance indépendante du terrain où elle repose, est restée dans cette communauté négative, et n'appartient évidemment qu'à celui qui s'en empare le premier. Un homme qui recevroit la pluie dans un vase placé au-dessus du terrain sur lequel cette eau auroit dû tomber, ne pourroit être poursuivi comme voleur par le propriétaire de ce terrain : ce dernier ne seroit fondé à se plaindre que de ce que l'étranger auroit, sans droit, placé un vase au-dessus de son fonds.

Ce principe ne s'applique pas moins à des eaux vives. Une source n'appartient pas à celui sur le fonds de qui elle existe, comme objet isolé, mais comme accessoire de ce fonds, et, par conséquence du principe exprimé dans l'article 552 du code, que la propriété du sol emporte celle du dessus et du dessous (1). Cela est si vrai qu'on verra, n. 78, qu'un voisin qui, par des fouilles faites sans fraude sur son héritage, couperoit les veines qui alimentent ou servent à former une source dans l'héritage d'autrui, ne devroit aucune indemnité au propriétaire; cependant ce même voisin n'auroit pas le droit de venir puiser chez l'autre une légère partie de cette même eau, qu'il peut lui ravir tout entière par le moyen qui vient d'être indiqué.

Il suit évidemment de ces principes que l'eau, une fois sortie du fonds où elle prend sa naissance, sans que le propriétaire de ce fonds l'ait absorbée pour la culture ou pour son agrément, cesse de lui appartenir, et qu'il n'a pas le droit d'attaquer en restitution ceux qui s'en serviroient ailleurs que sur son héritage (2).

Cette eau n'a rien de fixe, rien d'immuable, rien sur quoi puisse, à proprement parler, reposer un droit de propriété. Dans l'instant présent elle est sur un point; l'instant d'après elle en occupera un autre, dans lequel une nouvelle portion d'eau lui succédera : à mesure qu'elle coule sur des fonds elle en devient l'accessoire. Le lit seul est immuable : celui qui vient y puiser aujourd'hui pourra puiser encore demain au même

(1) Dig. l. 43, tit. 24, *Quod vi, aut clam.* l. 11. — Dunod, *Traité des prescriptions*, part. 1, ch. 12, p. 77.

(2) Bardet, t. 1, liv. 1, chap. 65. — Chabrol, *Cout. d'Auvergne*, t. 2, p. 717.

point, quoique ce ne soit pas la même eau qui s'offre à lui. Si ce terrain étoit desséché par quelque événement que ce fût, il seroit susceptible de recevoir la culture et les travaux des hommes (1).

77. On voit comment les lits de cours d'eau sont de nature à devenir des objets de propriété exclusive, quoiqu'il n'en soit pas de même de l'eau qui les couvre.

Ces lits sont immeubles. Lorsque, d'après les notions que nous avons données n. 35, ils font partie du domaine public (2), l'état ou ses ayant-cause perçoivent les produits dont ils sont suceptibles, indépendamment de l'affectation des cours d'eaux à la navigation ; et des lois spéciales ou des règlemens de l'administration règlent tout ce qui y est relatif. Les eaux qui couvrent ces lits étant principalement propres à la navigation, qui est l'objet le plus naturel de leur service, personne ne peut s'en approprier l'usage (3), soit en les obstruant par des constructions, soit en les affoiblissant par des dérivations, soit en les resserrant par des usines ou d'autres édifices, soit même en fouillant pour en tirer du sable et des pierres. Aussi l'administration proscrit avec soin tout ce

(1) Pothier, *Traité de la propriété*, n. 84.

(2) Henrys, liv. 3, quest. 55 et 59. — Daguesseau, t. 7, page 337, édit. de 1819.

(3) Dig. lib. 43, tit. 12, *De flum. et ne quid in flum. pub.* etc. l. 2 et 3, pr. ; lib. 43, tit. 13, *Ne quid in flum pub. fiat*, l. unic. § 1, 2, 5.

qui peut gêner cette grande et importante destination, et n'y tolère rien, même quand les riverains invoqueroient le droit naturel de veiller à la conservation de leurs héritages, que dans les cas d'une utilité démontrée sans danger (1). Il suffit de rappeler ici ce que nous avons dit n. 40, que ces tolérances ne pouvoient jamais avoir le caractère de servitudes; qu'elles pourroient toujours être révoquées ou modifiées quand les motifs qui les ont fait accorder ne subsistent plus ou quand les circonstances commandent des dispositions différentes (2). C'est également à l'état qu'appartient la pêche dans ces sortes de cours d'eaux. La loi du 14 floréal an X l'avoit décidé formellement; et même d'après le texte de cette loi, interprété par un avis du conseil d'état approuvé le 11 thermidor an XII, ainsi que d'après un décret du 11 août 1810, tous droits de pêche que des particuliers y exerçoient autrefois avoient été abolis; l'article 1er de la loi du 15 avril 1829, a maintenu ces dispositions.

Quelquefois cependant, l'état, juge de l'étendue des concessions qu'il est convenable de faire dans un but d'utilité publique, accorde des prises d'eaux dans ces fleuves pour alimenter des usines ou former des canaux particuliers, le plus souvent destinés à l'irrigation. Ces concessions, lorsqu'elles

(1) Dig. lib. 43, tit. 15, *De ripâ mun.* l. 1, pr. — Loyseau, *Traité des seigneuries*, ch. XII, n. 120. — Denisart, V.° *Rivière.*

(2) De La Rocheflavin, liv. 1, tit. 12, arr. 1, et liv. 6, tit. 42, arr. 1, p. 270 et 441.

ont été faites suivant les formes prescrites, sont des titres que l'état lui-même est obligé de respecter, non pas en ce sens que jamais il ne puisse les révoquer ou les modifier si cela lui paroît nécessaire, mais en ce sens qu'il doit alors une indemnité à ceux qui perdroient par cette suppression les avantages sur lesquels ils ont dû naturellement compter. Nous nous sommes suffisamment étendu sur cet objet n. 41.

Quant aux autres cours d'eaux qui n'étant ni navigables, ni flottables par trains et radeaux, ainsi qu'il a été expliqué n. 35, ne font point partie intégrante du domaine public, quel qu'en soit le volume et l'importance, et sur quelques fonds qu'ils prennent leur source, les lits qu'ils occupent et parcourent sont simplement des propriétés privées.

Des incertitudes assez longues ont existé à ce sujet; et sans remonter à ce qui pouvoit y donner lieu avant l'abolition de la féodalité, on peut dire qu'elles ont pris naissance dans une disposition de l'article 7 d'une loi du 27 septembre 1790 portant qu'il étoit sursis à statuer sur les droits dont les moulins avoient été autrefois et se trouvoient encore grevés, jusqu'à ce qu'il eût été fait une loi générale sur la propriété des rivières et cours d'eaux. L'art 2 de la loi du 1er décembre 1790 prononça sur les rivières navigables, et consacra le principe qu'on retrouve aujourd'hui dans l'article 538 du code. L'incertitude continuoit de subsister relativement aux autres cours d'eau. Un projet fut présenté le 23 avril 1791, et même quelques articles en furent décrétés; mais ils n'ont point reçu de complément ni de promulgation. On s'occupa de la même matière en 1792 : un assez grand nombre d'articles furent encore décrétés les 10 et 11 septembre; aucune loi définitive n'intervint.

Nous devons reconnoître que le système étoit alors de considérer les cours d'eaux non navigables comme propriétés publiques dont les riverains avoient seulement l'usage; et cette idée dominoit encore lorsqu'un projet de code civil, ébauché en 1793 et 1794, fut proposé en l'an IV.

Quand il seroit vrai que ces essais, non suivis d'exécution, eussent laissé pendant quelque temps une sorte d'incertitude sur le droit de propriété des cours d'eaux non navigables, ni flottables, et sur les conditions de cette propriété, le rapprochement des articles 538 et 644 du code ne paroît plus permettre de doutes. La propriété privée a été reconnue par un avis du conseil d'état du 24 ventôse an XII, dont un décret du 12 avril 1812 a ordonné la promulgation. Le droit d'user de ces cours d'eaux pour l'irrigation, sauf les mesures de police prescrites par l'autorité administrative, reconnu par l'article 644 du code; celui de pêche plus anciennement déclaré par les décrets des 6 juillet 1793 et 8 frimaire an II, ainsi que par l'avis du conseil d'état du 30 pluviôse an XIII, et maintenu par l'article 2 de la loi du 15 avril 1829, ne semblent laisser aucun doute sur ce caractère de propriété privée, chaque fois qu'il s'agit d'un cours d'eau qui, d'après ce que nous avons dit n. 35, n'a point été déclaré navigable ou flottable par bateau ou flottage en trains ou radeaux. S'il pouvoit rester quelques incertitudes, elles seroient levées par la loi du 14 floréal an XI, qui met le curage à la charge des riverains; ne seroit-il pas en effet contraire à l'équité, que cette obligation, souvent très onéreuse, leur fût imposée, s'ils n'étoient pas propriétaires du lit qu'on les oblige d'entretenir?

Mais cette propriété est soumise à des règles spéciales et à des restrictions dont l'article 544 du code contient le principe. L'eau qui coule dans ces lits, n'a d'utilité réelle que par son application aux besoins de l'agriculture et de l'industrie. Autant elle offre d'avantages lorsqu'elle est sagement dirigée vers ce double but, autant elle peut causer de dommages, tant aux particuliers qu'à la société entière, si les propriétaires des lits qu'elle occupe étoient libres d'y faire sans surveillance, tous les ouvrages que le caprice leur suggèreroit, ou pouvoient, en se dispensant de les curer, laisser l'eau devenir stagnante et insalubre.

Cette première considération à dû soumettre les cours d'eaux privés à la surveillance de l'administration locale et publique dont les droits ont été consacrés d'une manière expresse par le chapitre 6 de la loi en forme d'instruction du 20 août 1790.

Ces eaux, dans leurs cours, traversent souvent des chemins publics, et la construction, l'entretien et la conservation des ponts, devenus nécessaires dans ce cas, sont un nouveau motif de surveillance.

Il arrive fréquemment que ces cours d'eaux, foibles pendant un assez long espace de territoire, et dans cet état n'étant point encore du domaine public (1), puisqu'ils ne sont ni navigables ni flottables, deviennent propres à ce service à un point plus éloigné; ce caractère mixte doit nécessairement donner à l'administration le droit de veiller à ce que des entreprises inconsidérées sur la partie qui n'est point encore dans le domaine public, ne nuisent pas à la destination du reste.

Enfin les besoins sans cesse croissans du commerce intérieur, peuvent faire qu'à des époques plus ou moins prochaines, l'état reconnoisse l'utilité de rendre navigables ou flottables des cours d'eau qu'il a long-temps négligé de porter à cette perfection; et ce droit lui est assuré par l'avis du conseil d'état du 30 pluviôse an XIII, par le décret du 22 janvier 1808 et par l'article 3 de la loi du 15 avril 1829.

Lors même que l'état n'en a point encore usé, le cours d'eau peut avoir assez d'importance, pour qu'il soit propre à faciliter des transports par des petits bateaux, ou par un flottage dit, à bûches

(1) Edit du mois d'avril 1683. Déclaration du 13 août 1709. Arrêts du conseil des 10 août et 9 novembre 1694. Arrêt du Parlement de Paris du 9 décembre 1651.

perdues, dont les propriétaires riverains ne peuvent refuser l'exercice aux intéressés, tant que ceux-ci ne font aucune entreprise sur le bord, ou que, dans les cas autorisés par les règlemens, ils paient une légitime indemnité.

Ces dernières considérations frappent donc les cours d'eaux dont il s'agit, d'une véritable servitude au profit du public, dont l'effet est de rendre cette propriété moins pleine et moins parfaite que celle qui dans l'état ordinaire, appartient aux particuliers sur leurs héritages.

D'un autre côté, le droit de pêche reconnu aux riverains par les lois précitées, et celui d'irrigation consacré par l'article 644 du code civil, sont soumis à des règles prévues dans les articles 645 et 715 de ce code.

Mais la circonstance qu'une propriété est plus restreinte qu'une autre dans ses effets; qu'elle est grevée d'une servitude plus ou moins pesante, soit envers les particuliers, soit envers le public; que l'exercice des droits dont elle est la source, est plus ou moins limité par les lois et les règlemens de police, ne sauroit avoir pour effet d'en changer le principe et le caractère, ni de la faire considérer comme devant entrer dans le domaine public. Il ne peut donc y avoir aucun motif plausible de refuser aux riverains la propriété des lits des cours d'eaux, même lorsqu'ils sont assez considérables pour être employés à quelques communications ou à quelques transports: il n'y a aucun motif fondé sur l'équité, de les attribuer, soit à l'état, sous prétexte que les seigneurs ayant autrefois prétendu avoir cette propriété, l'abolition de la féodalité a fait rentrer leurs droits entre les mains de l'état, soit aux communes par assimilation aux chemins vicinaux dont elles sont propriétaires, comme on l'a vu n. 35.

Par suite de ces droits de propriété privée des cours d'eaux, non susceptibles d'être rangés d'après l'article 538 parmi les dépendances du domaine public, l'article 560 attribue aux riverains la propriété des îles. Cette attribution est fondée sur le même principe d'accession qui a placé dans le domaine public les îles formées dans les fleuves et rivières navigables et flottables.

Il devroit s'ensuivre comme conséquence que si le cours d'eau s'ouvre un nouveau lit, celui qu'il abandonne peut, sans aucun obstacle, être occupé par les riverains. L'article 563 en décide autrement; il attribue cet ancien lit aux propriétaires dont les eaux ont envahi le terrain, à titre d'indemnité. Mais cette exception ne peut être étendue au-delà de ses termes. Si par un de ces événemens qui ne sont pas rares dans certaines contrées, une excavation formée au point où le cours d'eau prend naissance, le convertissoit en lac, sans issue apparente, le droit commun reprendroit son empire, le lit laissé à sec appartiendroit aux riverains.

Ces principes ne s'appliquent pas seulement aux cours d'eaux naturels. Il en est de même des canaux lorsqu'ils ont été construits par des particuliers ou même par des communes, encore bien que pour atteindre le but de cette construction, le gouvernement leur eût prêté le secours de son droit d'expropriation pour cause d'utilité publique, ainsi que le prévoit l'article 3 de la loi du 7 juillet 1833.

Ces cours d'eau sont, ainsi que le reconnoît l'article 11 de l'arrêté du 19 ventôse an VI, des propriétés privées. Il importe peu que les eaux qui passent dans un canal de cette espèce aient été dérivées d'un fleuve faisant partie du domaine public, ce qui arrive très souvent pour les grands canaux d'irrigation. D'après les principes que nous avons donnés et que nous croyons incontestables, l'eau courante, en elle-même et isolément considérée, n'est susceptible d'aucune propriété publique ou privée; elle ne le devient que par accession avec le lit qui la renferme, et dès qu'elle est sortie d'un lit public pour entrer dans un lit privé, elle en prend le caractère.

Nous avons vu n. 12 quel étoit le caractère particulier de la servitude dont étoient grevés envers le public les canaux appartenant à des particuliers; mais à cela près et encore à l'exception des droits de surveillance qu'a le gouvernement pour que cette destination et les clauses imposées par lui aux autorisations qu'il a données soient exactement remplies, les produits utiles de ces canaux appartiennent à ceux qui en sont les propriétaires; ils sont tenus de les entretenir et ne peuvent invoquer en leur faveur les privilèges spéciaux dont jouit le domaine public, ainsi que nous l'avons établi n. 47.

78. L'article 641 du code reconnoît à celui dans le fonds duquel existe ou naît une source, le droit d'en user à sa volonté, ce qui peut aller jusqu'à la faire disparoître par des voies souterraines (1); d'en transmettre les eaux à titre de vente, donation, ou tout autre, à *tel* des héritages inférieurs qu'il juge à propos (2); de les retenir dans des bassins ou réservoirs; d'en former des jets d'eaux, ou de leur donner toute autre destination de simple agrément (3). Ce droit n'est, comme on l'a vu n. 76, limité que par les considérations d'intérêt public, dont nous parlerons au chapitre des servitudes légales, ou par les droits d'autrui, que nous ferons connoître n. 93 et suivans. On peut aller jusqu'à décider que le copropriétaire d'un fonds inférieur qui acquerroit pour son compte particulier celui ou naît une source, pourroit, en usant des droits que nous venons d'indiquer, en priver le fonds dont il est copropriétaire, quoique cette qualité lui fasse un devoir de conserver à ce fonds tous ses avantages. La raison en est que le supérieur ne devant rien à l'inférieur, celui qui l'a acquis n'a pas moins de droits que n'en auroit un tiers.

(1) Decius, cons. 373. — Berroyer, sur Bardet, tom. 1, liv. 1, ch. 65.

(2) Chabrol, *Cout. d'Auvergne,* chap. 17, art. 2.

(3) Arrêt du parl. de Paris, du 13 août 1644, cité par Henrys, liv. 4, quest. 189.

Cette liberté indéfinie d'user des eaux produites par une source est limitée au terrain où elle prend naissance. Si le propriétaire de ce terrain avoit sur le cours d'eau quelques fonds séparés par des intermédiaires, de celui ou naît la source, il ne pourroit, par une sorte de droit de suite, réclamer pour ces terrains la disposition absolue et arbitraire des eaux ; il ne seroit pas dans une position plus favorable que ceux dont un cours d'eau borde ou traverse les héritages, et n'auroit que les droits qui seront expliqués dans les paragraphes troisième et quatrième.

Jusqu'ici nous avons supposé l'existence d'une source qui a son ouverture sur un fonds. Mais on sait que les eaux, avant de se faire jour, parcourent souvent un espace souterrain assez considérable. Celui qui par des fouilles faites dans son héritage, couperoit les veines qui portent l'eau dans le terrain d'un autre où elles se font jour, pourroit-il en être empêché par ce dernier, ou, ce qui est la même chose, lui devroit-il des dommages-intérêts? On doit répondre négativement en règle générale (1). La propriété du sol emporte le droit d'y creuser à telle profondeur qu'on veut, souvent même c'est une nécessité, par exemple pour se procurer un puits. Si par suite de cette fouille, l'eau cesse de se rendre au point où, depuis un

(1) Dig. lib. 39, tit. 2, *De damno infecto*, l. 24, § 12; tit. 3. *De aquâ et aquâ pluv. arc.* l. 21. — Cæpolla, tr. 1, cap. 4, n. 52 et seq. — Dunod, *Traité des prescriptions*, part. 1re, ch. 12, p. 87.

temps plus ou moins long, elle se faisoit jour, c'est un malheur pour celui qui s'en trouve privé; mais il n'y a pas d'injustice, car celui qui a fait la fouille a usé de son droit. Cependant par application des principes qui seront exposés n. 86 et 142, les tribunaux pourroient apprécier les circonstances; et s'ils reconnoissoient que la seule envie de nuire a dirigé celui qui a ainsi enlevé les eaux à un autre héritage, ils auroient droit de réprimer cette entreprise (1).

Nous n'avons entendu parler ici que des fouilles qu'un particulier feroit dans son propre fonds; mais si dans la vue de se procurer de l'eau, même sans intention calculée de nuire à autrui, quelqu'un faisoit des fouilles par le moyen desquelles il iroit chercher l'eau sous le fonds d'un autre, celui-ci auroit le droit de s'y opposer, car la propriété du dessus entraîne pour lui celle du dessous, et par conséquent le droit d'interdire des fouilles souterraines. A la vérité, d'après ce que nous avons dit n. 7, si ces fouilles existoient depuis trente ans, au vu et su du propriétaire de la source, ce dernier auroit perdu le droit de réclamation (2); mais si dans la suite il creusoit, sans intention de nuire, et dans l'utilité incontestable de son fonds, un puits susceptible de diminuer ou d'absorber les eaux que le voisin recevoit par l'effet des travaux souterrains dont nous venons

(1) Dig. lib. 39, tit. 8, *De aquâ et aquâ pluv. arc.* l. 1, § 12.
(2) Rejet, 13 avril 1830, D. 30, 1, 206.

de parler, il ne pourroit en être empêché. La règle seroit la même que celle que nous expliquerons n. 112, parce que les effets de la prescription ne sont pas, comme on le verra n. 312, entièrement semblables à ceux d'une concession qui auroit été faite par contrat.

La nature particulière de quelques eaux communément connues sous le nom d'eaux thermales, peut exiger que le législateur établisse à leur égard des règles spéciales et des restrictions au droit commun et de propriété. Ce que nous aurions à en dire, trouvera mieux sa place, lorsque n. 114, nous traiterons des servitudes établies dans l'intérêt public.

79. Les textes des lois dont nous venons de présenter l'explication, ne sont, dans leurs termes littéraux, relatifs qu'aux eaux vives. Les eaux pluviales ont un degré d'importance et souvent d'utilité qui ne nous permet pas de les passer sous silence. Il ne s'agit ici que d'examiner à qui elles appartiennent; c'est dans les paragraphes suivans qu'il y aura lieu d'examiner les obligations et les droits auxquels donne lieu leur écoulement.

Que les eaux qui tombent directement du ciel sur un fonds, ou qui y sont amenées par la pente naturelle du terrain, et par la nécessité de l'écoulement deviennent, au moyen de l'accession, la propriété de celui dont le fonds les a reçues, c'est un point qui ne pourroit raisonnablement être révoqué en doute (1). Ce fonds est en réalité dans la même position, et doit avoir les mêmes droits que celui où une source prend naissance.

Les eaux pluviales appartiennent donc naturellement au premier à qui la disposition des lieux permet d'en faire usage (2). Mais elles n'arrivent pas toujours sur un fonds, par le seul fait de la chute directe des pluies, ou par la pente naturelle du terrain. Souvent le propriétaire de ce fonds qui en reconnoît et veut s'en assurer l'utilité, prend des moyens pour qu'elles lui arrivent. Si l'objet de ces moyens, consistant nécessairement dans des travaux plus ou moins considérables, est de recevoir et de réunir sur son fonds les eaux qui viennent d'autres fonds, les droits qu'il peut acquérir pour empêcher que le propriétaire supérieur ne l'en prive, seront examinés dans le troisième paragraphe de cette section.

Nous ne nous proposons de dire ici quelques mots que pour le cas où le propriétaire d'un fonds cherche à s'assurer l'appréhension des eaux pluviales venant de la voie publique. Ces eaux, tant qu'elles sont sur cette voie, ne sauroient avoir le caractère d'une propriété privée, car elles sont

(1) Dig. lib. 39, tit. 3, *De aquâ et aquâ pluv. arcendæ*, l. 1, § 11, —Cæpolla, tr. 2, cap. 30, n. 5. — Pecchius, *De aquæductu*, lib. 1. cap. 5, n. 9; lib. 2, cap. 10, quæst. 4, n. 21. — Pothier, *Cout. d'Orléans*, art. 170.

(2) Instit. lib. 1, tit. 1, *De rerum divis.* § 2. — Cæpolla, tr. 2, cap. 4, n. 45. — Pecchius, *De aquæductu*, lib. 1, cap. 4, quæst. 6, n. 17 et 48.

l'accessoire momentané d'un objet destiné à l'usage de tous.

C'est seulement lorsqu'elles ont quitté la voie publique pour entrer sur la propriété d'un particulier qu'elles deviennent elles-mêmes choses privées par accession à cette propriété. Tout riverain a évidemment le droit de les prendre et de les faire couler sur son fonds à titre d'occupation d'une chose qui n'appartient à personne (1). Comme il ne peut agir ainsi, que par l'exercice de la faculté accordée à tous, de faire usage de la chose publique, il n'en résulte, quelque longtemps qu'il en ait usé, aucun droit exclusif en sa faveur. Si le propriétaire d'un fonds supérieur, également à portée de prendre les eaux, a négligé cette faculté, et ensuite juge à propos de l'exercer, celui à qui les eaux seront ainsi enlevées et qui même en éprouvera un véritable dommage, ne peut s'y opposer, ni invoquer aucune prescription (2). On en a vu les motifs n. 21.

Cependant il ne faut point perdre de vue que cette eau coule sur la voie publique, voie sur laquelle l'administration à le droit de police; nous n'hésiterions donc point à croire qu'en vertu de ce droit, elle peut régler et déterminer ce que chacun des riverains sera autorisé à faire. Sans doute

(1) Connanus, *Comment. juris civilis*, lib. 3, cap. 2, n. 5.

(2) Arrêt du 5 avril 1710, cité par Dunod, *Traité des prescriptions*, part. 1, chap. 12, p. 88. — Rejet, 14 janvier 1825, D. 25, 1, 44. Rejet, 21 juillet 1825, D. 25, 1, 366.

en agissant ainsi, l'autorité municipale n'exerceroit point sur l'eau découlant de la voie publique un droit de propriété, car ce que la féodalité avoit autrefois donné aux seigneurs (1), est aboli et n'a point été transmis aux communes, comme conséquences ou attributs de la voirie.

Mais l'eau qui coule sur les chemins publics peut être considérée comme chose qui n'appartient encore à personne et dont la police locale a droit de régler l'usage, c'est-à-dire le mode d'occupation et d'appréhension sur la voie publique. Cette autorité a d'ailleurs le droit incontestable de prévenir tout ce qui pourroit causer des dégradations aux chemins et aux rues, tout ce qui pourroit y produire des stagnations insalubres. Si, par l'effet des règlemens faits dans ce but, quelque riverain croyoit éprouver une lésion, il n'auroit pas d'autre ressource que de réclamer près de l'administration supérieure en lui démontrant que le but ou l'effet du règlement local a été d'attribuer une préférence à l'un sur l'autre, et de satisfaire un intérêt privé, plutôt que de prendre une véritable mesure de police. Mais les tribunaux ne pourroient y apporter de modifications (*).

(1) Boutaric, *Traité des droits seigneuriaux*, page 566. —Julien, *Statut de Provence*, t. 1er, page 508.

(*) Cette opinion est combattue par M. Duranton, *Cours de droit français*, t. 5, p. 155.

Si toutefois le chemin n'étoit pas public, mais indivisément possédé par des propriétaires riverains, l'administration n'auroit aucun droit de statuer, à moins que ce ne fût pour prescrire des mesures d'assainissement.

Sauf ces cas, les tribunaux seuls détermineroient à qui la jouissance des eaux pluviales doit appartenir, en conciliant ce qu'exigent l'intérêt de l'agriculture et le respect de la propriété.

80. Les eaux pluviales, celles qui proviennent de l'infiltration des terres habituellement arrosées et quelquefois même des sources qui n'ont pas d'écoulement, peuvent former des amas que l'on nomme lacs, marais ou étangs.

On appelle plus particulièrement lac, une vaste étendue d'eaux réunies dans un terrain creux, alimentées par des sources, des infiltrations perpétuelles, ou même par des cours d'eaux vives (1). Si un lac étoit d'une si grande importance qu'on l'eût consacré à la navigation, et par conséquent qu'il fût entré dans les dépendances du domaine public, il faudroit y appliquer les règles que nous avons données n. 76; on a vu que les eaux de cette espèce ne sont point l'objet de notre travail.

L'accroissement ou la diminution des eaux d'un lac ne nuit et ne profite point aux riverains, et il ne nous paroît point qu'on doive établir quelque distinction entre le cas où le lac a été formé par

(1) Dig. lib. 43, tit 14, *Ut in flum. publ.* l. unic., § 3. — Cæpolla, tr. 2, cap. 50, pass.

la nature, et celui où il a été formé par la main de l'homme (1).

Les marais diffèrent des lacs, en ce que ce sont des terres plutôt abreuvées que couvertes d'eaux, qui ne peuvent offrir les avantages des lacs, et cependant aussi qui ne peuvent être cultivées si on ne les dessèche. Ce dessèchement est trop intimement lié à l'intérêt général, à la santé des hommes, à l'accroissement des produits de la terre, pour n'être pas l'objet spécial de l'attention du gouvernement. Les lois des 5 janvier 1791, 16 septembre 1807 et 8 mars 1810, forment le dernier état de la législation à cet égard, et contiennent le droit particulier de cette matière.

L'étang est le plus souvent un amas d'eaux qui auroient leur écoulement, ou qui s'étendroient de manière à ne former que des marais, si elles n'étoient retenues ou resserrées par quelques travaux (2).

On le forme dans un terrain en pente, dont la partie inférieure est fermée par une digue ou chaussée (3). Une ou plusieurs ouvertures qu'on appelle bondes, faites ordinairement dans le point le plus bas, servent à mettre l'étang à sec, soit pour le pêcher, soit pour en arracher les joncs, soit pour le consacrer à la culture. Un déversoir,

(1) Cæpolla, tr. 2, cap. 30, n. 4 et 5.

(2) Dig. lib. 43, tit. 14, *Ut in flum publ.* l. unic. § 4.

(3) Revel, *Usages de Bresse*, sect. 1, p. 219, et Collet, *Explication des statuts et usages de Bresse*, liv. 3, sect. 1, p. 84 et suiv.

dont la hauteur est calculée sur l'étendue du terrain que l'eau doit couvrir, est destiné à garantir les propriétés voisines des inondations, en ouvrant une issue au trop plein. L'article 558 du code ne suppose pas même qu'un étang existe sans déversoir, puisqu'il base sur la hauteur de la décharge l'étendue du terrain dont l'étang est composé, sans que les crues ou la diminution du volume d'eau puisse rien faire acquérir ou perdre au propriétaire. Nous examinerons n. 86 et 89 ce qui est relatif à l'écoulement des eaux qui sortent des étangs.

Dans l'état actuel de la législation sur les étangs l'autorité administrative a le droit, d'après la loi du 11 septembre 1792, d'ordonner la destruction de ceux que les réclamations des communes, les avis et procès-verbaux des gens de l'art désigneroient comme pouvant occasioner des maladies épidémiques, des épizooties, ou même de ceux qui, par leur position, inonderoient les propriétés inférieures (1). Par une conséquence assez naturelle, nous serions porté à croire qu'elle peut soumettre à la nécessité de son approbation ceux que l'on voudroit établir nouvellement, dans les lieux où la permission des officiers de justice étoit requise par la coutume ou l'usage (2). Mais

(1) Une loi du 14 frimaire an II avoit ordonné la destruction de tous les étangs; mais elle a été abrogée par celle du 13 messidor an III.

(2) Boutaric, *Traité des droits seigneuriaux*, p. 569.

c'est aux tribunaux qu'appartient le droit de juger, sur les contestations des parties, si le propriétaire d'un étang doit établir un ou plusieurs déversoirs et à quelle hauteur ils doivent être fixés, parce que cette question, sous beaucoup de rapports, entraîne celle de la propriété. On ne pourroit prétendre que ce droit appartienne à l'autorité administrative à qui la loi du 6 octobre 1791 attribue, comme nous le verrons n. 97, la fixation de la hauteur des déversoirs de moulins. Cette attribution ne peut être étendue au-delà des termes de la loi qui l'a créée, parce que cette loi et celle du 20 août 1790, ne sont relatives qu'aux cours d'eaux vives et que les eaux dormantes connues sous le nom d'étangs sont soumises à d'autres règles.

L'article 457 du code pénal n'a rien de contraire à notre opinion. Il met au nombre des délits l'inondation causée par l'élévation du déversoir d'un étang, au-dessus de la hauteur déterminée par l'autorité compétente, mais il ne désigne pas cette autorité.

La possession trentenaire peut, à défaut de titres, être invoquée pour déterminer les dimensions d'un déversoir : la hauteur de la décharge étant corrélative avec l'étendue du terrain dont l'étang doit être composé, ou qu'il peut inonder en vertu des servitudes dont quelques héritages voisins seroient tenus, c'est à cette possession qu'on doit, à défaut de titres, recourir pour fixer un point qui, à son tour, détermine l'étendue de la propriété (1). Mais cela n'empêche pas qu'une possession trentenaire ne puisse être invoquée contre cette présomption, par des riverains qui auroient acquis, par une jouissance de trente ans, quelques terrains sur l'emplacement de l'étang; et alors le propriétaire de cet étang seroit tenu de baisser son déversoir, de manière à ne plus inonder le terrain que protège cette prescription.

On ne peut, sans en avoir acquis le droit par l'un des moyens que nous expliquerons dans la troisième partie, construire son étang d'une manière qui fasse refluer les eaux sur les héritages voisins (2), ou se dispenser de laisser au-delà de l'emplacement couvert habituellement par les eaux un espace conforme à l'usage, pour que l'inondation n'atteigne pas ces fonds. On doit encore entretenir les digues et chaussées en assez bon état, et le lieu de décharge des eaux assez libre pour qu'elles ne puissent nuire à qui que ce soit. Le dégât résultant du défaut d'entretien donneroit lieu aux dommages-intérêts et autres peines que prononce l'article 457 du code pénal; et par conséquent celui qui auroit un juste sujet de craindre ce dégât, pourroit contraindre le propriétaire de l'étang à faire les réparations reconnues nécessaires. Ce ne seroit point ici le cas de s'excuser sur

(1) Rejet, 23 avril 1811. D. 11, 1, 326. — Rejet, 10 février 1824. D. 2, 906, n. 4.

(2) Guy Pape, quæst. 91. — Salvaing, *Traité des fiefs*, ch. 65. — Freminville, *Pratique des terriers*, t. 4, p. 512. — Denisart, V.° *Etang*.

la force majeure (1); le dégât ne provenant que de la faute de ce propriétaire, c'est sur lui seul qu'il doit retomber, conformément à l'article 1383 du code civil. Son utilité particulière ne seroit pas aussi un motif pour que le voisin pût être contraint à souffrir l'inondation, quelqu'indemnité qu'on lui accordât (2).

81. Ce que nous avons dit, n. 79, du droit qu'a tout propriétaire d'arrêter sur son fonds les eaux pluviales qui y tombent ou qui y arrivent des fonds supérieurs, ne nous paroît pas devoir être modifié dans le cas où ce propriétaire voulant former un étang par la réunion de ces eaux, en priveroit l'étang déja construit par le propriétaire inférieur. Ce dernier pourroit, au premier coup d'œil, paroître favorable, surtout si son étang existoit depuis plus de trente ans; on peut dire qu'il est injuste que la formation d'un étang supérieur lui enlève ou atténue notablement les avantages d'un établissement qu'il a fait de bonne foi, et souvent même à grands frais (3). Mais la raison de décider en faveur du propriétaire supérieur est fondée sur ce que nul ne peut être contraint, si ce n'est lorsqu'il s'y est soumis

(1) Boutaric, *Traité des droits seigneuriaux*, p. 570.

(2) Collet, *Explication des statuts de Bresse*, liv. 3, sect 1, p. 85, et Revel; *Usages de Bresse, Cout. de Villars*, sect. 3, p. 228, sont d'avis différent.

(3) Matthæus de Afflictis, décis. 388. — Mornac, ad leg. 6, Dig. de edendo.

volontairement, à se départir du mode d'exploitation de son héritage qui lui paroît le plus convenable. Ce droit est une faculté naturelle que le non-exercice, pendant quelque temps que ce soit, ne peut faire perdre, ainsi qu'on l'a vu n. 21. Nous ne pensons pas que, dans cette circonstance, le propriétaire inférieur fût admissible à invoquer les dispositions des articles 641 et 642 du code, dont nous donnerons les développemens n. 93 et suivans, parce que ces articles ne sont relatifs qu'aux eaux vives, et sont fondés sur des considérations qu'on ne peut appliquer aux eaux accidentelles ou pluviales.

Nous ne devons point terminer ces notions sommaires sur les étangs, sans faire remarquer qu'il peut en exister d'une espèce particulière, auxquelles tout ce que nous avons dit ne sauroit être entièrement appliqué.

Quelquefois, surtout dans les pays montueux, des terrains bas et creux recevant les eaux des coteaux ou des terrains environnans dont le sol est plus élevé, forment des étangs naturels, sans que la main de l'homme ait eu besoin de construire une chaussée pour les retenir, sans que la disposition du local permette de construire de déversoir pour en laisser échapper le trop plein, ou de bonde pour les vider; de manière que la seule diminution dont ils soient susceptibles est la perte par des infiltrations intérieures, ou l'évaporation, dans les temps de sécheresse. Il n'est pas possible d'appliquer à ces sortes d'étangs naturels tous les principes que nous venons d'exposer : ce ne seroit point la hauteur de la décharge ou du déversoir qui pourroit servir à fixer les limites respectives de l'étang et des héritages environnans; un bornage pourroit seul atteindre ce but. Si l'abondance des pluies, dans quelques saisons, y amenoit des eaux en une quantité telle, que ne pouvant être contenues dans la cavité de l'étang, elles se répandissent sur les héritages environnans, les propriétaires de ces héritages ne pourroient exiger de dommages-intérêts de celui à qui l'étang appartient, à moins qu'ils ne prouvassent que, par des travaux, il y a attiré des eaux qui n'y seroient point tombées naturellement.

Dans ce cas, comme dans celui où un étang artificiel éprouveroit une crue extraordinaire qui feroit étendre les eaux sur des héritages voisins, ces eaux, et même le poisson qu'elles entraîneroient, cessent d'appartenir au propriétaire de l'étang, conformément à l'article 564 du code.

§ II. *Obligations des fonds inférieurs envers les fonds d'où découlent les eaux.*

82. Il est rare que les eaux vives qui prennent leur source, et même les eaux pluviales qui tombent sur un fonds (1), s'y absorbent et s'échap-

(1) Cassation, 13 juin 1814, D. 1, 86.

pent sans issue apparente : leur écoulement est donc nécessaire, et c'est dans l'obligation de le souffrir que consiste, d'après l'article 640 du code, l'assujétissement des fonds inférieurs, envers ceux qui sont plus élevés, à recevoir les eaux qui en découlent naturellement.

Quand même cet écoulement nuiroit aux plantations de l'héritage inférieur, ou qu'il en empêcheroit la culture par l'éboulement de roches, de sables, il n'y auroit lieu à aucune action en dommages-intérêts (1) : nul n'est responsable des effets de la nature. On ne pourroit pas même excepter le cas où, depuis plus de trente ans, soit par des causes purement naturelles, telles que le peu d'abondance des eaux, soit par le seul fait du propriétaire, par exemple, s'il les avoit retenues en viviers, ou de toute autre manière qui offrît une grande surface à l'évaporation, la source n'auroit eu d'issue sur aucun fonds inférieur; c'est toujours la conséquence du principe expliqué n. 21.

L'article 640 ajoute que cette obligation n'a lieu qu'à l'égard des eaux qui découlent naturellement, sans que la main de l'homme y ait contribué. Celles qui proviennent, soit de sources, soit de pluies tombées directement sur un fonds, ou même arrivées par l'effet d'une disposition naturelle des lieux, sont les seules auxquelles puisse s'appliquer cette expression de la loi.

(1) Dig. lib. 39, tit. 3, *De aq. et aq. pluv. arc.* l. 1, § 1. — Cæpolla, tr. 2, cap. 4, n. 71.

Celui qui, pour quelque usage et par quelque moyen que ce soit, emploieroit, dans sa maison ou sur son héritage, de l'eau qu'il tireroit d'un puits, d'un réservoir, etc., ne pourroit la faire couler ensuite sur l'héritage inférieur sans la permission du propriétaire. Celui qui, par ces moyens, donneroit à son héritage un mode de culture pour lequel de fréquentes irrigations seroient nécessaires, devroit faire, aux extrémités de cet héritage, des fossés pour recevoir le superflu des eaux, que, sans cette précaution, l'infiltration pourroit porter sur le voisin; ce dernier soutiendroit avec fondement qu'il n'y a rien de naturel, et que la main de l'homme contribue à cette immission d'eau, qui n'auroit pas lieu sans cela (1). Nous en donnerons un exemple n. 212.

83. De ce qu'il est exigé que la main de l'homme n'ait pas contribué à l'écoulement, il ne faut pas conclure que le propriétaire qui transmet les eaux de son fonds à l'héritage inférieur, ne puisse rien s'y permettre, et qu'il soit condamné à l'abandonner à une stérilité perpétuelle, ou à n'en jamais varier l'exploitation, parce que cette culture ou ces travaux apporteroient quelque changement au mode d'écoulement des eaux.

La loi n'a pu avoir cette intention; elle ne prohibe que l'immission dans l'héritage inférieur, des eaux qui n'y seroient jamais tombées par la seule

(1) Cæpolla, tr. 1, cap. 67, n. 3 et 4.

disposition du terrain (1); elle n'a ni voulu, ni pu refuser au propriétaire supérieur, le droit d'aider et de diriger l'écoulement naturel.

Mais quels que soient les ouvrages qu'ait pu faire le propriétaire supérieur, quand même ils seroient du nombre de ceux que la culture de son champ lui permet, si leur effet étoit d'amener sur son fonds des eaux que dans l'état primitif il n'étoit pas assujéti à recevoir et de les faire ensuite couler sur le fonds d'un de ses voisins, le propriétaire de ce fonds peut s'y refuser. A moins d'un droit de servitude conventionnelle légalement acquis contre lui, il n'est assujéti à supporter que ce qui résulte de la disposition des lieux dans leur état naturel; il ne peut être tenu de ce que cet état n'exige pas, quelqu'avantage qu'en puisse d'ailleurs tirer le propriétaire de l'héritage supérieur (2).

De même, on ne peut prétendre, sur l'héritage de son voisin, le droit d'y faire passer les eaux qu'on destine à l'irrigation d'une propriété plus éloignée (3), si la disposition naturelle et l'état des lieux ne commandent point que cet héritage en supporte le passage (4).

En seroit-il de même si celui qui veut faire passer les eaux, invoquoit ce droit à titre de

(1) Dig. lib. 39, tit. 3, *De aq. et aq. pluv. arc.* l. 1, § 10.

(2) Dig. lib. 39, tit. 3, *De aq. et aq. pluv. arc.* l. 1, § 2, 4.

(3) Lépine de Grainville, p. 229.

(4) Bretonnier sur Henrys, liv. 5, quest. 189, est d'avis différent.

servitude légale, aux offres d'une indemnité, par analogie de l'article 682 du code que nous expliquerons n. 218 et suivans? Le texte de cet article ne le décide point; et en général il est contre la nature des servitudes, quand elles ne sont pas clairement imposées par la loi, qu'elles puissent dépendre d'autre chose que de la liberté des conventions.

Il paroît cependant bien important que, dans le cas où des particuliers voudroient construire un canal d'irrigation, ou établir des moulins dans un pays qui en seroit privé, les propriétaires des fonds que le canal devroit traverser fussent contraints de le souffrir, au moyen d'une indemnité préalable (1). Mais les coutumes ou les lois anciennes qui, dans quelques provinces, accordoient ce droit (2), nous paroissent avoir été abrogées par l'article 7 de la loi du 30 ventôse an XII; cette question rentreroit donc dans celles qui touchent à l'intérêt général ou local. Il n'appartient qu'à l'administration d'imposer une restriction au droit de propriété, suivant les règles prescrites: comme elle est à la fois investie du droit d'autoriser la confection des canaux et des lits nouveaux nécessaires pour contenir les cours d'eaux ou leurs embranchemens, et du droit de juger quand un citoyen doit céder sa propriété pour cause

(1) Arrêt du parlement de Provence, du 30 mai 1778, rapporté par Janety, tom. 1, p. 358.

(2) Edit du 26 mai 1547 pour la Provence.

d'utilité publique, même à des entreprises particulières, cette double attribution la met à même de balancer tous les intérêts.

Ici se présente la question de savoir ce qui auroit lieu au cas où une source plus ou moins abondante se seroit fait jour nouvellement. Une distinction nous sembleroit propre à concilier les principes avec l'équité. Si la source nouvelle se faisoit jour par suite de travaux dont se compose habituellement la culture d'un champ, par exemple, lorsqu'on a creusé un fossé, nivelé quelques portions de terrain plus élevées que le reste, défriché quelque partie, cet événement nous semble n'être que la conséquence du droit d'un propriétaire de faire les travaux propres à l'amélioration de son fonds; ils ne sortent pas de la classe ordinaire: l'écoulement nous sembleroit devoir être considéré comme naturel.

Mais si par des fouilles spécialement faites dans la vue de se procurer de l'eau, par exemple, par le procédé qui reçoit depuis quelques années une grande extension, un propriétaire creusoit sur son fonds un de ces puits dits *artésiens*, qui fît jaillir une masse d'eau assez considérable pour qu'elle eût besoin d'écoulement, il seroit beaucoup plus douteux que les propriétaires inférieurs fussent tenus de recevoir ces eaux (1). On pourroit, nous en convenons, leur objecter que l'eau est un des premiers besoins de la vie et de l'agricul-

(1) Rejet, 8 janvier 1834. D. 34, 1, 75.

ture ; que chercher à en procurer à son domaine est un acte de bonne et sage administration ; que si le résultat de ces recherches, dont il est impossible à l'avance de calculer et de modérer l'effet, est de procurer une eau jaillissante, il faut bien que cette eau ait un écoulement, et qu'on réduiroit le propriétaire qui a creusé le puits à le combler, ce qui même seroit quelquefois impossible si tous les propriétaires inférieurs refusoient de recevoir l'eau sous prétexte que la main de l'homme a concouru à la faire sortir de terre.

Ces raisons ne nous paroîtroient pas néanmoins décisives tant que le législateur éclairé par les progrès d'une industrie qui étoit peu connue il y a trente ans, n'aura pas statué sur ce point. Mais comme, d'un autre côté, les tribunaux ne peuvent refuser de juger sous prétexte d'insuffisance ou de silence de la loi, nous croyons qu'ils auroient le droit d'obliger celui des inférieurs qui leur paroîtroit pouvoir recevoir les eaux avec le moins de dommage, à subir cet écoulement, au moyen d'une indemnité.

84. Maintenant que nous avons expliqué ce qu'il falloit entendre par les eaux qu'un propriétaire supérieur a droit de laisser couler sur l'inférieur, il est nécessaire d'examiner comment on doit reconnoître que l'état naturel des lieux, seule cause de l'obligation du fonds inférieur, porte ces eaux plutôt de *tel* côté que de *tel* autre. L'état actuel ou instantané au moment où naît la con-

testation, ne peut servir à la décider, c'est précisément le point douteux: l'un veut le maintenir, l'autre veut le faire changer. Les variations, les événemens majeurs, la culture ou le caprice des propriétaires, apportent d'ailleurs à l'état primitif des changemens successifs qui ne permettent plus de le reconnoître. Il nous semble que l'état des lieux qui a existé pendant tout le temps requis pour prescrire, doit être présumé l'état naturel et primitif(1). Cette opinion, que nous avons déja exprimée n. 62, est conforme à l'esprit de la législation sur la prescription, même en matière de servitudes. Lorsque ce moyen ne peut être employé, par l'impossibilité d'obtenir des notions assez précises sur les faits antérieurs à la contestation, les tribunaux doivent décider dans leur sagesse et d'après les rapports des gens de l'art, ainsi que nous l'expliquerons n. 87.

85. Le propriétaire du fonds inférieur, que la disposition et l'état naturel des lieux, déterminés d'après les principes qui viennent d'être expliqués, forcent à recevoir les eaux, peut s'opposer à tout ce que le propriétaire supérieur voudroit faire qui aggraveroit la servitude. C'est la disposition précise du troisième alinéa de l'article 640 du code, et la conséquence des principes exposés n. 54 et suivans. Mais ici deux intérêts opposés

(1) Dig. lib. 39, tit. 3, *De aq. et aq. pluv. arc.* l. 2, pr. — Cæpolla, tr. 2, cap. 4, n. 79 et 80.

doivent être conciliés : l'intérêt du propriétaire supérieur à n'être pas gêné dans le droit qu'il a de cultiver son domaine de la manière qui lui paroît la plus profitable, et de se débarrasser des eaux superflues; l'intérêt du fonds inférieur à ne point être lésé par le passage des eaux qui, s'il a quelquefois des avantages, peut souvent aussi être nuisible et à charge.

Pour mettre plus de clarté et d'ordre dans la solution des difficultés qui peuvent se présenter, il faut distinguer si les eaux coulent par un ou plusieurs points fixes et déterminés, ou si elles se répandent indifféremment et sans lits particuliers sur toute la surface du fonds inférieur.

86. Dans le premier cas, c'est-à-dire s'il s'agit d'une source à laquelle la perpétuité de son cours assigne ou doit nécessairement assigner un lit, de la décharge d'un étang, ou d'un cours d'eaux pluviales, la durée de l'écoulement pendant le temps requis pour prescrire a, comme on vient de le voir, déterminé le point d'exercice de la servitude. Il n'y peut plus être apporté d'innovation sans le consentement de la partie intéressée; et cela devroit avoir lieu à bien plus forte raison, si des titres, ou des circonstances équivalant à des titres, suivant ce qui a été dit n. 62, servoient à fixer et à indiquer le point et le mode du passage des eaux.

Non-seulement le propriétaire supérieur ne peut construire des ouvrages qui resserreroient les eaux au point de leur décharge, de manière qu'elles se précipitent à travers l'héritage inférieur avec une violence capable d'entraîner les terres, ou de causer quelqu'autre dommage; il doit encore laisser faire sur son propre fonds les ouvrages destinés à rendre le cours moins rapide ou moins incommode, et permettre au propriétaire inférieur de les réparer ou de les rétablir chaque fois qu'il en est besoin (1), sans préjudice de ce que nous dirons n. 92.

Si les eaux n'ont pas un point fixe de décharge, comme sont presque généralement les eaux pluviales ou celles qui proviennent de la fonte des neiges, les ouvrages ou les changemens que le propriétaire du fonds supérieur pourroit faire sur lui-même, quoique désavantageux au fonds inférieur, ne lui sont pas indistinctement prohibés.

On ne doit pas, par exemple, considérer comme tels ceux que nécessite la conservation ou la culture de l'héritage (2). Si donc ce propriétaire jugeoit à propos d'y faire des sillons plus en pente ou des rigoles plus profondes que celles qui avoient existé jusqu'alors (3); s'il adoptoit un mode d'exploitation et de culture, tel que la conversion d'une terre labourable en une rizière, en un pré arrosable; s'il exhaussoit par des rapports de

(1) Dig. lib. 39, tit. 3, *De aq. et aq. pluv. arc.* l. 2, § 1; l. 11, § 6.

(2) Dig. lib. 39, tit. 3, *De aq. et aq. pluv. arc.* l. 1, § 8.

(3) Coquille, *Cout. de Nivernais*, tit. 10, art, 1. — Auroux, *Cout. de Bourbonnais*, art. 509, n. 3.

terres, son héritage, de manière qu'il conserve ou qu'il absorbe moins d'eaux qu'il n'en conservoit dans l'état antérieur, encore bien que par l'effet de ces changemens, les eaux coulassent ensuite avec plus de rapidité ou d'abondance sur le fonds inférieur (1), la surcharge qu'éprouveroit celui-ci, ne seroit réputée qu'un effet de la culture. Or, la culture étant l'état naturel d'un fonds, pour l'intérêt de la société, on ne pourroit dire que les eaux aient cessé de couler naturellement. Le propriétaire supérieur pourroit même diriger non seulement ses sillons, mais encore les rigoles nécessaires au dessèchement de son terrain vers *tel* plutôt que vers *tel* autre héritage inférieur. Le propriétaire du fonds qui se trouveroit les recevoir n'auroit pas le droit de le forcer à changer cette direction, sous prétexte que le mode de culture qu'il a choisi est inusité ou moins essentiel dans le pays, ou que, depuis plus de trente ans, il ne l'a pas employé, et que s'il est vrai qu'il améliore son fonds, il l'améliore aux dépens du fonds inférieur (2).

Nous ne sommes obligé de nous abstenir de faire, au préjudice des autres, ce qui nous plaît sur notre fonds, qu'autant que les lois, le bien public ou des servitudes conventionnelles (3) s'y opposent, ou que nous n'y avons aucun intérêt

(1) Dig. lib. 39, tit. 3, *De aq. et aq. pluv. arc.* l. 24, pr.

(2) Pothier, *Contrat de Société*, n. 136.

(3) Dig. lib. 8, tit. 2, *De servit. præd. urb.* l. 9.

prochain ou éloigné (1). S'il est interdit de nuire à autrui, ce n'est pas violer ce principe que d'user de son droit, quand même l'exercice en deviendroit dommageable pour un autre (2). L'article 544 permet à chacun de disposer de sa chose, de la manière la plus absolue, sauf à se conformer aux prohibitions prononcées par les lois ou les règlemens.

Mais il n'est pas juste que le caprice ou le dessein de nuire se couvre du voile de l'intérêt. Si l'on peut faire tout ce qu'on veut sur sa propriété, on ne peut agir dans le seul but de nuire; et l'utilité de la culture doit être, aux yeux de la loi, l'excuse de cet accroissement de dommage causé au fonds inférieur (3).

Nous ne saurions donner à ce sujet de règles certaines. L'utilité de *tel* ou *tel* mode de culture dans un champ sera toujours une question controversée dépendant de la variété des circonstances, et par cela même livrée à l'arbitraire des opinions. L'intention est difficile à juger; il suffit de dire qu'on ne doit jamais présumer celle de nuire dans ce qui n'est pas défendu formellement

(1) Dig. lib. 8, tit. 2, *De servit. præd. urb*, l. 10, lib. 39, tit. 2. *De damno infecto*. l. 26; tit. 3. *De aq. et aq. pluv. arc.* l. 1, § 7, 11, 15. — Boniface, tom. 4, liv. 9, tit. 2, ch. 4, n. 2, p. 631, édit. de 1689. — Fromental, *Décis. de droit civil*, p. 656. — Coquille, *Cout. de Nivernais*, ch. 10, art. 11.

(2) Dig. lib. 50, tit. 17, *De regulis juris*, l. 55.

(3) Dig. lib. 39, tit. 3, *De aq. et aq. pluv. arc.* l. 1, § 1, 2 et 11; l. 24, § 1 et 2. — Dunod, *Traité des prescriptions*, part. 1, ch. 12, p. 87.

par la loi (1). On doit croire, en général, que celui qui a usé de son droit y avoit un intérêt réel, ne fût-il que de simple agrément, considération qui, dans un grand nombre de circonstances, peut être invoquée avec justice et doit être accueillie par les tribunaux. Ce ne peut donc être qu'une malice évidente de la part du propriétaire supérieur, accompagnée d'un tort véritable causé au fonds inférieur (2), qui rendroit l'inférieur admissible dans sa réclamation. Les tribunaux doivent appliquer avec discernement le principe d'équité déja indiqué n. 76, qui ne permet pas d'user de son droit sans utilité pour soi, et d'une manière nuisible à autrui (3). Ce n'est pas toujours l'importance de la réclamation qu'ils doivent considérer. Le plus modique intérêt est immense pour le pauvre; tout ce qui tient à la propriété est important, et c'est, comme nous l'avons déja dit, dans les usages locaux et les circonstances du fait que les magistrats doivent puiser les motifs de leurs décisions. Enfin, il n'est pas hors de propos de remarquer qu'on peut, indépendamment des condamnations civiles, appliquer à ceux qui

(1) Dig. lib, 17, tit, 2, *Pro socio*, l. 51, pr.

(2) Rejet, 10 juin 1824, D. 2, 903, n. 5.

(3) Dig. lib. 39, tit. 3, *De aq. et aq. pluv. arc.* l. 1, § 12; lib. 50, tit. 10, *De oper publ.* l. 3. — Novelle 63, cap. 1. — Cæpolla, tr. 2, cap. 4, n. 41. — Dumoulin, *Tract. quat. leg.* 9. — Bordier sur Ranchin, part. 1, concl. 313. — Boniface, tom. 4, liv. 9, tit, 2, ch. 4, n. 9, p. 631. — Basnage, *Traité des hypothèques*, chap. 5. — Dunod, *Traité des prescriptions*, part. 2, ch. 12, p. 87.

mésuseroient de leurs droits au point de faire malicieusement tort à autrui, les dispositions de l'article 457 du code pénal.

Nous avons supposé, dans ce qui précède, des travaux de culture dont l'effet pourroit avoir quelque influence sur la manière dont les eaux tombent dans un héritage inférieur. Il n'est pas sans utilité de voir comment ces règles s'appliqueroient au cas où le propriétaire d'un fonds supérieur jugeroit à propos d'y retenir les eaux pour en former un étang. Nous avons vu, n. 80 et 81, que celui du fonds inférieur ne pourroit s'y opposer, sous prétexte qu'il recevra dorénavant les eaux pluviales en moindre quantité. Il ne pourroit pas davantage s'y opposer, sous prétexte que, par cette nouvelle exploitation du fonds supérieur, l'eau qui y tomboit et qui en descendoit sur l'inférieur ne se répandra plus sur toute la surface de ce fonds, et n'aura d'écoulement que par un seul point. Tout son droit se borne à exiger que les eaux superflues de l'étang soient dirigées de manière à lui faire le moindre mal possible; qu'une disposition particulière du point d'écoulement ne leur donne pas une rapidité qui les chasseroit avec violence et ravage sur son fonds; que le lieu du passage soit fixé, à défaut d'accord, par des experts, sur le point le moins dommageable pour lui; que le propriétaire de l'étang n'anticipe point sur son fonds dans la construction qu'il fera d'une chaussée; qu'il laisse, si cela est jugé nécessaire, un espace intermédiaire au-delà de cette chaussée, et même qu'il y fasse un fossé propre à recueillir les eaux qui s'infiltreroient d'une manière nuisible. Nous examinerons, n. 89, ce qui doit avoir lieu dans le cas où le propriétaire d'un étang, voulant le dessécher ou le détruire, il s'élèveroit des difficultés sur l'écoulement des eaux.

87. Les principes ci-dessus servent aussi à déterminer, entre les divers propriétaires inférieurs, celui ou ceux dont les héritages doivent souffrir l'incommodité de l'écoulement des eaux.

Si, depuis le temps requis pour la prescription, il existe un lit, un point sensible et déterminé pour le passage des eaux sur un de ces fonds, non seulement le propriétaire de ce fonds ne peut rien faire qui les détourne sur un autre, et doit laisser subsister le lit ou ravin qui sert à cet écoulement (1); mais, en outre, il est non-recevable à prétendre que d'autres héritages étoient autrefois, ou même sont encore actuellement, par la pente et la disposition des lieux, plus naturellement destinés à recevoir les eaux. Cette longue patience fait présumer, ou que son terrain étoit, lorsque cette direction a été donnée, celui que l'état naturel assujétissoit; ou que, si cela n'étoit pas, lui ou ses auteurs s'y sont volontairement soumis (2),

(1) Arrêt du 16 juin 1751, cité par Denisart, V.° *Laboureur*, n. 14.

(2) Cujas, ad leg. 6, dig. de aq. vel amit. possess. — Domat, *Lois civiles*, liv. 2, tit. 8, sect. 3, n. 11.

et peut-être même ont reçu une indemnité de ceux qui auroient dû être grevés ; ou qu'enfin une destination de père de famille, résultant des circonstances que nous développerons dans la troisième partie, les y assujétit (1). A défaut de la prescription, ou de titres qui lèveroient encore mieux tous les doutes, les tribunaux n'ont d'autre marche à suivre que de faire visiter les lieux, pour décider, d'après leur inspection, lequel des propriétaires voisins est tenu de recevoir les eaux; et la meilleure règle qu'on puisse proposer, parce qu'elle est la plus conforme à l'équité, c'est que le passage des eaux doit être dirigé sur le fonds auquel il causera le moins de dommage.

88. Nous avons parlé n. 80 et 86 du droit qu'a le propriétaire d'un fonds de le convertir en étang, et de l'obligation de l'héritage inférieur d'en recevoir le superflu des eaux. Mais nous n'avons point entendu que celui qui faisoit un étang, pût le former d'autres eaux que de celles qui tombent ou découlent naturellement sur son fonds. Si, comme il arrive quelquefois, ce propriétaire pour augmenter le produit et l'étendue de son étang y réunissoit d'autres eaux qui ne s'y seroient pas rendues naturellement, l'inférieur auroit le droit de s'y opposer (2), ainsi qu'on l'a vu n. 58 et 85,

(1) Basnage, *Cout. de Normandie*, tit. des servitudes.

(2) Dig. lib. 8, tit. 3, *De servit. præd. urb.* l. 29; lib. 39, tit. 3, l. 1, § 17.

à moins que pendant le temps requis pour la prescription des servitudes, il n'eût souffert cette aggravation sans réclamer, conformément à ce qui sera dit n. 286.

En supposant que l'étang supérieur se compose uniquement d'eaux, que d'après la disposition des lieux, les titres, ou une prescription suffisante, l'héritage inférieur ne peut refuser de recevoir, il est bon de s'occuper des suites et des effets que cet écoulement peut avoir. Il est quelquefois continuel, par exemple, lorsque l'étang est alimenté par quelques sources; le plus souvent il n'a lieu que lorsqu'il est nécessaire de vider l'étang en tout ou en partie, soit pour le pêcher, soit pour le curer, soit pour y faire des réparations. Les règles que nous avons données nous paroissent suffisantes; et les usages locaux, à défaut de convention entre les parties, y suppléeroient.

89. Il est plus difficile de décider ce qui devroit avoir lieu, à défaut de titre ou de la prescription dont nous venons de parler. Au premier coup d'œil la justice, la raison, les convenances du voisinage, l'intérêt de l'agriculture, semblent exiger que les tribunaux usent, dans ce cas, du pouvoir que leur accorde l'article 645 du code. Mais cet article, ainsi qu'on le verra dans le paragraphe quatrième, n'est relatif qu'à l'usage des eaux et au partage de l'utilité qu'elles peuvent procurer; il ne seroit pas conforme aux règles de la saine logique de l'invoquer pour établir une

aggravation de servitude. Les tribunaux devroient donc, en thèse générale, respecter les règles posées par l'article 640, à moins que l'existence de fossés ou d'autres ouvrages faits par le propriétaire inférieur pour recevoir les eaux dont la masse a été ainsi accrue, ou pour les employer à ses propres besoins, ne les portassent à présumer l'existence d'une convention entre les parties (1). Mais comme l'intérêt doit toujours, ainsi qu'on l'a vu n. 60, être la mesure de toutes les prétentions, si cet accroissement des eaux ne causoit aucun tort et n'exposoit à aucun préjudice celui qui ne veut pas le souffrir, les tribunaux pourroient ne pas accueillir un refus fait sans motifs et par pure malice (2).

On suivroit les mêmes règles dans le cas où le propriétaire d'un étang voudroit le dessécher. Une convention par laquelle il se seroit obligé envers l'inférieur à conserver cet étang, seroit sans doute obligatoire; et si un accident tel que le gonflement des eaux avoit rompu la digue, il devroit, selon les termes ou la nature de son obligation, la rétablir ou souffrir que le propriétaire inférieur la rétablisse (3).

Mais à défaut d'une telle obligation, quelque longue qu'ait été l'existence de l'étang, le propriétaire inférieur ne pourroit s'opposer à sa

(1) Arrêt du parl. de Paris du 1er juillet 1775, cité dans le Nouveau Denisart, V.° *Cours d'eau*, n. 4.

(2) Collet, *Explic. des statuts de Bresse*, liv. 3, sect. 1, p 86.

(3) Dig. lib. 39, tit. 3, *De aquâ et aquâ pluv. arc.* l. 1, § 23.

destruction, sous prétexte que la remise des choses dans l'état où elles étoient avant la construction de cet étang, le prive, soit de l'avantage de recevoir les eaux par un seul point, soit de la faculté de cultiver sa propriété d'une manière aussi avantageuse que lorsque l'étang supérieur existoit. Il ne seroit pas impossible toutefois que le laps de temps, l'élévation du terrain inférieur faite sans fraude, rendissent l'écoulemeut des eaux de l'étang supérieur en quelque sorte impossible, et forçassent le propriétaire, sinon à le conserver, du moins à avoir sur sa propriété des eaux stagnantes. Les tribunaux apprécieront les circonstances. Tout ce que nous croyons pouvoir dire d'une manière générale, c'est que dans le cas où pendant le temps requis pour la prescription le sol de l'inférieur auroit été disposé d'une manière telle qu'il en résultât une libération de cette charge, le propriétaire supérieur ne pourroit plus la réclamer (1); ce qui n'empêcheroit point d'appliquer les lois spéciales, et notamment celle du 16 septembre 1807 sur le dessèchement des marais, dans les cas qu'elles ont prévus ou que l'analogie serviroit à décider.

90. Il arrive assez fréquemment que des étangs sont situés dans le voisinage et à la suite les uns des autres. Les usages déterminent la distance

(1) Arrêt du Parl. de Paris, du 31 mars 1784, *Gazette des Tribunaux*, tom. 18, p. 54. — Rejet, 30 août 1808, D. 2, 904.

qu'on doit laisser entre l'étang qui existe et celui que l'on construit. Deux étangs pourroient néanmoins être tellement voisins, qu'il ne se trouvât entre eux d'autre intermédiaire que la chaussée qui arrête les eaux de l'étang supérieur. A moins de titre ou d'une possession capable d'y suppléer, cette chaussée n'est point réputée mitoyenne; elle est un accessoire de l'étang supérieur; c'est, à vrai dire, elle qui le constitue. Si les eaux de l'étang inférieur y causent naturellement quelques dégradations, le propriétaire de cet étang doit les réparer, à moins que l'étang supérieur n'eût été construit le dernier; dans ce cas, celui à qui il appartient auroit à s'imputer d'avoir établi sa chaussée trop près des eaux de l'étang inférieur.

C'est également par l'usage, à défaut de conventions ou de jugemens qui en tiennent lieu, qu'est déterminé l'intervalle qu'il faut mettre entre le moment de la pêche de l'un et de l'autre étang, pour éviter des dommages réciproques, ainsi que la nécessité d'une sommation ou déclaration à celui dont il faut que les eaux soient retenues pendant ce temps. En général, le propriétaire supérieur ne peut lever la bonde de son étang lorsque celui de dessous fait sa pêche; mais aussi ce dernier, dont la pêche doit naturellement précéder celle de l'étang supérieur, doit s'y prendre assez à temps pour que celle de l'étang supérieur ne soit pas trop retardée. A son tour, lorsque le propriétaire de l'étang supérieur veut le vider pour pêcher, le propriétaire inférieur, obligé d'en recevoir les eaux, doit lever sa bonde pour en faciliter l'écoulement (1).

On voit, par ce qui vient d'être dit, que souvent les eaux d'un étang sont accrues par celles d'un ou de plusieurs étangs supérieurs, ce qui augmente le volume de celles qu'il transmettoit à l'héritage inférieur. Celui-ci est obligé de les recevoir, puisque c'est le résultat de la disposition des lieux; mais il en seroit autrement, si le propriétaire de l'étang supérieur recevoit des eaux qui n'y arriveroient pas naturellement, comme on l'a vu n. 88.

91. Par suite des principes que nous avons développés n. 54 et suivans, il est bien évident que le propriétaire supérieur ne pourroit, sous prétexte d'user à son gré des eaux, les rendre malsaines ou corrompues (2); et cet abus n'est que trop fréquent dans les campagnes, par le rouissage du chanvre.

Celui qui en éprouveroit un véritable tort auroit certainement le droit d'agir en dommages-intérêts contre l'auteur.

Mais cette règle d'équité peut être quelquefois modifiée par les circonstances. Il est des établisse-

(1) Pothier, *Cout. d'Orléans*, act. 175 et suiv. — Boutaric, p. 571. — Collet, *Explic. des statuts de Bresse*, liv. 8, sect. 2, p. 181.

(2) Dig. lib. 39, tit. 3, *De aq. et aq. pluv. arc*, l. 3, pr.; lib. 43, tit. 20, *De aq. quot. et æstiv.* l. 1, § 27. — Cæpolla, tr. 2, cap. 4, n. 83. — Brillon, V.° *Eaux*, n. 13.

mens utiles aux arts qui ne peuvent user des eaux courantes sans les salir. Le droit de former ces établissemens emporte implicitement celui d'employer les eaux de cette manière, surtout si l'on remarque que l'administration ne les autorise qu'après avoir entendu les voisins intéressés. Nous n'entendons point en conclure que cette circonstance suffise pour rendre toute réclamation individuelle inadmissible. Nous donnerons, n. 98 et 142, quelques règles qui recevroient leur application dans ce cas. Mais nous croyons qu'il y auroit lieu de distinguer. Si la circonstance qui donne lieu à l'altération des eaux provient d'un établissement privé, dans ce cas, ce que nous dirons recevroit infailliblement son application. Il en seroit autrement si l'altération provenoit d'établissemens municipaux et formés dans l'intérêt de l'ordre public. Il existe dans les villes, et en général partout où les habitations des hommes sont réunies, des égoûts publics destinés à recevoir les eaux des rues, et dans lesquels les citoyens, non-seulement peuvent, mais doivent, conformément aux règlemens de police, jeter les immondices de leurs maisons. Ces égoûts ne sont pas toujours couverts, et les eaux infectes qui y coulent sont quelquefois désagréables ou nuisibles aux propriétaires voisins. Cependant ils n'ont pas le droit de s'y opposer (1), tant que ceux qui laissent

(1) Cæpolla, tr. 1, cap. 58, n, 2. — Arrêt du parlement de Provence, du 11 mai 1782, recueil de Janety, t. 5, p. 147.

ainsi couler des eaux infectes dans les égoûts ne font rien de contraire aux règlemens. Les riverains ne seroient fondés à réclamer des dommages-intérêts que contre la commune, et seulement en cas d'une mesure nouvelle; car si l'état des choses et des lieux est ancien, ils doivent subir les inconvéniens attachés à une situation qu'ils sont réputés avoir consentie.

92. Aucun des propriétaires inférieurs, obligés, d'après les règles que nous avons essayé de donner dans les numéros précédens, à recevoir les eaux que lui transmet la situation naturelle des lieux, ne peut élever des digues qui, en empêchant l'écoulement, les fasse refluer sur l'héritage supérieur (1).

Mais c'est encore ici le cas de faire la distinction établie n. 85. Lorsque les eaux ont un cours déterminé, celui sur le fonds duquel ce cours est établi peut bien en garantir les bords (2), mais sans rien faire qui arrête l'eau d'une manière nuisible à l'héritage supérieur, ou qui lui cause quelque préjudice; c'est la conséquence du principe consacré par l'article 701 du code, dont nous avons parlé n. 65. Cette obligation et celle du propriétaire du fonds où l'eau prend naissance, de ne rien faire qui aggrave les charges des héritages tenus de recevoir les eaux, sont corrélatives.

(1) Dig. lib. 39, tit. 3, *De aq. et aq. pluv. arc.* l. 1, § 13.
(2) Dig. lib. 39, tit. 3, *De aq. et aq. pluv. arc.* l. 2, § 9.

Si la succession du temps, ou quelque accident imprévu, avoit comblé le lit des eaux, les propriétaires des fonds inférieurs pourroient être contraints d'en faire le curage, chacun dans l'étendue de son domaine (1). Nul ne seroit fondé à s'y refuser, soit en prétendant que ce lit a été comblé par un événement naturel dont il ne veut pas changer les effets, soit en invoquant la règle générale qui veut que l'obligation de faire des travaux pour l'exercice d'une servitude, ne soit à la charge du propriétaire du fonds assujéti, que lorsqu'il s'y est particulièrement soumis (2). Nous avons déja remarqué, n. 53 et 66, que les servitudes naturelles étoient des lois de voisinage et de nécessité, régies par des principes différens des servitudes conventionnelles, auxquelles le troisième chapitre de cette seconde partie est particulièrement applicable. Ce que nous avons dit sur l'espèce particulière de propriété, ou plutôt d'usage, dont les eaux courantes sont susceptibles, et sur les rapports de cet élément avec la salubrité et les besoins de l'agriculture ou des arts, sont autant de motifs qui fortifient notre opinion. On ne pourroit d'ailleurs élever d'objections fondées, chaque fois qu'il s'agiroit d'un cours d'eaux vives, puisque la loi du 14 floréal an XI met le curage des rivières qui ne

(1) Rejet, 8 mai 1832, D. 32. 1, 176.

(2) Dig. lib. 39, tit. 3, *De aq. et aq. pluv. arc.* l. 2, § 4 et 7. — Cæpolla, tr. 2, cap. 4, n. 73.—Joan. Superior, ad. leg. 13, de serv. § *Servitutum*, *pr.* et n. 3. — Legrand, *Cout. de Troyes*, art. 61, gl. 6, n. 213.

font pas partie du domaine public à la charge des riverains, et que les règlemens d'administration publique ont appliqué ce principe à de simples ruisseaux. Le doute ne pourroit donc avoir lieu que relativement aux lits d'écoulement des eaux pluviales; et nous croyons que l'analogie pourroit décider les tribunaux et quelquefois l'administration, lorsque des motifs d'intérêt public lui donnent droit d'intervenir, à appliquer les mêmes règles (*).

Indépendamment de l'obligation de ne rien faire qui arrête l'écoulement des eaux ou qui en ralentiroit le cours, aucun des propriétaires opposés ne peut, si ce n'est pour la conservation de son héritage (1), faire sur les bords du lit, sans le consentement des intéressés, des ouvrages qui repousseroient les eaux sur la rive opposée (2), ni des plantations d'arbustes ou de pieux susceptibles de lui procurer une alluvion qui n'auroit lieu qu'aux dépens des autres riverains, et de les exposer, soit à l'envahissement, soit à l'entreprise insensible des eaux (3). Dans ces cas même où il

(1) Dig. lib. 39, tit. 3, *De aquâ et aquâ pluv. arc.* l. 2, § 9, lib. 43, tit. 15, *De ripâ mun.* l. 1. — Cod. lib. 7, tit. 41, *De alluvionibus*, l. 1. — Boutaric, *Traité des droits seigneuriaux*, p. 558 et 559.

(2) Dig. lib. 39, tit. 3, *De aq. et aq. pluv. arc.* l. 23, § 2; lib. 43, tit. 15, *De ripâ mun.* l. 1, § 3 et 4. — Arrêt du parl. de Provence, du 30 avril 1782, recueil de Janety, tom. 4,

(3) Dig., lib. 39, tit. 3, *De aquâ et aq. pluv. arc.* l. 1, § 6, lib. 43, tit. 13, *Ne quid in flum. pub.* l. 1, § 7.

(*) Voir la note B à la fin de l'ouvrage.

voudroit faire des ouvrages auxquels d'autres riverains n'ont pas le droit de s'opposer, il est tenu de se conformer aux règlemens de police, s'il en existe.

Lorsque les eaux n'ont pas un lieu d'écoulement déterminé, chacun peut faire ce qu'il croit utile pour défendre son fonds contre leurs ravages (1), lors même que cela nuiroit à ses voisins, à moins qu'il n'ait contracté envers eux une obligation contraire. Il peut, en conséquence, combler les ravins à mesure qu'ils se forment, et faire des ouvrages qui en préviennent de nouveaux, pourvu qu'ils n'aient pas l'effet de déplacer l'écoulement naturel des eaux, de manière à le reporter entièrement sur l'héritage supérieur. Nous verrons même, n. 113, qu'il est des cas dans lesquels l'administration a le droit d'y contraindre les particuliers, parce qu'il n'est libre à personne d'abandonner ses propres intérêts d'une manière nuisible à la chose publique ou à la propriété d'autrui. Les tribunaux doivent conformer leurs décisions aux règlemens, lorsqu'il en existe; et dans les lieux où il n'en existe point, ils doivent juger les contestations d'après les principes d'équité et d'intérêt public qui pourroient dicter, par la suite, des règlemens semblables.

(1) Auroux, *Coutume de Bourbonnais*, art. 509, n. 5.

§ III. *Des droits que peuvent acquérir les propriétaires inférieurs à la transmission et à l'usage des eaux.*

93. L'assujétissement des fonds inférieurs envers ceux qui sont plus élevés, à recevoir les eaux qui en découlent, n'entraîne point de réciprocité ; et l'on ne sauroit conclure que l'obligation imposée à ces propriétaires, de les recevoir, quelque nuisibles qu'elles soient, leur donne le droit d'en exiger la transmission lorsqu'elles peuvent leur être de quelque utilité (1).

Cette dernière considération ne peut balancer le droit que l'article 641 donne à celui sur le fonds de qui naît une source, d'en disposer à son gré. L'écoulement que les eaux ont à travers un fonds inférieur, est l'effet de la force des choses. Il n'en résulte pas que le propriétaire de celui d'où elles s'écoulent ainsi, renonce au droit qu'il a de leur donner un autre cours à son gré (2). Cependant, comme il n'est point de droits à l'exercice desquels on ne puisse renoncer expressément et même tacitement, cet article 641 décide aussi que le propriétaire inférieur peut acquérir par titre ou par prescription, le droit de s'opposer à ce que le propriétaire supérieur apporte, dans la direction des

(1) Cæpolla, tr. 2, cap. 4, n. 51 et seq. — Bonnet, lett. P, som. 6. — Julien, *Statut de Provence*, t. 2, p. 548 et suiv.

(2) Arrêt du parl. de Paris du 22 août 1765, cité dans le nouveau Denisart, V.° *Cours d'eau*, n. 5.

eaux à la sortie de son fonds, un changement qui en ôte l'usage à l'inférieur.

Lorsque le propriétaire de cet héritage fonde ses droits sur un titre, tout ce qui en concerne la validité et l'exécution suit les règles communes que nous donnerons en parlant des servitudes conventionnelles. Ainsi, la première condition de ce titre est qu'il soit volontaire. Le propriétaire d'une source, même quand il n'en tireroit aucune utilité, ne peut être contraint à en accorder les eaux pour un prix fixé par experts. L'intervention du gouvernement seroit nécessaire, conformément à l'article 545 du code et aux lois sur l'expropriation pour cause d'utilité publique, s'il s'agissoit de quelque entreprise de canaux de navigation ou d'irrigation.

Le titre doit aussi être contradictoire avec le propriétaire du fonds sur lequel l'eau prend sa source. Suivant les règles que nous exposerons n. 268, tout ce qui lui seroit étranger ne pourroit lui être opposé. Il ne nous paroit même pas qu'on dût en excepter les actes par lesquels les propriétaires inférieurs auroient partagé entre eux l'usage des eaux, sans que celui de la source y fût partie; à moins qu'un tel partage n'eût été fait ou homologué par l'autorité compétente, parce qu'alors ce seroit un *règlement* prévu par l'article 645, et soumis aux principes que nous ferons connoître n. 113 et suivans.

Ce titre, par les motifs que nous avons donnés plus haut, seroit soumis pour son interprétation et pour en déterminer les effets, au droit commun, et surtout au principe constant qu'une servitude étant une restriction apportée à la propriété, elle doit être renfermée dans les règles les plus étroites. Ainsi, lorsque le propriétaire d'un domaine faisant corps avec un moulin, n'a, en aliénant ce dernier objet, vendu que l'eau limitativement nécessaire pour son jeu, l'acquéreur ne pourroit en étendre l'usage à un autre but, s'il en résultoit quelque préjudice ou quelque diminution de droits pour le vendeur (1).

94. La prescription est, suivant l'article 641 du code, le second moyen qui fait acquérir un droit sur les eaux. Indépendamment des règles générales que nous développerons dans la troisième partie de ce traité, elle doit encore réunir des conditions particulières que détermine l'article 642. Il ne suffit pas que l'écoulement des eaux ait eu lieu pendant trente ans par le même fonds inférieur, pour que celui à qui il appartient acquière le droit d'empêcher le propriétaire de la source d'en changer le cours (2). Une possession de cette espèce ne seroit d'aucune considération, puisqu'elle ne seroit que l'effet naturel des choses et la suite de l'état des lieux; puisque, conformément aux principes expliqués n. 21, le propriétaire supérieur n'est pas censé avoir renoncé à son droit, par cela seul qu'il ne l'a pas exercé.

(1) Rejet, 18 juillet 1822, D. 53, 1, 313.
(2) Cæpolla, tr. 2, cap. 4, n. 5 et seq.

La prescription suppose deux choses : la volonté dans l'un d'acquérir ; la longue patience de l'autre, qui équivaut à un consentement. Or, souffrir simplement ce que la force des choses et la disposition du terrain commandent impérieusement de souffrir, n'est pas vouloir acquérir ; user du droit naturel de laisser couler ses eaux sur l'héritage inférieur, n'est pas consentir à ce que cet héritage acquière contre nous quelques droits, au préjudice de la liberté que chacun a de disposer des eaux qui naissent sur son fonds.

Il a donc fallu que cette double intention, que suppose nécessairement la prescription, fût manifestée (1). Si le propriétaire de l'héritage inférieur a fait des travaux apparens dans la vue d'user de ces eaux ; si ces ouvrages subsistent et sont achevés depuis trente ans, celui qui les a soufferts, sans rien changer au cours de l'eau ou sans avoir signifié ses protestations, est soumis envers l'héritage inférieur à respecter une possession qui, accompagnée d'ouvrages apparens et spéciaux, peut être considérée comme la suite d'arrangemens volontaires.

Des ouvrages sont indispensables. Si le propriétaire supérieur, instruit des projets du propriétaire inférieur, lui avoit fait signifier qu'il s'y oppose, et avoit ensuite gardé le silence, cet acte, utile au propriétaire supérieur pour conserver

(1) Berroyer, sur Bardet, tom. 1, liv. 1, chap. 65. — Bretonnier sur Henrys, liv 4, quest. 189.

ses droits, nonobstant les travaux ultérieurement faits par l'inférieur, ne pourroit être rétorqué par ce dernier, pour en conclure que des travaux n'ont plus été nécessaires, et que le supérieur, instruit de son projet d'user des eaux à titre de droit, y a donné son acquiescement en ne changeant point la direction des eaux. La prescription ne peut s'acquérir que par une jouissance non interrompue pendant trente années, à compter du moment où le propriétaire du fonds inférieur les a faits et terminés (1).

95. Les moulins et autres usines qui trouvent un moteur dans les eaux, doivent naturellement être mis au premier rang des ouvrages apparens dont l'existence, jointe à la prescription, modifie les droits du propriétaire de la source. Mais le droit d'en construire est soumis à des règles; et comme celles qui sont observées dans l'état actuel de la législation diffèrent singulièrement de celles qui étoient en vigueur avant 1790, il importe de rappeler les principes anciens.

Dans presque toute la France, les rivières non navigables appartenoient aux seigneurs; souvent une rivière étoit partagée entre deux seigneuries, et le milieu du lit en formoit la limite (2). Ces seigneurs y avoient exclusivement le droit de pêche, et leur permission étoit nécessaire pour y établir

(1) Rejet, 25 août 1812, D. 12, 1, 599.
(2) Heurys, liv. 3, quest. 34.

des moulins ou des usines (1). Dans les lieux même où les seigneurs n'avoient pas la propriété de ces rivières par droit de fief, ils en avoient la police, comme attribut du droit de justice (2).

Ces principes n'étoient modifiés que dans les cas où le roi, législateur suprême, croyoit devoir s'attribuer et confier à ses agens une surveillance particulière sur les petits cours d'eaux affluant dans les rivières navigables ou flottables. Encore cette surveillance ne s'étendoit, dans l'usage, que sur les portions de ces petits cours d'eaux dont le barrage auroit nui à la navigation intérieure, et consistoit plus à réformer les actes de la police locale qu'à remplacer son action (3).

Cela posé, les moulins, les établissemens de tout genre sur les eaux, peuvent avoir été construits, soit pas les seigneurs du lieu, soit par de simples particuliers.

S''ils l'ont été par des seigneurs à qui la coutume, la loi, l'usage immémorial, attribuoient la propriété des cours d'eaux, ces seigneurs usoient de leur droit; l'existence des établissemens repose donc sur le titre le plus solide. Si les seigneurs n'avoient pas la propriété des eaux, le droit de justice leur en attribuoit la police, ou plutôt

(1) Boutaric, *Traité des droits seigneuriaux*, p. 556.

(2) De Cormis, t. 1er, col. 1030.—La Touloubre, *Jurisp. féodale*, part. 1, liv. 7, art. 6. — Boutaric, *Traité des droits seigneuriaux*, p. 554.

(3) Arrêt du conseil d'état, du 13 juillet 1783, sur la navigation de la rivière de Loire, et autres affluentes.

aux officiers institués par eux. Mais il n'étoit pas dans l'ordre qu'ils demandassent une permission à ces derniers, comme les simples justiciables; et, sauf les droits de propriété du terrain sur lequel ces usines étoient construites, droits que dans aucun cas la police administrative n'est ni fondée, ni intéressée à vérifier, parce qu'aux tribunaux seuls il appartient d'en connoître, le silence des propriétaires d'établissemens du même genre qui auroient existé antérieurement, a rendu irréfragable l'existence de ces usines (1). Les lois qui, dans le cours de la révolution, furent le plus désavantageuses aux seigneurs et aux actes de leur autorité, notamment celle des 28 août 1792 et 10 juin 1793, ont reconnu ces principes.

Si ces établissemens ont été faits par des individus non seigneurs du lieu où les eaux avoient leur cours, les seigneurs dont on représente la permission, l'ont accordée, ou comme propriétaires du cours d'eau, et alors il y a titre valable de propriété; ou comme ayant la juridiction et la police des eaux, et alors le titre n'est pas moins fort que ne le seroit aujourd'hui l'autorisation administrative (2); sans préjudice de l'application des lois ou des réglemens qui auroient pour objet de préserver les propriétés voisines de l'inondation et de tous autres dommages du même genre. On ne peut

(1) Rejet, 23 ventôse an 10, D. 3, 1, 445.

(2) Rejet, 18 juin 1806, D. 6, 1, 426. — Rejet, 19 juillet 1830, D. 30, 1, 336.

douter que tel n'ait été l'objet de l'article 7 de la loi du 27 septembre 1790. En maintenant les redevances pour concessions de moulins, il reconnoissoit évidemment la validité des concessions. Si, depuis, les lois des 28 août 1792 et 17 juillet 1793 ont aboli ces redevances, c'est une libéralité dont les propriétaires de moulins ont été gratifiés ; mais le droit résultant de la concession à eux faite n'a été, ni révoqué, ni atténué.

Il pourroit se faire qu'il n'existât ou qu'on ne pût représenter aucune permission : alors la prescription, usitée dans le lieu pour acquérir, fait présumer qu'elle a été donnée ; parce que, si le seigneur étoit propriétaire du cours d'eau, il a perdu cette partie de sa propriété en ne réclamant point ; parce que, s'il en avoit simplement la police, son silence a été une ratification et un aveu tacite que l'établissement ne nuisoit, ni au public, ni aux autres établissemens du même genre.

A l'avantage d'être puisés dans les règles les plus précises de l'ancienne législation, les principes que nous venons d'exposer réunissent celui d'avoir été reconnus sous l'empire des lois nouvelles, par l'autorité, supérieurs à toutes celles qui ont maintenant la police des eaux. Voici ce que répondoit, en 1804, le ministre de l'intérieur, aux questions du préfet de Loir-et-Cher qui, frappé de la nécessité où les règles d'une sage police pourroient le mettre de supprimer plusieurs moulins existant avant 1790 sur les rivières et cours d'eaux non navigables de ce département, désiroit connoître les moyens de concilier l'intérêt public avec les droits de la propriété : « Vous ne pourriez, dit le « ministre, faire supprimer sur les petits cours « d'eaux, que ceux des moulins ou usines recon- « nus nuisibles, qui ne seroient pas fondés en « titre; car pour les autres dont la propriété est « fondée, il n'est intervenu à ce sujet aucune dé- « cision, et tout au plus on doit présumer que leur « destruction pourroit être provoquée, en obser- « vant les formalités prescrites, dans le cas où un « particulier est tenu de céder sa propriété pour « cause d'utilité publique.

« Mais il importe de déterminer ce qu'on en- « tend par un moulin dont la propriété est *fondée* « *en titre*; et je suis d'avis que l'on doit regarder « comme tels tous ceux qui existoient avant 1790, « en vertu de permissions légales, ou dont l'exis- « tence sans trouble avoit et a acquis le temps de « la prescription. »

96. Maintenant que nous avons fait connoître par quels principes il faudroit se décider relativement aux travaux apparens exécutés sous l'empire du droit ancien, nous devons exposer ceux de la législation actuelle.

Si l'ouvrage qu'on veut construire ou établir sur un cours d'eau est de nature à en élever le niveau et à nuire par cette élévation aux propriétés voisines ou à la salubrité publique, l'autorisation de l'administration est nécessaire.

La loi du 20 août 1790, chapitre sixième, l'article 16 du titre 2 de la loi du 6 octobre 1791, celle du 14 floréal an XI, et diverses décisions du gouvernement ont chargé l'administration de rechercher et d'indiquer les moyens de procurer le libre cours des eaux, surtout en faisant opérer le curage lorqu'il est devenu nécessaire; de diriger, autant que possible, toutes celles de chaque territoire vers un but d'utilité générale, d'après les principes de l'irrigation; d'empêcher que les prairies ne soient submergées par la trop grande élévation des écluses, des moulins, et par les autres ouvrages d'art établis sur les rivières; de déterminer en conséquence la hauteur des déversoirs.

97. Les moulins et usines de même genre, en un mot, tout ouvrage permanent dont l'existence doit nécessairement élever le niveau des eaux et peut nuire aux héritages voisins, s'il n'est pas fait de déversoir, ou pris d'autres semblables précautions, sont soumis à la nécessité de l'autorisation.

Aussi, continue la lettre que nous avons citée n. 95, « depuis l'époque de 1790 aucun moulin « n'a pu s'établir sans l'autorisation de l'adminis- « tration centrale, approuvée par le gouverne- « ment; et les propriétaires qui se seroient permis « d'en former de leur propre mouvement, seroient « sans doute dans le cas d'être recherchés, prin- « cipalement si ces établissemens nuisoient aux « cours d'eaux et aux propriétés voisines. »

La nécessité de l'approbation du gouvernement

que le ministre suppose ici, n'est pas, il faut l'avouer, fondée sur une loi précise. L'article 16 du titre 2 de celle du 6 octobre 1791 exige seulement que la hauteur du déversoir des moulins soit déterminée par le directoire du département, aujourd'hui remplacé par le préfet; il n'ajoute pas que celui qui auroit construit un moulin sans prendre cette précaution, et qui, du reste, ne nuiroit pas aux propriétés riveraines, soit en contravention. Mais l'application du principe expliqué n. 77, l'usage, et même deux arrêtés du gouvernement des 30 frimaire an XI et 12 novembre 1811 qui, tout en statuant sur des cas particuliers, ont été insérés au Bulletin des lois, en ont consacré la nécéssité pour tous les cas. C'est d'ailleurs, ce nous semble, une conséquence des principes exprimés dans le chapitre sixième de l'instruction en forme de loi du 20 août 1790 (*).

Dans l'état actuel de l'organisation administrative, c'est le préfet qui prend les arrêtés sur ces divers objets, sauf le recours au ministre de l'intérieur; mais si quelques contestations s'élèvent sur l'exécution des mesures administratives prescrites en vertu de ces lois; si, pour l'exécution de ces mesures, il est nécessaire de déposséder un particulier de quelque portion de terrain, c'est le conseil de préfecture qui en connoît en première instance, sauf le recours au roi en son conseil d'état.

(*) M. Dubreuil est d'une opinion contraire, dans l'*Analyse de la législation sur les eaux*, p. 127.

98. Ces autorisations n'ont pas, comme celles que donnoient les seigneurs avant l'abolition de la féodalité, le caractère de titres contre le possesseur du fonds où l'eau prend sa naissance. Nonobstant ce qui a pu être accordé par l'administration, ce propriétaire peut user du droit de donner à l'eau telle direction qu'il juge convenable, lorsque l'inférieur n'a pas continué depuis l'achèvement de ces travaux, d'user du cours d'eau pendant trente ans, conformément à ce qui a été dit n. 93.

Par une raison corrélative, la permission expresse ou tacite du propriétaire supérieur ne pourroit couvrir, à l'égard de l'administration, le défaut d'autorisation; parce qu'il n'appartient point aux simples citoyens de dispenser des obligations que l'intérêt public a fait imposer. Il s'ensuivroit seulement que ce propriétaire ne seroit plus recevable à agir dans le cas où l'administration croiroit devoir garder le silence, ou donner postérieurement son approbation.

Du reste, tous ceux aux droits et à la propriété desquels ces ouvrages causeroient quelque tort, peuvent agir en dommages-intérêts contre celui qui les a faits. La permission est seulement, pour celui qui l'a obtenue, un moyen de n'être pas réputé contrevenant aux lois de police.

Nous essaierons de tracer, dans le paragraphe suivant, les règles que l'administration doit suivre dans ces circonstances. Il suffit de dire ici qu'une fois que cette autorisation a, sous le rapport des droits de l'administration, assuré l'existence d'ouvrages de cette nature, si quelques événemens les rendoient nuisibles, sans que le propriétaire y ait fait des changemens, ils ne pourroient être détruits qu'avec les formes et aux conditions d'une indemnité, à moins que l'acte d'autorisation ne contînt des réserves. Mais l'administration reste toujours libre d'apporter à la hauteur des eaux les changemens que de nouvelles vérifications peuvent lui faire considérer comme nécessaires. De leur côté, les riverains et tous ceux à la propriété desquels l'établissement occasioneroit du dommage, ont le droit d'en poursuivre la réparation (1). L'autorisation administrative n'a pas pour effet de donner à celui qui l'a obtenue le droit de nuire aux propriétés particulières, ni surtout d'attribuer des droits contre le propriétaire de la source, à l'égard duquel l'auteur de l'établissement n'en peut acquérir que par titres, ou par une prescription de trente ans, postérieure à la confection des ouvrages. Le jugement de ces réclamations appartient aux tribunaux. Ils suivroient, comme dans toutes les questions relatives à cette matière, les principes expliqués n. 86. S'il étoit prouvé que l'établissement, quoique autorisé, inonde les propriétés voisines ou cause tout autre tort semblable, ils seroient compétens pour

(1) Cæpolla, tr. 2, cap. 2, add. 1. — Dunod, *Traité des prescriptions*, part. 1, ch. 12, p. 87. — Arrêts du parl. de Provence, des 4 juin 1776 et 12 mai 1777, rec. de Janety, t. 1, p. 544 et suiv., t. 2, p. 178. — Rejet, 23 mai 1831, D. 31, 1, 341. — Rejet, 2 janvier 1832, D. 32, 1, 63.

statuer, sans empiéter sur les droits de l'administration. La seule chose qui leur fût interdite, ce seroit de prononcer la destruction des ouvrages qu'elle a autorisés, puisqu'en cela ils anéantiroient un acte de l'administration, qu'elle seule peut révoquer. Nous essaierons de donner, n. 142, quelques règles sur ce point important de compétence.

Ce qui vient d'être dit ne concerne, comme on voit, que les rapports de ceux qui ont construit des usines ou autres ouvrages apparens dans les rapports avec l'administration; mais c'est naturellement ici le lieu d'examiner une question d'un grand intérêt, qui peut souvent se présenter. Si l'effet des ouvrages étoit d'inonder quelques propriétés, et si cet état de choses avoit été souffert pendant trente ans, sans réclamation, par ceux à qui ces propriétés appartiennent, seroient-ils encore admissibles à s'en plaindre?

Une distinction nous sembleroit nécessaire. Si l'établissement de l'usine, ou du moins si les ouvrages accessoires qui causent cette inondation n'ont pas été autorisés par l'administration, il y a de la part du propriétaire de cette usine un délit véritable, délit dont l'action pour les dommages passés peut bien être devenue non recevable par la prescription, mais qui se renouvelle chaque jour avec son caractère propre, puisque nul ne peut prescrire contre l'obligation de se conformer aux lois. La tolérance pendant trente ans et plus ne nous paroîtroit donc pas susceptible de rendre la réclamation inadmissible.

Il en seroit autrement si les ouvrages avoient été autorisés. Le propriétaire de l'usine, en se conformant à la loi du 6 octobre 1791, s'est mis à la discrétion de l'administration, et s'en est rapporté à son arbitrage, naturellement impartial, pour concilier les droits de la propriété avec ceux de l'industrie. Il se peut que l'administration se soit trompée, et ce n'est pas sans doute un titre; mais au moins il n'y a pas délit. Si l'usine inonde les propriétés voisines, ce n'est pas volontairement et par malice; il n'y auroit lieu qu'à une action civile. Or il a pu intervenir entre les intéressés une transaction sur cette action civile; et le laps de trente ans fait présumer cet accommodement. Tout propriétaire étant maître de vendre son fonds à qui il veut, son droit peut aller jusqu'à en abdiquer une partie; jusqu'à consentir que l'élévation des eaux d'une usine fasse à sa propriété un dommage, pour lequel, sans ce consentement, il auroit droit de réclamer des indemnités. Une servitude est donc acquise, si toutes les conditions exigées par les lois pour la prescription se trouvent réunies en faveur de l'usine. Il n'est point contre les véritables principes qu'une personne consente à ce que sa propriété soit inondée, soit occasionellement, comme lorsqu'il s'agit de vider des étangs d'une grande étendue ou d'un volume d'eaux considérable, soit habituellement, lorsque tel est l'effet de la hauteur des eaux d'une usine.

L'autorité publique seule pourroit intervenir dans ce cas pour prohiber une inondation même consentie par les propriétaires voisins, si cette inondation nuisoit à la salubrité publique, parce que le droit de propriété est limité dans son exercice par l'intérêt de la société.

99. En faisant connoître, n. 80, ce qu'on entendoit par étang, et avec quelles précautions un propriétaire pouvoit réunir sur son fonds un amas d'eaux pluviales pour les consacrer à cet usage, nous avons dit que la permission de l'administration n'étoit pas exigée par les lois. Mais si les eaux qu'on veut ainsi réunir proviennent d'une source d'eau vive assez considérable pour avoir un cours déterminé, il nous semble que, dans ce cas, l'autorisation doit être demandée.

Il faudroit en dire autant pour les ouvrages qui, destinés à conduire les eaux quelque part, pourroient en élever la hauteur au-dessus du niveau ordinaire, et se trouveroient, par-là, dans le cas des moulins et des autres usines plus particulièrement désignés dans l'article 16 du titre 2 de la loi du 6 octobre 1791.

100. Les ouvrages, tant ceux pour lesquels une autorisation est nécessaire, que ceux qui n'en ont pas besoin, doivent être *apparens*, et l'article 689, que nous avons expliqué n. 28, définit ce qu'on doit entendre par ce mot. En général, de simples conduits souterrains, fussent-ils pratiqués sous l'héritage voisin, et jusqu'à la source même des eaux, ne suffiroient point dans ce cas, qu'il ne

faut pas confondre avec ceux dont nous avons parlé n. 7 et 76. Le propriétaire qui, pour son intérêt, croiroit devoir employer ce moyen, ne pourroit se dispenser de faire assurer son droit par un titre. Mais il est évident que les juges appréciateurs du fait auroient toujours le droit d'examiner si ces canaux souterrains n'étoient pas accompagnés de signes extérieurs d'existence, tels que regards ou autres dont l'apparence auroit suffisamment mis le propriétaire de la source à même de les connoître (1).

Les ouvrages doivent être permanens; des barrages faits avec des branches d'arbres et d'autres objets mobiles ne suffiroient pas.

Enfin, ils doivent avoir pour objet de faciliter la chute et le cours des eaux dans la propriété de celui qui prétend quelques droits à leur transmission. Ainsi, le simple curage, des réparations sur les bords d'un ruisseau ou d'un canal, un pont pour le traverser, quelque apparens qu'ils soient, ne feroient acquérir aucun droit susceptible d'enlever au propriétaire de la source la faculté d'en changer le cours à la sortie de son fonds, puisqu'ils manifesteroient plutôt l'intention d'éviter les inconvéniens attachés au passage des eaux, que celle de s'en assurer la jouissance d'une manière permanente.

Le délai de trente ans requis pour acquérir ce droit, court à compter seulement du jour où les

(1) Rejet, 20 décembre 1825, D. 26, 1, 72

ouvrages ont été terminés, parce que c'est leur perfection, suivie de l'usage, qui interpelle suffisamment le propriétaire supérieur. Jusque-là il a pu ne voir qu'un simple projet auquel il seroit toujours libre de s'opposer.

Une fois que ces ouvrages sont achevés, ce propriétaire se trouve dans une situation nouvelle; le laps de trente ans, qui compte du jour de la perfection des ouvrages, lui enlèvera le droit de disposer des eaux à sa volonté, comme il le pouvoit avant. Il peut se faire, cependant, qu'il n'ait ni motifs, ni moyen d'interrompre la prescription par un changement réel, car on sent bien qu'il ne peut exiger la destruction d'ouvrages que l'inférieur a faits sur son propre fonds, à moins qu'il n'en résultât pour lui un tort matériel et présent; par exemple, en faisant refluer les eaux sur lui, ou de toute autre manière semblable. Il est donc juste qu'il puisse, par une déclaration judiciaire, conformément à l'article 2244 du code, annoncer qu'il n'entend pas que le propriétaire inférieur acquière des droits contre lui; cette signification seroit ce que, dans le langage du droit, on nomme un acte conservatoire. Les frais en seroient à sa charge; et il ne pourroit exiger de celui contre qui il veut conserver son droit, une reconnoissance authentique aux frais de ce dernier, comme lorsqu'il s'agit d'une rente dont le créancier a droit de faire renouveler le titre après 28 ans.

Nous examinerons dans le numéro suivant la question de savoir s'il est indispensable que les travaux apparens exigés par l'art. 642 soient faits sur le fonds où la source prend naissance, ou s'il suffit qu'ils soient établis sur le fonds de celui qui veut acquérir un droit à la transmission des eaux. Mais c'est ici le lieu d'observer que, dans le cas même où le propriétaire inférieur auroit fait ces travaux sur le fonds où la source prend naissance, nous ne croyons pas qu'il pût en résulter une différence quant à la nécessité d'une prescription de trente ans. La connoissance qu'a eue le propriétaire de la source, d'ouvrages faits sur son propre fonds, ne devroit pas être considérée comme une remise dont les juges auroient droit d'apprécier le mérite, sans exiger la double condition indiquée par le même article (*). Ce n'est point d'après les principes de l'extinction des servitudes qu'une telle question peut être résolue. Le but du propriétaire inférieur n'est pas de se libérer d'une servitude, car précisément il veut continuer de recevoir les eaux et s'assurer que son héritage n'en sera pas privé. L'objet qu'il se propose est donc d'acquérir, contre le propriétaire de la source, une servitude par l'effet de laquelle celui-ci ne pourra plus donner aux eaux, à la sortie de son fonds, une direction dont le résultat seroit que l'inférieur en fût privé.

101. Deux questions d'un grand intérêt sont controversées. La première consiste à savoir si les

(*) Telle est en effet l'opinion de M. Favard, *Répertoire*, V.° Servitude, sect. 2, § 1er et sect. 5, 1er al.

ouvrages apparens dont nous avons parlé plus haut, doivent nécessairement être faits sur le fonds même où la source prend naissance; la seconde si le droit d'acquérir ainsi une servitude contre le propriétaire de la source n'appartient qu'à celui qui possède l'héritage immédiatement inférieur. Ces deux questions nous paroissent devoir être résolues négativement (*).

Le propriétaire du fonds où la source prend naissance a incontestablement un droit de disposition absolue de l'eau qui, ayant son premier siège apparent sur ce fonds, lui appartient par accession, ainsi que nous l'avons dit n. 76. Mais une fois que ce propriétaire a fait de cette eau tel usage que bon lui sembloit, non-seulement pour la culture, mais pour toutes les fantaisies d'agrément et de luxe qui pouvoient lui convenir, l'excédant doit nécessairement sortir de son fonds. Il est libre de déterminer à son gré le point de sortie; et dans le cas où les besoins de l'agriculture rendent cet excédant utile et précieux à quelques fonds voisins, il peut faire écouler l'eau vers l'un, encore bien que la pente naturelle l'eût conduite vers un autre. Ce fait en lui-même ne donne point de droits à celui qui reçoit l'eau. Après lui avoir laissé long-temps cette direction, le propriétaire de la source peut lui en donner une autre; tout cela est incontestable et résulte de ce que nous avons dit n. 21.

(*) Voir la note C à la fin de l'ouvrage.

Il étoit toutefois impossible que le législateur ne sentît pas combien l'agriculture et surtout l'industrie peuvent tirer d'avantages des eaux. Rarement cette utilité ne peut être obtenue sans constructions dispendieuses, qui deviendroient inutiles si le propriétaire de la source conservoit toujours la faculté de donner aux eaux une direction susceptible de les enlever aux établissemens formés. Les articles 641 et 642 ont en conséquence déterminé un moyen de les rendre stables, en acquérant contre le propriétaire de la source une servitude par l'effet de laquelle il ne pourra plus changer le point et la direction de sortie des eaux.

Les propriétaires de ces établissemens peuvent sans doute acquérir cette servitude par titre; mais comme nous l'avons dit n. 93, le titre doit être volontaire et ne peut être exigé, si ce n'est dans les cas très rares, où l'utilité publique donneroit lieu à l'intervention du gouvernement, conformément aux lois des 8 mars 1810 et 7 juillet 1833. Il a donc été raisonnable que le législateur créât parallèlement un autre moyen d'acquisition, résultant de la prescription, accompagnée d'ouvrages apparens. En indiquant ce moyen il n'a pas dit que ces ouvrages dussent être construits sur le fonds où la source prend naissance. Ainsi, émettre l'opinion que cette condition n'est pas indispensable, ce n'est point violer la lettre de l'art. 642, sous prétexte d'en suivre l'esprit.

Mais maintenant, si, dans ce silence du texte, nous cherchons à pénétrer l'intention du législateur, nous arrivons, ce semble, à reconnoître qu'il n'a pu vouloir imposer, comme condition de la prescription, la nécessité que les travaux apparens fussent établis sur le fonds où la source prend naissance. Autant eût-il valu se borner à exiger un titre, et ne point accorder le droit d'acquérir la servitude par prescription. Quel est l'homme de bon sens qui, sans avoir obtenu d'un propriétaire son consentement par écrit, car assurément la preuve testimoniale ne seroit pas admissible, s'avisera d'entrer dans le champ, le clos, le jardin où la source est située, pour y construire des ouvrages apparens destinés à amener les eaux sur son fonds? Ne seroit-il pas exposé à être poursuivi comme auteur de voies de fait? Ne courroit-il pas le risque de perdre ses constructions, conformément aux articles 553, 554 et 555 du code? Peut-il avoir l'espoir chimérique que le propriétaire de la source tolèrera pendant trente ans cette entreprise sur son fonds? Est-il probable que jamais il se rencontre une circonstance dans laquelle un homme agira d'une manière aussi imprudente, et qui, au lieu de se procurer un consentement écrit, attendra que trente années s'écoulent, avec toutes les chances d'être sans cesse attaqué par le propriétaire et ses héritiers, et même avec la possibilité des suspensions légales de la prescription. Ce n'est point pour des cas rares, si toutefois ils arrivent jamais; ce n'est point pour des cas presqu'impossibles et purement hypothétiques, que les lois sont faites.

On conçoit très bien au contraire qu'un propriétaire vers le fonds de qui arrivent par l'effet du cours naturel, les eaux d'une source, fasse sur lui-même des ouvrages pour s'en appliquer la jouissance. Le seul fait de la construction de ces ouvrages ne doit pas sans doute priver le propriétaire de la source du droit d'en changer le cours. Il ne faut même pas que ces ouvrages soient cachés, car toute prescription doit être publique. On a donc voulu qu'à la publicité, à l'apparence de ces ouvrages, se joignît la longue souffrance du propriétaire supérieur. Sans doute celui-ci, en changeant le point d'écoulement des eaux avant l'expiration du temps de prescription, rendra inutiles les travaux du propriétaire inférieur; mais cependant ces travaux ne seront pas perdus pour celui qui les a faits, comme ils le seroient d'après les articles 553 et suiv. du code, s'ils eussent été construits sans titre sur le fonds où la source prend naissance; et surtout, pour les avoir construits, il ne sera pas coupable de voies de fait, comme il l'eût été évidemment au premier cas.

L'intérêt du propriétaire inférieur à construire des ouvrages propres à recevoir des eaux et à s'en appliquer l'usage, s'explique très bien, même avec la faculté laissée au propriétaire de la source, de l'en priver tant que la prescription n'est pas acquise, car il n'est pas toujours aisé à ce dernier de changer la direction de l'écoulement ; la nature des choses est souvent plus forte que la mauvaise volonté, et rend plus faciles les accommodemens,

Ce n'est pas tout : souvent et presque toujours la construction, sur le fonds où naît la source, d'ouvrages destinés à en faciliter l'écoulement dans le fonds inférieur, sera impossible. Dans un pays plat, dans un terrain qui a peu de pente, la chute ne peut être prise qu'à une assez grande distance de la source. Les ouvrages faits auprès de la source, sur le fonds du propriétaire chez qui elle prend naissance, n'auroient aucun résultat, si la chute ne peut être prise qu'à une certaine distance de ce fonds. Les ouvrages propres à tirer des eaux l'utilité qu'elles peuvent procurer ne sont point en général, et nous pourrions sans exagération dire, ne sont jamais susceptibles d'être faits sur un fonds autre que celui qui veut en profiter; ils consistent en vannes, en prises d'eau pour l'irrigation, en moulins et usines de ce genre, tous objets qu'il n'y a ni motif, ni nécessité de construire sur le fonds où la source prend naissance; tous objets qui ne rempliroient point leur but, s'ils y étoient construits. Or, n'est-ce pas une règle incontestable d'interprétation des lois que le législateur est censé avoir prévu ce qui a lieu communément et habituellement, plutôt que ce qui peut avoir lieu rarement et dans des cas purement hypothétiques! Quelle que soit au surplus l'opinion qu'on admette sur cette question susceptible de controverse (*), il faut que les ouvrages aient été faits dans l'intérêt du fonds inférieur.

(*) L'arrêt cité p. 229, ci-dessus, note 1, et un rejet du 6 juillet 1825, D. 25, 1, 366, sont contraires à notre opinion.

Ce caractère ne se trouveroit pas dans des ouvrages que le propriétaire du fonds où naît la source auroit faits lui-même, à moins qu'il n'y eût été obligé par un titre qui démontreroit qu'il a agi dans l'intérêt du fonds inférieur.

Les motifs qui nous décident à croire qu'il n'est pas indispensable, pour l'acquisition de la prescription, que les travaux apparens soient faits sur le fonds où la source prend naissance, nous conduisent à croire aussi que le bénéfice des articles 641 et 642, n'est pas restreint à l'héritage immédiatement inférieur; à celui qui, limitrophe du fonds où la source prend naissance, est le premier à recevoir l'eau qu'elle fournit. On peut, nous en convenons, argumenter de ce que l'article 641 emploie ces mots : « sauf le droit que le proprié« taire *du* fonds inférieur pourroit avoir acquis par « titre ou par prescription »; on peut en conclure que l'article privatif *du*, ne peut s'entendre de tout fonds inférieur, mais uniquement de celui qui touche le fonds où la source prend naissance.

Mais cette argumentation ne nous semble pas concluante; elle est trop grammaticale, et l'on sait que malheureusement il n'y a pas toujours une exacte propriété d'expressions dans la rédaction des codes. Admise dans toute son étendue, elle conduiroit à dire aussi que nul autre que le propriétaire du fonds immédiat ne peut acquérir la servitude par titre, car les mots *du fonds inférieur*, précèdent et le titre et la prescription.

Ces mots, bien entendus, ne nous paroissent donc

pas signifier exclusivement le fonds immédiat; nous pensons qu'ils signifient aussi tout fonds inférieur dont le propriétaire a construit des ouvrages. Il est extrêmement rare que la pente ou la force d'un cours d'eau permette d'établir une usine sur le fonds qui suit immédiatement celui où la source prend naissance. Si l'interprétation que nous indiquons n'étoit pas admise, jamais un propriétaire de fonds inférieur, mais séparé par d'autres héritages de celui sur lequel la source prend naissance, ne pourroit, avec sécurité, construire un moulin ou d'autres ouvrages semblables: après quarante, cinquante ans et plus, le propriétaire supérieur pourroit détourner les eaux et anéantir des droits qui auroient en leur faveur le temps et la bonne foi.

Nous croyons même que le bénéfice de l'article 642 pourroit être invoqué par un propriétaire non riverain du cours d'eau formé par la source. Supposons en effet, qu'elle prenne naissance sur le fonds de Pierre; qu'elle coule successivement sur les prés de Paul, de Jacques, de Jean, etc.: supposons ensuite que Joseph, dont l'héritage joint le pré de Jean, du côté opposé au point où ce dernier touche au cours d'eau, obtienne de lui la permission d'ouvrir à travers son pré, un canal pour amener l'eau à un moulin, à une usine, etc; les choses ayant subsisté ainsi trente ans, on demande si Pierre pourra donner au cours d'eau à la sortie de son fonds, une direction qui l'empêcheroit de se rendre au point où Joseph a construit ses travaux apparens. La raison de douter viendroit de ce que ce n'est point Jean, riverain du cours d'eau, qui a fait sur son fonds des ouvrages destinés à s'assurer l'usage des eaux. Mais on peut répondre avec fondement que la nouvelle direction donnée à travers le fonds de Jean et de son consentement, ayant subsisté pendant trente ans, est devenue un titre en faveur de Joseph; qu'elle est réputée avoir été consentie par les propriétaires inférieurs, seuls intéressés à empêcher que la totalité ou une partie des eaux cessât de leur être transmise; qu'un état de choses subsistant depuis trente ans, est réputé, conformément à ce que nous avons dit n. 84, être l'état naturel des lieux. Il en résulte, ou que le lit du cours d'eau a été entièrement changé, ou que ce lit a été divisé en deux; mais dans l'un comme dans l'autre cas, Joseph est devenu propriétaire inférieur, relativement à celui sur lequel ce cours d'eau prend naissance; on ne voit donc pas par quels motifs fondés, le bénéfice de l'article 642 pourroit lui être refusé (1).

102. Nonobstant la prescription acquise de la manière ci-dessus, le propriétaire du fonds où l'eau prend sa source, continue d'être libre d'en user sur lui-même pour ses besoins et pour son agrément, de la manière qui lui plaît, avec la liberté que nous avons reconnue n. 78, encore bien que cet emploi en diminuât le volume; pourvu

(1) Duval, *De rebus dubiis*, cap. 8, n. 7. — Procès-verbal du conseil d'état du 4 brumaire an XII.

qu'à la sortie de son fonds, il ne donne point à la partie des eaux qu'il n'aura pas absorbée, une direction qui en ôte la jouissance à l'inférieur, à qui la prescription accompagnée d'ouvrages apparens attribue le droit de les recevoir (1).

C'est en quoi le droit acquis en vertu de l'article 642 diffère de celui qui résulteroit d'un titre de concession consenti par le propriétaire de la source; titre pour l'exécution et les effets duquel il faudroit se reporter à ce que nous avons dit n. 93.

Lorsque la prescription a été acquise de la manière ci-dessus expliquée, son effet est d'empêcher le propriétaire du fonds sur lequel l'eau prend sa source d'en changer le cours. Il s'ensuit que, si nonobstant cette obligation, il faisoit à quelqu'autre héritage une concession de nature à détruire ou à diminuer les droits acquis, cette concession ne devroit pas être exécutée, sauf les dommages-intérêts contre lui au profit de celui à qui il ne pourroit livrer ce qu'il lui a promis; tandis que si aucun des propriétaires inférieurs n'avoient encore accompli la prescription, cette concession seroit inattaquable sans que le concessionnaire eût besoin de prouver contre eux, ni qu'il a fait des travaux apparens, ni qu'ils ont subsisté trente ans.

Le propriétaire de la source n'étant tenu que de la seule obligation de laisser sortir les eaux de son héritage par le point où elles ont coulé pendant

(1) Cod. lib. 3, tit. 34, *De servit. et aqua*, l. 6. — Fromental, *Décisions du droit civil*, V.° Servitude, p. 656. — Rejet, 20 mai 1828, D. 28, 1, 250.

trente ans depuis l'achèvement des travaux, il n'est obligé à rien envers d'autres qui n'auroient point en leur faveur la prescription dont nous venons de parler. Il peut les priver des eaux, s'il trouve moyen de n'en pas moins remplir ses obligations envers celui qui a prescrit contre lui. Les inférieurs ne peuvent exciper des droits de ce dernier, parce que nul n'est censé acquérir, surtout quand c'est par prescription, que pour lui-même, et qu'on ne peut exciper du droit d'autrui, pour prétendre une servitude que la loi n'accorde qu'à un titre ou à des conditions déterminées.

Rien n'empêche au surplus qu'ils n'acquièrent dans la suite des droits par la construction d'ouvrages apparens suivis d'une prescription de trente ans; alors le propriétaire du fonds où la source prend naissance, ne pourra plus faire de dispositions ultérieures, susceptibles de les en priver, s'il n'a pas signifié des protestations ayant pour but, ainsi qu'on l'a vu n. 100, de conserver sa liberté à leur égard.

103. Il n'est pas hors de propos d'examiner ici jusqu'à quel point les principes développés dans ce paragraphe pourroient être appliqués à des eaux pluviales. S'il est vrai que le peu d'importance qu'elles présentent, comparativement aux cours d'eaux permanens formés par des sources, ait pu être la cause pour laquelle le code ne s'en soit pas occupé, on ne peut néanmoins se dissimuler que dans certaines contrées, où la chaleur du climat

rend précieux les moindres moyens d'arrosage, les eaux pluviales ne puissent être un objet d'envie et par conséquent une cause de contestations.

Il ne s'agit point ici, comme on le sent bien, du dommage qu'elles peuvent causer, et de l'obligation du fonds inférieur de les recevoir, obligation corrélative avec celle du fonds supérieur de ne pas aggraver la servitude; il ne s'agit pas non plus du droit qu'un propriétaire a de les réunir et de les conserver sur son fonds; nous nous sommes suffisamment expliqué à cet égard n. 86. Mais, soit qu'un propriétaire supérieur ne veuille ou ne puisse les retenir, soit qu'après les avoir retenues, le superflu s'écoule vers les fonds inférieurs, les propriétaires de ces derniers à qui l'écoulement de ces eaux peut être d'un grand avantage, auroient-ils quelque moyen de se l'assurer d'une manière stable?

Qu'ils le puissent par une convention avec celui du fonds duquel sortent les eaux; c'est ce qui paroît hors de doute. Que les dispositions faites par le propriétaire de deux fonds pour arroser l'inférieur au moyen des eaux pluviales qui descendent du supérieur, puissent, conformément aux art. 693 et 694, être considérées comme des titres, lorsque les deux propriétés ne se trouvent plus dans la même main, c'est encore ce qu'on peut accorder, puisqu'il en résulteroit une destination du père de famille, valant titre suivant les principes qui seront expliqués n. 288 et suivans.

Mais le seul fait que l'héritage inférieur auroit,

depuis trente ans et sans trouble, profité de l'écoulement des eaux pluviales venant d'un fonds supérieur, ne suffiroit pas, à notre sentiment, pour enlever au propriétaire de ce fonds le droit de les diriger vers tout autre point. Tout ce que nous avons dit n. 93 et suiv. recevroit son application. Ce n'est pas par droit, qu'un fonds inférieur reçoit les eaux qui descendent du supérieur ; c'est une charge que lui impose la disposition des lieux. En souffrant ce qu'il ne peut empêcher il ne sauroit avoir voulu, ni pu acquérir. Une manifestation de volonté n'est donc pas moins nécessaire lorsqu'il s'agit d'un cours d'eaux pluviales, que lorsqu'il s'agit d'un cours d'eaux vives ; cette manifestation de volonté doit avoir lieu par des faits autres que celui de recevoir les eaux.

Le seul doute possible consisteroit à savoir si des travaux apparens, accompagnés de la prescription, suffiroient pour acquérir un droit à la transmission de ces eaux. Ce doute peut naître de la considération que les eaux pluviales n'ont pas de cours permanent, que ce cours est occasionel, momentané, incertain dans les époques de sa manifestation (1).

Mais on a vu n. 5 que notre droit n'admettoit point comme caractère essentiel des servitudes, la perpétuité de leur cause et de leurs effets. Aussi avons-nous dit, n. 86, que celui qui, par des moyens artificiels, amèneroit des eaux pluviales

(1) Rejet, 14 janvier 1823, D. 23, 1, 44.

sur son fonds, pour y former un étang, pouvoit acquérir sur les héritages inférieurs, la servitude d'y faire couler ces eaux, encore qu'il n'eût pas droit de l'exiger, à titre de servitude naturelle. Pourquoi cet inférieur, si au lieu d'avoir intérêt à refuser les eaux, en trouvoit à les recevoir, ne pourroit-il pas acquérir de droits à leur transmission? Sans doute, la seule disposition des lieux et le fait de leur écoulement vers un fonds, ne priveroit pas le propriétaire de l'étang ou du réservoir d'eaux pluviales, du droit de leur donner une autre direction à la sortie de son fonds (1). Dans le silence du code sur ce point, nous croyons que le plus sûr seroit de se décider par analogie de ce qui est établi relativement aux eaux vives. Les circonstances pourroient même être un objet digne de considération. Ainsi les tribunaux seront faciles à admettre l'acquisition du droit par le propriétaire inférieur, lorsque les eaux ne sont pas du nombre de celles qui coulent du fonds supérieur, naturellement et sans que la main d'homme y ait contribué. On devra supposer qu'un accommodement de bon voisinage est intervenu; que l'inférieur n'a pas usé de la rigueur de son droit pour s'y refuser, parce que de son côté le propriétaire supérieur s'est engagé à ne pas donner une

(1) Dig. lib. 39, tit. 3, *De aquâ et aquâ pluv. arc.* l. 1, § 21; lib. 43, tit. 8, *Ne quid. in loco publ.* l. 2, § 13. — Cæpolla, tr. 2, cap. 4, n. 52, 59. — Bretonnier sur Henrys, liv. 4, quest. 189. — — Arrêt du 10 juillet 1619, cité par Bardet, tit. 1, liv. 1, ch. 65.

autre issue aux eaux. Il en sera de même de la construction d'un étang sur le fonds inférieur, si la construction étoit tellement connue du supérieur, qu'il se concertoit avec lui sur les époques de la pêche.

A la vérité, la nature précaire et souvent intermittente de l'eau reçue par l'inférieur apportera de grandes restrictions à sa jouissance. Le propriétaire supérieur, après avoir long-temps entretenu sur son fonds un étang ou tout autre réservoir alimenté par des eaux pluviales qu'il dérivoit de la voie publique ou d'autres fonds, peut adopter un autre mode d'exploiter sa propriété, et cesser d'y réunir les eaux que dans cet état il transmettoit à l'inférieur, sans craindre une action de la part de ce dernier. En lui laissant acquérir droit à la transmission des eaux, il n'a point contracté l'obligation d'en avoir toujours sur son domaine. Il n'en est point de ce cas, comme de celui où une source prend naissance sur un terrain (*).

§ IV. *Usage des eaux permis à ceux qui n'ont point acquis de droits.*

104. Quoique les propriétaires des fonds inférieurs à celui sur lequel une source prend naissance, n'aient acquis aucun droit à ce que les

(*) Cette opinion, adoptée par M. Troplong, *Commentaire du titre de la prescription*, t. 1er, p. 238 et suiv. est combattue par M. Duranton, *Cours de droit français*, t. 5, page 156.

eaux leur soient transmises, le seul fait qu'elles s'écoulent dans des lits qui traversent ou bordent leurs héritages et qui sont leur propriété d'après ce que nous avons dit n. 77; la considération que ces héritages sont exposés aux inconvéniens qu'entraîne cette situation leur assure naturellement un droit aux avantages qui peuvent en être la suite. Mais ce droit consacré d'une manière expresse par l'art. 644, peut donner lieu à quelques questions qui feront l'objet de ce paragraphe.

Ce que nous avons à dire est particulièrement applicable aux eaux vives (1); on verra par les explications dans lesquelles nous allons entrer qu'il y auroit rarement occasion pour les tribunaux d'appliquer ces principes à des eaux pluviales au sujet desquelles ce qui a été dit dans les trois paragraphes précédens peut suffire.

Le législateur a prévu combien de contestations pouvoient s'élever entre les différens propriétaires dont les fonds bordent une eau courante; il a plus sagement encore reconnu qu'une loi générale, que souvent même les règlemens locaux ne suffiroient pas pour prévenir toutes les difficultés et décider tous les cas.

L'article 645 laisse aux magistrats une latitude qui n'a d'autre régulateur que leur conscience, d'autre mesure que l'obligation de concilier l'intérêt de l'agriculture avec le respect dû à la pro-

(1) Rejet, 14 janvier, 1823, D. 23, 1, 44.

priété ; d'autre limitation que la nécessité de faire exécuter les règlemens administratifs lorsqu'il en existe sur cette matière ; encore est-il important de faire observer que cette sorte d'arbitrage leur est accordé uniquement dans l'absence des titres.

Pour bien résoudre les questions importantes qui peuvent naître des prétentions à l'usage des eaux, de la part de ceux qui n'ont point acquis de droits contre le propriétaire de la source, représentons-nous un cours d'eau, et suivons-le depuis sa naissance jusqu'à son embouchure.

Il peut se faire qu'il circule librement et que, sur aucune partie de son lit, il n'existe d'ouvrages de la nature de ceux dont nous avons parlé dans le paragraphe précédent : il peut se faire aussi qu'il en existe.

105. Dans le premier cas, le propriétaire du fonds sur lequel naît la source peut, comme on l'a vu n. 91, lui donner un autre cours, même au préjudice des héritages inférieurs, auxquels l'irrigation naturelle, par le moyen de ces eaux, donneroit une valeur importante. Il n'est tenu que de respecter, ou un titre, ou une servitude acquise par la prescription accompagnée d'ouvrages apparens, ou par des règlemens administratifs. Mais tant qu'il n'use pas de son droit, les propriétaires des héritages riverains supportent l'écoulement des eaux, et réciproquement ils peuvent en tirer le service dont elles leur paroîtroient susceptibles.

Ces héritages, placés les uns à la suite des autres, peuvent être traversés ou bordés par le cours d'eaux; et lorsque des titres ou des règlemens n'en ont pas déterminé l'usage, la différence de ces positions indique ce qui est permis.

L'article 644 porte que celui dont la propriété borde une eau courante, non dépendante du domaine public, suivant l'article 538, peut s'en servir à son passage pour l'irrigation de ses propriétés; et que celui dont cette eau traverse l'héritage, peut même en user dans l'intervalle qu'elle y parcourt, mais à la charge de la rendre, à la sortie de ses fonds, à son cours ordinaire.

Il en résulte une distinction fondée sur la nature des choses. Celui dont la propriété borde, d'un côté seulement, une eau courante, a, dans le propriétaire de la rive opposée, un ayant-droit qui n'est pas moins fondé que lui à s'en servir (1).

Le droit d'irrigation que la loi reconnoît à l'un et à l'autre, peut, sans doute, aller jusqu'au point que chacun d'eux fasse entrer l'eau, par des saignées, sur sa propriété, en observant de n'en pas diminuer le volume au point de priver son voisin de la même faculté; nous croyons même qu'il auroit la faculté d'appuyer momentanément pour cet usage, sur la rive opposée, des bois ou d'autres matières servant à retenir les eaux, afin qu'elles puissent s'élever à la hauteur nécessaire

(1) Boyer, décis. 350, n. 4 et 5. — Gosson, *Cout. d'Artois*, art. 5, n. 6 et 7.

pour arroser son héritage ; car dans un grand nombre de circonstances, le droit d'irrigation ne peut s'exercer autrement. Mais s'en servir ainsi, ce n'est pas avoir droit d'en changer le lit, ou d'en arrêter l'écoulement d'une manière nuisible au voisin ; en un mot, l'usage des eaux doit être égal en faveur des deux.

Au contraire, le propriétaire de la totalité du terrain que traverse le cours d'eau, n'est point retenu par la considération de la copropriété de son voisin ; la loi lui accorde un usage qui peut aller, lorsque les règlemens locaux ne s'y opposent pas, jusqu'à détourner l'eau vers *tel* ou *tel* point : une seule obligation lui est imposée, celle de rétablir le cours naturel au point où finit sa propriété, sans pouvoir, si ce n'est du consentement des intéressés, ou en vertu d'un règlement administratif que les tribunaux doivent respecter (1), faire couler l'eau sur un autre fonds, à qui la disposition naturelle des lieux ne l'attribueroit pas immédiatement, même quand ce fonds lui appartiendroit.

La condition de cet usage est que l'eau, dans son cours naturel, touche la propriété de celui qui veut en profiter (2). Toutefois s'il n'étoit séparé du cours d'eau que par un chemin public, et si l'administration lui permettoit de construire sous ce chemin un aqueduc propre à lui faciliter

(1) Rejet, 2 février 1836, D. 36, 1, 85.

(2) Arrêt du 12 juillet 1787, cité par M. Henrion de Pansey, *De la compétence des juges de paix*, ch. 26, § 2.

l'usage des eaux, nous serions porté à croire qu'il doit jouir du même avantage que le riverain immédiat (1). La condition d'être riverain étant essentielle, il s'ensuit que dans le cas où le cours d'eau s'étant frayé un nouveau lit, et l'ancien étant, conformément à l'article 559 du code, attribué à celui aux dépens duquel ce lit a été fait, le propriétaire de l'héritage autrefois limitrophe de l'eau, ne pourroit prétendre contre le nouveau propriétaire du lit abandonné, un droit d'aqueduc par le moyen duquel il pût faire venir les eaux sur son fonds (2).

On pourroit également demander si un riverain du cours d'eau, à qui l'élévation d'une partie de son terrain ne permettroit pas d'y pratiquer directement des saignées ou des ouvertures nécessaires à l'irrigation, n'auroit pas le droit de faire une prise d'eau à un point supérieur, sur l'héritage d'un autre riverain qui y consentiroit, et de conduire ainsi sur son fonds, les eaux dont il ne peut user facilement d'une autre manière?

Nous serions assez porté à admettre l'affirmative. Ces sortes d'accommodemens entre des propriétaires riverains peuvent être d'une grande utilité pour l'agriculture; les propriétaires de la rive opposée n'éprouvent pas dans ce cas plus de tort que si le propriétaire du fonds où la prise d'eau est faite, l'avoit pratiquée pour son usage particulier.

(1) Cæpolla, tr. 2, cap. 56, n. 4. — Golius, quæst. 21, n. 15.
(2) Rejet, 11 février 1813, D. 13, 1, 255.

De même, encore bien que le texte littéral de l'article 644 oblige celui qui détourne l'eau sur sa propriété, à lui rendre son cours naturel à la sortie de son fonds, si, la position du terrain présentant quelques obstacles, il ne rendoit l'eau que par une sortie pratiquée sur un autre fonds dont il n'est pas propriétaire, mais avec le consentement du maître de ce fonds, le vœu de la loi nous sembleroit être suffisamment rempli.

106. Du reste, la faculté d'user des eaux ne doit pas dégénérer en une occupation tellement exclusive que les inférieurs en soient privés (1). L'eau est pour tous un don de la nature, que chacun de ceux à qui elle peut être utile, a droit de réclamer (2). La seule différence consiste en ce que la disposition des lieux la donne à l'un avant les autres; mais ce n'est qu'une sorte de dépôt, dont il ne peut faire usage qu'en respectant des droits non moins favorables que les siens. Sans doute il peut détourner l'eau sur son fonds; et comme c'est pour l'irrigation qu'il est autorisé à la détourner, le volume de l'eau peut, si le cours est foible, habituellement, ou accidentellement par l'effet de la sécheresse, être presqu'entièrement absorbé : ce ne sera pas toujours un motif pour le condamner, car la loi lui permet l'usage; et il est de la nature de cet usage que la

(1) Davot, *Traités de droit français à l'usage de Bourgogne*, t. 5, p. 208.

(2) Dig. lib. 8, tit. 3, *De serv. præd. rust.* l. 17

masse des eaux soit diminuée (1). Mais en lui permettant l'usage, elle lui interdit l'abus (2); il ne pourroit donc par caprice faire serpenter l'eau dans ses héritages au point de l'absorber (3). Nous verrons n. 116, quel est le pouvoir discrétionnaire confié aux tribunaux pour la solution des difficultés qui peuvent se présenter.

Celui à qui quelque accident de terrain assure le moyen d'établir un moulin, ou une autre usine, auroit donc le même droit, surtout si l'on considère qu'un tel usage opère presque toujours une moindre déperdition, et par conséquent nuit moins aux fonds inférieurs que l'irrigation; mais il seroit soumis à remplir les formalités expliquées n. 96, et responsable des dommages dont cet établissement seroit la cause.

Nous sommes naturellement amené à examiner une question qui se rattache à ce qui a été dit n. 63. Il peut arriver que le fonds riverain qui avoit droit à l'usage des eaux, conformément aux règles expliquées ci-dessus, passe à plusieurs héritiers, ou soit vendu par parties à divers acquéreurs. Ceux dont les parts ne se trouveront plus riveraines du cours d'eau, pourront-ils y prétendre un droit d'usage conformément à l'article 644? La difficulté peut être considérée sous deux points de vue.

(1) Rejet, 15 juillet 1807, D. 7, 1, 470. Rejet 25 mars 1830, D. 30, 1, 178.

(2) Domat, *Droit public*, liv. 1, tit. 8, sect. 2, n. 11. — Bretonnier sur Henrys, liv. 4, quest. 89.

(3) Mornac ad leg. 6, Dig. de edendo.

Le premier, dans les rapports de ces propriétaires non-riverains avec ceux qui ont reçu en partage ou acquis les portions riveraines, et, dans ce cas, la question se subdivise selon que le partage ou le contrat contient quelques dispositions à cet égard, ou qu'il garde le silence. S'il y a quelque convention, elle doit être suivie; l'acte fait la loi des parties. Si l'on a gardé le silence, il est naturel de suivre les règles que nous donnerons n. 288, relativement à la destination du père de famille, en tout ce qui concerneroit l'obligation des parties riveraines, de donner passage à l'eau pour l'irrigation des parties non-riveraines qui sont de nature à en faire usage.

Mais il est moins facile de résoudre la question dans les rapports entre les propriétaires des portions non-riveraines et les tiers à qui appartiennent des fonds situés sur la rive opposée au fonds qui a été partagé, ou des fonds inférieurs. Les portions non-riveraines de l'héritage qui, avant la division, avoit droit à l'usage des eaux, ne sont plus dans la condition qu'exige l'article 644. On peut répondre, il est vrai, que le partage n'a pu enlever à ces portions un droit qu'elles avoient avant qu'il fût exécuté, et invoquer le principe rappelé plusieurs fois, notamment n. 64, qu'il doit importer peu aux tiers que le fonds auquel l'usage des eaux est dû, appartienne à un seul ou à plusieurs, qu'il soit resté indivis ou ait été divisé, du moment où leur situation n'est pas empirée. Mais ce principe ne nous paroît applicable qu'aux servitudes proprement dites. L'usage des eaux, dans l'hypothèse que nous examinons ici, n'a pas lieu à titre de servitude; il est la conséquence de ce que l'eau, en coulant sur un fonds, en devient l'accessoire momentané; accessoire dont le propriétaire de ce fonds peut user dans les termes réglés par la loi: or, les parties non-riveraines ont cessé d'être un tout avec les parties riveraines; elles n'ont donc plus de droits à prendre les eaux pour l'irrigation.

107. L'article 644, en attribuant à ceux dont la propriété borde une eau courante, le droit de s'en servir, sembleroit établir une mitoyenneté légale de la jouissance du lit de ce cours d'eau, sans admettre de modifications résultant de titres ou d'une possession contraire. Il est difficile toutefois de croire que l'intention ait été de les exclure. Nous avons vu, n. 77, que les lits des cours d'eaux qui ne sont point dans le domaine public, appartiennent aux riverains. La conséquence naturelle est qu'ils sont soumis aux règles communes des propriétés (1), et que, nonobstant leur situation sur la limite de deux héritages, ils peuvent appartenir exclusivement à un seul. La loi ne s'y oppose point; elle n'établit la présomption de communauté qu'à défaut de preuve contraire (2). La nature des choses n'y

(1) Dig. lib. 43, tit. 12, *De flum.* l. 1, § 4.

(2) Barthole, *Tr. de flum. sive tyberiad.* § 5, n. 4 et 5.—Cæpolla, tr. 2, cap. 38, n. 2.

répugne point aussi. Il n'est pas de nécessité absolue qu'un cours d'eau qui sépare deux héritages soit mitoyen. Le propriétaire du domaine où une source prend naissance, peut en avoir dirigé les eaux sur son fonds, de manière que les deux bords fussent sa propriété. Il peut ensuite avoir aliéné les terrains situés sur l'une des rives, en déclarant qu'il vendoit jusqu'au cours d'eau, ce qui en excluoit l'emplacement; car vendre jusqu'à *tel* ou *tel* point n'est pas vendre le point que l'on désigne ainsi (1). Non-seulement un titre auroit cet effet, mais la prescription pourroit être invoquée; et cette prescription ne seroit pas même réglée par les principes sur la prescription des servitudes, mais par ceux qui concernent l'acquisition de la propriété.

Lorsque le lit d'un ruisseau qui sépare deux propriétés appartient à un seul des riverains, la faculté de celui qui ne seroit pas copropriétaire du cours d'eau, se borneroit au puisage, à l'abreuvage et à des usages de cette espèce, susceptibles d'être exercés sur l'eau, simplement considérée comme élément offert par la nature aux besoins de tous; mais il ne pourroit y pêcher, ou s'en servir au passage pour l'irrigation de sa propriété, sans l'agrément du propriétaire du lit. Celui-ci, néanmoins, ne seroit pas le maître de détourner l'eau de manière qu'elle ne touchât plus aux héritages de son voisin, quand même les

(1) Cæpolla, tr. 2, cap. 58, n. 3.

règlemens locaux ne s'y opposeroient pas; parce qu'on peut dire que ce voisin a originairement acheté en considération de la proximité du cours d'eau, de la fraîcheur et de la fertilité que ce seul voisinage, indépendamment même de toute faculté de le dériver, assuroit à sa propriété.

108. Le droit de pêche appartenant aux riverains, comme on l'a vu, n. 77, suit la distinction que nous venons d'indiquer, parce que, si les eaux sont un accessoire du fonds où elles se trouvent, le poisson lui-même est un accessoire momentané du terrain qu'il occupe à l'instant que le pêcheur le prend dans ses filets. A moins de titres qui attribuent la propriété du lit à l'un des deux riverains, la pêche leur appartient, chacun jusqu'au milieu du lit; mais lors même que ce lit seroit reconnu mitoyen quant à la propriété, des titres ou une possession suffisante pourroient en avoir attribué la pêche entière à un seul, ainsi que le reconnoît l'article 2 de la loi du 15 avril 1829. L'exercice de ce droit est seulement limité conformément à l'article 714 du code civil, par les règlemens généraux ou locaux que dicte l'intérêt public, et dont la loi qui vient d'être citée seroit la base naturelle: ainsi, conformément à l'article 24, il n'est pas permis, même à celui qui est propriétaire des deux rives, de construire un barrage susceptible d'empêcher entièrement le passage du poisson; parce que dans l'usage de son droit de pêche il ne peut nuire au

droit semblable des autres riverains supérieurs ou inférieurs.

On doit suivre les mêmes règles quant à l'obligation de curer le lit des eaux (1) ou de couper chaque année les joncs ou les herbes qui y croissent. Assez souvent les règlemens locaux, ou l'usage qui est d'une grande force en pareille matière, assujétissent les propriétaires ou fermiers des moulins et usines à curer la partie du cours d'eau, en remontant jusqu'au point où commence le remous causé par l'usine, et à une certaine distance au-dessous; les autres parties doivent être curées par les riverains. La loi du 14 floréal an XI, maintient ces règlemens; et à leur défaut, ou si des changemens survenus exigeoient des dispositions nouvelles, l'administration est chargée d'y pourvoir, comme nous l'avons dit n. 92. Mais la circonstance que les propriétaires d'usines peuvent être tenus du curage, ne leur attribueroit ni la propriété du lit, ni la pêche au préjudice des riverains; ce seroit une simple charge, à titre de servitude si elle résultoit de conventions, ou de police, si elle résultoit des règlemens.

109. Nous avons raisonné jusqu'à présent, abstraction faite du cas où quelque propriétaire d'un fonds inférieur n'auroit point acquis contre celui de la source le droit d'empêcher que celui-ci en change le cours. Mais en supposant

(1) Dig. lib. 43, tit. 21, *De rivis* l. 1, § 6 et 7.

maintenant cette circonstance, celui qui auroit acquis ce droit pourroit-il en conclure qu'il est devenu, par cette acquisition, maître des eaux; qu'il peut en disposer arbitrairement et leur donner une direction qui en prive d'autres inférieurs, sous prétexte que ceux-ci n'ont point acquis contre lui le droit qu'il a lui-même contre le propriétaire de la source? Nous ne le croyons pas. Ce qu'il a acquis n'est point une propriété; c'est seulement une servitude dont l'effet est d'empêcher que le propriétaire de la source donne aux eaux une direction telle qu'il en soit privé. Il seroit peu logique d'en induire qu'il seroit maintenant investi, à l'égard des héritages situés au-dessous de lui, d'un droit qui, par la nature des choses, ne pouvoit appartenir qu'au propriétaire de la source. Ainsi les héritages inférieurs continuent d'avoir l'usage du cours d'eau (1), conformément à l'article 644, et suivant les distinctions expliquées n. 105 et 106.

Le propriétaire de la source conserve seul à l'égard de ces héritages inférieurs, la faculté de les priver de l'eau, si, comme on l'a vu n. 48, 71 et 102, cette faculté peut se concilier avec la servitude dont il est tenu envers celui qui l'a acquise contre lui, ou si des règlemens locaux ne s'y opposent point.

Dans la suite, ces autres propriétaires inférieurs

(1) Ricard, *Coutume de Senlis*, art. 268. — Bretonnier sur Henrys, liv. 4, quest. 189. — Cochin, t. 8, p. 407, édit. de 1820. — Reject, 17 février 1809, D. 2, 905, n. 2.

envers qui nous supposons que celui de la source n'est point engagé, pourront aussi, comme nous l'avons vu n. 101 et 102, acquérir contre lui le droit d'empêcher qu'il puisse changer la direction des eaux à leur préjudice.

Celui qui avoit le premier acquis ce droit ne pourra s'y opposer en invoquant une sorte de préoccupation et de préférence. L'emploi des eaux par les riverains d'un cours d'eau, et les moyens propres à se l'assurer d'une manière irrévocable sont des facultés que chacun d'eux a le droit d'exercer au moment où le besoin s'en manifeste, quelque temps qu'il ait laissé écouler sans en user.

Celui qui le premier s'étoit assuré la transmission des eaux ne seroit fondé à s'opposer aux ouvrages des propriétaires inférieurs qu'autant qu'il en résulteroit un dommage matériel pour ses propriétés ou son usine; et par ce mot nous n'entendons point des travaux ou des établissemens qui blesseroient simplement sa convenance ou son intérêt industriel, en le menaçant d'une rivalité plus ou moins redoutable (1).

110. Il ne faut pas toutefois conclure de ce qui vient d'être dit que jamais les intermédiaires ne pussent être privés de cet usage des eaux. D'abord il n'est pas douteux qu'ils peuvent y consentir, soit en renonçant à l'irrigation, lors même

(1) Vasquez, *Controversiarum*, lib. 4, cap. 4, n. 3 et seq. — Pecchius, *De aquæductu*, lib. 2, quæst. 18, n. 9. — Brodeau sur Louet, lett. M. som. 17, n. 1.

que le lit des eaux continueroit de border ou de traverser leurs propriétés, soit en consentant que le lit soit changé, de manière que l'eau cesse d'arriver sur leurs propriétés. Ce qu'ils peuvent consentir d'une manière expresse et par écrit, ils peuvent aussi le consentir tacitement en laissant acquérir la prescription contre eux. Toutefois une distinction seroit nécessaire dans ce dernier cas. Si le cours d'eau a continué de border ou de traverser les fonds de ces propriétaires, la circonstance que pendant trente ans ils n'en ont point usé, ne suffiroit pas pour leur dénier ultérieurement cet usage; nous avons donné n. 21 les motifs de cette solution. Il faudroit, dans ce cas, un consentement formel ou suppléé par des jugemens ou des règlemens de l'administration. Si le cours d'eau a été détourné pendant le temps requis pour prescrire, de manière à constituer une nouvelle disposition des lieux, par l'effet de laquelle ils seroient privés de l'usage des eaux, il ne leur est plus permis de réclamer le rétablissement de l'ancien état de choses; ils sont présumés l'avoir consenti.

111. Jusqu'ici nous avons supposé qu'il s'agissoit d'un cours d'eau qui descend naturellement du lieu où il prend sa source vers celui où il va se perdre dans une masse d'eaux plus considérable, c'est ce qu'on peut appeller le lit naturel, encore bien que des travaux concourent quelquefois ou à le redresser, ou même à en changer la direction.

Mais il arrive souvent qne, pour conduire les eaux à une usine vers un point où la chute sera plus favorable, ou pour porter l'irrigation à des lieux éloignés, on dérive des cours d'eaux par des biefs ou canaux. Ces dérivations ne doivent point être confondues avec des bifurcations ou bras détachés naturellement du cours principal; car tant qu'il ne s'agit que du lit naturel du cours d'eau, c'est par les principes expliqués n. 104, et que nous développerons encore n. 113, qu'on doit se décider.

Si nous considérons les biefs ou lits artificiels entre ceux qui les ont établis et le propriétaire du fonds où l'eau prend sa source, on peut difficilement refuser de les mettre au nombre des travaux apparens qui ont pour effet d'empêcher ce dernier de donner, à la sortie de son fonds, une direction au cours d'eau, préjudiciable aux propriétés pour lesquelles ces prises ont été construites ou creusées; nous nous sommes suffisamment expliqué à ce sujet dans le paragraphe précédent.

Mais ces biefs ou canaux bordent ou traversent des héritages, depuis le point de la prise d'eau, jusqu'à celui où elle va rejoindre le lit naturel, ou même se jeter dans une autre rivière.

Il s'agit de bien déterminer les droits et les charges respectives qui résultent de cette situation.

Si des titres sont invoqués devant les tribunaux, seuls juges des prétentions diverses qui peuvent s'élever, ils seront la loi des parties; et selon leur texte plus ou moins précis, selon l'interprétation que les magistrats ont le droit d'en faire, ils serviront à juger les contestations, sauf l'obligation qui leur est imposée de respecter des règlemens administratifs applicables à la question, ainsi qu'on le verra n. 116.

Souvent les tribunaux n'auront pour se décider que le seul fait de l'existence du canal; et alors la question se présentera sous un double rapport : le canal est-il la propriété de ceux qui en emploient les eaux; n'est-il qu'une servitude sur les fonds qu'il traverse?

Ces deux situations donnent lieu à des conséquences trop différentes entre elles, pour que nous puissions négliger de les discuter séparément.

S'il est vrai qu'elles soient soumises aux mêmes principes, lorsqu'il s'agit de la prescription, parce que ce mode d'acquérir s'applique et à la propriété et aux servitudes d'aqueduc, suivant les principes que nous expliquerons n. 273 et suivans, les résultats de l'une et de l'autre position sont très différens.

Lorsque le lit par lequel passent les eaux est la propriété de celui à qui appartient l'usine qu'elles font mouvoir, il a seul droit à tous les autres produits de ce lit, notamment à la pêche; et si par une cause quelconque ce lit est desséché, il pourra disposer de l'emplacement de telle manière qu'il jugera convenable.

Lorsqu'au contraire l'eau ne passe qu'à titre de servitude sur les fonds qu'elle borde ou traverse, les propriétaires de ces fonds conservent sur le lit tous les droits dont l'exercice n'empêche ou ne restreint point celui de la servitude; ils en conservent notamment la pêche, et si le canal est desséché, ou n'a plus d'objet, ils rentrent dans la libre jouissance de son emplacement.

En supposant, comme nous l'avons dit, l'absence de titres et la nécessité de se décider, sans autres élémens que le fait d'existence du cours d'eau artificiel, le point principal à vérifier est de savoir si, d'après l'état ancien des lieux, et même, à défaut de notions anciennes, si, d'après l'état actuel, il paroît incontestable que le lit a été ouvert nécessairement pour conduire les eaux d'une rivière, d'un ruisseau, même d'une fontaine, au moulin, à l'usine dont les propriétaires prétendent qu'il est l'accessoire, et on pourroit dire une partie intégrante. Comme ce moulin, cette usine, ne seroient pas exploitables sans l'eau qui les fait mouvoir; celui qui ne jugeant pas à propos de construire son établissement sur le lit principal, a reconnu la nécessité d'en dériver les eaux, a dû naturellement assurer les moyens les plus convenables pour n'en être jamais privé; et comme il y auroit eu pour lui beaucoup plus d'inconvéniens à stipuler une simple servitude d'aqueduc, plutôt que de s'assurer la propriété du terrain qui doit servir au passage de l'eau, il y auroit une grave présomption de propriété en sa faveur.

Il est rare que d'autres faits accessoires ne se joignent pas à cette première présomption; tels seroient, la pêche exercée dans ce canal à l'exclusion des riverains; l'entretien des murs de soutenement des terres, s'il en existe; les faits de jouissance du terrain formant les berges ou francs-bords du cours d'eau; le paiement de la contribution foncière, conformément à l'article 104 de la loi du 3 frimaire an VII, etc., etc.

Si ces considérations accessoires manquoient absolument, si quelques-unes même étoient invoquées et prouvées en faveur des riverains, les tribunaux ne s'écarteroient pas des véritables principes en déclarant que le passage des eaux n'a lieu qu'à titre de servitude, puisqu'il en résulteroit pour les riverains une charge moins lourde que si la propriété du lit leur étoit refusée. Une décision rendue dans ce cas, d'après l'appréciation des faits, n'auroit rien de contraire aux inductions qu'il est permis de tirer de l'article 523 du code. Cet article déclare que les tuyaux servant à la conduite des eaux dans une maison ou autre héritage, en font partie; mais il ne statue et ne préjuge rien contre celui dont les tuyaux traversent le fonds; il laisse tout entière la question de savoir si l'aqueduc existe à titre de propriété ou de servitude. Il en résulte seulement qu'à quelque titre qu'une maison ou un héritage reçût des eaux, le droit de les recevoir est réputé vendu avec l'objet principal, conformément à ce que nous avons dit n. 10, encore bien qu'on ne s'en fût pas expliqué dans le contrat (1). L'analogie conduit sans doute à étendre cet article aux biefs ou canaux qui amènent les eaux à une usine, mais elle n'a pas d'autres effets.

Il ne sauroit y avoir autant d'incertitudes, et les tribunaux n'auront jamais, ou du moins n'auront que rarement des difficultés pour se décider, lorsqu'il s'agira d'un canal construit par des particuliers pour la navigation, ou pour conduire des eaux à des points éloignés et sur les fonds de différens propriétaires à qui l'entreprise du canal en cède un certain volume, soit pour leurs besoins domestiques, soit pour l'irrigation. Il est presqu'impossible que des établissemens de cette espèce n'aient pas donné lieu à des actes de l'autorité publique, à des levées de plans, à des constructions qui serviront à prouver que le lit du canal appartient à l'établissement, et que l'eau ne coule pas simplement à titre de servitude sur les fonds qu'il traverse. Mais comme il ne seroit pas contraire aux vrais principes que, dans certains points, et surtout relativement aux rigoles qui amènent les eaux au canal, le passage de ces eaux eut lieu simplement à titre de servitude, les tribunaux devroient peser avec scrupule et les titres et les faits.

112. La décision que les tribunaux rendroient au sujet du canal ou du bief qui conduit l'eau

(1) Dig. lib. 18, tit. 1, *De contrahendâ empt.* l. 47, 48, 49.

auroit une influence nécessaire et par voie de conséquence sur ce qu'on appelle les berges ou francs-bords. Le propriétaire du lit du canal est naturellement présumé propriétaire des bords. Celui qui pour le creuser et le construire a acheté un terrain d'un ou plusieurs mètres de largeur, n'auroit pas eu le droit de consacrer entièrement au lit par lequel l'eau doit passer, la totalité de cet espace. Ceux dont le canal se trouveroit, par là, toucher immédiatement les héritages, exposés à des dégradations qu'entraîne naturellement le voisinage des eaux, sans en être indemnisés par la pêche, puisque nous supposons que le lit n'est pas leur propriété, auroient eu droit d'exiger, ou qu'il construise des murs sur son terrain, pour les mettre à l'abri de ces dégradations, ou qu'il laisse entre leurs héritages et le cours d'eau des espaces suffisans pour les garantir. Ce qu'ils avoient le droit d'exiger si naturellement, si justement, celui qui a creusé le cours d'eau est présumé l'avoir fait, tant qu'il n'y a pas de preuve contraire. Cette présomption est tellement déduite de la nature des choses, qu'il ne seroit pas raisonnable de refuser de l'admettre (1). Les circonstances, les usages locaux, toujours à défaut de titres, serviroient à déterminer la largeur de l'espace de terrain considéré comme dépendance du canal, ainsi qu'on le verra n. 199.

(1) Dig. lib. 10, tit. 1, *Finium regund.* l. 13. — Rousseau de la Combe, V.° *Eau*, n. 2.

Dans cette position, il est évident que les propriétaires d'héritages qui touchent ces berges ou francs-bords, ne seroient pas fondés à invoquer l'article 644 du code. Ils ne pourroient pas les couper par des saignées pour amener l'eau sur leurs fonds; ils ne pourroient faire écouler dans le canal celles que la pente du terrain et la disposition naturelle de lieux n'y conduiroient pas, puisque ce seroit faire des entreprises sur un terrain qui ne leur appartient pas (1). Néanmoins ce qui leur est légitimement refusé dans cet état de choses, ils pourroient l'acquérir par titres; et si des titres peuvent le leur donner, ils peuvent aussi l'acquérir par la prescription, suivant les règles que nous expliquerons n. 273 et suivans, puisque la servitude de prise d'eau ayant le caractère de continue et apparente est susceptible d'être acquise par cette voie (2).

La circonstance que le canal auroit été construit par l'état, ne s'opposeroit à cette acquisition par prescription, qu'autant que ce canal seroit du nombre des dépendances du domaine public; car il n'est pas impossible que l'état possède, à titre de simple propriété nationale, un bief de moulin ou d'usine, un canal pour l'exploitation et la sortie du bois d'une forêt, et surtout un canal d'irriga–

(1) Henrys, liv. 4, quest. 149. — Rejet, 28 novembre 1815, D. 16, 1, 79. Cassation, 9 décembre 1818, D. 19, 1, 32. Rejet, 14 août 1827, D. 27, 1, 468. Rejet, 8 juin 1828, D. 32, 1, 171.

(2) Rousseau de la Combe exprime une opinion différente, V.° *Eau*, n. 2.

tion. A plus forte raison en seroit-il ainsi dans le cas où le canal auroit été construit aux frais d'un département, d'une commune ou d'une association de particuliers.

Ces sortes de cours d'eaux, formés presque toujours dans des pays où la fertilité du sol dépend des arrosages, sont destinés à subdiviser les eaux en faveur de tous ceux qui ont acquis la portion nécessaire à leurs domaines. Ils sont essentiellement susceptibles de subir des prises d'eaux, dans la mesure des concessions, assez généralement constatées par des titres. Mais comme l'état, les communes, les établissemens publics sont, d'après l'article 2227 du code, soumis aux mêmes prescriptions que les particuliers, un riverain pourroit acquérir sur les canaux qui leur appartiennent des droits de prise d'eau, comme il pourroit acquérir toutes autres servitudes apparentes et continues, conformément à l'article 691 du code et aux principes que nous expliquerons n. 273 et suiv.

Puisque des titres ou la prescription pourroient faire acquérir aux riverains d'un canal artificiel le droit d'y faire des prises d'eaux, on ne sauroit mettre en doute que ces mêmes moyens ne pussent leur attribuer la propriété des francs-bords, qui, suivant les notions expliquées plus haut, sont réputés dépendances du canal.

La question ne peut d'abord être douteuse lorsqu'il s'agit de titres; chacun peut disposer de sa propriété ainsi qu'il le juge à propos. Les francs-bords ne forment pas avec le canal un tout tellement indivisible qu'ils ne puissent en être séparés ; le propriétaire du canal pourroit vendre les terrains qui en forment les francs-bords, tout en se réservant l'espace sur lequel coulent les eaux, et en stipulant, sur les francs-bords qu'il vend, certaines servitudes pour son exploitation : s'il peut les vendre, il peut les perdre par prescription ; il peut y consentir ou y laisser acquérir des servitudes. Il ne seroit pas fondé à objecter qu'en jouissant du cours d'eau, il est censé avoir retenu, nonobstant la possession contraire de son adversaire, la propriété des francs-bords, parce qu'il ne répugne pas à la nature des choses que l'un ait le droit exclusif aux eaux qui traversent un fonds, et que l'autre ait la propriété du fonds, simplement jusqu'à l'eau.

Seulement celui qui prétendra ainsi que les francs-bords lui appartiennent par prescription, devra prouver les faits d'une jouissance exclusive bien caractérisée. Lors même qu'il fera cette preuve, il n'en deviendra propriétaire que dans l'état où ils sont, c'est-à-dire grevés de l'obligation de souffrir le passage immédiat des eaux. Il ne pourra point, comme il auroit pu, au moment où le canal a été construit, exiger que le propriétaire de ce canal établisse, des deux côtés, des murs ou des moyens quelconques propres à défendre les bords.

Il n'aura point aussi le droit de faire sur ces franc-bords devenus sa propriété, des saignées pour introduire les eaux dans son fonds. La prescription en lui faisant acquérir les francs-bords, ne lui a donné aucun droit sur le canal. Il les a acquis, mais tels qu'ils étoient, c'est-à-dire destinés à resserrer les eaux pour les faire couler vers le point de décharge du canal. Il ne pourroit donc exercer sur les eaux à leur passage, comme on l'a vu n. 71, que les simples facultés naturelles de puisage, de lavage, d'abreuvage; et même il ne le pourroit qu'à condition qu'il n'en résultera ni dommage, ni de grave incommodité pour l'établissement industriel que le canal alimente ou fait mouvoir (1).

Nous venons de supposer que les tribunaux adjugeront la propriété du bief ou canal à l'usine; nous pouvons maintenant admettre qu'ils le considéreront simplement comme une servitude d'aqueduc. Dans ce cas il ne peut y avoir de difficulté sérieuse sur la propriété des francs-bords. Ils font partie des héritages riverains, à la seule charge de supporter l'écoulement des eaux, et les accessoires de cet écoulement, tels que le passage pour le curage du ruisseau, car nous avons vu n. 57, que cet entretien est à la charge de celui à qui une servitude conventionnelle est due. Il doit même supporter le dépôt du limon provenant de ce curage (2); mais s'il croît du foin, des arbres sur ces francs-bords, si de toute autre manière, ils se

(1) Rejet, 13 juin 1827, D. 27, 1, 270.
(2) Dig. lib. 8, tit. 4, *Commun. præd.* l. 11, § 1.

prêtent à une culture, les riverains en jouiront à l'exclusion des propriétaires de l'usine, en tout ce qui ne nuira point à l'exercice de la servitude.

Ainsi ils supporteront le passage de l'eau, sans pouvoir en atténuer le volume, sans pouvoir invoquer la faculté accordée par l'article 644, faculté qui n'a lieu que dans les cas où les eaux coulent sur un fonds par servitude naturelle, et non dans le cas où elles coulent par servitude conventionnelle : ils pourront y exercer seulement les simples facultés indiquées n. 71, pourvu que l'usine n'en souffre pas.

On peut toutefois demander si l'intérêt de l'agriculture et une sorte d'équité ne rendroient pas les riverains grevés de cette servitude, admissibles à réclamer pour les besoins de leurs héritages le superflu des eaux que le canal porte au moulin ou à l'usine à laquelle il est destiné; et même à s'opposer à ce que les propriétaires de ces établissemens les augmentent, ou qu'ils en négligent les réparations, de manière à absorber plus d'eaux qu'il ne leur en est nécessaire.

Nous serions porté à admettre ce sentiment. L'article 645 du code permet aux tribunaux d'adoucir la rigueur du droit, et de s'écarter de la règle générale, en conciliant l'intérêt de l'agriculture avec le respect dû à la propriété : ce n'est pas simplement entre ceux à qui les eaux appartiennent, qu'ils doivent en règler l'usage ; il leur est permis de l'étendre à ceux à qui elles *peuvent être utiles*.

Il existe une espèce de cours d'eaux artificiels auxquels ces principes ne seroient pas applicables dans toute leur étendue; ce sont les canaux de dessèchement ou de vidange. La question de savoir si les riverains peuvent en faire usage pour l'irrigation, doit se présenter rarement; car l'existence de ces canaux suppose au contraire une trop grande abondance des eaux. Celle de savoir si on peut y faire tomber les eaux de son héritage, dépendroit des titres qui ont établi ces canaux, des règlemens de l'administration qui ne peut jamais être étrangère à ce qui concerne l'assainissement de l'air et le dessèchement des propriétés.

113. Après avoir fait connoître les modifications à l'art. 644 résultant de la circonstance que des eaux ont été dérivées d'un cours d'eau principal, pour alimenter un établissement industriel, ou pour former des canaux, nous devons revenir aux dispositions en vertu desquelles les riverains d'une eau qui coule naturellement le long de leur propriété ont le droit d'en user.

En confiant aux tribunaux le droit de statuer d'une manière qui concilie l'intérêt de la propriété avec ceux de l'agriculture, l'article 645 leur impose l'obligation de respecter les règlemens particuliers et locaux sur le cours et l'usage des eaux (1).

Il n'est pas douteux qu'au premier rang des

(1) Julien, *Statut de Provence*, t. 2, p. 550.

règlemens particuliers, on ne doive placer les transactions, jugemens et autres actes consentis entre les parties intéressées ou leurs auteurs (1). Ainsi lorsque les tribunaux reconnoissent l'existence de titres qui donnent à un propriétaire de terrains ou d'une usine, des droits précis et beaucoup plus étendus que ceux qu'il auroit naturellement si ces titres n'existoient pas, quelque dur que l'usage puisse en être pour les autres, ce n'est plus le cas d'user de la latitude que l'article 645 leur accorde. Ce seroit, sous prétexte d'équité, porter atteinte à des droits acquis et consacrés par ce même article, ce qui n'est jamais permis (2). Mais les tribunaux ont toujours le pouvoir d'interpréter ce qu'il y auroit de vague et d'obscur dans les titres, ou ce qui seroit susceptible de quelque modification, par l'effet de lois ou de règlemens administratifs postérieurs (3).

Il ne faut pas toutefois prendre le change sur ce que nous croyons que le législateur a entendu par titres; et quoique sans le moindre doute, ainsi qu'on l'a vu n. 95, l'existence des moulins autorisés expressément ou tacitement par les seigneurs avant 1790, soit légale et inattaquable, la validité de cette concession ne suffiroit pas pour en conclure que les propriétaires de ces usines le soient

(1) Rejet, 8 sept. 1814, D. 14, 1, 511

(2) Rejet, 20 mars 1829, D. 29, 1, 281. Cassation, 2 janv. 1831, D. 31, 1, 66.

(3) Rejet, 18 juin 1806, D. 6, 1, 426. Rejet, 2 août 1827, D. 27, 1, 438.

aussi du lit naturel qui leur conduit les eaux, de manière qu'aucun des riverains n'eût la faculté d'en user au passage (1). Cela n'est vrai que lorsqu'il y a des titres formels, ou lorsqu'il s'agit d'un lit artificiel connu sous le nom de bief ou canal, et nous nous sommes suffisamment expliqué sur ce sujet n. 111.

L'article 645 veut encore que les tribunaux se conforment aux règlemens locaux, expression qui s'entend particulièrement des actes de l'autorité publique. Mais dans ce cas il y a lieu à distinguer la compétence des tribunaux de celle de l'administration.

On a pu remarquer déja que tout ce qui concerne la législation des eaux se compose des principes sur la propriété territoriale, et de règles sur la manière de jouir des choses qui n'appartiennent à personne, et dont l'usage est commun à tous. L'application des premières est confiée aux tribunaux (2); la détermination des autres à l'administration : si les deux autorités ne doivent point être confondues, l'une ne doit point empiéter sur l'autre.

Les monumens de la jurisprudence nouvelle n'offrent pas encore beaucoup d'éclaircissemens sur cette matière. Ceux de l'ancienne législation

(1) Rejet, 17 février 1809, D. 2, 905, n. 2. Rejet, 6 janvier 1824, D. 2, 905, n. 3. Rejet, 10 février 1824, D. 2, 905, n. 4. Cassation, 21 juillet 1834, D. 36, 1, 154.

(2) Cassation, 10 avril 1821, D. 21, 1, 454. Cassation, 4 février, 1823, B. C. 18.

pourroient en présenter dont l'application seroit embarrassante, parce que tout ce qui concernoit la police des eaux, considérées comme chose dont l'usage est commun à tous, étoit alors une attribution de l'autorité judiciaire, et que, maintenant ce soin est confié à l'administration. La difficulté de marquer le véritable point de distinction entre ce que le nouvel ordre de choses laisse aux tribunaux et ce qu'il attribue à l'administration, la tendance naturelle de cette dernière à empiéter sur le pouvoir judiciaire ajoutent aux difficultés.

Quoique notre objet ne soit que de développer les principes de la jurisprudence civile, nous pensons qu'il n'est pas hors de propos d'indiquer quand et comment l'autorité administrative doit ntervenir pour exercer la police qui lui est conée, et quelles modifications cette attribution peut apporter au droit que les tribunaux ont de décider exclusivement toutes les questions d'intérêt privé qui leur sont soumises.

114. Nous avons fait connoître n. 76, que l'eau, considérée comme élément, ne pouvoit être la propriété de qui que ce soit, pas plus de l'état que des particuliers. De quelque manière qu'elle s'écoule, elle est offerte à l'usage de tous les êtres : aux hommes, comme aux animaux pour leurs besoins naturels ; aux propriétaires dont elle borde les fonds pour les arroser ; aux navigateurs pour les transporter d'un point à un autre ; aux arts, pour suppléer par leur masse ou par leur

vitesse aux forces humaines. Ces divers intérêts peuvent se combattre quelquefois ; la police administrative, dont l'objet est de maintenir l'ordre dans la société, a seule alors le droit de substituer une règle précise à des prétentions opposées. Ce pouvoir n'est point, comme on l'a vu n. 77, une conséquence d'un droit de propriété que l'état ou les communes auroient sur les eaux ; il est le résultat de l'attribution que l'article 714 du code donne à la police de régler l'usage des choses qui, destinées aux besoins de tous, n'appartiennent à personne.

Nous rappellerons ce que nous avons dit sur ceux des cours d'eaux qui sont dans le domaine public, seulement pour indiquer qu'à l'exception du droit d'y puiser, d'y laver et de s'y baigner, pour lequel même il faudroit encore se conformer aux règlemens de police, l'usage en est soumis à des conditions et même assez généralement à l'acquittement de droits qui font partie des revenus de l'état.

L'action de la police locale, et par suite de l'administration publique sur les autres cours d'eaux, est relative à leur importance. S'agit-il de torrens qui pourroient ravager les propriétés, si leurs bords n'étoient entretenus ; de rivières tellement stagnantes que les fonds voisins restent sans valeur, et que les émanations infectes menacent la santé des habitans ; l'agriculture et les arts veulent-ils mettre ces eaux à profit pour opérer d'utiles améliorations, il est, comme nous l'avons dit n. 96, dans les attributions de l'administration de défendre que des défrichemens imprudens détruisent la barrière qui retient les eaux, ou que des plantations dirigées par la malveillance ou l'intérêt privé, nuisent aux autres propriétés; de contraindre les riverains à des réparations, à des curages qu'ils ne veulent pas tous, ou ne s'accordent pas tous également à faire; d'autoriser, malgré les refus que la malice ou l'égoïsme pourroient dicter, des prises d'eau, des constructions de moulins ou d'usines, et réciproquement de ne pas permettre que même en ne construisant que sur des points du rivage qui lui appartiennent, un propriétaire fasse des ouvrages qui pourroient nuire matériellement à des établissemens du même genre, supérieurs ou inférieurs, et à des propriétés voisines (1); car suivant ce que nous avons dit n. 109, la seule considération que ces établisemens perdroient une partie de leur valeur ou de leurs bénéfices par l'effet de la concurrence, seroit sans force (2).

Par suite de ce droit, l'administration détermine comment ces établissemens doivent être disposés. Elle peut ordonner la destruction de ceux dont les propriétaires ne se seroient pas conformés aux règles qu'elle a prescrites, qui auroient

(1) Godefroy et Flaust, *Coutume de Normandie*, art. 210. — Legrand, *Coutume de Troyes*, art. 180. — Brodeau, *Coutume de Paris*, art. 71. — Boucheul, *Coutume du Poitou*, art. 40.

(2) Favre, Cod. lib. 3, tit. 34, defin. 3. — Henrys, liv. 3, ch. 3, quest. 54.

été jugés nuisibles, ou qui d'après l'article 48 de la loi du 16 septembre 1807, devroient être supprimés pour faciliter des desséchemens, sauf, dans ce cas, l'application des lois sur l'indemnité par suite d'expropriation nécessitée par l'intérêt public. Enfin, c'est elle qui détermine la manière d'user des eaux pour l'irrigation des propriétés.

Cette surveillance ne doit pas seulement s'étendre à l'action du moment; elle doit avoir pour objet d'assurer le succès des mesures prises pour la conservation des propriétés et la salubrité, pour le maintien des établissemens qu'elle a autorisés, dans le cas indiqué n. 97, et la prévoyance de l'abus qu'on pourroit faire de ses autorisations. En un mot l'administration a droit de faire des règlemens chaque fois qu'il faut prendre des mesures générales en considération de l'avenir (1), et d'imposer des obligations plutôt aux choses qu'aux personnes; à la différence des jugemens qui doivent toujours porter sur un fait présent, sur une contestation née, qui ne peuvent être rendus qu'entre des parties existantes et intimées, et qui n'obligent que celles-ci et leurs ayant-causes.

115. Les coutumes, quoique abrogées par la loi du 30 ventôse an XII, ont aussi l'autorité des règlemens locaux, pour tout ce qui intéresse la police des eaux, sauf en ce qui étoit relatif à la

(1) Cassation, 6 mai 1806, B. C. p. 160. Rejet, 7 avril, 1807, D. 7, 1, 183.

féodalité. Il en est de même des arrêts de règlement, des ordonnances de police, et autres actes de même nature émanés des autorités investies autrefois de l'administration ou de la surveillance locale (1).

Il n'est pas hors de propos, cependant, de remarquer que ces sortes de règlemens étant le plus souvent l'ouvrage de magistrats qui avoient aussi le droit de juger les contestations entre particuliers, offrent nécessairement un mélange de dispositions règlementaires et de décisions privées. Les tribunaux n'ont pas plus le droit de porter atteinte aux premières qu'à celles que feroient aujourd'hui les administrations; mais il est dans la nature de leurs attributions de connoître des modifications ou des restrictions que les circonstances, les conventions expresses ou présumées, le droit ou l'équité peuvent apporter aux autres (2). Ils doivent donc agir avec la plus grande circonspection pour éviter les conflits et les excès de pouvoir.

116. Le devoir des juges est dans tous les cas, et seulement avec plus ou moins de latitude, selon qu'il existe ou non des règlemens administratifs, de concilier l'intérêt de l'agriculture avec les droits de la propriété (3). Ainsi, quoique nous

(1) Julien, *Statut de Provence*, tom. 2, p. 550, n. 18.

(2) Cassation, 19 frimaire an 8, D. 3, 1, 226. Rejet, 2 août 1827, D. 27, 1, 438.

(3) Cassation, 10 avril 1821, D. 21, 1, 454.

ayons dit, n. 102, qu'un simple riverain ne pouvoit détourner l'eau en entier sur son fonds ; si le volume étoit si modique qu'il ne fût pas possible d'y faire des saignées, et si, par cela seul les eaux devenoient inutiles, il vaudroit mieux les accorder en entier à un seul, pendant quelques heures ou quelques jours; par ce moyen, on en feroit jouir successivement tous les riverains pendant un temps proportionné à leurs besoins, ainsi que nous l'avons dit n. 106, au lieu de les leur donner partiellement et en si petite quantité qu'ils se trouvent tous exposés à manquer d'un élément seul capable de féconder leurs héritages (1). Non-seulement cette mission est donnée aux tribunaux pour concilier les divers intérêts agricoles, mais encore pour concilier les intérêts des propriétaires de biens ruraux avec ceux des usines (2).

C'est principalement la malice, l'envie de nuire, soit sans intérêt véritable, soit par l'usage immodéré de la faculté accordée par l'article 644, qu'ils doivent chercher à réprimer. Dès qu'ils ne trouvent pas de guides certains dans les règlemens administratifs qu'ils n'ont droit de modifier sous aucun prétexte (3), ou dans les titres des parties, ils doivent juger suivant les convenances et l'équité. On ne peut nier qu'en général un état de lieux, un mode de jouissance existant depuis

(1) Vigier, *Cout. d'Angoumois*, art. 29, n. 14. — Domat, *Droit publ.* liv. 1, tit. 8, sect. 2, n. 11.

(2) Rejet, 7 avril 1807, D. 7, 1, 183.

(3) Rejet, 10 février 1827, D. 27, 1, 346.

long-temps, ne doivent être pris en considération lorsqu'il s'agit d'une appréciation nécessairement laissée à la conscience (1) : mais de nouvelles circonstances méritent aussi d'être appréciées ; surtout il ne faut pas perdre de vue que le long-temps pendant lequel un des riverains n'auroit pas usé de la faculté d'irrigation, ne créeroit point de déchéance contre lui, ni de prescription en faveur des autres, suivant ce que nous avons dit n. 21.

C'est principalement alors que les juges peuvent, et même qu'ils doivent user des droits que leur donne l'article 645. Mais ils ne doivent pas perdre de vue qu'ils ont à prononcer seulement sur l'utilité que les divers propriétaires qui plaident devant eux sont fondés à tirer des eaux, ou sur le tort qu'ils prétendent leur avoir été fait. S'il étoit question, soit de construire des usines ou d'autres établissemens destinés à se mouvoir au moyen des eaux, ou qui nécessitent qu'on en fixe la hauteur, soit de faire procéder au curage par tous les propriétaires riverains, soit de faire donner une direction nouvelle aux eaux, pour éviter les dommages qu'elles causent ou pour terminer les contestations existantes ; si, enfin, il étoit nécessaire de faire un règlement destiné à servir de loi à des personnes qui ne sont pas parties dans la contestation, c'est à l'autorité administrative qu'est confié le soin de prendre des

(1) Rejet, 23 mars, 1830, D. 30, 1, 178.

arrêtés obligatoires pour tous ceux qui ont ou qui auront des propriétés riveraines ou voisines du cours d'eau (1). De son côté, l'administration locale, investie en quelque sorte du pouvoir législatif, dans ce cas, n'a pas le droit d'appliquer isolément ce qu'elle a ordonné en masse.

Ce droit, comme nous l'avons dit n. 113, appartient aux tribunaux civils, suivant les distinctions entre les diverses actions que nous ferons connoître dans la quatrième partie, de même que la répression des délits appartient aux tribunaux de police simple ou de police correctionnelle, à l'exclusion de l'autorité administrative, conformément aux avis du conseil d'Etat approuvés les 25 ventôse an XII et 12 avril 1812, qui déja ont été cités n. 77.

Les tribunaux ne sont pas même obligés de renvoyer devant l'administration les contestations sur l'application des arrêtés qu'elle auroit rendus, ou sur l'exécution des titres de concession qu'elle auroit accordés, parce que toute contestation privée est de leur compétence (2). Seulement il ne leur est pas permis de réformer ou de méconnoître les actes que l'autorité administrative auroit faits dans le cercle de ses attributions légales, sauf aux parties le recours au gouvernement. Mais il ne sont pas liés par ceux de ces actes où l'administration auroit fait ce qui n'appar-

(1) Cassation, 4 février 1807, D. 7, 1, 217.

(2) Cassation, 15 prairial an 12, D. 24, 1, 415.

tient qu'aux tribunaux; par exemple, si elle avoit décidé une question de propriété, ou accordé à l'un quelque servitude sur le terrain de l'autre. Ils peuvent même admettre, comme constituant des droits de propriété, les modifications que les transactions particulières ou la prescription auroient apportées aux règlemens faits par l'administration, en tout ce qui ne touche qu'à des intérêts privés (1).

Ces principes ne s'appliquent au surplus qu'aux eaux considérées comme élément et chose commune à tous; ils sont indépendans des principes sur la propriété des lits, des bords et des *biefs* ou autres canaux semblables que, suivant les règles données n. 73 et 111, il ne faut pas confondre avec l'eau qu'ils contiennent. Ils doivent être observés sans confusion, et sans que les uns nuisent aux autres.

SECTION DEUXIÈME.

Du bornage.

117. Le bornage, qui a pour objet de marquer d'une manière apparente le point où finissent deux héritages (2), de prévenir les anticipations que des voisins peuvent commettre l'un sur l'au-

(1) Cassation, 26 mai 1827, D. 67, 1, 251.

(2) Pothier, *Contrat de Société*, n. 233.

tre, soit avec intention, soit par méprise, et de faire restituer ce qui auroit été perdu par ces anticipations (1), est l'objet de l'article 646 du code civil. Cet article est placé dans le chapitre des servitudes qui dérivent de la situation des lieux; mais nous avons fait remarquer n. 3, que, dans la vérité des principes, le bornage n'avoit aucun des caractères propres aux servitudes; les développemens suivans en donneront la preuve. Avant de nous y livrer, nous croyons devoir faire observer que nous n'avons point l'intention de parler de ce qui concerne les délits auxquels le déplacement, ou même l'altération des bornes peuvent donner lieu; cette matière appartenant aux lois pénales. Nous ne dirons même des règles de procédure relatives au bornage, que ce qui sera nécessaire à l'intelligence des principes de droit que nous nous proposons d'expliquer; on verra dans la quatrième partie, à quels tribunaux il appartient d'en connoître.

Les notions données n. 51 sur la distinction entre les héritages urbains et les héritages ruraux, apprennent suffisamment que le bornage concerne uniquement ces derniers, seuls susceptibles d'une étendue qui puisse varier, et qu'on ait besoin de déterminer par des bornes (2). Les héritages urbains consistant dans des bâtimens, quelque part qu'ils soient situés, ne sont pas suscep-

(1) Dig. lib. 10, tit. 1, *Finium regundorum*, l. 8, pr.
(2) Dig. lib. 10, tit. 1, *Fin. reg.* l. 2, pr.

tibles de bornage; ils sont plutôt voisins que limitrophes, et les murs qui les composent en déterminent l'étendue (1).

118. Tout propriétaire peut, suivant l'article 646, obliger son voisin au bornage de leurs propriétés contiguës. Il ne faut pas ici confondre la contiguité avec le voisinage; car si deux héritages sont séparés par la propriété d'un tiers, il n'y a plus lieu à bornage entre eux. Ainsi l'existence intermédiaire d'une rivière navigable ou flottable, d'un chemin ou de tout autre objet placé dans le domaine public ou municipal, empêche la contiguité : dans ce cas, chacun des héritages est plus proche de la rivière ou du chemin que de l'héritage voisin (2); mais un sentier privé, un cours d'eau privé, un ravin dont l'emplacement fait partie des fonds qu'ils bordent ou traversent, ne serviroient de limite, qu'autant qu'il seroient déclarés ou reconnus tels par les titres de l'une ou de l'autre des parties, ou suivant les principes en matière de possession et de bornage (3). On ne pourroit se fonder sur l'existence de ces limites, pour repousser une demande tendante à obtenir un placement de bornes (4).

Le droit de contraindre leurs voisins au bor-

(1) Dig. lib. 10, tit. 1, *Fin. reg.* l. 4, § 10.

(2) Dig. lib. 10, tit. 1, *Fin. reg.* l. 4, § 11 et l. 5.

(3) Cassation, 30 décembre 1818, D. 19, 1, 176.

(4) Dig. lib. 10, tit. 1, *Fin. reg.* l. 6.

nage n'appartient, en général, qu'aux propriétaires, comme l'exercice de toute action qui tient à la propriété territoriale. Ce n'est également que contre les propriétaires qu'une demande en bornage peut être utilement provoquée. Nous donnerons des règles à cet égard n. 331. Cependant il n'est pas hors de propos de remarquer ici que les principes sur le bornage et les actions auxquelles il peut donner lieu, ne s'appliquent point aux objets qui forment le domaine public ou municipal. Nous en avons donné les motifs n. 35. L'article 6 de la loi du 9 ventôse an XIII, confie à l'administration seule le soin de faire rechercher et rétablir l'ancienne et véritable largeur des chemins vicinaux et d'en fixer les limites. Les tribunaux ne sont compétens que lorsqu'au lieu de contester le plus ou le moins de largeur que l'administration veut donner à un chemin, les particuliers en contestent la qualité, ou que, pour en augmenter la largeur, l'administration veut englober quelques portions de terrain qu'un particulier prétend lui appartenir, ainsi que nous l'expliquerons n. 216.

Ce que nous venons de dire sur le bornage suppose des propriétés distinctes appartenant à des maîtres divers. Ainsi, lorsque des cohéritiers ou autres sont copropriétaires par indivis du même objet, il n'y a pas lieu à bornage entre eux, puisque le partage n'a point encore fait connoître ce qui appartenoit à chacun, et rendu nécessaire un bornage qui prévînt les anticipations respectives (1). Il seroit possible néanmoins que des héritages de natures différentes et contigus, appartinssent à plusieurs personnes indivisément, et qu'il y eût nécessité de fixer les limites de chacun de ces héritages, ne fût-ce que dans la vûe d'obtenir des élémens plus exacts qui devront servir de base au partage qui doit intervenir entre eux. L'action exercée par l'un contre l'autre pour atteindre ce but, ne pourroit être repoussée sans doute, car tout copropriétaire est intéressé à la conservation de la chose commune, et la nécessité d'une délimitation peut être d'un grand intérêt: toutefois dans la réalité, ce ne seroit pas l'espèce de bornage dont il s'agit ici, encore bien qu'il dût être opéré par les mêmes procédés; on en sent aisément la différence.

Mais celui qui est seul propriétaire d'un héritage contigu à un autre dont une portion indivise lui appartiendroit, pourroit incontestablement provoquer un bornage entre ces deux fonds, puisqu'ils n'appartiennent pas en totalité aux deux mêmes propriétaires (2).

119. L'objet du bornage peut être de faire déterminer des limites et de placer des bornes qui n'existent point encore ou qui n'existent plus; il peut être aussi de faire changer la position de bornes existantes, mais qu'on prétendroit avoir

(1) Dig. lib. 10, tit. 1, *Fin. reg.* l. 4, § 6.
(2) Dig. lib. 10, tit. 1, *Fin. reg.* l 4, § 7.

été déplacées, ou que, de toute autre manière, on présumeroit ne pas indiquer le véritable point où commence et finit la propriété des deux voisins. Il s'ensuit que si ces limites se trouvent marquées, par exemple, s'il existe entre les deux héritages un mur, une haie, un fossé, l'action en bornage n'est pas, à proprement parler, celle qui doit être intentée; celui qui prétendroit que son voisin a construit le mur, creusé le fossé, planté la haie, au-delà des véritables limites des deux propriétés, devroit agir par demande en répression de cette anticipation; le bornage ne pourroit être ordonné que par voie de conséquence, dans le cas où l'anticipation seroit reconnue, et comme moyen d'en prévenir de nouvelles (1).

Tout bornage doit nécessairement être ordonné par justice, s'il n'est pas consenti par toutes les parties intéressées. Une seule ne pourroit prétendre que la démarcation qu'elle a faite ou fait faire de son chef dût être suivie et engager son voisin, quoiqu'en dernier résultat, ce travail se trouvât exact : quelle que fût la profession ou la fonction de ceux qui auroient opéré ce bornage, sans ordonnance de justice, l'opération ne seroit pas régulière, et l'existence de ces bornes non justifiées ne seroit pas une preuve, si elle n'étoit soutenue d'une possession suffisante (2).

Le bornage, lorsque les parties ne s'entendent

(1) Cassation, 30 décembre 1818, D 19, 1, 176.

(2) Mornac, ad leg. 2, Cod. fin. reg. n. 2. — D'Olive, liv. 5, chap. 32. — Tronçon, *Cout. de Paris*, art. 118.

pas, doit être fait par des experts arpenteurs, entre les mains desquels elles doivent remettre leurs titres et renseignemens respectifs (1).

Lorsque ces experts sont choisis volontairement par des parties capables de contracter et de disposer de leurs biens, leur mission est ordinairement déterminée par l'acte de nomination ou par les pouvoirs qu'ils reçoivent. Alors presque toujours cette mission a des rapports assez directs avec l'arbitrage qui fait l'objet des articles 1003 et suivans du code de procédure. Mais lorsque ces experts sont nommés par le tribunal, sur la demande d'une des parties contre l'autre qui se refuse au bornage, ou lorsque les divers intéressés, en se conciliant sur cette demande, n'ont donné aux experts d'autre mission que de faire l'examen et l'application des titres respectifs et de procéder au bornage d'après les énonciations de ces actes, leur opération est naturellement assujétie à certaines règles, qui d'ailleurs ne devroient pas être négligées par ceux qui opèrent à la fois comme experts et comme arbitres. Ces positions diffèrent en ce que, s'il s'élève quelque question préjudicielle, quelque prétention de possession de la part d'une partie contre les titres de son voisin, ou même au-delà de ses propres titres, les arbitres, s'ils sont chargés de prononcer sur tout ce qui dépend de l'opération de bornage qui leur est confiée, ren-

(1) Dig. lib. 10, tit. 1, *Fin. reg.* l. 8, § 1. — Voet, *Comm. ad Pand.* lib. 10, tit. 1, sum. 9. — Pothier, *Contrat de Société*, n. 233.

dent et exécutent à la fois leur décision, tandis que les simples experts doivent renvoyer les parties à faire statuer par le tribunal, dont ils exécuteront ensuite le jugement. En outre, la décision des arbitres n'a plus besoin du consentement des parties, tandis que le travail des experts ne peut recevoir d'exécution qu'avec ce consentement ou avec l'homologation du tribunal.

120. Si l'objet du bornage est de placer des signes de séparation entre des propriétés qui reçoivent de nouvelles divisions, ou qui n'ont point encore été bornées, cette opération ne peut donner lieu à de sérieuses difficultés. Les droits des parties résultant de titres sont trop récens pour que l'opération puisse être compliquée par des débats sur l'interprétation de ces titres, ou par la prescription contraire. Tout ce qu'on peut dire, c'est que les experts doivent s'appliquer à établir les bornes ou les signes de séparation de manière qu'ils ne puissent facilement disparoître ou devenir incertains, et dresser un procès-verbal assez bien circonstancié pour que, lors même que les bornes seroient enlevées, on puisse reconnoître le lieu où elles ont été placées.

Les lois rurales n'ont point, jusqu'à présent, donné de règles sur la manière de placer les bornes, sur les signes caractéristiques qu'il falloit leur donner, et sur la matière dont elles devoient être faites. Il faut suivre les usages locaux. Lorsque des fossés, des sentiers ou des haies en tiennent lieu, l'usage en détermine la largeur et la profondeur. En général, ces objets sont présumés mitoyens, comme on le verra n. 182 : alors c'est le milieu du fossé, du sentier ou de la haie qui forme la limite, et qui doit être considéré comme le véritable point de démarcation. Mais si le fossé, le sentier ou la haie est la propriété exclusive de l'un des deux voisins, la borne doit être placée au point extrême de ce qui lui appartient. Les arbres, lorsqu'ils servent de bornes, doivent être clairement désignés, et la propriété en est réglée suivant les principes que nous donnerons n. 198. Les pierres, les pièces de bois ou autres objets semblables employés à former des bornes, sont presque toujours accompagnés de signes non sujets à disparoître, déterminés par l'usage des lieux, qui en facilitent la reconnoissance, indiquent évidemment leur destination, et empêchent qu'on ne les confonde avec des choses de même espèce que le hasard ou la fraude de l'une des parties auroit pu y placer (1). Ces sortes de bornes n'étant pas, comme les haies ou fossés, de nature à entourer l'héritage et à suivre les différens angles qu'il fait, il est convenable de les établir de manière que la démarcation soit fixée par une ligne droite d'une borne à l'autre.

121. Quand l'objet du bornage est de provoquer un renouvellement de signes qui ont disparu,

(1) Coquille, *Cout. de Nivernais*, tit. 8, art. 5. — Brodeau, *Cout. du Maine*, art. 297.

qui ont été déplacés (1), ou que de toute autre manière on prétend n'être pas à la véritable limite des propriétés qu'ils doivent séparer, et quand les parties sont d'accord, toute l'opération consiste dans le fait matériel de ce placement.

Mais le plus souvent l'étendue des héritages est devenue incertaine, précisément parce qu'il n'existe pas de signes suffisamment reconnus de part ou d'autre (2). Alors, si les titres que les parties remettent entre les mains des experts déterminent d'une manière précise les propriétés respectives et des limites faciles à reconnoître, tels que sont des sentiers, des ruisseaux, des tertres, des rideaux, il n'y a aucune difficulté, à moins qu'on ne soit pas d'accord sur l'identité. Il faut nécessairement la constater avant tout; il faut aussi s'assurer que le fonds dont il s'agit est le même que celui dont parle le titre qu'on veut y appliquer; que celui qui le possède à l'instant qu'on opère le tient de ceux qui le possédoient lorsque le titre a été rédigé (3). Il ne nous semble pas qu'il soit besoin de faire ordonner une enquête par le tribunal pour constater par témoins cette identité; les experts sont investis du droit d'entendre à ce sujet les indicateurs dont le témoignage peut leur paroître nécessaire. Le travail sur l'identité fait partie de leur mission; si l'un des intéresés avoit à s'en

(1) Dig. lib. 10, tit. 1, *Fin. reg.* l. 8, pr.

(2) Voet, *Comm. ad Pand.* lib. 10, tit. 1, sum. 7.

(3) Favre, Cod. lib. 4, tit. 14, defin. 69. not. 2. — Franc. Marc. *Decis. parl. Delphin.* tom. 1, quæst. 208, n. 3.

plaindre, il pourroit user des voies de droit contre leur opération.

122. Nous ne pouvons à ce sujet que donner les règles qui sont de l'application la plus habituelle. Les titres servent seulement pour ce qu'ils expriment déterminément : si un acte porte qu'une pièce contient quinze à vingt arpens, c'est un titre exprès pour quinze arpens; au-delà il annonce une incertitude que la possession peut seule fixer. Il n'est pas, à la vérité, contraire à une possession de seize, dix-sept, vingt, mais il n'en établit pas le droit; il n'exclut pas la propriété de plus de quinze arpens, et même il la fait présumer, mais il ne la donne pas (1). Si donc le titre de l'un lui attribuoit une quantité déterminée sans équivoque et que l'autre n'en eût qu'une *environ*, ce seroit au premier qu'il faudroit d'abord accorder la mesure indiquée par son titre.

Il ne faut pas perdre de vue aussi que les cours d'eaux, les sentiers ou les autres passages qui ne sont pas publics, font partie des propriétés qu'ils entourent ou qu'ils traversent; par conséquent leur étendue doit compter dans celle du terrain, savoir, pour moitié lorsque quelques-uns de ces objets sont mitoyens, et pour la totalité à celui à qui ils appartiennent exclusivement (2), à moins que le titre n'énonçât expressément une contenance dont ces clôtures seroient exclues. On

(1) Pothier, *Contrat de vente*, n. 255.

(2) Pothier, *Contrat de vente*, n. 252.

suivroit à cet égard, pour l'interprétation des actes, les règles que nous avons données n. 107.

Il arrive souvent qu'à l'extrémité des propriétés qu'il s'agit de borner, se trouvent des élévations résultant de l'inégalité du terrain, connues le plus souvent sous le nom de rideaux, tertres, lisières, ou sous d'autres dénominations locales. Quelques coutumes avoient à ce sujet des dispositions qu'on peut encore considérer comme des usages particuliers (1), utiles, d'après les articles 1159 et 1160 du code, pour l'interprétation des titres. Ces rideaux, tertres ou lisières, lorsqu'ils présentent une pente ou un plan incliné, sont assez généralement considérés comme propriété de l'héritage inférieur, en laissant au propriétaire supérieur un espace suffisant pour le garantir des éboulemens. Mais s'ils présentent un plan horizontal, il est plus naturel, en l'absence de titres ou à défaut de possession suffisante qui les attribueroient à un seul héritage, de les partager par moitié.

De même on doit, lorsque l'une des propriétés est plantée d'arbres qu'il n'est permis d'avoir qu'à une certaine distance de l'héritage voisin, ainsi qu'on le verra n. 194, considérer cet espace comme dépendant de la propriété plantée en bois, chaque fois que des titres ou la possession ne conduisent point à d'autres conséquences.

On doit avoir la même attention, lorsqu'une

(1) *Cout. de la Marche*, art. 330.—*Cout. d'Ayren* et de *Saint-Clément*, locales d'Auvergne, Chabrol, *Commentaire*, pages 614 et 709.

propriété touche de quelque côté, soit à la mer, soit à un fleuve qui fait partie du domaine public.

Les développemens dans lesquels nous sommes entré n. 35 démontrent suffisamment que dans la contenance d'un héritage dont il s'agit de constater l'étendue et de déterminer les limites, on ne peut jamais comprendre une portion quelconque de ce qui forme le rivage de la mer ou le lit d'un fleuve dépendant du domaine public (1). Mais ce principe, déduit de la règle que ces objets n'étant pas dans le commerce, n'ont pu entrer dans la vente qu'un particulier faisoit de son fonds attenant à la mer ou à un fleuve, est naturellement modifié par les changemens que peut apporter à l'état des lieux l'alluvion qui accroît un fonds.

Il est donc utile de donner quelques règles à ce sujet, avec la brièveté convenable au plan de notre travail.

Le rivage de la mer appartient à l'état, et par conséquent il ne peut entrer dans l'arpentage qu'on feroit d'un domaine pour en constater la contenance. Mais à ce rivage, consistant dans le terrain plus ou moins élevé qui resserre la mer, connu sous le nom de dunes ou de grèves, le mouvement des flots ajoute souvent des portions de terres, véritables alluvions appelées lais et relais. Lorsqu'au lieu de consister en sables ou en galets stériles, elles sont susceptibles de culture, l'article 41 de la loi

(1) Dig. lib. 18, tit. 1, *De contrahendâ emptione*, l. 51; tit. 6, *De peric. et comm. rei vend.* l. 7, § 1.

du 16 septembre 1807, dont une ordonnance du 23 novembre 1825 a réglé l'exécution, autorise le gouvernement à en faire la concession. Jusqu'à cette concession, ces terrains conservent leur caractère de rivage et d'imprescriptibilité; car le gouvernement est seul juge du point de savoir s'il doit les livrer à la culture particulière, ou les maintenir dans le domaine public. Dès qu'il a usé de son droit, ces terrains en perdent le caractère et le privilége : les accroissemens ultérieurs qu'ils reçoivent ne forment point de nouveaux domaines nationaux que l'état ait encore le droit de vendre; ils appartiennent au concessionnaire dont l'alluvion a augmenté le fonds, comme une juste compensation des envahissemens de la mer qu'il pourroit subir, sauf le droit du gouvernement de s'opposer à ce que, par des ouvrages de main d'homme, ce propriétaire se procure une alluvion nuisible à l'intérêt public.

Ces réflexions s'appliquent à ce qui forme le rivage proprement dit, c'est-à-dire le terrain qui borde et contient les eaux de la mer. Mais nous pouvons supposer un autre ordre de choses. Il arrive très fréquemment que des cours d'eaux perpétuels ou des torrens se rendant directement à la mer, leur embouchure ait lieu dans une baie, souvent assez vaste, formée par l'écartement du rivage. La baie doit, sans doute, être considérée comme partie de la mer : s'il se forme des îles dans son sein ou des attérissement sur son rivage, l'état en est, sans doute, propriétaire; et ce qui vient d'être dit sur les lais et relais de la mer y seroit applicable.

Mais ce seroit abuser des mots et des principes que de considérer comme formant la baie une partie plus ou moins considérable du lit de la rivière ou du fleuve, sous prétexte que les eaux de la mer, trouvant de ce côté un passage facile, l'occupent bien au-delà du point où elles s'étendent au pied des dunes et sur les grèves. Il ne seroit pas juste d'en conclure que tout l'espace couvert dans ces circonstances par les eaux de la mer, mêlées à celles du fleuve, appartienne au domaine public. Ce fleuve, comme nous l'avons dit n. 35, n'en conserve pas moins son individualité et sa qualité; les propriétaires des terrains limitrophes doivent conserver aussi les avantages de cette situation, de même qu'ils en subissent souvent les désavantages. Leur propriété s'étend donc jusqu'au fleuve, sans que l'état puisse la leur contester par une simple présomption de domanialité résultant de ce qu'elle est couverte pendant les marées. Si en quelque temps que ce soit, par l'effet d'alluvions naturelles ou même par suite des travaux d'endigage que l'autorité publique n'auroit pas prohibés, ils accroissent leurs terrains, en resserrant le lit du fleuve, ces acquisitions nouvelles sont encore leur propriété (1).

En ce qui concerne les fleuves, on a vu aussi

(1) Lettres patentes du 29 juillet 1786, rapportées par M. Henrion de Pansey, *Dissertations féodales*, t. 1er, p. 648 et suiv. — Rejet, 23 juillet 1830, D. 30, 1, 307.

quels étoient ceux qui dépendent du domaine public. Cette circonstance n'est pas, en elle-même, un obstacle à ce que les riverains profitent de l'alluvion, l'article 556 du code le décide ; mais il faut qu'ils soient riverains. Lorsqu'un atterissement s'est formé dans le fleuve, quoiqu'à une très petite distance de leur propriété et s'en trouve séparé par un bras de la rivière, le droit d'alluvion ne nous paroîtroit pas pouvoir être invoqué par eux avec fondement (1). Si le fleuve est borné par un chemin public au-delà duquel un propriétaire ne possède pas quelque portion d'héritage riveraine du fleuve, la circonstance qu'entre sa propriété et le fleuve il n'existe d'autre intermédiaire que ce chemin ne lui donneroit aucun droit à l'alluvion; elle appartiendroit, ou à l'état si le chemin étoit du domaine public, ou à la commune si le chemin était communal. Le propriétaire n'auroit de droits à l'alluvion que si le chemin étoit une simple servitude sur son fonds, ainsi que nous le verrons n. 139.

Nous ne pouvons nous étendre davantage sur cet objet, qui n'a que des rapports éloignés avec la matière dont nous nous occupons.

Lorsque les titres désignent des limites bien précises et qui rendent peu probable une anticipation, il semble qu'on doit se décider d'après ces signes apparens plutôt que par la contenance qui, presque toujours, est indiquée dans les actes d'une

(1) Rejet, 2 mai 1826, D. 26, 1, 273.

manière incertaine et, pour ainsi dire, sur l'aperçu des contractans. A plus forte raison doit-on maintenir celui qui, renfermé dans ces limites, n'a rien de plus que ce que lui donne son titre, quand même le voisin ne posséderoit pas tout ce que lui attribue le sien.

Il y auroit identité de raison pour décider que celui qui est reconnu avoir tout ce que lui donne son titre ne seroit pas fondé à prétendre que son voisin, qui se trouve posséder au-delà du sien, doit partager cet excédent avec lui. Il n'a point à se plaindre, puisque rien ne laisse croire qu'une usurpation ait été commise à son préjudice.

Mais, entre plusieurs titres, l'ancienneté n'est pas une raison de préférence : les changemens successifs de propriétaires, les innovations qu'ils se permettent, modifient souvent les divisions précédentes (1). Un propriétaire de plusieurs pièces d'héritages limitées séparément, peut, en vendant, n'avoir voulu aliéner que *telle* contenance et s'être réservé l'excédant : le contrat de vente est la seule loi des parties qui représentent respectivement le vendeur et l'acquéreur primitifs (2). A l'appui des titres, ou pour les expliquer, l'existence d'anciennes marques que l'opinion générale, de fortes présomptions, ou quelques signes caractéristiques font considérer comme déterminant les

(1) Dig. lib. 10, tit 1, *Fin. reg.* l. 11.

(2) Dig. lib. 10, tit. 1, *Fin. reg.* l. 12. — Voet, *Comm. ad Pand.* lib. 10, tit. 1, sum. 10.

limites des héritages respectifs, peuvent servir de base à l'opération des experts (1).

123. Cependant les quantités énoncées aux titres peuvent excéder la totalité des terrains des parties qui procèdent au bornage, sans qu'on puisse opposer à l'une d'elles qu'elle a laissé usurper par des étrangers, ou que de toute autre manière elle a diminué sa portion : c'est alors que l'examen des titres et le fait de la possession deviendroient d'une grande importance. Lorsque le titre de l'un lui donne expressément et déterminément une quantité et qu'il la possède de fait, la présomption d'usurpation seroit bien difficilement admissible, surtout si les deux propriétés étoient d'un genre de culture différent ; mais si le titre est vague, s'il ne donne qu'une certaine quantité, ou environ, si la possesion présente quelque chose d'équivoque et d'incertain, il sembleroit assez naturel que chacun des intéressés fût réduit proportionnellement (2).

Dans le cas inverse où la quantité totale seroit plus considérable et où ni les titres, ni la possession ne seroient assez formels pour qu'on puisse

(1) Coquille, *Cout. de Nivernais*, tit. des servitudes, art. 15. — Voet, lib. 10, tit. 1, sum. 9. — Brillon, *Dict. des arrêts*, V° Borne.

(2) Bruneman, ad leg. 5, Cod. Fin. reg. n. 9.—Pothier, *Pand. just.* lib. 10, n. 12. — Legrand, *Cout. de Troyes*, art. 159, gl. 1. — Brodeau, *Cout. de Paris*, art. 12, n. 7 et 8. — Dunod, *Traité des prescriptions*, p. 68. — Bannelier, *Traités de droit*, etc. t. 2, p. 560 et 561 et tome 4, p. 474.

se décider, l'excédant devroit être partagé proportionnellement, ou si la position des lieux et les convenances s'y opposoient, les juges pourroient l'attribuer exclusivement à un seul, moyennant un retour envers les autres (1).

124. Il peut se faire que l'une ou l'autre des parties prétende que l'opération du bornage doit être faite conformément à la possession actuelle, et non d'après les énonciations des titres; cette prétention est certainement admissible (2). Celui qui possède, même au-delà de ses titres, depuis le temps requis par l'article 2262 pour prescrire, a droit d'être maintenu dans la propriété de cet excédant (3), quoique son adversaire ne jouisse pas de tout ce que lui donnent les siens ou même des titres communs. Ce n'est point là ce qu'on peut appeler prescrire contre son titre : cet axiome de droit s'entend, suivant l'article 2240, en ce sens, que nul ne peut changer la nature et l'origine de sa possession; et l'on ne doit pas confondre ce qui est de l'essence d'un titre avec ce qui en est accident (4). Celui qui a acheté un fonds indiqué de la contenance d'un arpent, peut, par la prescription, étendre son droit

(1) Dig. lib. 10, tit. 1, *Fin. reg*, l. 2, § 1.

(2) Cod. lib. 3, tit. 39, *Fin. reg.* l. 6.

(3) Dig. lib. 41. tit. 4, *Pro emptore*, l. 2, § 6.

(4) Salvaing, *Traité de l'usage des fiefs*, chap. 94. — Pothier, *Contrat de Société*, n. 235. — Dunod, *Traité des prescriptions*, p. 98.

jusqu'à deux ou plus (1), parce que la nature et l'origine de son droit ne changent pas. Celui qui auroit vendu un terrain, peut ensuite acquérir tout ou partie de ce même terrain par la prescription, contre celui à qui il l'avoit vendu.

Cet accroissement de propriété acquis par la prescription n'est qu'un accident au titre primitif, dont la nature reste la même : il possède ainsi, non pas contre, mais seulement au-delà de son titre.

Il importe peu qu'il existe des bornes anciennes ou des limites certaines (2) ; la prescription qu'on peut opposer contre des titres, l'emporte, à plus forte raison, sur des signes qui ne sont que des présomptions. Il est naturel de croire que la possession trentenaire résulte d'échanges, dont les actes ont pu disparoître, ou de conventions verbales, que cette exécution, pendant trente ans, a précisément pour objet de sanctionner. Dans ces cas, où les parties ne se trouvent plus d'accord sur les bases du bornage, les opérations des experts doivent être suspendues jusqu'à ce que les tribunaux aient statué.

125. Mais il n'est pas hors de propos d'examiner si cette prétention peut être élevée en tout état de cause, et si celui qui a consenti ou qui a

(1) Dig. lib. 41, tit. 4, *Pro emptore*, l, 2, § 6.

(2) Duval, *De reb. dub.* tr. 8, n. 9. — Mornac, ad. leg. 5, Cod. Fin. reg. — Tronçon, *Cout. de Paris*, art. 118. — Henrys, liv. 4, quest. 82. — Rejet, 20 novembre 1833, D. 34, 1, 23.

laissé ordonner, par un jugement passé en force de chose jugée, que le bornage auroit lieu d'après les titres respectifs, peut, au cours de l'arpentage, prétendre quelque chose au-delà de ce que ses titres indiquent. Nous ne le pensons pas : le bornage dans les limites déterminées par les titres, l'arpentage d'après les quantités qu'ils déterminent, sont la règle ; la prétention d'avoir acquis au-delà par prescription, forme l'exception. Il est libre à chacun de renoncer à l'invoquer. Cette renonciation n'a pas besoin d'être expresse : il suffit qu'elle résulte d'un fait qui suppose l'abandon du droit acquis, conformément à l'article 2221 du code. Dans l'espèce que nous présentons, consentir à opérer d'après les titres, c'est renoncer à prétendre, en vertu de la seule possession, quelque chose au-delà de ce qu'ils énoncent. Cette renonciation peut être fondée, non-seulement sur la difficulté de prouver, par témoins, une jouissance trentenaire et quelquefois même bien plus longue, lorsqu'il y a eu quelque suspension, mais encore sur des motifs de justice dans le for intérieur, dont étoit pénétré celui qui a donné ce consentement (1).

126. Lorsque celui qui est assigné par son voisin pour procéder au bornage d'après les titres, soutient qu'il doit être fait d'après la possession, et que, possédant depuis trente ans sans trouble

(1) Legrand, *Coutume de Troyes*, art. 61, gl. 5, et art. 151, gl. unique.

ni suspension de prescription telle étendue de terrain, c'est à chacun des points où finit sa jouissance que les bornes doivent être plantées, il faut que les tribunaux, avant tout, examinent et jugent ces faits de possession (1).

Si nonobstant l'opposition de l'une des parties, les experts plaçoient les bornes de manière à donner à l'autre une portion de terrain que le premier prétendroit être sa propriété, celui-ci seroit fondé à y voir un trouble pour lequel il auroit droit d'agir, soit au possessoire, s'il est encore en temps utile, soit au pétitoire (2).

Du reste la possession, surtout lorsqu'elle peut avoir l'effet de détruire des titres récens et précis, ne doit être ni incertaine ni équivoque. Telles seroient les anticipations presque insensibles que les voisins font respectivement sur leurs héritages limitrophes et de même culture, lors du labourage, du sciage des blés, ou de la fauchaison. Elles sont très difficiles à apercevoir, à moins qu'elles ne soient considérables, et ne doivent point tirer à conséquence pour la prescription (3). La possession que l'on acquiert à leur faveur ne doit commencer à courir que du jour de la contradiction; elle est équivoque, et on peut dire même presque clandestine (4), parce qu'il est difficile de bien se

(1) Cod. lib. 3, tit. 39, *Fin. reg.* l. 3.

(2) Cassation, 25 août 1829, D. 29, 1, 148.

(3) Poullain Duparc, *Princ. du droit français*, liv. 3, ch. 17, sect. 1, n. 22.

(4) Poullain Duparc, *Princ. du droit français*, liv. 4, ch. 7, n. 6.

rappeler, chaque année, jusqu'à quel point précis on a prolongé ses sillons, ou fauché l'année précédente (1) : quelques sillons peuvent être usurpés par le voisin sans que le propriétaire s'en aperçoive (2).

Cette remarque s'applique plus particulièrement aux terrains déclos ou incultes, sur lesquels les parties n'auroient exercé que des actes de pacage, passage ou autres de même nature (3).

127. Il n'est pas interdit aux juges d'employer, pour lever l'incertitude et reconnoître les véritables droits des parties, d'anciens procès-verbaux d'arpentages, des cadastres, des plans non suspects, à défaut de renseignemens plus exacts (4).

La possession, qui l'emporte sur les titres lorsqu'elle a duré le temps fixé par la loi, doit à plus forte raison, dans cette circonstance, décider en faveur de celui qui l'invoque, s'il n'existe point de titres capables de déterminer l'étendue des deux propriétés contiguës, ou au moins de l'une d'elles. Alors il n'est pas indispensable que cette possession ait duré le temps nécessaire pour prescrire. Le seul fait de son existence, pendant un an, sans trouble, établit, suivant l'article 2230 du

(1) Henrys, liv. 4, quest. 82.

(2) Dunod, *Traité des prescriptions*, part. 1, chap. 12, p. 98. — Denisart, V° *Borne*, n. 8, 9 et 10.

(3) Poullain Duparc, *Princ. du droit français*, l. 4, ch. 7, n. 10.

(4) Dig. lib. 10, tit. 1, *Fin. reg.* l. 11.

code civil, en faveur de celui qui l'invoque, une présomption légitime dont l'effet ne peut être détruit que par un titre ou par une possession antérieure, d'une durée équivalant à un titre (1).

On peut enfin, pour sortir d'incertitude, obliger, suivant les circonstances, le propriétaire de la plus forte portion, à faire aux autres, qui ont des portions plus petites, leur mesure entière, telle que leurs titres la leur accordent (2), ou partager l'entière tenue de terrain, suivant une règle de proportion qui fasse perdre à chacun en rapport avec ses titres (3).

128. L'établissement d'une mesure uniforme empêchera le retour des contestations que faisoit naître la diversité des anciennes mesures ; mais pendant long-temps les tribunaux auront à statuer sur ces questions, et l'on invoquera des titres passés sous l'empire des lois anciennes, ou qui se référeront à des titres énonciatifs d'anciennes mesures. Il faut donc rappeler l'opinion adoptée par les jurisconsultes les plus éclairés, qu'une vente ou tout autre acte translatif d'héritages situés dans un pays où la mesure est différente de celle qui est usitée dans le lieu du contrat, se

(1) Bannelier, *Traités de droit à l'usage de Bourgogne*, tom. 7, p. 588. — Poullain Duparc, *Princ. du droit français*, l. 4, ch. 7, n. 7.

(2) Dig. lib. 10, tit. 1, *Fin. reg.* l. 7.

(3) Poullain Duparc, *Princ. du droit français*, liv. 4, ch. 7, n. 11.

règle par la mesure du lieu de la situation des biens vendus (1).

129. Comme le bornage a pour objet l'intérêt que des propriétaires contigus ont à connoître exactement les limites de leur propriété, et à jouir exclusivement chacun de ce qui lui appartient, il doit être fait à frais communs; l'article 646 du code le décide. Mais celui qui se seroit refusé à la demande, ayant manifesté ainsi le projet de profiter du défaut de bornes pour agrandir son héritage aux dépens de l'autre, devroit supporter les frais de la procédure à laquelle il auroit donné lieu, quand même il se trouveroit en définitive n'avoir rien usurpé sur son voisin. Hors ce cas, il nous semble que la proportion dans laquelle les frais doivent être supportés est celle de l'étendue de chaque propriété; autrement le propriétaire d'une portion considérable de terrain, dont l'arpentage seroit devenu nécessaire pour arriver à fixer le lieu de plantation des bornes, pourroit ruiner son voisin, qui n'en auroit qu'une très petite partie, en lui faisant supporter la moitié des dépens. Il semble naturel dans ce cas de distinguer entre le bornage et l'arpentage : le bornage intéresse dans la même proportion les deux voisins, car il peut seul prévenir les anticipations;

(1) Loisel, *Instit. cout.* liv. 3, tit. 4, art. 19. — Dumoulin, in Cod. de summâ trinit. § *Conclusiones de statutis.*—Prost de Royer, V.° *Arpentage.* — Nouveau Denisart, V° *Arpentage*, § 2, n. 1, 2, 3 et 4.

mais l'arpentage concerne chacun pour ce qui lui appartient.

Celui à qui l'arpentage ou le bornage a enlevé quelque portion du terrain dont il jouissoit précédemment, doit restituer seulement les fruits perçus depuis que l'action est intentée, à moins qu'il n'eût anticipé de mauvaise foi; auquel cas il devroit les dommages-intérêts résultant de son entreprise, et en outre, les fruits depuis son anticipation (1), et tous les dépens.

130. On voit, par ce que nous avons dit sur la possession et ses effets contre des titres, comment on doit entendre la maxime que l'action en bornage est imprescriptible. On n'est point obligé de rendre ce que l'on possède depuis trente ans, quoiqu'au-delà de ses titres; mais quelque temps qu'on ait été sans être séparé de son voisin par des bornes certaines, on ne peut se refuser à en laisser placer (2), parce que demander ou ne pas demander bornage à son voisin étant une chose de pure faculté, le silence, quelque longtemps qu'il ait été gardé, n'y rend pas non recevable.

Mais comme il n'est pas permis de renouveler sans cesse les demandes, celui qui formeroit contre son voisin une action en bornage seroit très

(1) Dig. lib. 10, tit. 1, *Fin. reg*, l. 4. § 2.

(2) Dig. lib. 10, tit. 1, *Fin. reg*. l. 56. — Poullain-Duparc, *Princ. de droit français*, liv. 4, ch. 7, n. 12. — Dunod, *Traité des prescriptions*, part. 1, ch. 12, p. 98.

légitimement repoussé par l'exhibition d'un procès-verbal de cette opération dressé depuis moins de trente ans, et signé des parties ou homologué par jugement.

SECTION TROISIÈME.

De la clôture.

131. Le droit de se clore, qui fait l'objet de cette section, n'a rien de commun avec celui que l'article 663 donne, dans les cas qu'il prévoit, à tout propriétaire de contraindre son voisin à contribuer aux frais d'une clôture commune. Cet article, constituant évidemment des obligations de fonds envers d'autres fonds, on peut les considérer comme une servitude qui doit son origine à la volonté du législateur; nous en traiterons n. 146 et suivans.

Il n'est question en ce moment que de la faculté accordée par l'article 647 à tout propriétaire de clore son héritage pour le soustraire à l'exercice de deux espèces d'usages connus sous le nom de vaine pâture et parcours. Loin donc que ce droit de clôture constitue une servitude, il n'est, comme nous l'avons fait remarquer n. 3, qu'un moyen de s'affranchir de celles que nous venons de nommer, et un retour à la liberté naturelle des héritages, en vertu du droit que chacun a de disposer de sa chose à son gré, sous les seules restrictions qui résultent des lois ou des conventions.

132. Pour faire comprendre le but dans lequel le droit de se clore a eu besoin d'être proclamé et les effets de ce droit lorsqu'on en a usé, il est nécessaire de donner au moins la définition des servitudes dont son exercice procure l'affranchissement.

En principe, le droit de faire paître des bestiaux sur le terrain d'un autre ne peut être exercé que par celui qui a légitimement acquis ce qu'on nomme une servitude de pacage (1); et comme, d'après ce qui a été dit n. 28, cette servitude est discontinue, nous verrons n. 275 et suiv. qu'elle ne peut être acquise que par titre. Néanmoins, dans plusieurs provinces, les habitans d'une commune jouissent de la faculté de faire paître leurs troupeaux ou bestiaux sur les héritages dépouillés de leurs fruits naturels ou industriels (2) : c'est ce qu'on appelle *vaine pâture*. Cette faculté étendue d'une commune à une autre, et créant entre ces communes une réciprocité de vaine pâture, porte le nom de *parcours*, et quelquefois *entre-cours* ou *marchage*.

Nous donnerons n. 229 des règles sur ces sortes de droits. Il suffit de dire ici que le législateur, en attendant que l'expérience l'ait éclairé sur la question importante, si la vaine pâture et le parcours lorsqu'ils ne sont pas fondés sur des titres de propriétaire à propriétaire, doivent être entièrement

(1) Dig. lib. 8, tit. 3, *De servit. præd. rust.* l. 3, pr.

(2) Loisel, *Institutes coutumières*, liv. 2, tit. 2, règle 20.

interdits, a accordé à chacun le droit d'y soustraire son héritage par la clôture.

133. Aux termes de l'article 647 du code, il est libre à tout propriétaire de clore son héritage ; et la généralité de cette expression n'admet aucune fin de non-recevoir contre l'exercice du droit qu'elle accorde, quelque temps qu'un héritage ait été ouvert.

La clôture varie suivant les usages locaux. On peut en général considérer, d'après l'article 391 du code pénal, comme parc ou enclos, tout terrain environné de fossés, de pieux, de claies, de planches, de haies vives ou sèches, ou de murs de quelque espèce de matériaux que ce soit, quelles que soient la hauteur, la profondeur, la vétusté, la dégradation de ces diverses clôtures, quand même il n'y auroit pas de porte fermant à clef ou autrement, ou quand même la porte seroit à claire-voie et ouverte habituellement.

Si cette clôture servoit également à un autre particulier voisin pour défendre son héritage, il sembleroit juste qu'il pût être contraint à y contribuer (1). On ne peut cependant le décider partout où la loi locale, ou l'usage, ne l'a pas établi, parce qu'en général les voisins n'ont pas, comme nous le dirons n. 145, hors des villes et faubourgs, le droit de se contraindre réciproquement à une clôture commune. Mais il est hors de doute que,

(1) Edit de 1769, qui abolit le parcours en Champagne, art. 5.

si ce particulier en prenoit droit, pour soutenir que son héritage est clos, il pourroit être forcé à rembourser à l'autre voisin une portion des frais que la clôture auroit occasionés.

134. Le droit de se clore dérivant de la propriété dont l'exercice peut être limité par les droits d'autrui, ainsi que le reconnoît l'article 647 du code, un propriétaire ne pourroit en user pour exempter son héritage des servitudes conventionnelles, ou pour le soustraire aux servitudes naturelles ou légales. La clôture ne libère que de la vaine pâture et du parcours : on ne pourroit donc en étendre les effets à d'autres charges. Ainsi, dans les lieux où, par des titres de propriété, car des témoins seroient insuffisans (1), le pacage dans les prairies devient commun, soit immédiatement après la récolte de la première herbe, soit dans tout autre temps déterminé, le droit de se clore n'anéantit point cette servitude, et même n'en suspend point l'exercice (2). Mais, à cette exception près, qui est fondée sur un droit de propriété, la faculté d'affranchissement par la clôture subsiste toujours (3).

Il en est de même de toute autre servitude de

(1) Papon, l. 14, tit. 1, art. 5, 6 et 7. — Imbert, V° *Servitudes*, pag. 279. — Le Caron, *Coutume de Péronne*, art. 112, n. 28

(2) Rejet, 15 fructidor an 9, D. 5, 1, 130. Cassation, 12 décembre 1808, D. 6, 1, 576. Rejet, 7 mars 1826, D. 26, 1, 79.

(3) Rejet, 25 floréal an 13, D. 2, 908, n. 3.

pâturage conventionnel, parce qu'il n'est point l'effet d'une tolérance commune et essentiellement précaire, mais celui d'une convention formelle et volontaire des parties, qui doit être exécutée tant qu'une nouvelle convention ne l'a point changée, ou qu'une loi ne l'a point modifiée par des motifs d'intérêt public, comme nous en offrirons un exemple n. 320, en traitant de l'extinction des servitudes.

Par suite des mêmes principes, celui que la disposition naturelle des lieux oblige à recevoir l'écoulement des eaux supérieures, ne peut se clore par des murs qui en arrêteroient le cours. Il doit choisir un autre mode de clôture, ou construire de façon à ne point nuire à l'exercice de la servitude; et s'il ne le peut, il ne lui est pas permis d'user de cette faculté.

Cet état de clôture ne seroit pas aussi, comme nous le verrons n. 219, un motif de refuser, d'accorder ou de continuer à un voisin le passage nécessaire dont parlent les articles 682 et suivans du code. Toutefois le propriétaire n'en seroit pas moins libre de se clore, en laissant une ouverture, fermant avec porte ou barrière, pour l'usage des servitudes particulières dont son héritage seroit grevé. C'est la conséquence des principes essentiels des servitudes. Elles sont, comme nous l'avons dit n. 19, une restriction à la liberté naturelle : elles ont pour objet la seule utilité du fonds à qui elles sont dues; mais elles ne sont pas censées exister à l'égard de tout autre héritage. Ainsi celui qui doit être ouvert au profit d'un fonds a droit de rester clos à l'égard des autres.

On doit conclure de ces principes que, si un héritage n'étoit privé de clôture que du côté d'un fleuve, par l'effet de l'obligation où il seroit de laisser le chemin de halage dont nous parlerons n. 139, il pourroit être réputé clos des autres parts, et jouiroit de tous les avantages de la clôture, quoique ouvert du côté de ce fleuve.

On peut, à cette occasion, demander si le propriétaire qui clôt son héritage doit laisser des passages libres aux bestiaux qui avoient l'habitude de le traverser pour se rendre sur d'autres fonds ouverts à la vaine pâture et au parcours. Cette question se résout par l'article 682 du code. Dans ce cas, le passage devient nécessaire; mais alors, celui qui veut se clore, et qui est requis de livrer ce passage, peut se le faire payer. En se renfermant, il use d'un droit légitime : celui qui use d'un droit ne fait d'injustice à personne, et il peut l'exercer sans considérer si cela devient moins avantageux à d'autres, pourvu qu'il y ait intérêt.

135. Celui qui veut se clore perd son droit à la vaine pâture et au parcours, en proportion du terrain qu'il y soustrait. Cette disposition de l'article 648, qui semble être dictée par une juste impartialité, a donné lieu à un membre de la section de législation du tribunat de faire observer qu'elle peut nuire à l'intérêt de l'agriculture; que souvent on ne se clôt que pour améliorer son fonds; que,

dans ce cas, il y auroit de l'injustice à priver des droits de vaine pâture et de parcours celui qui, en améliorant son fonds, rend service à la société. La section a jugé ces observations dignes d'être consignées dans son procès-verbal; mais l'article n'a éprouvé aucune modification.

CHAPITRE II.

Des servitudes établies par la loi.

136. Le droit de propriété, quelque étendu qu'il soit, puisque par lui-même il comprend la liberté d'user et d'abuser, souffre quelques limites pour le bien général, auquel l'intérêt individuel doit sans cesse être subordonné. Dans certains cas, le sacrifice de la propriété elle-même est exigé; dans d'autres, la liberté naturelle du fonds est seulement restreinte. Tels sont les motifs du législateur en établissant certaines servitudes qui ont pour objet l'utilité publique et celle des particuliers. Ce sont, aux termes de l'article 1370 du code, des engagemens formés par la seule volonté de la loi.

Les premières sont exigées par la société, indépendamment de toute volonté des individus; les autres assujétissent les propriétés indépendamment de toute convention, et ne laissent pas même le droit d'exiger d'indemnité, lorsqu'elle n'est pas expressément accordée ou réservée par la loi. Elles ont au premier aspect quelque chose de commun avec les servitudes que nous avons appelées naturelles, en ce que presque toujours elles naissent de la situation voisine et respective des propriétés. Mais le caractère essentiel de la différence consiste en ce que les premières dérivent de la seule disposition des lieux; le législateur intervient plutôt pour en régler l'effet et en prévenir l'abus que pour les constituer. Les secondes ne sont pas une conséquence aussi immédiate de la situation des propriétés; elles résultent bien plus de l'utilité, que de la nécessité absolue; seulement cette grande utilité a décidé le législateur à intervenir pour obliger ceux que l'exercice de leur droit, porté à l'extrême, induiroit à s'y refuser. Les premières n'ont rien d'arbitraire et ne sont sujettes qu'à peu de variations; les autres étant établies par le législateur en raison des convenances genérales ou particulières, leur caractère comme leur nombre dépend de l'état et des besoins de la société.

Ces servitudes ont pour objet, ou l'utilité publique, soit générale, soit communale; ou l'utilité des particuliers. Nous allons en traiter dans deux sections distinctes.

SECTION PREMIÈRE.

Servitudes qui ont pour objet l'utilité publique ou communale.

137. L'état n'est pas moins que les particuliers

soumis à respecter la propriété d'autrui. Mais l'intérêt public a dicté une exception à ce principe, contenue dans l'article 545 du code, dont les lois des 16 septembre 1807, 8 mars 1810 et 7 juillet 1833 ont réglé les effets.

Du droit que ces lois accordent à l'état de prendre les propriétés privées pour un service public, dérive naturellement celui de les grever de certaines servitudes dans le même but; et même on ne requiert pas alors cette nécessité rigoureuse et absolue qui, dans quelques circonstances, donne aux particuliers des droits sur la propriété de leurs voisins. Des motifs graves d'utilité publique suffisent, parce que, dans l'intention raisonnablement présumée des hommes réunis en société, chacun est censé s'être engagé à rendre possible par quelque sacrifice, ce qui peut être utile à tous.

On doit surtout remarquer qu'il n'est pas essentiellement requis que ces assujétissemens des propriétés aient lieu au profit d'immeubles; presque toujours ils sont établis pour l'usage des personnes, sans aucune considération si ou non elles possèdent des héritages qui puissent ou qui doivent en profiter. Nous avons déja fait cette remarque n. 12, et l'on ne peut se dissimuler que la définition des servitudes donnée par l'article 637 ne convient pas exactement à ces sortes d'assujétissemens.

L'article 643 a désigné d'une manière spéciale l'obligation du propriétaire d'une source, de n'en pas changer le cours, lorsqu'elle fournit aux habitans d'une commune, d'un village ou d'un hameau, l'eau qui leur est nécessaire; l'article 650, l'obligation de souffrir le marchepied le long des fleuves et rivières navigables ou flottables; les obligations qui résultent de la construction ou réparation des ouvrages publics ou communs. Mais d'autres assujétissemens sont encore imposés aux propriétés, soit par des lois particulières, soit par des règlemens d'administration générale ou de police locale.

Nous traiterons cette matière dans les quatre paragraphes suivans.

§ Ier. *Obligations du propriétaire d'une source envers les habitans à qui l'eau est nécessaire.*

138. Lorsqu'un cours d'eau provenant d'une source qui naît sur l'héritage d'un particulier, fournit aux habitans d'une commune, village ou hameau, l'eau qui leur est nécessaire, l'article 643 du code interdit à ce propriétaire d'en changer le cours, comme en géneral il le pourroit, suivant ce qui a été dit n. 78, tant que des propriétaires inférieurs n'ont point acquis par des ouvrages apparens suivis d'une possession trentenaire, le droit de s'y opposer.

Cet article n'a évidemment en vue que les besoins des personnes, on ne pourroit, sans contredire le principe consacré par l'article 641, en réclamer le bénéfice en faveur des besoins le l'agriculture ou de l'irrigation des fonds, soit qu'ils appartiennent à l'être moral qu'on appelle commune, soit qu'appartenant à des individus, ils forment l'ensemble du territoire de la commune ou du hameau.

Plusieurs propriétaires dont les maisons se touchent, ne pourroient aussi invoquer le bénéfice de l'article 643, même en alléguant leurs besoins individuels; il faut qu'il s'agisse des besoins de toute une commune, de tout un village, ou au moins de tout un hameau. Il appartiendroit à l'administration seule de décider si *telle* ou *telle* réunion d'habitans éloignés du chef-lieu de la commune ou du village, doit être considérée comme hameau.

L'article 642 restreignant les droits de la propriété, il étoit juste qu'il consacrât l'obligation d'une indemnité (1), et c'est aux tribunaux qu'il appartient de la déterminer.

Cette indemnité, comme on le sent bien, ne doit pas être basée sur les avantages que la commune, le village, le hameau retirent de l'usage du cours d'eau, mais sur le tort qu'éprouve le propriétaire de la source, qui perd le droit d'en changer la direction. Il nous semble aussi qu'elle doit être supportée seulement par les intéressés; et que s'il s'agissoit d'un village ou d'un hameau, le prix de cette indemnité, ne devroit pas être

(1) Fromental, *Décis. du droit civil.* p. 656. — Brillon, V° *Eau*, n. 3. — Pecchius, lib. 1, cap. 7, quæst. 3, n. 251.

réparti sur l'ensemble et la généralité de la commune dont il fait partie. Ce seroit au surplus une question que l'autorité administrative supérieure auroit à décider suivant les circonstances.

Cette indemnité ne peut être réclamée en tout temps. Lorsque depuis trente ans la commune, le village ou le hameau a joui de l'usage de l'eau, sans que la prescription ait été suspendue ou interrompue suivant les règles du droit commun, le droit de l'exiger est éteint et la jouissance subsiste. C'est encore aux tribunaux qu'il appartient d'apprécier les preuves de la jouissance prétendue, et de reconnoître si l'usage de quelques particuliers peut être considéré comme propre à qualifier une joüissance de toute la commune, de tout le village ou de tout le hameau.

Il suffit de faire remarquer que cette prescription n'a pas besoin d'avoir été précédée et accompagnée d'ouvrages apparens, comme dans le cas prévu n. 95 et suivans, parce que cette prescription n'a pas pour objet de faire acquérir le droit qui naît du fait de la nécessité, mais seulement de libérer de l'indemnité qui seroit due, s'il ne s'étoit pas encore écoulé trente ans, depuis la jouissance commencée. Il y auroit lieu d'appliquer à ce cas les règles que nous développerons n. 224, relativement au passage nécessaire.

La nécessité et les besoins d'une collection d'habitans produisant ici le même résultat que les travaux suivis de prescription faits par un propriétaire inférieur produisent contre celui de la source, la position de ce dernier est réglée par les mêmes principes. Il peut user à son gré des eaux pour les besoins de son fonds, même quand les avantages qu'en retire la commune seroient diminués. L'article 642 ne lui interdit que d'en changer le cours. La commune n'a pu acquérir contre lui que le superflu des eaux, après que le propriétaire en avoit usé pour le fonds qui les produit, à moins qu'il n'existe quelque convention pour lui imposer une charge plus rigoureuse. Ainsi le veut le respect pour le droit de propriété.

C'est ce qui nous conduit à dire, comme conséquence de ce droit de propriété que celui qui, sans envie de nuire, et dans le cas prévu n. 76, creuseroit sur son fonds un puits dont la fouille atténueroit ou tariroit une fontaine communale, ne seroit tenu, ni à combler ce puits, ni à payer des dommages-intérêts (1).

Quoiqu'en général on doive, lorsqu'il s'agit d'apporter des restrictions au droit de propriété, n'admettre les analogies qu'avec une grande réserve, nous croyons que l'esprit de l'article 643 devroit conduire à décider que si, pendant trente ans, une commune, un village, un hameau avoit exercé le puisage ou l'abreuvage sur la fontaine, sur le puits, même sur le réservoir d'eaux pluviales, appartenant à un particulier, ce droit lui seroit acquis (2), encore bien qu'en règle générale une

(1) Rejet, 29 novembre 1830, D. 30. 1, 396.

(2) Fromental, V° *Servitude*, p. 661. — Houard, *Dict. du droit normand*, V° Mare. — Rejet, 3 juillet 1822, D. 2, 903, n. 1.

telle servitude ne puisse être acquise que par titre à des particuliers. Si la jouissance communale n'avoit pas duré trente ans, le gouvernement auroit, sans le moindre doute, le droit, après avoir apprécié et constaté la nécessité, d'appliquer les lois sur l'expropriation pour cause d'utilité publique.

Il pourroit arriver qu'une source nouvellement découverte offrît à une commune des moyens plus économiques de se procurer de l'eau, que ceux dont elle avoit usé jusqu'alors. On peut dire que ce village, cette commune, ne s'est pas formé sur la foi de cette jouissance; et les motifs de faveur qui ont dicté l'article 643 paroissent moins applicables. Néanmoins, indépendamment de la règle spéciale sur les eaux qui nous occupe ici, il existe un principe général qui veut que chacun sacrifie à l'intérêt public; et nous n'hésitons pas à croire que le propriétaire de la nouvelle source pourroit moyennant une indemnité, si un silence de 30 ans ne l'avoit pas rendu non-recevable à la réclamer, être condamné à en laisser diriger ou subsister le cours dans une direction qui la rende propre aux besoins de la commune. Enfin, si quelque évènement rendoit nécessaire à une commune, à un hameau, l'usage des eaux d'une source dont il n'auroit pas encore usé, il y auroit lieu à l'intervention de l'autorité administrative et du gouvernement, qui ordonneroient ce sacrifice de la propriété privée, dans les formes et aux conditions prescrites par les lois des 8 mars 1810 et 7 juillet 1833. Ce seroit d'après les mêmes principes qu'on pourroit agir, lorsque dans des circonstances extraordinaires, telles qu'une sécheresse extrême, les eaux d'un étang deviendroient indispensables au mouvement de moulins consacrés à l'approvisionnement d'une commune.

§ II. *Obligations relatives au marchepied des rivières.*

139. Le marchepied le long des rivières est une seconde espèce de servitude légale au profit du public. D'après le décret du 22 janvier 1808, conforme à de très anciennes lois, on donne ce nom à l'espace qu'un propriétaire voisin d'une rivière navigable ou flottable est tenu de laisser sur les bords, soit pour déposer les objets qui doivent être transportés par eau, soit pour faciliter les opérations du halage des bateaux, qui consistent à les tirer par des hommes ou des chevaux, pour les aider à remonter le courant, ou pour accélérer la descente. S'il en résulte pour lui quelque perte, ou la diminution de quelque avantage, il ne peut s'adresser qu'au gouvernement pour être indemnisé, s'il y a lieu : il n'a d'action contre les particuliers, qu'autant que ceux-ci abuseroient de la faculté que les règlemens leur accordent, ou qu'ils lui feroient, à cette occasion, des torts qu'ils pourroient éviter. Du reste, ce sacrifice ne prive pas le propriétaire du fonds de

son terrain ; ce n'est qu'une servitude (1) qui ne l'empêche, ni de rentrer dans la jouissance de sa propriété, si la navigation vient à changer, ni de profiter de l'alluvion (2), ni d'être réputé clos, s'il l'est des autres côtés d'une manière conforme aux lois, ainsi que nous l'avons dit n. 134 ; et s'il s'élève des contestations au sujet de la prétention de quelques particuliers d'y passer pour d'autres besoins que ceux de la navigation, les tribunaux en sont juges, à l'exclusion de l'autorité administrative.

La servitude de halage s'étend sur tout le terrain nécessaire à la navigation, dans toutes les saisons de l'année; et si la rivière est sujette à des accroissemens habituels par suite des marées, la servitude doit être réglée par l'autorité administrative. Cet espace est ordinairement de dix pieds, et le propriétaire ne peut planter des arbres qu'en-deçà de ces deux portions de terrain, dont l'une est réputée bord de la rivière, et l'autre est affectée au chemin du halage.

Il n'est aucun propriétaire qui ne soit assujéti à cette servitude, et ne soit présumé avoir acquis sous cette condition. Presque toujours, d'ailleurs, l'incommodité qui résulte du voisinage d'un fleuve est compensée par le bénéfice qu'il procure, et ce second motif justifie l'imposition de cette servitude

(1) Cassation, 24 février 1827, D. 27, 1, 388.

(2) Dig. lib. 41, tit. 1, *De acquir. rer. dom.* l. 38. — Barthole *De flumin. seu Tiberiad.* § 2, n. 5 et § 3, n. 2. — Cæpolla, tr. 2, cap. 33, n. 1.

à l'égard des cours d'eaux qui, par la suite, deviendront navigables.

L'analogie des matières nous conduit à parler ici de l'obligation qu'une loi du 28 juillet 1824 a imposée ou plutôt a maintenue, d'après de très anciens règlemens, à la charge des riverains des cours d'eaux affluens à la Seine qui servent au flottage des bois pour Paris, de laisser déposer ces bois sur leurs fonds, moyennant une indemnité fixée par cette loi. Si des règlemens de l'administration avoient imposé de semblables obligations dans d'autres localités, ils devroient sans doute être exécutés; mais il appartiendroit aux tribunaux de régler les indemnités, sans égard au taux fixé par la loi qui vient d'être citée, laquelle n'est spéciale que pour les affluens de la Seine.

§ III. *Constructions ou réparations de chemins et édifices.*

140. Si l'utilité publique nécessite l'établissement ou la réparation d'un chemin, chacun est obligé de laisser déposer sur son héritage les matériaux et instrumens dont l'emploi est nécessaire. Ces travaux et ceux qui sont relatifs aux édifices publics ou communaux, forcent quelquefois à extraire des pierres, du sable, etc., dans le terrain des particuliers. Ils ne peuvent s'y refuser, mais il est dû à celui qui éprouve une perte absolue ou momentanée, ou un dommage quelconque, une indemnité juste et préalable. C'est la disposition

formelle de l'article 1er du titre 1er, et de l'article 1er de la section 6 de la loi du 6 octobre 1791.

Cet assujétissement est indépendant d'une autre obligation que l'intérêt public impose quelquefois aux propriétaires, relativement à la confection des chemins, celle de vendre une portion de leur propriété pour en former l'emplacement. Cette obligation sort de la classe des servitudes, puisqu'il est bien constant que celui dont la propriété a été ainsi sacrifiée, n'y conserve plus de droits. Nous donnerons quelques notions à ce sujet, n. 216.

§ IV. *Autres servitudes légales, dans l'intérêt public.*

141. Nous allons essayer de présenter dans ce paragraphe la nomenclature des divers assujétissemens des propriétés privées en faveur de l'utilité publique, sur lesquels le code civil ne contient pas de dispositions spéciales.

On peut mettre au premier rang l'obligation de planter des arbres sur les bords des chemins, en exécution de la loi du 9 ventôse an XIII, de l'acte du gouvernement du 16 décembre 1811, et des règlemens administratifs auxquels ils peuvent donner lieu; d'en laisser planter sans que la distance dont nous parlerons n. 194 et suivans, soit observée; de souffrir, comme le prescrit l'article 150 de la loi du 21 mai 1827, l'avancement des branches des arbres de lisières des forêts de l'état, lorsque ces arbres ont plus de trente ans, sans pouvoir user du droit dont nous parlerons n. 196; de laisser marquer, pour le service de la marine, les bois qui y sont propres, tant que durera cette obligation, d'après les articles 122 et suivans de la même loi; celle de ne point défricher les bois sans autorisation, conformément aux articles 219 et suivans; la défense faite par le décret du 7 mars 1808 de construire des édifices ou de creuser des puits, à moins de 100 mètres des nouveaux cimetières; les charges imposées aux propriétés situées dans le voisinage des places fortes, par la loi du 17 juillet 1819, l'ordonnance du 1er août 1825 et autres relatives à cette matière.

Il est plus douteux qu'on puisse mettre au même rang la prohibition prononcée par l'article 15 du titre 2 de l'arrêt du conseil du 23 juillet 1783, relatif à la police de la rivière de Loire, de planter, labourer, creuser des puits, etc., dans les trente toises (60 mètres) de leurs terrains, qui touchent les glacis des turcies et levées, sans une autorisation de l'administration. Cet arrêt n'a point été revêtu de la formalité de l'enregistrement dans les cours souveraines. Sans doute cela n'étoit pas nécessaire pour les dispositions de pure police administrative; mais l'article dont nous parlons dispose de la propriété des citoyens, en la frappant de servitudes, et une mesure de ce genre ne peut être établie que par une loi; or, les arrêts du conseil, non enregistrés, n'ont point ce caractère.

Au surplus, en supposant que cette disposition soit obligatoire pour les tribunaux, ce que nous ne croyons pas, deux observations doivent être faites sur ces prohibitions. La première, qu'on ne peut les appliquer qu'aux levées qui endiguent le fleuve et constituent son lit; par conséquent, s'il existoit, en dehors de ces levées, d'autres levées, soit transversales pour servir d'arrivages aux habitations et communes riveraines, soit latérales pour servir de défense éventuelle contre l'irruption des eaux, dans le cas où la levée principale seroit rompue, la servitude dont nous venons de parler n'y seroit pas applicable, parce qu'une restriction au droit commun ne doit pas être étendue par analogie. La seconde observation, c'est que les différens travaux interdits ayant pu être faits avec la permission des intendans investis alors de l'administration, les plantations ou constructions qui n'auroient point été contestées depuis trente ans devroient être réputées avoir eu lieu par autorisation, et que les propriétaires ne pourroient plus, aujourd'hui, être obligés de sacrifier leur droit sans une indemnité. Il ne s'agit point ici d'une acquisition de tout ou partie de la turcie ou levée appartenant à l'état; il s'agit d'une libération de la servitude dont l'arrêt du 23 juillet 1783 auroit grevé les propriétés voisines.

Nous avons parlé, n. 35, d'une autre espèce d'assujétissement auquel peuvent être assujéties des propriétés voisines d'un fleuve.

Les mines et carrières sont soumises à des lois

spéciales dont la plus récente est celle du 21 avril 1810, et à un grand nombre de règlemens généraux ou locaux qui restreignent, dans l'intérêt public, le droit de liberté naturelle qu'on a d'exploiter son fonds.

C'est encore dans la classe des servitudes légales qu'on doit ranger l'obligation dans laquelle sont les voisins d'un chemin impraticable, de souffrir momentanément le passage sur leurs fonds, ainsi que nous le dirons n. 226, et celle des fonds ou des habitations voisins du lieu où arrive un naufrage, de livrer passage pour y porter secours, de laisser déposer les objets sauvés, ainsi que le prescrit le titre 9 du livre 4 de l'ordonnance de 1681, et des lettres-patentes du 10 janvier 1770; dispositions qui s'appliqueroient à des incendies, inondations, etc., conformément au § 12 de l'art. 475 du code pénal.

L'utilité publique est encore la véritable cause de la servitude dont sont grevés les propriétaires de sources d'eaux thermales, de n'en permettre l'usage au public que sous la surveillance de l'autorité et conformément aux règlemens, dont les principaux sont un arrêt du conseil du 26 mai 1780, et des arrêtés du gouvernement des 29 floréal an VII, 3 floréal an VIII et 6 nivôse an XI. La conservation de ces sources impose même aux propriétaires voisins quelques restrictions à leurs droits. Ainsi des règlemens d'administration publique prohibent toute espèce de fouilles dont l'effet pourroit être d'atténuer ou de détruire ces sources, et, sous ce rapport, elles modifient ce que nous avons dit n. 138. C'est ce qu'a fait un arrêt du 6 mai 1732, relatif aux eaux thermales de Barrèges, dont l'exécution a été ordonnée par un acte du gouvernement du 30 prairial an XII. Nous croyons que les mêmes règles seroient applicables à d'autres eaux thermales.

On peut encore indiquer comme des servitudes légales dans l'intérêt public, l'obligation imposée par les articles 50 et suivans de la loi du 16 septembre 1807, de ne point construire ou même rétablir des constructions sur la voie publique, sans avoir obtenu un alignement, et de reculer, d'après les plans arrêtés par l'administration (1); toutes celles qui résultent des règlemens de police et de voirie, soit pour les ouvertures de portes ou de croisées, dont le décret du 28 octobre 1808 donne des exemples pour la ville de Paris; celle de ne point construire au-dessus d'une certaine hauteur, ainsi que le prescrivent, pour la même ville, la déclaration du 10 avril 1783 et les lettres-patentes du 25 août 1784; l'obligation de creuser un puits dans sa maison, d'y avoir des fosses d'aisances, de laisser placer sur son terrain ou appuyer à son mur les poteaux ou boîtes des réverbères, et un grand nombre d'autres obligations imposées dans l'intérêt de la police locale, que consacre d'une manière générique l'article 29 de

(1) Cassation, 2 août 1828, D. 28, 1, 269. Reject, 25 juillet 1829, D. 29 1, 510.

la loi du 22 juillet 1791, en maintenant les règlemens anciens et en reconnoissant à l'administration le droit de les modifier ou d'en faire d'autres.

C'est encore dans la même classe de servitudes, dans l'intérêt public, qu'on pourroit ranger certaines obligations que les lois imposent aux propriétaires ruraux, relativement aux bans de vendange, au grapillage et ratelage, conformément aux articles 2 de la section 5 du titre 1 et 21 du titre 2 de la loi du 6 octobre 1791.

Nous ne comprenons point, dans cette courte et nécessairement imparfaite nomenclature des principales servitudes en faveur du public, les obligations dont sont tenus les propriétaires de certains édifices, de canaux, de ponts ou de chemins, d'en souffrir l'usage par quiconque le réclame, en acquittant les droits fixés par les tarifs, ou en remplissant les obligations imposées par l'acte en vertu duquel ont été faites ces conventions. Déja nous nous sommes expliqué sur cet objet n. 12. S'il est vrai que les immeubles dont il s'agit soient grevés de l'obligation de rester toujours dans l'état convenu, et que les propriétaires soient privés de la faculté d'en changer la destination (1), ainsi que l'a déclaré l'article 5 d'un décret du 16 mars 1810 qui, tout en étant spécial pour quelques canaux, consacre un principe général, ce n'est pas par l'effet d'une loi générale; c'est la conséquence d'un contrat d'une nature

(1) Rejet, 5 mars 1829, D. 29, 1, 163.

spéciale, intervenu entre l'autorité publique et ceux qui ont fait les constructions.

SECTION DEUXIEME.

Servitudes légales dans l'intérêt des particuliers.

142. L'état des hommes en société leur impose l'obligation de se faire réciproquement du bien. Nous avons déja indiqué, n. 60, la règle d'équité qui veut qu'on accorde sur sa propre chose ce qui peut être utile aux autres, lorsqu'on n'en éprouve aucun dommage, et n. 86, cette autre règle également incontestable, qu'on ne peut user de son droit sans profit pour soi-même si cet usage est nuisible à autrui.

Ainsi, d'après ces maximes, le propriétaire dont le mur borde une rue ou un chemin, ne pourroit refuser que celui dont la maison est située vis-à-vis la sienne, le blanchisse pour se procurer plus de jour; ainsi, le droit qu'on a de peindre sa maison ne pourroit être exercé de manière à absorber le jour de la maison voisine ou à produire un reflet susceptible de nuire à ceux qui l'occupent (1). Ainsi, à plus forte raison, celui dont la maison ou l'héritage est séparé du voisin par un mur non mitoyen, doit, si ce mur surplombe ou menace ruine, le reconstruire (2).

(1) Cæpolla, tr. 1, cap. 39, n. 2; cap. 41, n. 3; cap. 55, n. 2; cap. 56, n. 5.

(2) Dig. lib. 8, tit. 5. *Si servitus vindic.* l. 17, pr.

Il n'existe pas, toutefois, dans les codes, de textes spéciaux pour consacrer ces obligations et un grand nombre d'autres qui résultent des mêmes principes.

Mais quelques matières ont plus particulièrement attiré l'attention du législateur ; en conséquence, l'article 651 du code déclare que la loi assujétit les propriétaires à différentes obligations l'un à l'égard de l'autre, indépendamment de toute convention.

Quelques-unes tiennent à la fois à l'intérêt public et à l'intérêt privé, telles sont les règles établies ou plutôt remises en vigueur par le décret du 15 décembre 1810, au sujet des manufactures et ateliers susceptibles de produire de la fumée ou des exhalaisons nuisibles aux personnes, aux habitations, aux propriétés.

Ce décret a été suivi de diverses ordonnances qu'il n'entre point dans notre plan de développer. Il suffit de dire que dans ces cas, comme dans celui que nous avons prévu n. 98, l'autorisation du gouvernement ne fait point obstacle à ce que ceux à qui des établissemens de ce genre feroient quelque tort, puissent agir devant les tribunaux pour obtenir des dommages-intérêts (1). L'administration n'a de droits que pour prévenir ce qui lui sembleroit, dans les établissemens projétés, pouvoir être nuisible à la salubrité publique ; mais lorsqu'elle a fait ce quelle croyoit convenable à

(1) Rejet, 11 juillet 1826, D. 26, 1, 424.

cet égard, si cependant l'établissement cause matériellement quelques dommages aux propriétés voisines, les tribunaux peuvent en ordonner la réparation. Ils ne seroient pas sans doute fondés à ordonner la destruction de l'établissement, puisqu'ils réformeroient en cela un acte administratif; mais ils peuvent condamner aux dommages-intérêts pour le tort éprouvé par les voisins (1).

Les servitudes dont nous allons nous occuper dans les sept paragraphes suivans sont, d'après l'art. 652 du code : 1° les mitoyennetés urbaines ou rurales; 2° les distances à observer dans la plantation des arbres; 3° l'obligation de faire des contre-murs ou de laisser un espace vide entre certaines constructions et l'héritage voisin; 4° les vues sur la propriété d'autrui; 5° l'égoût des toits; 6° l'obligation de fournir le passage nécessaire; 7° la vaine pâture.

D'autres pourront sans doute être imposées à mesure que la nécessité en sera reconnue par le législateur. Mais ce qu'il importe de faire remarquer, c'est qu'une loi, ou du moins des règlemens autorisés et maintenus par des lois, sont nécessaires pour contraindre les propriétaires à les souffrir, et que la simple analogie ne suffiroit pas pour en exiger. Ainsi on ne pourroit, comme l'ont pensé quelques jurisconsultes, obliger le propriétaire d'une carrière à souffrir, même dans

(1) Deux rejets, 19 juillet 1826, D. 1826, 1, 425. Rejet, 5 mai 1827, D. 27, 1, 230.

les lieux où la pierre est très rare, que des particuliers viennent en prendre malgré lui, fût-ce en offrant une indemnité (1). Ainsi le propriétaire d'un terrain ne peut être obligé d'y laisser déposer momentanément les produits d'une tourbière, même quand elle appartiendroit à une commune (2).

Quand à ce qui concerne l'intérêt public, il est suffisamment garanti par les règles expliquées n. 140 et 141 ci-dessus.

§ Ier. *Des mitoyennetés.*

143. En général, nul ne peut être tenu de rester dans l'indivision; l'article 815 du code ne permet de modifier ce principe que par des conventions temporaires, qui d'ailleurs dépendent de la liberté des contractans; mais on n'y trouve point de règles sur les communautés forcées. Cependant il est dans l'esprit de la législation de reconnoître en certains cas, entre les copropriétaires d'une chose, une sorte de servitude légale qui les oblige à la posséder indivisément, sans que l'un puisse contraindre l'autre au partage ou à la licitation, et qui leur impose des obligations réciproques pour l'entretien, la conservation et l'usage de la chose commune (3); c'est ce qu'on

(1) Domat, *Lois civiles*, liv. 1, tit. 2, sect. 13, art. 2.

(2) Cassation, 11 avril 1813, D, 14, 1, 601.

(3) Buridan, *Cout. de Vermandois*, art. 268, et *Cout. de Reims*, art. 335.

appelle *mitoyenneté*. Ce mot composé, suivant nos anciens glossateurs, des deux pronoms *moi* et *toi*, peint avec précision l'état d'une chose qui appartient à plusieurs, d'une manière telle, qu'elle ne puisse plus remplir sa destination si elle étoit partagée.

Cette indivision forcée ne dérive pas seulement de la copropriété en elle-même, mais de l'intérêt qu'ont les divers copropriétaires à ce que ces objets restent indivis. En effet, que des arbres se trouvent plantés sur la ligne séparative de deux héritages, ils appartiennent sans doute indivisément pour moitié à chacun des propriétaires; et cependant l'article 673 permet à un seul de requérir qu'ils soient abattus. Mais lorsqu'un mur sert à clore deux habitations, loin d'autoriser la destruction, sur la demande de l'un des propriétaires, les articles 656 et 663 imposent à chacun d'eux l'obligation de l'entretenir; et nous verrons des règles analogues relativement aux fossés et aux haies.

On sent les motifs de cette différence. Il n'importe point à l'intérêt public que des arbres soient communs entre plusieurs personnes : cette communauté peut même causer des contestations entre elles. Au contraire, il importe extrêmement qu'un mur subsiste, puisqu'il sépare des héritages qui perdroient leur nature ou plusieurs de leurs avantages, s'ils étoient déclos : puisque l'emploi du terrain et la dépense des constructions seroient doubles.

Le principe de l'article 815 du code, qui veut

que personne ne soit tenu de rester dans l'indivision, est donc restreint en faveur des héritages à qui il importe que cette indivision subsiste ; et c'est une véritable servitude légale. Cette servitude n'est pas limitée seulement aux murs, fossés et haies dont le code s'est particulièrement occupé ; elle s'étend en général à tous les objets que la nécessité de leur usage concurrent entre les propriétaires de certains fonds, force, pour l'intérêt de ces mêmes fonds, à conserver indivis. On y trouve le caractère essentiel aux servitudes, l'utilité pour des héritages autres que l'objet indivis.

Indépendamment de la propriété de sa part indivise, chacun des copropriétaires a encore sur celle des autres une servitude qui lui permet d'y faire tout ce qu'il fait sur la sienne propre. Lors même qu'un partage détermineroit les parts respectives, chacun ne recevroit la délivrance de la sienne qu'avec la charge de cette servitude envers les autres ; et comme alors un partage ne seroit d'aucune utilité, qu'il ne feroit point cesser l'usage commun, il ne doit être ni provoqué ni ordonné sans le consentement de tous les intéressés (1). Il en résulte donc une servitude d'indivision.

Dans un premier article, nous parlerons des murs mitoyens ; dans le second, des fossés mitoyens ; dans le troisième, des haies mitoyennes ;

(1) Dig. lib. 10, tit. 3, *Comm. divid.* l. 19, § 1. — Rejet, 10 décembre 1823, D. 23, 1, 490.

dans le quatrième, de quelques autres objets dont plusieurs n'ont pas fait la matière de dispositions du code civil, mais auxquels néanmoins la nature des choses commande qu'on applique par analogie les principes de ce code sur les mitoyennetés dont il s'est occupé.

Art. 1er. *Des murs mitoyens.*

144. Nous avons vu n. 117 et suivans que deux héritages pouvoient être contigus, et que, pour en déterminer les limites, on plantoit des bornes. Ces héritages, quoique limités de manière à prévenir toute anticipation, n'en sont pas moins exposés à tous les inconvéniens de la vue, et même à certaines charges que cette situation peut entraîner; c'est pour les éviter qu'est établi le droit que chacun a de se clore.

Dans la règle, cette clôture peut s'opérer par la construction d'un mur, d'un fossé, ou par la plantation d'une haie, à la volonté des intéressés. Mais l'utilité publique a fait décider que, dans certains cas, un particulier pourroit contraindre son voisin à faire en commun avec lui un mur pour séparer leurs deux héritages : lors même qu'il n'y a pas lieu d'user de ce droit, soit parce que les voisins ne sont point dans le cas déterminé par la loi, soit parce qu'il existe déja un mur de séparation appartenant exclusivement à l'un d'eux, celui-ci peut être contraint à en vendre la copropriété à l'autre.

Les murs ainsi construits en commun, ou devenus tels par la vente que le propriétaire a consentie ou a été forcé de faire, se nomment *mitoyens* (1).

Nous partagerons cet article en trois distinctions. Dans la première, nous dirons quels murs sont mitoyens; dans la seconde, quelles sont les charges de la mitoyenneté; dans la troisième, quels droits en résultent.

DIST. Ière. *Quels murs sont mitoyens.*

145. La mitoyenneté d'un mur est, ou conventionnelle, ou présumée par la loi. Lorsqu'elle est conventionnelle, tout ce qui en détermine les conditions et en règle les effets dépend du titre qui l'établit.

La loi la présume dans tous les cas où la raison et l'intérêt des deux voisins font supposer qu'ils ont pu construire le mur à frais communs. Cette présomption légale est si puissante, qu'elle dispense de titre, et n'admet de preuves contraires que celles dont la loi a déterminé les caractères.

Nous allons parler dans une première subdivision des murs qui sont mitoyens par la construction que les deux voisins ont faite en commun; dans la seconde, de ceux qui le deviennent par acquisition; dans la troisième, de ceux qui sont réputés tels par la présomption de la loi.

(1) Pothier, *Contrat de société*, n. 199.

Ière Subd. *Des murs mitoyens par construction faite en commun.*

146. La première classe de murs mitoyens est composée de ceux que deux voisins s'accordent à construire pour séparer et clore leurs propriétés limitrophes. L'étendue de leurs droits et de leurs obligations peut être déterminée par des conventions qui, une fois reconnues et avouées, deviennent leur règle commune, et l'emportent sur les dispositions et les présomptions de la loi, à moins que la prescription n'y apporte quelque changement.

En général, une construction à frais communs doit dépendre du libre consentement des parties intéressées, et l'une ne peut forcer l'autre à concourir à une clôture dont celle-ci croit n'avoir pas besoin. Mais par une exception dont nous essaierons bientôt d'apprécier les motifs et les conséquences, l'article 663 du code donne à chacun le droit de contraindre son voisin à construire un mur commun pour séparer leurs maisons, cours ou jardins situés dans les villes et faubourgs.

Cette disposition doit être examinée sous plusieurs rapports : à quelles localités elle est applicable ; à quelles natures de propriétés ; et enfin quelle est l'étendue du droit créé par l'article 663.

147. Il n'est pas toujours facile de reconnoître quand une communauté d'habitans est une *ville*.

Quelques lois anciennes employoient cette même dénomination; et quoique des chartes, des monumens, d'anciennes fortifications, des privilèges ou renseignemens semblables, pussent fournir les moyens de lever l'incertitude, l'application de ces actes étoit encore fort embarrassante. Maintenant que les fiefs et les privilèges ont disparu; que des communes extrêmement petites autrefois, sont devenues considérables; que d'autres ont notablement diminué, la difficulté devient encore plus grande. L'incertitude existe même sur l'autorité compétente pour donner, dans ce cas, la dénomination de *ville* à *telle* ou *telle* réunion d'habitans. Sous un grand nombre de rapports, sans doute, cette dénomination intéresse l'ordre public; et le gouvernement sembleroit seul compétent pour statuer. Mais c'est à l'occasion d'intérêts et de droits particuliers que la difficulté peut s'élever; et les tribunaux, seuls investis du droit de prononcer sur les intérêts privés, ne peuvent, suivant l'article 4 du code civil, différer le jugement sous prétexte de l'obscurité ou du silence de la loi.

Il nous semble que, dans ce cas, ils doivent se décider par les qualifications données à la commune dans des actes non suspects; à défaut de ces preuves, ordonner que, dans un délai déterminé, celui qui prétend que la commune est une ville, rapportera un acte administratif qui lui attribue ou qui lui reconnoisse cette qualification; et enfin, si on n'en rapporte point, qu'ils doivent prononcer suivant leurs connoissances particulières,

De même qu'il n'est pas toujours facile de déterminer quand une réunion d'habitans doit porter le nom de *ville*, il ne l'est pas davantage de reconnoître précisément à quel point finit le faubourg d'une ville qui peut avoir une partie de son territoire composée de propriétés purement rurales ou de maisons isolées et destinées à la simple exploitation, ou à l'agrément, sans tenir aux habitations agglomérées (1). Les plans et les cadastres faits par ordre des autorités compétentes, peuvent fournir des renseignemens précieux : malgré les inconvéniens qu'il y a de laisser à l'administration la décision d'une contestation purerement civile, elle seule dans ce cas, pourroit déclarer si les deux propriétés qu'il s'agit de séparer par un mur de clôture font, ou non, partie du faubourg de la ville ; et les tribunaux ne pourroient se dispenser de fonder leurs jugemens sur les déclarations que l'administration feroit en pareille matière.

148. Il importe peu quelle soit la nature de la propriété qu'il s'agit d'enclore. Les termes de l'article 663 comprennent toute sorte d'objets fonciers, dans les expressions *maisons*, *jardins* et *cours*, parce qu'il ne peut guère exister d'autre espèce de propriété dans l'enceinte d'une ville ou de ses faubourgs (2).

(1) Dig. lib. 50, tit. 16, *De verb. sign.* l. 2.

(2) Cassation, 27 novembre 1827, D. 28, 1, 32. Cassation, 14 mai 1828, D. 28, 1, 246.

Nul ne pourroit donc se refuser à cette clôture sous le prétexte que sa propriété, quoique située dans l'enceinte d'une ville ou de ses faubourgs, ne seroit pas précisément de l'espèce de celles que désigne l'article 663. Mais ce qu'il faut remarquer avec soin, c'est que les deux propriétés doivent être situées dans l'enceinte de la ville ou des faubourgs. Celui qui seroit à l'extrémité, n'auroit point de droits contre le voisin dont la propriété n'en feroit pas partie.

149. Le droit que donne l'article 663 est une de ces facultés dérivant de la loi dont chacun est libre d'user ou de n'en pas user, et le défaut de l'avoir exercé pendant un temps plus ou moins long ne sauroit le faire perdre (1).

Mais l'exercice de cette faculté donne lieu à la question controversée, de savoir si le voisin requis par l'autre de construire un mur mitoyen, a le droit de s'y refuser en offrant de donner à celui-ci la moitié de l'emplacement nécessaire, et en renonçant à prétendre aucun droit de mitoyenneté sur le mur qui aura été construit.

Pour la négative, on peut dire que l'article 663, formant évidemment une exception au droit commun et à la liberté naturelle qu'a un propriétaire de disposer sa chose comme bon lui semble, est une mesure de police et de sûreté clairement limitée par cette restriction aux villes et à leurs

(1) Buridan, *Cout. de Vermandois*, art. 270. — *Cout. de Reims*, art. 361.

faubourgs, mesure de police dont, à la vérité, l'exercice et l'opportunité ont été laissés à la discrétion de l'un des deux voisins, et que le législateur a voulu rendre obligatoire pour l'autre, dès que l'un des deux la *réclamoit* : *mais toutefois* mesure de police fondée sur la sûreté commune, sur le besoin de prévenir les inconvéniens d'un voisinage trop immédiat. En tirant la conséquence de ce principe, on est conduit à dire que le voisin requis par l'autre de construire un mur à frais communs en vertu de l'article 663 n'est pas fondé à s'y refuser, sous prétexte que la clôture lui paroît inutile, ou qu'elle sera suffisamment faite par un fossé, une haie vive ou sèche, une clôture en planches ou palissades (1). Ainsi il ne pourroit, même en adhérant à la construction d'un mur, prétendre qu'il suffit de le former de pierres sèches, superposées, sans liaison par un mortier de chaux ou de plâtre, ou du moins de terre (2), car l'expression de mur, dont se sert le code, ne nous paroit pas s'entendre de cette espèce de constructions (3). Ainsi l'offre que ce voisin feroit pour désintéresser l'autre, de lui abandonner la moitié du terrain nécessaire pour construire le mur, ne nous sembleroit pas suffisante, pour satisfaire à l'intention que l'article 663 a eue de l'astreindre à contribuer à la construction du

(1) Loisel, *Institutes coutumières*, liv. 2, tit. 3, n. 5.

(2) Buridan, *Cout. de Vermandois*, art. 270. — Desgodets sur l'art. 209, de la *Cout. de Paris*.

(3) Dig. lib. 50, tit. 16, *De verborum signif.* lib. 157.

mur, aussitôt que la réquisition de son voisin le met en demeure de remplir l'obligation imposée par la loi. Cependant les sentimens sont divisés sur ce point. Pour l'opinion contraire à celle que nous venons d'exprimer, on dit que l'article 663 est subordonné au principe consacré par l'article 656, d'après lequel celui qui est copropriétaire d'un mur mitoyen peut l'abandonner pour s'affranchir de l'entretien; on ajoute que cette faculté d'abandon n'admet point de distinction entre le cas prévu par l'article 663 et les autres cas dans lesquels il y auroit un mur mitoyen entre deux héritages, quelque part que ce soit : on en conclut que puisque le voisin pourroit, après qu'un mur a été construit, et lorsqu'il s'agit de le réparer ou de le rétablir, s'y refuser par l'abandon, il peut de même se refuser à une construction lorsqu'il est requis d'y concourir. Quoique ce sentiment nous paroisse s'écarter du texte et de l'esprit de l'article 663, nous ne devons pas dissimuler qu'il a été consacré par la jurisprudence (1).

L'opinion qui a prévalu jusqu'à présent, doit avoir une influence nécessaire sur deux questions que nous examinerons n. 152 et 168; dans cet examen nous en proposerons la solution selon que l'on croiroit devoir adopter l'un ou l'autre des systèmes qui viennent d'être exposés.

150. Le terrain du mur mitoyen doit être pris

(1) Cassation, 5 mars 1828, D. 28, 1, 164.

également sur chaque propriété : l'un des deux propriétaires ne pourroit contraindre l'autre à fournir seul l'emplacement, sous prétexte que le terrain de ce voisin est plus solide, et encore moins l'obliger à lui céder des portions, quelque peu considérables qu'elles fussent, sous prétexte d'alignement et de redressement (1). L'emploi et la qualité des matériaux dépendent de l'usage des lieux, et les frais doivent être supportés en commun. Mais il ne seroit pas libre à l'un des voisins de construire ou d'exiger que l'on construisît ce mur en matériaux plus chers et avec des frais plus considérables qu'on ne le fait ordinairement. Les tribunaux doivent, dans ce cas, respecter les usages, et jusqu'à la pauvreté des propriétaires, à qui leur bien deviendroit quelquefois plus onéreux que profitable. Le but de cette construction n'est, d'ailleurs, que de procurer une clôture plus exacte et plus forte que celle qu'on emploie dans les campagnes : ce mur de clôture n'est point destiné à supporter le poids d'un édifice ; nous verrons n. 173 et suiv. que celui qui veut s'en servir pour cet usage, est tenu de faire seul les frais extraordinaires qui peuvent en résulter. Ainsi, le simple emploi de pierres liées avec de la terre nous paroît suffisant.

Mais si les deux héritages limitrophes qu'il s'agit de séparer par un mur de clôture, étoient de hauteur inégale, quelles règles faudroit-il

(1) Rejet, 5 décembre 1832, D. 33, 1, 100.

suivre pour fixer la contribution respective dans la construction ? Si l'on ne donne au mur la hauteur légale que du côté du terrain le plus bas, elle n'existera point du côté du sol élevé; si le mur reçoit la hauteur calculée d'après le sol supérieur, il aura du côté du sol inférieur une élévation au-dessus de celle que la loi détermine, et les frais de construction en seront d'autant plus chers.

Pour fixer avec plus d'exactitude les obligations respectives des deux voisins dans ce cas, il faut avant tout appliquer les principes généraux en matière de servitudes.

Lorsque les terrains sont situés en pente, l'écoulement naturel des eaux, l'éboulement des terres que la nature produit, sont des événemens dont le propriétaire supérieur ne doit aucune garantie au propriétaire inférieur : nous en avons donné les motifs dans le chapitre précédent. Mais lorsqu'un mur sépare les deux propriétaires, et que la construction en est telle que la propriété supérieure forme une véritable terrasse, il est assez naturel de croire que le mur de soutien en est une dépendance, et doit appartenir au propriétaire du terrain supérieur (1). La disposition des lieux peut cependant aussi conduire à une conséquence opposée : il arrive souvent que le propriétaire de la partie inférieure d'un terrain en pente désire le couper à pic pour se procurer par

(1) Arrêt du 26 mai 1762, rapporté par Denisart, V° *Mur*, n. 15.

le déblaiement une plus grande étendue de terrain uni ; il faut qu'alors il soutienne par un mur le sol supérieur qui n'est plus retenu par une partie en pente (1).

En supposant la question résolue par l'examen des lieux, ou par une stipulation expresse qui charge le propriétaire du fonds inférieur d'entretenir ce mur, comme nous l'avons dit, n. 66, il ne reste plus de difficulté. Celui qui est chargé d'entretenir le mur de terrasse à ses dépens, remplit cette obligation jusqu'au niveau du sol que ce mur soutient. La partie formant clôture doit ensuite être construite sur le mur de terrasse qui lui sert de fondement, de manière qu'il ait la hauteur légale à partir du sol le plus élevé, et sans que celle de ce mur de terrasse en fasse partie. Cette portion seule est à frais communs ; et par ce moyen les principes sur la clôture, ceux qui déterminent l'obligation particulière de l'un ou de l'autre de soutenir le terrain, et les règles de l'équité, sont maintenus.

Mais celui qui n'a aucun droit dans la propriété du mur de terrasse, et qui par conséquent ne doit supporter que la moitié de la construction du mur de clôture bâti à partir du sol le plus élevé, n'est pas obligé à l'indemnité de la charge qu'éprouve le mur de terrasse sur lequel est construit celui de clôture. La charge que le mur de terrasse éprouve

(1) Desgodets, sur les art. 187, 191 et 192 de la *Coutume de Paris*.

dans ce cas, est une suite naturelle de la disposition des lieux, dont le propriétaire du mur ne doit pas moins éprouver les inconvéniens que les avantages, et qui ne doit rien changer au sort de son voisin (1). Dans ce cas où les terrains sont de hauteurs inégales, nous sommes porté à croire que le propriétaire de l'héritage supérieur pourroit offrir de creuser son terrain dans une étendue de 19 décimètres (six pieds) de largeur, et avec une profondeur telle, que le mur séparatif eût de son côté la hauteur déterminée par l'article 663, le résultat de cet abaissement des terres ayant le même effet que l'exhaussement du mur. Nous donnerons encore quelques notions à ce sujet en parlant des vues droites, n. 204.

151. La hauteur de clôture dépend des règlemens locaux ou des usages constans et reconnus. A défaut de règlemens ou usages, l'article 663 l'a déterminée d'une manière générale pour les constructions postérieures à la promulgation du code; quant aux murs antérieurement construits à une moindre hauteur, si la coutume ou les usages constans et reconnus n'en exigent pas une plus considérable, ils doivent subsister jusqu'à ce qu'il y ait lieu à les reconstruire.

S'il existoit entre des voisins un mur de clôture dont la hauteur excédât ces proportions, il ne seroit pas libre à l'un d'eux de l'y réduire.

(1) Desgodets, sur l'art. 209 de la *Coutume de Paris*, n. 5, est d'avis contraire.

L'état de ce mur seroit censé l'effet d'une convention tacite à laquelle la volonté des deux copropriétaires pourroit seule apporter des modifications (1).

Mais il n'en résulteroit pas, à l'inverse, que l'un d'eux pût empêcher l'autre d'élever davantage ce mur. Tout ce qu'on peut en conclure, c'est que chacun a droit de contraindre son voisin à conserver au mur sa hauteur, sans la diminuer. Pour que la servitude de ne pas l'exhausser existât, il faudroit qu'un acte portât qu'il restera dans cet état, sans pouvoir être exhaussé par l'un ou par l'autre (2). Nous développerons n. 231 les principes de droit sur lesquels est fondé notre sentiment.

La loi n'a pas pris la précaution de déterminer quelle épaisseur devoit avoir le mur mitoyen dans les lieux où cette hauteur n'avoit pas été fixée par les usages ou les coutumes.

La nature des choses doit y suppléer. L'épaisseur d'un mur est déterminée par sa hauteur, en ce sens qu'elle est plus ou moins considérable, suivant que la base a plus ou moins de poids à supporter; elle est en général d'un demi-mètre ou 13 pouces (3).

152. Ce qui vient d'être dit, nous conduit à

(1) Arrêt du 21 juillet 1752, cité par Denisart, V° *Mur*, n. 5.

(2) Ferrière, *Cout. de Paris*, titre des servit. *ad. fin.* — Arrêt du parl. de Paris, de l'année 1780, rapporté au *Répertoire de jurisprudence*, V° Servitude, section 16, n. 4.

(3) Buridan, *Coutume de Reims*, art. 361.

examiner la question de savoir si dans les lieux où un voisin a le droit, comme on l'a vu n. 146, de contraindre son voisin à construire un mur à frais communs, celui qui d'abord l'auroit construit seul, peut ultérieurement exiger que son voisin lui rembourse la moitié des dépenses.

La négative ne seroit pas douteuse dans l'opinion qui reconnoît au voisin le droit d'abandon pour se soustraire à l'obligation imposée par l'article 663. Mais elle mérite d'être examinée dans l'opinion de ceux qui n'admettent pas cette faculté. On peut opposer au voisin qui demanderoit ainsi le remboursement, que l'article 663 se borne à donner une action pour faire construire et pour entretenir ensuite le mur; que si un voisin a jugé à propos de le bâtir seul à ses frais, il a fait sa position; qu'il peut avoir eu des motifs pour agir ainsi, ne fût-ce que celui de trouver les moyens d'ouvrir dans ce mur, dont lui seul est propriétaire, les jours qu'il n'auroit pas le droit d'ouvrir dans un mur mitoyen; qu'après avoir agi ainsi il ne peut plus changer, et qu'il doit attendre que la mitoyenneté lui soit demandée par son voisin.

On peut répondre cependant à ces objections dont nous ne dissimulons pas la force, que le voisin qui a construit le mur de clôture a rempli une obligation que la loi imposoit à l'un et à l'autre; qu'il a fait l'affaire commune, qu'il l'a faite utilement; qu'il auroit pu contraindre son voisin à construire le mur à frais communs; que pour avoir bien voulu faire seul les avances, il ne peut pas être traité plus défavorablement; qu'il est donc dans le cas prévu par l'article 1375 du code (1); et cette dernière opinion nous paroîtroit préférable (*). Il importe toutefois de faire observer, dans ce cas, que celui qui après avoir construit le mur, demande à son voisin le remboursement de la moitié des dépenses, ne peut exiger rien de plus que ce à quoi seroit obligé ce dernier, s'il vouloit acquérir la mitoyenneté, comme on le verra n. 154.

SUBD. II. *Des murs mitoyens par acquisition.*

153. Tout propriétaire d'un mur qui n'est pas mitoyen peut en céder la mitoyenneté à son voisin, dans l'étendue et aux conditions qu'il juge à propos. Les conventions des parties deviennent leur loi à cet égard.

Une convention n'est pas toujours nécessaire. Quoique des titres réguliers et irrécusables attribuent à un seul des voisins la propriété d'un mur, l'autre peut en acquérir la mitoyenneté au moyen de la prescription (2); c'est-à-dire que celui qui prouveroit de la manière la plus évidente que lui ou son auteur a seul bâti *tel* mur séparant sa propriété de celle du voisin, ne pourroit s'en dire

(1) Goupy sur Desgodets, art. 194 de la *Coutume de Paris.* — Arrêt du 10 juin 1561, rapporté par de La Rochellavin, liv. 6, tit. 42, art. 51.

(2) Desgodets, sur l'art. 114 de la *Coutume de Paris*, n. 5.

(*) C'est l'avis de MM. Delvincourt, t. 1, p. 192, et Duranton, t. 5, p. 258, contraire à celui de M. Toullier, t. 3. p. 114.

propriétaire exclusif, si ce voisin prouvoit que depuis trente ans il use du mur comme de chose commune, qu'il l'entretient en cette qualité, etc. Cette prescription seroit jugée suivant les principes consacrés par les articles 2262 à 2270 du code, dont les plus essentiels seront expliqués n. 276 et suivans.

Dans la règle, la mitoyenneté ne devroit être acquise que par l'une ou l'autre de ces voies; mais l'article 661 permet à celui qui joint le mur d'autrui de le rendre mitoyen, en tout ou en partie, en lui remboursant la moitié de la valeur de la portion qu'il veut rendre mitoyenne, et moitié de la valeur du sol sur lequel il est bâti. L'économie du terrain ainsi que des matériaux, et l'avantage des particuliers pour lesquels cette mesure allège les frais de construction, en démontrent la nécessité, et ne permettent point de distinguer, comme dans le cas prévu n. 146, entre les villes et les campagnes (1). Mais la loi a sagement prévu les effets de la mauvaise humeur des voisins qui s'y refuseroient, et quoique régulièrement personne ne soit obligé d'aliéner sa chose, elle en fait une servitude légale, par l'obligation qu'elle impose à chacun de vendre la copropriété de son mur au voisin qui l'exige (2). Nul ne peut s'y soustraire sous prétexte que depuis plus de trente ans son voisin n'a pas demandé de faire cette acquisition,

(1) Pothier, *Contrat de société*, n. 249. — Desgodets, sur l'art. 210 de la *Coutume de Paris*.

(2) Pothier, *Contrat de Société*, n. 247.

parce que, suivant ce qui a été n. 21, le défaut d'exercice d'une faculté accordée par la loi n'en peut faire perdre l'usage.

Nous avons dit que ce droit de contraindre son voisin à vendre la mitoyenneté d'un mur n'étoit accordé qu'à celui dont le terrain joint immédiatement ce mur. Un chemin qui feroit partie du domaine public ou municipal, un sentier qui appartiendroit aux deux voisins, seroient autant d'obstacles à la prétention de celui qui voudroit acquérir la mitoyenneté.

Dans ce dernier cas même, qui sembleroit plus favorable, elle ne pourroit être admise, parce que le point de division des deux propriétés ne seroit pas au lieu où est bâti le mur, mais à la moitié du sentier; et que, pour arriver au mur qu'il s'agit de rendre mitoyen, le voisin seroit obligé de passer sur la moitié qui appartient au propriétaire du mur.

154. On ne peut donc obliger à vendre la mitoyenneté, que celui qui a construit sur l'extrémité de son terrain; et si nonobstant la présomption la plus générale que chacun est censé avoir bâti de cette manière, il prouvoit qu'il a laissé un espace au-delà de son mur, il ne pourroit plus être contraint à vendre la mitoyenneté; ce mur ne sépareroit pas immédiatement les deux héritages.

Mais il ne faudroit pas que l'abus de ce principe pût fournir à celui qui construit un mur les moyens d'éluder la loi. Si ce propriétaire n'a laissé qu'un espace assez peu considérable pour qu'il ne puisse évidemment en tirer aucune espèce d'utilité, par exemple : si le terrain n'a pas une étendue suffisante pour que des échelles soient aisément appliquées au mur lors des réparations qu'il y faudra faire ; pour qu'un ouvrier puisse y passer commodément ; ou pour que l'égoût d'un toît qu'on dirigeroit de ce côté puisse y tomber ; si cet espace n'est pas de l'étendue du moindre de ceux qui sont requis par la loi ou l'usage local pour isoler certaines constructions du terrain voisin, il n'y a véritablement aucune possibilité que celui qui l'a ainsi réservé en tire utilité. On ne doit voir dans sa conduite qu'une malice qui ne mérite aucune faveur, qu'un projet de se soustraire à la servitude légale imposée à celui qui a construit à l'extrémité de sa propriété. Il est donc conforme à l'esprit de la loi que, dans une telle circonstance, celui qui a voulu ainsi en éluder la disposition précise, puisse être condamné à abandonner, à dire d'experts, à son voisin la mitoyenneté de son mur et la propriété du terrain qu'il a laissé au-delà ; à moins qu'il ne préfère bâtir un mur à frais communs à l'extrémité des deux héritages, en fournissant la moitié de l'emplacement. Les tribunaux qui, à défaut d'une loi formelle, ne croiroient pas devoir prononcer ainsi, laisseroient à un voisin injuste la faculté de se soustraire à l'obligation commune, puisque avec la précaution de laisser quelques centimètres de terrain au-delà de son mur, et de le faire constater d'une manière positive, il pourroit dire que ce mur n'est pas immédiat avec la propriété voisine.

155. Les termes de l'article 661 ne contiennent aucune expression limitative; et dans l'intention de la loi, la seule volonté d'acquérir, même sans raison connue de nécessité ou d'utilité, suffit pour faire accueillir la demande (1).

Le propriétaire du mur dont on veut acquérir la mitoyenneté, ne peut s'y refuser sous prétexte qu'il y auroit percé, dans le cas permis, des vues que la mitoyenneté de ce mur ne lui permettra plus de conserver. Il ne peut pas davantage s'y refuser, sous prétexte qu'il auroit une servitude d'égoût sur le terrain contigu du voisin qui veut acquérir la mitoyenneté; seulement, lorsque ce voisin voudra faire des appuis ou adossemens d'édifices à ce mur, il devra, conformément à ce que nous avons dit, n. 71, les disposer de manière à ne pas nuire au droit d'égoût.

Le voisin à qui un mur appartient exclusivement ne peut, pour éluder l'obligation d'en vendre la mitoyenneté, le démolir, même en offrant de contribuer pour moitié à la construction d'un autre mur, qui seroit assis sur une égale portion des terrains limitrophes. L'article 661 obligeant l'acquéreur de la mitoyenneté à lui payer le prix du mur et celui du terrain sur lequel il est

(1) Pothier, *Contrat de société*, n. 248. — Goupy sur Desgodets, l'article 200 de la *Coutume de Paris*, n. 19. — Rejet, 1er décembre 1813, D. 14, 1, 39.

construit, prévient tout prétexte de réclamation.

Le mur, dont la mitoyenneté doit être estimée dans les cas que nous venons d'indiquer, peut être d'une hauteur, d'une qualité de matériaux, ou d'une épaisseur excédant celles qui sont en usage. Il nous semble que, pour régler la manière dont l'estimation doit être faite, une distinction est nécessaire. Lorsqu'un voisin veut acquérir la mitoyenneté dans une ville ou ses faubourgs jusqu'à la hauteur de clôture, le propriétaire du mur ne peut exiger plus que la valeur d'un mur qui seroit construit avec les matériaux et dans les dimensions usitées pour ces sortes de clôtures (1). S'il n'existoit point de mur, le voisin ne pourroit être contraint de contribuer à une construction faite dans une dimension et avec des matériaux différens : la situation de celui qui a construit le premier n'est pas autre que dans le cas de l'article 659 qui veut, comme nous le verrons plus loin, que celui qui a intérêt d'augmenter l'épaisseur du mur de clôture, le fasse à ses propres dépens.

Mais si un voisin veut acquérir la mitoyenneté d'un mur, soit dans un lieu qui n'est pas assujéti aux règles de l'article 663, soit dans une étendue plus considérable que celle de la clôture, il nous semble que cette mitoyenneté doit être acquise dans l'état actuel du mur (2) : quelle qu'en soit

(1) Desgodets, sur l'art. 194 de la *Coutume de Paris*, n. 28.

(2) Pothier, *Contrat de société*, n. 251.

l'épaisseur ou la qualité, il est la propriété de celui de qui on veut acquérir la mitoyenneté; et comme l'effet de cette acquisition est de transférer à l'acquéreur la moitié du mur, il doit en payer la valeur réelle (*).

156. L'acquisition de la mitoyenneté ayant paru si favorable qu'on peut la faire pour la partie seulement dont on a besoin, l'étendue de cette partie doit être déterminée par la nature de l'emploi que projette celui qui veut acquérir. Ainsi celui qui demande la mitoyenneté d'un mur dans une étendue suffisante pour adosser des cheminées, doit payer, indépendamment de l'espace en hauteur et en largeur qu'auront les tuyaux adossés, une augmentation de largeur, que l'usage a fixée à un pied, parce qu'on ne peut quelquefois appuyer solidement des cheminées sans faire à droite et à gauche des arrachis et de la maçonnerie nouvelle : de même, si ce qui doit être adossé au mur ne l'étoit pas à partir du sol, telle que seroit une galerie élevée, il faudroit toujours acquérir la mitoyenneté à partir de terre, parce que c'est le sol qui porte le dessus.

On voit que, dans ce cas, il est nécessaire de faire séparément l'estimation du terrain et du mur : car, quelque élevée que puisse être la portion qu'on veut acheter, le terrain qui la supporte est toujours

(*) Desgodets, sur l'art. 194 de la *Coutume de Paris*, n. 28, et M. Delvincourt, *Cours de code civil*, t. 1, p. 356, sont d'un sentiment opposé.

le même. Mais si le propriétaire du mur avoit des caves sous la partie dont son voisin désire acquérir la mitoyenneté, celui-ci, qui ne voudroit point en avoir, n'est obligé de payer la moitié de la valeur de la fondation que jusqu'à concurrence de la partie nécessaire pour soutenir un mur ordinaire (1).

Quand la mitoyenneté d'un mur n'a été acquise que pour portion, l'excédant reste la propriété du voisin à qui la totalité appartenoit auparavant; alors cet excédant forme, sur la partie du mur devenue mitoyenne, une surcharge qui peut accélérer l'époque de sa reconstruction, à laquelle devra contribuer celui qui acquiert la mitoyenneté. Aussi, par une juste induction de l'article 658, dont nous parlerons plus bas, on doit, dans l'appréciation de la partie rendue mitoyenne, avoir égard à cette circonstance.

157. Il est inutile d'ajouter que la valeur de la mitoyenneté doit être déterminée par experts. La loi, en laissant le propriétaire d'un mur maître d'en fixer le prix, se seroit rendue elle-même impuissante. Cette fixation ne doit point être basée sur ce que le mur peut avoir coûté, mais sur sa valeur présente (2) : le prix d'une chose est ce qu'elle vaut au temps où se fait la vente. D'ail-

(1) Desgodets, sur l'art. 194 de la *Coutume de Paris*, n. 17. — Pothier, *Contrat de société*, n. 250.

(2) Arrêts du parlement de Toulouse, des 15 mars 1582 et 12 décembre 1592, rapportés par de La Rocheflavin, liv. 2, tit. 1, art. 3, et liv. 6, tit. 42, art. 6, p. 180 et 445. — Pothier, *Contrat de société*, n. 254.

leurs si un mur neuf peut avoir une durée quelconque, un mur bâti depuis *tel* ou *tel* temps doit durer d'autant moins. Ainsi, dans l'estimation, il est convenable d'examiner la nature et la qualité des matériaux avec lesquels le mur est bâti, et quelle durée on peut présumer qu'il aura. Si même il n'étoit pas construit sur un terrain solide, il seroit juste que, dans l'évaluation de la mitoyenneté, on eût égard à la nécessité où l'on sera de le reprendre sous œuvre.

Si le mur dont on veut acquérir la mitoyenneté étoit dans un état tel que la reconstruction en fût déja indispensable, on sent bien qu'il ne pourroit être dû qu'une indemnité relative à la valeur du terrain sur lequel il est construit, et des matériaux qui le composent; car, aussitôt que le prix en auroit été fixé, l'acquéreur auroit droit d'obliger celui qui vient de lui vendre cette mitoyenneté à reconstruire ce mur à frais communs, suivant les règles qui seront données ci-après.

Il en seroit autrement si ce mur, suffisant pour la clôture respective, n'avoit besoin d'être fortifié ou reconstruit que parce que celui qui voudroit en acquérir la mitoyenneté désireroit bâtir dessus (1). Dans ce cas, il devroit payer la mitoyenneté, suivant le prix du mur dans son état actuel de simple clôture, sauf à user ensuite du droit que lui assure l'article 659 de l'exhausser et même de le reconstruire.

(1) Pothier, *Contrat de société*, n. 252.

158. Celui qui est contraint par son voisin à lui vendre cette mitoyenneté peut exiger que tous les frais de demande et d'expertise soient payés par l'acquéreur. Il nous sembleroit même douteux que ce dernier pût s'en défendre en justifiant d'offres réelles d'une somme égale à celle qu'a ultérieurement déterminée l'estimation, parce que le propriétaire du mur peut de très bonne foi ignorer ce que vaut la mitoyenneté requise. Ce propriétaire du mur peut aussi exiger que le prix lui soit payé préalablement à toute entreprise : c'est une juste et nécessaire conséquence de la disposition du code ; car celui qui veut bâtir contre le mur ne peut le faire qu'après qu'il a acquis la mitoyenneté ; et tant que le paiement ne la lui a pas assurée, il ne peut exercer les droits qui en dérivent, s'il n'y est autorisé par la justice, en cas de refus de son voisin de recevoir le prix d'estimation.

SUBD. III. *Des murs qui sont réputés mitoyens par présomption de la loi.*

159. Deux sortes de murs sont réputés mitoyens par l'article 653 : 1° les murs servant de séparation entre cours et jardins, et même entre enclos dans les champs ; 2° ceux qui séparent des bâtimens jusqu'à hauteur de l'héberge.

Nous avons vu, n. 146, que dans les villes et leurs faubourgs on pouvoit contraindre son voisin à la construction d'un mur de clôture commun. Quoique cette mesure ne soit pas étendue à tous lieux indistinctement, on ne sauroit se dissimuler combien elle est utile; et par conséquent la présomption naturelle que la loi a dû admettre, est qu'un tel mur est mitoyen lors même qu'il excède la hauteur de clôture. On a facilement présumé que des voisins prendroient des arrangemens pour construire à frais communs le mur qui sépare leurs cours, jardins ou enclos. Mais pour que cette présomption existe, il faut que les propriétés ainsi séparées soient de la nature de celles qu'indique la seconde disposition de l'article 653 : un mur qui sépareroit un jardin ou une cour, d'un pré, d'un bois, d'une terre labourable, seroit présumé appartenir au propriétaire du jardin, de la cour.

Il faut que l'autre propriété soit également ou un jardin, ou une cour, ou un terrain entouré des autres parts, soit par des murs, soit par des clòtures telles qu'on puisse lui donner la qualification d'*enclos*, qualification qu'il est, au surplus, moins difficile de connoître par l'usage que de définir.

Un mur qui se trouveroit construit entre deux héritages auxquels ne conviendroit aucune des dénominations ci-dessus, par exemple, entre deux morceaux de prés ou de terres non clos des autres côtés, ne seroit pas sans doute présumé mitoyen en vertu de l'article 653 : mais s'il n'y avoit, ni marques, ni preuves de propriété exclusive en faveur de l'un des héritages, la raison commanderoit de le considérer comme commun aux deux propriétaires.

On voit aussi que cette présomption légale de mitoyenneté, dans tous les lieux indistinctement, ne s'étend pas aux murs d'un bâtiment qui donneroit sur le jardin ou la cour d'un autre propriétaire. Dans ce cas, le mur n'est pas présumé servir de séparation au jardin, puisque de l'autre côté il n'y a pas ce que la loi appelle *jardin*, *cour* ou *enclos;* il est partie intégrante du bâtiment qui ne peut exister sans les murs qui le composent (1). Cette restriction n'est modifiée que dans les lieux où, conformément à l'article 663, un voisin peut contraindre l'autre à construire une clôture entre les deux propriétés (2). Dans ces lieux, tous murs, même ceux des bâtimens, doivent être déclarés communs depuis la fondation jusqu'à la hauteur déterminée pour la clôture par l'article précité. Ils ne sont présumés appartenir à celui des voisins dont ils soutiennent les bâtimens que pour surplus (*). La raison de cette présomption est que le voisin qui n'a pas de bâtimens de son côté, ayant pu être obligé par l'autre voisin à construire à frais communs un mur de la hauteur de clôture prescrite par la loi, on doit présumer que lui ou ses auteurs auront rempli cette obligation, avec d'autant plus de raison que, s'il avoit seul cons-

(1) Buridan, *Coutume de Vermandois*, art. 271.

(2) Pothier, *Contrat de société*, n. 202. — Bourjon, liv. 4, tit. 1, *des Servitudes*, 2e part. chap. 10, sect. 1, n. 1.

(*) Cette opinion, partagée par MM. Delvincourt, t. 1er, p. 395, et Toullier, t. 3, page 129, est combattue par M. Duranton, t. 5, p. 299 et suiv.

truit le mur, il n'eût pas manqué de l'accompagner de signes exclusifs de mitoyenneté. A l'égard de ce qui excède la hauteur déterminée par les usages, il est présumable que le voisin qui en avoit besoin pour élever son bâtiment, a fait seul cette élévation à ses frais.

160. La loi présume encore mitoyens les murs qui séparent les bàtimens, dans quelque lieu qu'ils soient situés. Mais, fidèle à ne baser ses présomptions que sur ce que les parties ont pu ou dû naturellement faire ou consentir, elle déclare que cette mitoyenneté n'existe que jusqu'à la hauteur de l'*héberge*, c'est-à-dire jusqu'au point où deux bâtimens, de hauteurs inégales, peuvent profiter du mur commun (1).

Il peut arriver cependant que le mur soit plus élevé que les points où cesse l'appui de chacun des bâtimens qu'il sépare, et que ni l'un, ni l'autre, ne profite de l'excédant. Ce n'est plus ici le principe consacré par l'article 653 qui doit décider, c'est la règle générale, qu'à défaut de titres ou de toute autre preuve équivalente, l'objet situé sur la limite de deux héritages appartient en commun à ceux qu'il sépare ainsi. Mais si les deux bâtimens ne sont pas de la même hauteur, par exemple si sur un mur de 20 mètres, un des bâtimens appuie jusqu'à 10 et l'autre jusqu'à 15, il est naturel d'attribuer les 5 mètres excédans à ce dernier, car ils

(1) Pothier, *Contrat de société*, n. 203.

sont supportés par une partie qui est sa propriété exclusive.

161. La loi n'exige aucune preuve de la mitoyenneté qu'elle établit; elle en fait une présomption légale qui dispense de toute justification celui au profit de qui elle existe, conformément à l'article 1352 du code civil; mais elle a permis et déterminé l'espèce de preuve qui pouvoit la combattre.

Aux termes de l'article 653, cette présomption cesse dans deux cas : s'il y a titre, ou marque du contraire.

Nous n'avons rien à dire sur le premier cas; le titre qui établit la propriété exclusive du mur est soumis aux mêmes formes et aux mêmes conditions que les titres ordinaires de propriété. Ce titre peut remonter à l'origine de la construction du mur, ou bien être postérieur; les principes sont les mêmes, parce que le copropriétaire d'une chose indivise peut céder ses droits dans cette chose à son copropriétaire.

Ce seroit sortir des bornes de notre ouvrage que d'entrer dans la discussion des principes et des questions qui pourroient naître sur la validité des titres. Il suffit de dire que toute preuve matérielle, qui n'est évidemment qu'une présomption, devant céder à la preuve littérale, celui qui justifieroit par ce genre de preuve qu'un mur n'est pas mitoyen, pourroit l'invoquer, nonobstant la présomption résultant de la situation des héritages.

ou de signes contraires (1); à moins que ces signes n'eussent une existence continue de plus de trente ans après la date du titre, parce que cet état de choses donne lieu de croire que les parties ont fait de nouvelles conventions, par suite desquelles le mur a été reconstruit avec des signes de propriété exclusive au profit de l'un des deux voisins limitrophes (*).

Mais la prescription doit-elle aussi être rangée parmi les titres légitimes qui attribuent la propriété exclusive d'un mur (2)? Si pendant trente ans un voisin a toléré, de la part de l'autre, des entreprises ou des actes qui excluent l'idée de toute mitoyenneté sur le mur auquel la présomption légale attribue cette qualité, si, de son côté, il n'en a fait aucun usage, l'affirmative ne paroît pas douteuse (3). La copropriété n'empêche pas qu'un seul ne puisse acquérir par prescription les droits de son associé (4); mais il faut que les faits soient tellement précis, qu'on doive en conclure que celui-ci a voulu abandonner sa part (5) : les principes que nous donnerons au § IV s'y opposeroient dans tout autre cas.

(1) Pothier, *Contrat de société*, n. 206. — Bourjon, liv. 4, tit. 1, *des Servitudes*, 2e part. chap. 10, sect. 1, n. 2.

(2) Desgodets, sur l'art. 114 de la *Coutume de Paris*, n. 5.

(3) Arrêt du 22 mai 1770, cité par Denisart, V° *Mur*, n. 15.

(4) Lapeyrère, V° *Prescription*.

(5) Dunod, *Traité des prescriptions*, part. 1, ch. 12, p. 81 et 101.

(*) Cette opinion, partagée par MM. Delvincourt, t. 1, page 395, et Toullier, t. 3, page 130, est combattue par M. Duranton, t. 5, pages 312 et suiv.

Il faut donc que ces faits soient différens de ceux qu'autorise la mitoyenneté (1), et nous devons avouer que le cas se présentera rarement. En effet, l'ouverture de jours ou d'enfoncemens qu'un copropriétaire n'a pas droit de faire dans le mur mitoyen, comme nous le verrons dans la suite, ne suffiroit pas, quelque ancienne qu'elle fût, pour lui attribuer la propriété exclusive du mur. Il n'acquerroit que le droit de conserver ces ouvertures ou ces enfoncemens, ce qui seroit plutôt une servitude qu'un droit de propriété; car nous avons vu, n. 17, que les principes sur les servitudes ne s'opposent pas à ce qu'un copropriétaire en acquît sur la chose commune. Mais si l'un des deux propriétaires, dont le mur sépare l'héritage, l'avoit reconstruit et que l'autre eût gardé le silence pendant trente ans, il n'y auroit aucune bonne raison pour ne pas en conclure que le premier a acquis, par prescription, la propriété exclusive du mur.

Nous nous réservons d'examiner, n. 325, quel seroit l'effet d'une possession annale.

162. La marque de non mitoyenneté résulte de certains caractères ou signes distinctifs déterminés par l'article 654 du code. Le premier est lorsque la sommité du mur est droite et aplomb de son parement, d'un côté, et qu'elle présente de l'autre un plan incliné. Par cet état de construction du

(1) Arrêt du parl. de Toulouse, du 3 septembre 1705. *Journ. du parl. de Toulouse*, t. 3, p. 217.

mur, les eaux pluviales ne s'écoulent que sur le terrain de celui du côté de qui est le plan incliné, et la présomption d'une propriété exclusive en sa faveur résulte de ce qu'il n'est point vraisemblable que, s'il n'avoit pas été propriétaire de la totalité du mur, il eût consenti à recevoir seul les eaux.

Un second signe de non mitoyenneté déterminé par l'article 654, est lorsqu'il n'y a de chaperon que d'un côté. Les raisons de cette présomption légale sont les mêmes que pour le cas précédent; le chaperon n'étant que la sommité du mur, qui présente un plan un peu moins incliné et presque arrondi. L'objet du chaperon est également de faciliter, par sa forme convexe et la pente qu'elle offre, l'écoulement des eaux pluviales qui feroient périr ce mur s'il étoit plat et carré à son extrémité.

Le troisième caractère est lorsqu'il y a dans le mur plusieurs filets ou corbeaux de pierres qui y auroient été mis en le bâtissant. On donne le nom de *filets*, soit à la moulure qui saille au bout du chapeau du mur et excède sa surface perpendiculaire, soit à des morceaux de bois qui sont enfoncés dans le mur, et dont les bouts paroissent au dehors. Par *corbeaux* on entend des morceaux de pierre aussi placés dans le mur, et dont la saillie excède sa surface perpendiculaire (1).

Ici le code civil a fait une innovation remarquable aux usages de plusieurs contrées. Dans cer-

(1) Desgodets, sur l'art. 214 de la *Coutume de Paris*. — Pothier, *Contrat de société*, n. 205.

taines coutumes, lorsque les corbeaux étoient disposés de manière à recevoir des pièces de bois ou quelques autres objets, il en résultoit la présomption que le mur appartenoit exclusivement à celui du côté de qui ils se trouvoient (1). Selon d'autres coutumes, lorsque les corbeaux étoient renversés de manière à ce que celui du côté de qui ils étoient n'en pût faire aucun usage, ils excluoient ce voisin de tout droit au mur (2); on les appeloit à cet effet *corbeaux* ou *corbelets de défense.* Non-seulement le code n'a point conservé ce mode d'exclure la présomption de mitoyenneté, il a voulu au contraire, comme nous allons le voir, que la propriété exclusive fût attribuée à celui du côté de qui se trouvent les corbeaux.

Il en est de même des autres signes que la jurisprudence ou les lois coutumières avoient admis, tels que des anneaux, chevilles ou crochets destinés à attacher des espaliers; les lucarnes ou petites ouvertures en carré long, en usage dans les pays méridionaux (3). Ils ne pourroient plus être employés comme moyens de constater la non-mitoyenneté d'un mur. Nous verrons, n. 341 et suivans, ce qu'il est convenable de faire quant aux signes établis avant le code.

(1) *Coutume de Châlons*, art. 135; *Coutume de Nivernais*, tit. 10, art. 14; *Coutume d'Orléans*, art. 241. — Buridan, *Coutume de Vermandois*, art. 271.

(2) *Coutume d'Orléans*, art. 241; *Coutume de Nivernais*, ch. 10, art. 14.

(3) Cæpolla, tr. 1, cap. 40, n. 15 et seq.

163. Conformément à l'article 654, le mur est censé appartenir exclusivement au propriétaire du côté de qui sont l'égoût ou les corbeaux et filets de pierre. Mais il faut que cet état du mur ait commencé avec la construction, ou qu'il subsiste depuis trente ans (*); autrement un voisin pourroit ajouter, après coup, des signes de propriété exclusive (1). Si donc l'un des voisins articuloit que cet état du mur est récent, que ce n'est qu'une voie de fait de la part de l'autre, qu'elle a eu lieu depuis la construction et sans titre, on ne pourroit se dispenser de l'admettre à cette preuve, et de refuser la propriété exclusive à celui qui auroit essayé ainsi de l'usurper. Ce voisin doit même, sans qu'il soit nécessaire d'attendre que l'autre prenne droit de ces signes pour réclamer la propriété exclusive, être admis à intenter toutes actions nécessaires pour s'opposer à une telle entreprise, et faire rétablir les choses dans l'état ancien; car nous verrons qu'il n'est permis de faire aucune innovation au mur mitoyen sans le consentement de tous les copropriétaires.

Nous avons dit, n. 158, que dans les lieux où la clôture n'est pas forcée entre voisins, aux termes de l'article 663, le mur d'un bâtiment ne pouvoit être mitoyen avec le jardin ou la cour dont il le sépare; cependant, si du côté de cette cour ou de ce jardin il existe dans le mur des

(1) Pothier, *Contrat de société*, n. 205; et sur l'art. 241 de la *Coutume d'Orléans*.

(*) M. Delvincourt, t. 1, p. 554, est d'avis contraire.

vestiges de bâtimens qui y auroient été adossés, le mur doit être réputé mitoyen jusqu'à la hauteur de ces vestiges, de même que le feroient présumer les bâtimens s'ils subsistoient encore ; car ils n'auroient pu être construits si le mur n'eût été mitoyen (1).

164. Nous avons déja vu qu'on pouvoit acquérir la mitoyenneté d'un mur pour une portion seulement ; nous dirons dans la suite de ce paragraphe qu'un mur mitoyen peut être exhaussé par un seul des copropriétaires pour son utilité personnelle : dans ces deux cas, les marques de non mitoyenneté ne doivent concerner que la partie qui appartient exclusivement à celui qui les place ou les invoque. Il peut donc y avoir lieu souvent à examiner quel est l'effet que doivent produire les filets ou autres marques légales.

Il faut distinguer, dans ces marques, celles qui par leur nature ont rapport à la totalité du mur, et celles qui peuvent ne produire qu'une preuve locale ou partielle. L'existence d'une sommité, droite d'un côté, et inclinée ou arrondie en chaperon de l'autre, s'applique à la totalité du mur, et doit le faire attribuer en entier à celui qui peut invoquer l'existence de ces marques. Il est donc intéressant que le voisin s'oppose à ce que celui qui exhausse ou fortifie le mur mitoyen, emploie des signes qui par la suite auroient l'effet de le lui faire attribuer en totalité ; ou qu'au moins il se

(1) Pothier, *Contrat de Société*, n. 204 et 205.

fasse donner la reconnaissance écrite que, nonobstant ces marques, il a la mitoyenneté de *telle* ou *telle* partie. Quant aux filets, leur existence est locale, et la preuve qui en résulte doit l'être également. La mitoyenneté est l'état légal du mur de séparation; il faut des titres ou des marques pour prouver le contraire. De là il suit que les marques établissant une exception au droit commun, il ne faut pas tirer de leur existence des inductions trop étendues. En conséquence, il paroît conforme à l'intention de la loi de présumer la non mitoyenneté d'un mur, seulement pour la portion qui s'élève au-dessus des marques; autrement on ne pourroit expliquer pourquoi les filets et corbeaux se trouvent dans certains murs à *telle* hauteur plutôt qu'à *telle* autre. D'ailleurs, puisque des marques dans un mur sont admises pour servir de titres, et que souvent la communauté du mur n'a lieu que pour portion, il est naturel de faire exprimer par les marques ce qui pourroit être écrit dans un titre, c'est-à-dire, si le tout ou seulement portion du mur est une propriété exclusive.

Si l'existence des corbeaux ou filets devoit par elle-même faire supposer que le mur n'est pas mitoyen, et l'attribuer exclusivement pour la totalité à celui qui les a de son côté, les inconvéniens seroient trop nombreux. Au surplus, un seul corbeau ou filet ne suffit pas; la loi en exige plusieurs, sans doute pour que le placement indique d'une manière plus certaine le point où commence et finit la propriété exclusive.

Il ne seroit pas impossible que chacun des voisins invoquât en sa faveur des signes de non mitoyenneté ; ce seroit aux juges à apprécier les faits et les circonstances.

Nous avons fait connoître, n. 150, comment un mur de terrasse étoit réputé partie intégrante du terrain qu'il soutenoit ; la conséquence qu'on en doit tirer est qu'il n'a pas besoin d'être muni de signes exclusifs pour être réputé non mitoyen ; la nature de la chose parle elle-même dans ce cas (1).

DIST. II. *Charges de la mitoyenneté des murs.*

165. Lorsqu'un mur ou une portion de mur est mitoyen par convention, la part pour laquelle chacun est copropriétaire se détermine d'après le contrat. Dans le silence des parties, la copropriété est présumée égale.

Si la mitoyenneté résulte de la présomption de la loi, les deux voisins ne sont copropriétaires que dans l'étendue indiquée par cette présomption. L'excédant est, comme on l'a vu n. 159, la propriété exclusive de celui qui a en sa faveur le titre, la possession, ou d'autres présomptions légales.

La copropriété du mur mitoyen crée entre ceux à qui il appartient les mêmes obligations que la copropriété de toute autre chose. Chacun est obligé de veiller à sa conservation, avec le même soin que si le mur n'appartenoit qu'à lui seul;

(1) Duplessis, *Coutume de Paris*, des Servitudes, liv. 2, ch. 4. — Bourjon, liv. 6. tit. 1, *des Servitudes*, 2e part. ch. 9, n. 1.

A plus forte raison, il doit éviter d'y causer personnellement du dommage, et chacun des copropriétaires a, contre son voisin, une action pour le contraindre à réparer ce qu'il auroit dégradé (1). Par suite de ce principe, l'un d'eux peut s'opposer à ce que l'autre feroit au-delà des droits que la loi lui accorde, et à ce que tout étranger pourroit s'y permettre.

166. Lorsque par vétusté, ou par quelqu'accident qui ne provient de la faute d'aucun des copropriétaires, la réparation ou la reconstruction devient indispensable, elle doit être supportée proportionnellement à leurs droits. L'article 655 du code le décide formellement. Cet article ouvre à chacun des copropriétaires une action réciproque pour faire constater contradictoirement l'état de péril ou de ruine prochaine du mur mitoyen (2); pour en demander la réparation ou la reconstruction, et, en cas de refus ou de retard, pour y procéder seul, et poursuivre le voisin en paiement de sa part dans les dépenses. A moins d'une urgente nécessité, aucun ne pourroit se permettre de faire cet ouvrage sans avoir, au préalable, sommé son voisin d'y concourir, et, en cas de refus, de s'y être fait autoriser par un jugement (3). Il seroit toutefois prudent de faire constater cette urgence par autorité du juge ou de la police, qui

(1) Pothier, *Contrat de société*, n. 219.
(2) Dig. lib. 8, tit. 2, *De servitutibus præd urb.* l. 8.
(3) Desgodets, sur l'art. 210 de la *Cout. de Paris*, n. 1.

pourroit, même dans ce cas, ordonner ou prendre les mesures qu'exigeroient les circonstances. Du reste, les réparations qui s'appliquent aux portions du mur non communes, sont toujours aux frais de celui à qui ces portions appartiennent ; et en cas de réfection totale, il supporte exclusivement les dépenses qu'occasione la reconstruction de la partie qui lui est propre, et contribue pour moitié à celle de la partie mitoyenne (1).

Il n'est pas besoin, pour contraindre le voisin à la construction ou à la réparation du mur mitoyen, qu'il soit en ruine ; il suffit que son état soit jugé tel que la réfection en paroisse nécessaire. Lorsque les parties ne sont pas d'accord sur la nécessité de cette reconstruction, l'état du mur doit être vérifié par experts.

Le voisin peut quelquefois prétendre que la nécessité de reconstruire le mur mitoyen provient de ce que l'autre voisin en a causé la dégradation par sa faute, ou de ce qu'il a, sur ou contre ce mur, une construction qui en a causé la ruine. Cette présomption peut exister principalement si ce voisin n'avoit pas payé la surcharge occasionée par son bâtiment, ou n'avoit pas fait un contre-mur, dans les cas dont nous parlerons ci-après. Ce seroit aux experts à examiner attentivement l'état du mur, ainsi que les causes qui ont pu le détruire.

167. La nécessité de reconstruire le mur mi-

(1) Pothier, *Contrat de société*, n. 220.

toyen peut n'être que partielle; par exemple, il pourroit déverser, ou les matériaux pourroient être sans liaison et sans solidité seulement dans la partie supérieure. La reconstruction totale ne doit être ordonnée qu'autant qu'elle est nécessaire ; et si c'étoit la partie inférieure qu'il fallût reconstruire cette partie devroit seule être rétablie par les procédés particuliers qu'on appelle, en termes de l'art, *reprise sous œuvre*.

Chacun doit pareillement supporter les incommodités résultant du passage des ouvriers, du placement des matériaux, et de tous les frais qui en sont la suite. Quant aux étaiemens ou délogemens que cette reconstruction peut causer, ils doivent les supporter l'un et l'autre en ce qui les concerne ; et même celui qui auroit, de son côté, décoré le mur par des peintures ou autres embellissemens, en supporteroit seul la perte (1) : il auroit à s'imputer d'avoir placé des ornemens sur un mur que les lois rendent mitoyen et sujet à être reconstruit.

Quand même la démolition du mur priveroit le voisin de l'usage d'un lieu de plaisir ou de rassemblement dont il tiroit un profit, il n'auroit droit à aucune indemnité (2). L'événement de la reconstruction est un inconvénient qui résulte de la nature des choses (*).

(1) Dig. lib. 8, tit. 2, *De serv. præd. urb.* l. 13, § 1.

(2) Pothier, *Contrat de société*, n. 215. — Desgodets, sur l'art. 196 de la *Coutume de Paris*.

(*) M. Delvincourt, t. 1, p. 560, est d'avis contraire.

Il en seroit autrement, si la nécessité de reconstruire le mur avoit été occasionée par quelque entreprise de l'un des voisins (1). Il pourroit être contraint de supporter seul les frais et les suites de cette réparation, et même être condamné envers l'autre voisin à des dommages-intérêts, dont la fixation dépendroit des circonstances (2).

Il pourroit se faire que le mur mitoyen n'eût pas une épaisseur suffisante pour l'usage auquel il est consacré par l'un et l'autre des copropriétaires, au moment même où il s'agit de le reconstruire ; l'un d'eux peut exiger qu'elle lui soit donnée à frais communs. C'est une suite du droit de conservation qu'a chacun pour une chose dont il est copropriétaire. Il en est de même si le mur dont la reconstruction est nécessaire, avoit été originairement de matériaux de mauvaise qualité et de nature a en opérer facilement la destruction. Par conséquent il sembleroit douteux que si ce mur qui sépare et soutient deux édifices distincts, et que la vétusté oblige de reconstruire, avoit été primitivement construit en bois, l'un des voisins pût, malgré l'autre, exiger qu'on le rétablît avec des matériaux du même genre (3).

Hors ces deux cas, un voisin n'est tenu de con-

(1) Pothier, *Contrat de société*, n. 219.

(2) Dig. lib. 8, tit. 5, *Si serv. vind.* l. 14, § 1 ; lib. 17, tit. 2, *Pro socio*, l. 47, § 1.

(3) Buridan, *Cout. de Vermandois*, art. 270. — Desgodets, sur l'art. 209 de la *Cout. de Paris*. — Cependant, un rejet du 5 décembre 1832 (D. 33, 1, 100), paroît contraire.

tribuer à la réfection du mur mitoyen, que pour l'épaisseur et la qualité qu'il avoit, et dans une étendue proportionnée à ses droits. Si l'autre a intérêt de donner à ce mur plus de hauteur et d'épaisseur, il ne peut le faire qu'à ses dépens (1), ainsi que nous le dirons à l'article suivant.

168. L'article 656 dispense tout copropriétaire d'un mur mitoyen de contribuer aux réparations ou reconstructions, s'il abandonne son droit à la propriété du mur et du terrain sur lequel il est bâti. Il ne suffit pas d'abandonner le mur; il faut encore délaisser le terrain sur lequel il est assis. Il est vrai qu'avant que les voisins ou leurs auteurs eussent construit ce mur sur les extrémités de leurs héritages, chacune de ces extrémités appartenoit séparément à l'un et à l'autre; mais ils sont censés les avoir mises en communauté. Ce terrain et le mur ne font plus qu'un tout; l'abandon que le voisin fait de sa part dans le mur renferme donc l'abandon du terrain.

La disposition de l'article 656 reçoit quelques modifications. Le copropriétaire ne peut faire cet abandon pour se dispenser de réparer ou de reconstruire le mur mitoyen, lorsqu'il soutient un bâtiment qui lui appartient. On sent la raison de cette exception. L'existence d'un mur étant indispensable à ce copropriétaire pour soutenir son bâtiment, il n'auroit aucune bonne raison de laisser

(1) Pothier, *Contrat de société*, n. 222.

à son voisin seul la propriété de celui sur lequel il ne pourroit plus continuer de s'appuyer, qu'en payant la mitoyenneté.

Mais à cette exception qui se justifie par la seule évidence de son équité, faut-il en ajouter une pour le cas où le mur mitoyen sépare des propriétés de la nature de celles désignées par l'art. 663, dans les lieux auxquels cet article est applicable.

Nous avons déja fait pressentir notre opinion en faveur de l'affirmative, par ce que nous avons dit n. 149. Nous croyons en effet que l'article 663 est une règle spéciale pour les cas qu'il a désignés; que ne se référant par aucune expression à l'article 656, il n'est pas susceptible de l'application de cet article; et qu'en conséquence le voisin que le mur mitoyen sépare de son voisin, dans une ville ou les faubourgs d'une ville, doit concourir à la réfection de ce mur, jusqu'à la hauteur déterminée pour la clôture, si ce mur avoit une plus grande hauteur dont il ne profiteroit pas en y appuyant quelque construction (1).

Néanmoins on a vu que la jurisprudence n'avoit pas admis cette interprétation de l'art. 653, et en conséquence le copropriétaire du mur a été admis, même dans les villes et les faubourgs, à se décharger de l'entretien en l'abandonnant à son voisin (2).

Il peut alors s'élever une question trop importante pour que nous la passions sous silence.

(1) Pothier, *Contrat de société*, n. 223.

(2) Rejet, 29 décembre 1819, D. 20, 1, 34.

L'abandon offert par un voisin à l'autre suppose que la conservation, l'entretien et la reconstruction du mur lui paroissent onéreux; lors donc qu'il aura signifié cet abandon, son voisin sera-t-il obligé de l'accepter et de supporter seul la dépense de la reconstruction, sans autre équivalent que le stérile avantage d'être dorénavant seul propriétaire d'un mur, dont l'entretien sera entièrement à sa charge, quoiqu'il serve de clôture commune? Il ne nous sembleroit pas juste que la circonstance que l'un a été plus diligent que l'autre pour déclarer qu'il renonce à la mitoyenneté, rendit celui-ci non-recevable à user d'une égale faculté, même lorsque le voisin qui le premier signifie son abandon, y auroit été provoqué par une sommation de réparer le mur. Celui qui a fait cette sommation répondroit avec raison que si sa démarche prouve le désir, l'intention de laisser subsister le mur et de le conserver en bon état, il ne l'a manifestée que dans l'espoir et sous la condition d'une dépense et d'un entretien communs; que cette condition manquant, il rentre dans le droit qu'il n'a pas moins que son adversaire, d'abandonner le mur. Dans cette situation de deux volontés égales, le mur restera en ruines, et les propriétaires limitrophes sans clôture, car le tribunal ne nous paroîtroit pas avoir le droit de condamner arbitrairement l'un plutôt que l'autre, à se charger seul du rétablissement et de l'entretien (*).

(*) Voir la note D à la fin de l'ouvrage.

L'abandon du droit de mitoyenneté ne décharge point aussi le propriétaire de toutes les réparations auxquelles auroit donné lieu son fait ou celui de personnes dont il est responsable, mais seulement des réparations qu'a pu causer la vétusté du mur ou toute autre cause, soit naturelle, soit de force majeure. Il est de principe que chacun doit réparer le tort qu'il a causé, et ne peut profiter d'un bienfait de la loi pour commettre une injustice envers son voisin.

Celui qui accepte l'abandon du mur mitoyen en devient propriétaire exclusif et reste obligé à le reconstruire et à l'entretenir. Il ne seroit pas libre de le laisser périr pour profiter de la portion du sol sur lequel il étoit assis et des matériaux dont la moitié appartenoit à celui de qui il a reçu cet abandon; cette conduite de sa part donneroit infailliblement lieu à une action en répétition (1).

169. Il est prudent, pour celui qui reçoit l'abandon de la mitoyenneté, d'exiger un acte authentique qui constate l'alignement du mur et sa position précise; sans quoi ce mur, bien que reconstruit à ses dépens, pourroit, par la suite, être prétendu mitoyen en vertu de la présomption de la loi.

Cet abandon de la mitoyenneté n'enlève pas à celui qui le fait la faculté de la recouvrer dans la

(1) Pothier, *Contrat de société*, n. 221.

suite, en remboursant le prix de tout ou même d'une partie de ce qu'il a abandonné, à dire d'experts, comme il pourroit, ainsi qu'on l'a vu n. 153, acquérir la mitoyenneté du mur qui n'auroit jamais cessé d'appartenir à son voisin. Mais il faut qu'il rachète en outre la copropriété du fonds sur lequel ce mur est construit. Il ne peut, pour s'en dispenser, opposer que la moitié lui appartenoit autrefois; l'abandon qu'il en a fait ayant été de la propriété de ce fonds aussi bien que de celle du mur, il doit, pour rentrer dans la mitoyenneté, payer le prix de l'une et de l'autre (1).

DIST. III. *Effets de la mitoyenneté des murs.*

170. La copropriété d'une chose donne à chacun de ceux à qui elle appartient le droit de s'en servir pour les usages auxquels elle est destinée par sa nature. Ce droit n'est limité que par l'intérêt des autres copropriétaires, qui s'oppose à ce qu'un seul abuse de la chose commune et s'en serve de manière à les priver de l'usage qu'ils peuvent y prétendre également. Ce principe doit être la règle de ce qu'il est permis à chaque voisin de faire dans le mur mitoyen. On peut en réduire l'application à quatre cas principaux : bâtir contre le mur mitoyen; y appliquer et même y appuyer des ouvrages; y faire des enfoncemens; l'exhausser.

(1) Pothier, *Contrat de société*, n. 253. — Desgodets, sur les art. 112 de la *Coutume de Paris*, n. 3, et sur l'art. 210, n. 4.

171. Il y a peu de difficultés, pour ce qui concerne l'exercice du droit de bâtir, d'appuyer ou d'appliquer divers objets contre le mur (1); il faut seulement remarquer que jamais ce droit ne peut s'étendre jusqu'à faire, sur la sommité de ce mur, quelqu'appui qui occasioneroit une saillie du côté du voisin : tels seroient des tuyaux de poêle, des gouttières, même quand ces tuyaux ou gouttières, au moyen d'un coude, ramèneroient la fumée ou les eaux sur l'héritage de celui qui les a établis (2).

On n'y peut aussi adosser du fumier, du bois, des terres et autres objets semblables (3), même en prenant les précautions que nous verrons, n. 199, être prescrites pour qu'ils ne puissent nuire par l'humidité, si la poussée de ces objets étoit susceptible de surcharger le mur ou de l'endommager de toute autre manière, ou s'ils étoient assez élevés pour qu'on pût voir chez le voisin.

Au surplus, ce que nous dirons n. 178 des circonstances dans lesquelles une expertise peut être nécessaire, pour prévenir des contestations ou les dommages que le mur pourroit éprouver, suffit pour lever les incertitudes.

172. La faculté de faire des *enfoncemens*, qui résulte des termes exprès de l'art. 662, peut occa-

(1) Dig. lib. 33, tit. 3, *De servitute legatâ*, l. 14.

(2) Cæpolla, tr. 1, cap. 28, n. 4.

(3) Desgodets, sur l'art. 192 de la *Coutume de Paris*, n. 5.

sioner plus de difficultés. Cette expression doit-elle s'entendre en ce sens qu'un voisin puisse pratiquer une armoire, une niche, un tuyau, un foyer de cheminée, dans le mur mitoyen? Nous ne le pensons pas. Il faut coordonner l'exercice de ce droit, avec celui qu'a l'autre voisin d'en faire autant de son côté; et si ce voisin usoit de son droit, il ne resteroit entre eux aucune séparation, ou du moins il n'en resteroit qu'une insuffisante. C'est par le même motif qu'il n'est pas permis, comme nous le verrons dans la suite, d'ouvrir des croisées ou même de simples jours, quelqu'étroits qu'ils soient, dans le mur mitoyen, et que l'article 674 prescrit des ouvrages et des précautions particulières lorsqu'il s'agit d'y adosser une cheminée.

Les seuls enfoncemens qui nous semblent autorisés, sont donc ceux de poutres ou solives, et par analogie, de chambranles de cheminées, de harpes en pierres ou de barres de fer. L'article 657 permet de les placer dans toute l'épaisseur du mur, à 54 millimètres (2 pouces) près. Nous n'hésitons pas à croire que le vœu de la loi est suffisamment rempli, si celui qui use de cette faculté perce le mur d'outre en outre, et le rétablit sur-le-champ du côté de son voisin, dans une épaisseur de 54 millimètres.

On ne distingue pas quelle est l'espèce de construction qu'un voisin auroit déja faite de son côté, vis-à-vis le point où l'autre veut placer ses poutres et solives : l'obligation que nous indiquerons

n. 178 de faire constater par experts, si et comment cela est possible, met suffisamment à couvert les intérêts de ce voisin, à moins que quelques règlemens de police, destinés à prévenir les incendies, n'interdissent ce mode de placement de poutres et solives, vis-à-vis un âtre ou tuyau de cheminée; dans ce cas, le voisin auroit le droit de les invoquer comme loi commune des parties.

Il peut se faire, néanmoins, que dans l'épaisseur même du mur commun où l'un des copropriétaires veut ainsi placer des solives ou poutres, l'autre possède déja une cheminée construite de manière à interdire la faculté que nous venons d'indiquer. Il faut examiner à quel titre cette cheminée existe. Si c'est parce que le mur étoit primitivement sa propriété, le voisin n'ayant acquis la mitoyenneté du mur que dans l'état où il se trouvoit, ne peut contraindre celui de qui il l'a acquise à détruire la cheminée. Comme, d'un autre côté, il ne peut placer ses pièces de bois dans l'épaisseur restante, sans s'exposer aux dangers du feu, il doit se borner à les appuyer contre ce mur, sans les y enfoncer. Il en est de même si la cheminée avoit été construite sous l'empire d'une coutume ou d'un usage antérieur, contraire au code.

Si aucune de ces circonstances ne se rencontre, la construction d'une cheminée dans le corps même du mur mitoyen étant une usurpation, celui que l'existence d'une cheminée prive du droit d'y placer des poutres, peut contraindre son voisin à la détruire; et ce dernier ne pourra la reconstruire que conformément aux règlemens et usages locaux, maintenus par l'article 674. Il ne pourroit être repoussé par aucune prescription, conformément aux principes rappelés n. 56. Sans doute il n'est pas entièrement contraire aux règles du droit qu'un copropriétaire puisse acquérir une servitude sur l'objet dont il n'a que la propriété indivise. Mais, à moins que cette servitude ne résulte d'un contrat qui auroit modifié expressément les conditions de la copropriété, elle ne peut être acquise que par les faits d'une jouissance étrangère à l'usage qui naissoit de la mitoyenneté; car en général le copropriétaire d'une chose doit la conserver, sans abuser de sa qualité pour y commettre des usurpations. Par la même raison il ne pourroit invoquer la prescription pour augmenter des enfoncemens autorisés par des titres.

Le droit de faire ainsi des enfoncemens dans le mur mitoyen étant réciproque, le même art. 657 a déterminé ce qui doit avoir lieu dans le cas où l'autre voisin désire en user. S'il s'agit de poutres ou solives, qu'il veuille placer directement à l'opposé et au point où sont celles que le premier a placées, il a droit de faire réduire celles-ci à l'ébauchoir, jusqu'à la moitié de l'épaisseur du mur. Aucune raison d'intérêt ou de convenance de celui qui a le premier placé des pièces de bois dans le mur, ne peut empêcher l'exercice de ce droit, qui dérive essentiellement de la copropriété. Il en est de même s'il s'agit d'adosser une cheminée vis-à-vis de ce point. Celui qui est dans le dessein de faire cette construction a droit de réduire les poutres à la moitié d'épaisseur du mur, et de construire ensuite sa cheminée avec les autres précautions qu'exigent les usages locaux, conformément à ce que nous dirons n. 199; car il ne faut pas perdre de vue que ce qui est permis dans le mur mitoyen est toujours subordonné à l'observation des précautions requises pour qu'il ne soit apporté aucun dommage à ce mur, ni à la propriété voisine (1).

173. Il arrive souvent que l'usage qu'un des copropriétaires veut faire du mur mitoyen entraîne la nécessité de l'exhausser. L'article 658 en accorde le droit.

Il n'est même pas nécessaire que le voisin qui veut exhausser le mur justifie qu'il en a besoin pour appuyer ou clore une construction qu'il projette (2). Il peut, en effet, avoir un autre motif légitime de le faire; par exemple, d'empêcher son voisin d'avoir vue sur lui. A la vérité celui-ci pourroit s'y opposer, s'il justifioit qu'une servitude de vue lui appartient, et que son voisin n'a pas le droit de faire une chose qui puisse l'en priver ou

(1) Houard, *Dict. de droit normand*, t. 3, p. 343.

(2) Desgodets et son annot. sur l'art. 195 de la *Coutume de Paris*, n. 1.

en diminuer les avantages; mais ce n'est point ici le lieu de nous occuper de cette question.

Si l'on n'exhaussoit le mur, ni pour y adosser un bâtiment, ni pour se procurer autrement quelque utilité, et si le résultat étoit de nuire au voisin en lui ôtant l'air et la lumière, celui-ci nous sembleroit donc fondé à exiger que l'exhaussement fût réduit à une proportion raisonnable, suivant les principes que nous avons déja énoncés n. 89 et 142. Il ne faut pas d'ailleurs perdre de vue que l'exhaussement crée sur la partie commune du mur une espèce de servitude (1) qui l'assujétit à porter une construction appartenant à un seul : cette servitude est légale, puisque la loi l'établit sans exiger le consentement et souvent même contre le gré du propriétaire; or, une des conditions spéciales pour l'existence des servitudes légales, c'est la nécessité.

174. L'article 658 n'accorde à l'un des copropriétaires la faculté de faire cet exhaussement qu'à condition de payer seul la dépense qui en résultera, l'entretien de la portion non mitoyenne, et en outre l'indemnité de la charge que l'exhaussement fera supporter à la partie mitoyenne.

L'exécution de cet article peut donner lieu à quelques difficultés qu'il est nécessaire de prévoir.

(1) Desgodets, sur l'art. 195 de la *Coutume de Paris*, n. 12. — Denisart, V.° *Servitude*, n. 3. — Pothier, *Cont. de société*, n. 212. — Dunod, *Traité des prescriptions*, part. 1, chap. 12, p. 87. — Valin, *Coutume de la Rochelle*, t. 3, p. 226 et suiv.

Le mur mitoyen qu'un des deux voisins veut exhausser peut être assez solide pour supporter de nouveaux ouvrages; il peut ne pas l'être assez, quoiqu'il fût suffisant pour remplir sa destination avant qu'on voulût l'exhausser; enfin il peut être de mauvaise construction, et tel qu'indépendamment de l'usage qu'en veut faire un des voisins, il seroit besoin de le rétablir.

Le premier cas ne présente aucune difficulté. Celui qui exhausse le mur doit indemniser son copropriétaire de la charge que causera cet exhaussement. Cette obligation ne peut recevoir aucune exception; quels que soient la force et le bon état du mur qu'on veut exhausser, il est constant que le nouveau fardeau qu'il supportera accélérera sa destruction, et qu'il aura besoin d'être réparé plus tôt (1). Si, dans ce premier cas, il étoit indispensable d'augmenter la profondeur des fondations de ce mur, pour le mettre mieux en état de supporter l'exhaussement, l'ouvrage devroit être aux dépens de celui seul à qui il est nécessaire; mais il ne seroit tenu de payer l'indemnité de la charge qu'en proportion de l'état dans lequel se trouvoit le mur avant que la profondeur des fondations fût augmentée (2).

Dans le second cas, celui qui veut exhausser le mur doit le faire reconstruire en entier à ses frais, et l'excédant d'épaisseur doit être pris de son

(1) Pothier, *Contrat de société*, n. 213.
(2) Pothier, *Contrat de société*, n. 216.

côté (1). L'article 657 du code est précis à cet égard. Cette disposition est fondée sur ce qu'il seroit injuste de forcer celui pour qui l'exhaussement n'est pas utile, à contribuer à une reconstruction que cette opération seule occasione. Le copropriétaire ne peut être tenu de contribuer en aucune manière à cette reconstruction, sous prétexte qu'elle rendra plus durable la partie mitoyenne avec lui. Cet avantage remplace l'indemnité de la charge qui lui seroit due, si le mur avoit été jugé en état de supporter l'exhaussement.

Dans le troisième cas, le mauvais état du mur rendant une reconstruction indispensable, même quand il ne devroit pas être surchargé, celui qui désire l'exhausser peut d'abord user du droit que lui donne l'article 655, de contraindre son voisin à cette reconstruction. Celui-ci peut soutenir, sans doute, que l'exhaussement est possible sans cela (2), car il n'est pas juste qu'un voisin force, à son gré, l'autre à la reconstruction d'une chose commune qui ne menaceroit pas ruine; mais si la nécessité en est avouée ou reconnue par le tribunal, d'après une expertise, le voisin qui veut exhausser doit être laissé maître de la construction. L'un des copropriétaires ne peut exiger que le mur soit d'abord refait, à frais communs, avec la simple épaisseur qu'il avoit, sauf à l'autre à le fortifier ensuite si cela est nécessaire. Cette prétention ne seroit qu'une ma-

(1) Pothier, *Contrat de société*, n. 215.

(2) Dig. lib. 39, tit. 2, *De damno infecto*, l. 35, 36, 37 et 39.

lice qui ne devroit point être accueillie, parce qu'un mur construit en une seule fois et sur un même plan a beaucoup plus de solidité. Tout ce qu'il a droit d'exiger, c'est de contribuer seulement pour ce que coûteroit la reconstruction de la partie mitoyenne, s'il n'y avoit pas d'exhaussement, et en outre, que le voisin qui reconstruit prenne sur son terrain l'excédant d'épaisseur (1).

S'il étoit reconnu que la reconstruction du mur n'est pas nécessaire, celui qui l'a demandée ne pourroit la faire, même à ses propres dépens, parce qu'une opération de ce genre entraîne toujours pour l'autre voisin des inconvéniens dont rien ne peut l'indemniser.

Dans tous ces cas, il est sans difficulté qu'au rang des dépenses d'exhaussement, on doit comprendre les frais d'expertise pour déterminer l'alignement du mur reconstruit, ceux d'étaiement des bâtimens, de déplacement des berceaux, hangars ou cabinets du voisin, qui seroient adossés ou appuyés sur le mur mitoyen, et des rétablissemens convenables (2) : par conséquent si le voisin avoit un tuyau de cheminée adossé au mur, et que par l'exhaussement ce tuyau devînt hors d'usage à cause du refoulement de la fumée, il devroit aussi être exhaussé aux dépens de celui qui fait exhausser le mur. Mais nous avons vu, n. 167, qu'il n'en seroit pas de même des embellissemens de peintures ou autres.

(1) Pothier, *Contrat de société*, n. 214.

(2) Pothier, *Contrat de société*, n. 215.

La circonstance que le mur est reconstruit dans l'intérêt d'un seul des voisins ne donneroit pas à l'autre le droit d'obtenir des dommages-intérêts résultant de ce qu'il sera pendant quelque temps privé de la jouissance d'un appartement, quand même ce seroit un billard, un cabinet de lecture, etc. Le droit de reconstruire le mur mitoyen pour l'exhausser est légal; la justice n'exige, dans ce cas, rien autre chose, sinon que celui qui craint de souffrir fasse impartir à son voisin un délai pour reconstruire, passé lequel il ait droit de réclamer des dommages-intérêts. On pourroit, par analogie de l'article 1724 du code, fixer ce délai à quarante jours (*).

175. De même qu'on peut bâtir en élévation sur le mur mitoyen, on peut aussi bâtir en profondeur sous ce mur. Les mêmes précautions doivent être prises pour que cette construction sous œuvre ne préjudicie point au voisin; et l'on doit remplir les mêmes obligations que lorsqu'il s'agit d'un exhaussement. Celui qui, creusant au pied d'un mur mitoyen, en prolonge ainsi la fondation, doit bâtir de manière que la solidité et la durée de la partie mitoyenne ne courent aucun danger : il ne lui est dû aucune indemnité pour la charge que supporte la partie qu'il construit ainsi; et tant qu'elle appartient à lui seul, il est tenu de la réparer à ses dépens (1).

(1) Desgodets, sur l'art. 194 de la *Coutume de Paris*, n. 19 et 20.

(*) Cette opinion, partagée par M. Toullier, t. 3, pages 144 et 145, est combattue par M. Duranton, t. 5, pages 270 et suiv.

176. Soit que le mur ait été simplement exhaussé, soit qu'il ait aussi été reconstruit dans les cas dont nous avons parlé plus haut, l'entretien de la portion qui excède la hauteur que ce mur avoit avant l'exhaussement ou la reconstruction, est à la charge du propriétaire de cette portion. La partie mitoyenne, quoique reconstruite aux dépens du voisin à qui cette opération étoit nécessaire, ne perd pas sa qualité : le voisin en demeure copropriétaire dans la même étendue, c'est-à-dire, afin d'accorder avec l'article 659 les dispositions des articles 653 et 663, pour la hauteur de clôture ordinaire, si le mur ne servoit qu'à cet usage, et de l'héberge, si le voisin avoit un bâtiment appuyé contre ce mur.

Mais, aux termes de l'article 660, celui-ci est maître d'acquérir la mitoyenneté de tout ou partie de l'exhaussement (1); et à cet égard on suivroit les principes expliqués n. 155, sauf ce qui concerne le mode d'estimation. Dans ce cas, les experts doivent se baser sur la dépense qu'a occasionée la construction et la valeur de la moitié du sol fourni pour l'excédant d'épaisseur, s'il y en a, en prenant toutefois en considération le temps qui s'est écoulé depuis que l'exhaussement a été fait.

177. Lorsqu'il y a lieu de la part d'un voisin à tenir compte à l'autre d'une indemnité pour la charge du mur mitoyen qu'il juge à propos d'exhausser, elle doit, à défaut de convention entre

(1) Pothier, *Contrat de société*, n. 217.

les parties, être déterminée par experts, suivant que l'effet de cette construction sera de hâter plus ou moins la réfection du mur, à laquelle l'autre voisin sera obligé de contribuer plus tôt. Si dans la suite il y a lieu à cette réfection, celui qui a payé la charge du mur doit encore la payer, et ainsi de suite (1).

Quelque temps qu'un mur ait pu exister sans qu'un des copropriétaires ait usé des facultés que lui accordent les articles cités plus haut, il n'en résulte aucune fin de non-recevoir contre lui. C'est la conséquence des principes établis n. 21, qui ne peut être modifiée qu'autant que ce copropriétaire se seroit soumis par un titre à ne pas user de son droit, ou que ce seroit la conséquence de quelque servitude dont il seroit tenu envers son voisin, comme nous l'avons dit n. 173.

178. Peu importe la nature ou l'objet de la construction nouvelle pour laquelle on veut faire usage du mur mitoyen ; le consentement du copropriétaire est toujours requis. Mais il ne seroit pas juste qu'il pût à son gré permettre ou refuser : le juge doit suppléer par son autorité au consentement qui seroit injustement refusé, et faire déterminer par un expert les précautions à prendre pour que les ouvrages projetés ne soient pas nuisibles. Celui qui veut bâtir contre le mur mitoyen, y placer des poutres ou faire des enfonce-

(1) Pothier, *Contrat de société*, n. 213.

mens du genre de ceux dont il est question n. 172, enfin y appuyer ou appliquer quelqu'ouvrage que ce soit, doit donc, à défaut d'un consentement volontaire et par écrit, déclarer, par acte extrajudiciaire, à son voisin, ce qu'il entend faire, et le sommer de lui donner ce consentement. Plusieurs coutumes vouloient que les maçons ne pussent toucher ou faire toucher au mur mitoyen pour le démolir, percer ou réédifier, avant que ces actes eussent été faits, à peine de tous dépens, dommages et intérêts contre eux-mêmes (1). Ces dispositions nous paroissent du nombre des règlemens de police locale que le code n'a point abrogés.

Au reste, la preuve testimoniale du consentement donné par le voisin, ne seroit point admissible, d'après l'article 1331 du code civil, parce qu'il s'agit d'un objet dont la valeur est indéfinie.

179. L'article 662, que nous venons de développer, ne détermine pas si, sur le refus de ce voisin, il faut introduire une action devant les tribunaux, afin de faire nommer un expert qui indique les moyens à prendre pour que le nouvel ouvrage ne soit pas nuisible à l'autre voisin. Nous ne croyons pas que la loi impose cette obligation; elle se borne à exiger que l'indication des moyens soit faite par experts. Mais comme il n'est pas juste

(1) *Coutume de Paris*, art. 203; *de Bayonne*, tit. 17, art. 1; *de Calais*, art. 189.

de confier à la partie intéressée le choix de ces experts, celle-ci doit, après avoir laissé à son voisin un délai de trois jours au moins, pour faire connoître ses intentions, s'adresser au président du tribunal, par voie de référé, conformément aux articles 806 et suiv. du code de procédure, afin qu'il nomme d'office. Cette voie garantit l'indépendance des experts et diminue les lenteurs et les frais. Les termes de la loi exigent positivement que cette expertise soit préalable, mais ils n'ajoutent pas qu'elle doit être ordonnée par le tribunal. Celui qui construiroit, en se conformant aux plans et instructions donnés par les experts ainsi nommés, seroit donc à l'abri de toute réclamation.

180. La loi laisse à la sagesse des experts l'indication de la plupart des précautions à prendre; et comme elles concernent plus l'architecture que la jurisprudence, ce seroit nous écarter du plan de notre ouvrage que d'entrer dans les détails que comporte cette matière. L'article 647 s'est borné à une disposition qui met fin à la diversité des coutumes ou des usages locaux, sur la manière de poser les poutres ou autres pièces de bois dans le mur mitoyen. Les autres précautions dépendent des circonstances, de l'état du mur, de l'usage des lieux, de la nature des constructions, et de l'espèce des matériaux qui y sont employés.

La mission des experts ne doit pas se borner simplement à déterminer les précautions à prendre pour que le voisin n'éprouve aucun tort : elle consiste encore à fixer l'indemnité dont nous avons parlé n. 174, en cas de déplacement d'objets adossés au mur, ou d'étaiement de ses planchers.

Au surplus, il est juste et convenable que, même dans le cas où le voisin garderoit le silence, et laisseroit déterminer d'office les précautions à prendre, il soit prévenu à temps du jour auquel commenceront les travaux, afin qu'il ait les moyens de se garantir du dommage qu'on pourroit lui causer (1) ; et l'on doit appliquer à ce cas ce que nous avons dit n. 57. Si toutefois il y avoit nécessité d'entrer chez le voisin, soit pour exécuter des travaux, soit pour déposer quelques matériaux, soit pour déplacer momentanément des objets qui lui appartiennent, on ne pourroit agir ainsi qu'en vertu d'ordonnance de justice. On peut voir ce que nous dirons sur un cas analogue, n. 201.

181. Les dispositions de l'article 657 ne s'entendent néanmoins que des cas où ce qu'on veut appliquer ou adosser au mur mitoyen, ne peut l'être sans quelques travaux qui l'entament, s'y incorporent, ou qui, par leur poids, leur poussée, etc., nuiroient, soit à ce mur, soit au voisin. A l'égard des choses qu'on voudroit simplement y appuyer sans le dégrader, il nous semble douteux que le consentement du voisin et l'expertise préalable soient nécessaires. Quel risque pourroit-il y

(1) Auroux, *Coutume de Bourbonnais*, art. 505.

avoir en effet d'adosser au mur mitoyen des ouvrages qui n'opèrent aucune poussée, qui ne s'y incorporent point, qui, se soutenant par eux-mêmes, resteroient entiers en cas de démolition de ce mur, et n'empêcheroient pas de le réparer; par exemple: un escalier mobile qui ne donne aucune charge, et peut être enlevé à volonté, un berceau, un hangar porté sur des poteaux ou fermé de cloisons qui en feroient partie, des statues et autres objets semblables (1)? Quel tort prochain ou éloigné peuvent faire au mur mitoyen des enduits destinés à l'ornement, des peintures, des treillages (2).

ART. II. *Des Fossés.*

182. Les fossés qui séparent des héritages sont de plusieurs espèces: les uns servent à l'écoulement des eaux pluviales dont la stagnation seroit nuisible aux fonds cultivés (3). Leur existence n'est pas moins nécessaire que celle du lit des cours d'eaux; et le propriétaire qu'un fossé de cette sorte sépare de son voisin, ne peut ni le supprimer, ni refuser de concourir à l'entretien et au curage, même en l'abandonnant entièrement à l'autre. La police locale peut aussi, dans certains cas, tels

(1) Dig. lib. 8, tit. 2, *De serv. præd. urb.* l. 19, § 1 et 2.
(2) Dig. lib. 8, tit. 2, *De serv. præd. urb.* l. 13, § 1.
(3) Dig. lib. 43, tit. 14, *Ut in flum. publ. navigare liceat*, l. 1, § 5.

que ceux où il est nécessaire de faciliter des dessèchemens ou d'assurer la salubrité, contraindre à en faire, ou à curer ceux qui existent, et empêcher que leur direction ne soit changée. Sous un très grand nombre de rapports, on peut donc appliquer à ces fossés ce que nous avons dit dans le chapitre précédent, des eaux, et surtout des eaux pluviales qui s'écoulent par les ravins.

183. Parmi les autres fossés, dont l'utilité est plus bornée, ceux qui servent à clore ou à séparer les héritages, sont les seuls qui puissent donner lieu à quelques contestations entre voisins. Ils sont l'objet spécial de l'article 666 du code, qui les répute mitoyens. Leur largeur est présumée prise sur chacun des héritages qu'ils séparent. Les propriétaires de ces héritages possèdent le fossé par indivis (1). Il est entretenu à leurs frais communs; le jet des terres provenant du curage leur appartient également, et chacun d'eux doit veiller et concourir à sa conservation, comme pour un mur mitoyen.

Cette présomptiou légale de mitoyenneté ne peut être détruite que par un titre. Elle peut l'être encore par une marque contraire. Suivant les articles 667 et 668, cette marque de non-mitoyenneté existe lorsque la levée ou le rejet de la terre se trouve d'un côté seulement du fossé; et ce fossé

(1) Mornac, ad lég. 7, § 1. Dig. de peric. et commod. rei venditæ. — Chopin, ad Cons. Paris. lib. 1, tit. 4, n. 16. — Coquille, quest. 298.

est censé appartenir exclusivement à celui du côté de qui le rejet se trouve. La présomption est que ce propriétaire a fait seul le fossé en entier sur son terrain, et qu'il a jeté de son côté toutes les terres qui en ont été tirées, puisque, usant du droit naturel de se clore, il ne pouvoit contraindre son voisin, ni à concourir à cette clôture, ni à recevoir les terres sorties du fossé (1). Il est également à présumer qu'elles eussent été jetées des deux côtés, si le fossé eût été fait sur les deux terrains. C'est ce qui fonde la maxime vulgaire, *qui a douve a fossé* (2). Mais cette présomption établie pour lever des doutes doit céder à la preuve que le voisin, nonobstant ce signe contraire, n'auroit cessé de jouir du fossé exclusivement, surtout si des bornes incontestables servoient à reconnoître que le fossé fait partie de sa propriété (3).

Nous ne croyons pas qu'on doive admettre d'autres signes de non-mitoyenneté que ceux dont parlent les articles 667 et 668. En vain diroit-on que ces articles ne contiennent pas de limitation ; que le signe indiqué ne l'est que comme exemple; que l'article 666, plus général, présumant la mitoyenneté uniquement lorsqu'il n'y a pas de marque contraire, laisse à la sagesse des tribunaux la détermination de ces marques d'après les usages.

Les articles 666, 667 et 668 sont calqués, pour

(1) Poullain Duparc, *Princ. du droit français*, liv. 4, ch. 7, n. 16.

(2) Loisel, *Inst. cout.* liv. 2, tit. 3, art. 7. — Coquille, *Coutume de Nivernais*, ch. 15, art. 1.

(3) Rejet, 20 mars 1828, D. 28, 1, 186.

la rédaction, sur les articles 653 et 664 relatifs au mur mitoyen. Il faut donc se décider par la même raison d'analogie. Ainsi, lorsque le rejet sera également sur les deux bords, ou qu'il n'en restera plus de vestiges, la mitoyenneté sera présumée (1), nonobstant l'existence de quelques-uns des signes contraires, que certaines coutumes avoient admis. Ainsi on ne doit pas appliquer aux fossés la disposition de l'article 670 du code, qui attribue la propriété exclusive d'une haie à l'héritage qui seul est en état de clôture. La loi ne l'a pas dit, et son silence se justifie par la différence essentielle qui existe entre une haie et un fossé : une haie a pour objet principal et presque exclusif la clôture de l'héritage qu'elle défend : le fossé n'est pas toujours une clôture bien exacte, et peut également avoir eu pour objet la démarcation des héritages, ou le seul écoulement des eaux.

Il ne nous paroît pas aussi qu'on doive faire plus de difficultés pour admettre la prescription, lorsqu'il s'agit d'un fossé, que lorsqu'il s'agit d'un mur. On doit donc appliquer, dans ce cas, ce que nous avons dit n. 160 ; et par conséquent les actes prétendus de propriété exclusive ne pourroient consister dans des faits de simple curage, parce qu'ils sont la conséquence de l'obligation d'entretenir la chose commune; entretien qui, s'il a été fait par un seul, lui donne le droit de se faire

(1) Poullain Duparc, *Princ. du droit français*, liv, 4, ch. 7, n. 17.

rembourser la moitié due par l'autre, mais dont il ne pourroit exciper pour s'approprier cette même chose. Nous examinerons n. 325, ce qui concerne la possession annale et ses effets.

Toutefois il importe de remarquer que l'intention des articles 667 et 668 est de lever les incertitudes sur la propriété d'un fossé qui existe. Si depuis long-temps le fossé avoit disparu, celui qui possède de son côté une élévation de terre à laquelle les apparences ou quelques souvenirs attacheroient la qualité de douve, ne seroit pas admis à contraindre son voisin à lui délaisser l'emplacement nécessaire pour creuser un fossé (1).

184. Le code ne décide point, comme dans le cas du mur mitoyen, si le copropriétaire d'un fossé mitoyen peut se décharger de l'entretien, en abandonnant ses droits. Nous pensons, par analogie, que cette faculté n'est point interdite (2). En général, on peut se dispenser de l'entretien d'une chose commune, en renonçant à la copropriété (3). Ce principe ne reçoit d'exception que lorsque l'intérêt public commande cette communauté; tel seroit, pour nous renfermer dans la matière dont il s'agit ici, le cas où le fossé mitoyen seroit d'une nécessité absolue, comme nous l'a-

(1) Rejet, 16 mars 1831, D. 34, 1, 445.

(2) Goupy sur Desgodets, art. 213 de la *Coutume de Paris*, note du n. 2, est d'avis contraire.

(3) Pothier, *Contrat de société*, n. 229.

vons dit n. 85, relativement aux cours d'eaux pluviales, ou résulteroit d'obligations imposées par l'administration qui veille à la salubrité, comme on l'a vu n. 182. Celui à qui l'abandon est offert mais qui n'auroit pas à opposer des exceptions du genre de celles qui viennent d'être indiquées, ne pourroit soutenir que le fossé doit continuer d'être entretenu à frais communs, par le motif qu'il sépareroit des propriétés situées dans un lieu désigné par l'article 663. La clôture par fossés n'est pas un des modes admis; et en ce qui concerne la construction d'un mur, nous renvoyons à ce qui a été dit n. 149.

185. L'abandon qu'on veut faire d'un fossé mitoyen doit être notifié au voisin; celui-ci peut exiger qu'il en soit dressé un acte authentique aux frais du cédant. Celui qui devient exclusivement propriétaire du fossé est obligé de le faire curer et de l'entretenir à ses dépens. Si, après avoir accepté l'abandon, il le laissoit combler, l'autre pourroit provoquer la révocation de l'acte; il n'est présumé l'avoir consenti que pour jouir de l'avantage d'une séparation, et sous la condition que le fossé seroit entretenu en bon état.

Mais celui qui a fait cet abandon ne pourroit, par la suite, forcer son voisin à lui revendre la mitoyenneté du fossé, comme nous l'avons décidé à l'égard du mur mitoyen qu'un voisin auroit abandonné en vertu de l'article 656 du code. L'article 661 seul permet d'acquérir en tout temps la mitoyenneté d'un mur ; et cette faculté n'existant pas pour les fossés, la même décision ne sauroit y être appliquée.

Nous avons supposé jusqu'ici que celui à qui l'abandon est fait consent à l'accepter, sous la condition de laisser subsister le fossé et de l'entretenir ; il peut se faire que les mêmes raisons qui portent son voisin à le lui offrir, le décident à le refuser, alors le fossé subsistera, mais sans être entretenu, si les deux voisins ne s'entendent pas à cet égard ; car il n'y a pas lieu ; dans ce cas, aux questions examinées n. 168. Celui qui y trouvera le plus d'intérêt pourra le curer sans que l'autre ait droit d'exiger qu'il soit comblé, et que l'emplacement soit partagé entre eux. La confection du fossé en commun ayant été l'effet de la volonté de l'un et de l'autre, ce n'est que leur consentement mutuel qui peut changer cet état de choses (*).

186. Celui qui veut faire un fossé pour son intérêt exclusif, doit en prendre toute la largeur sur son héritage. La faveur que l'ancienne législation donnoit à cet égard au gouvernement, de contraindre les particuliers riverains des bois de l'état à faire des fossés à leurs frais et sur leur propre terrain (1), a été abrogée par l'article 14 du code forestier, d'après lequel ces fossés sont

(1) Ordonnance de 1669, tit. 27, art. 4.

(*) Cette opinion est combattue par M. Duranton, t. 5, page 397.

creusés aux frais de la partie requérante, et pris sur son terrain. L'expérience a appris en outre que, dans les terrains les plus solides, quelle que soit la largeur du talus, les berges du fossé qui ne sont pas revêtues de pierres éprouvent un éboulement par le laps de temps, et surtout par la chute des pluies; mais on sent que les usages locaux peuvent seuls déterminer la distance à observer entre un fossé et l'héritage voisin (1), et servir à décider si un espace quelconque de terrain au-delà du fossé est réputé appartenir au maître de ce fossé (2). On doit suivre ces usages, dans le silence des lois positives, chaque fois que, loin de contrarier le vœu présumé du législateur, on ne fait qu'appliquer à des cas analogues les décisions qu'il a portées. Lors même que cette précaution de laisser un espace a été prise, celui qui l'a laissé, ne peut en tirer aucun parti pour la culture, et peu à peu, ou le voisin s'en empare, ou l'espace est détruit par l'effet de l'entretien et du curage du fossé. Il ne paroît donc pas possible d'admettre qu'après un certain laps de temps, le propriétaire du fonds situé au-delà du fossé soit admissible à attaquer son voisin, sous prétexte qu'en le creusant il n'auroit pas laissé l'espace déterminé par l'usage.

A plus forte raison, le copropriétaire d'un fossé qui auroit abandonné sa part au voisin, pour se

(1) Rejet, 22 février 1827, D. 27, 1, 49.

(2) Règl. du parl. de Normandie, du 17 avril 1751, art. 15. — Boucher d'Argis, *Code rural*, ch. 19, n. 4.

décharger de l'entretien, ne seroit pas admis, par la suite, à reprocher à celui-ci qu'il n'y a pas au-delà du fossé la distance nécessaire.

Il peut arriver souvent que des arbres croissent dans un fossé; ils en suivent la condition. Ils sont mitoyens si le fossé l'est lui-même, et alors on se conforme à ce qui sera dit n. 198; si le fossé appartient à un seul, les arbres sont sa propriété, sauf à son voisin à réclamer, comme on le verra n. 194, si les distances légales n'avoient pas été observées (1).

ART. III. *Des Haies.*

187. On nomme *haie* une clôture d'épines, de ronces ou d'autres arbrisseaux, et quelquefois même de branches sèches. La haie *sèche* ou *morte* est celle qui est faite avec du bois coupé; la haie *vive* ou *à pied*, celle qui est faite avec des arbrisseaux vivans.

La haie sèche peut être plantée sur la ligne séparative des héritages, et sans observer aucune distance, si les usages locaux ne l'exigent pas : d'un côté, elle ne peut anticiper sur l'héritage voisin; de l'autre, son renouvellement fréquent ne rendra jamais douteuse la question de propriété exclusive; enfin elle peut être enfoncée en terre et attachée sans qu'il soit besoin de passer sur le fonds voisin. Ce que nous allons dire ne s'applique qu'aux haies vives.

(1) Rejet, 22 février 1830, D. 30, 1, 138.

L'article 670 du code répute mitoyenne toute haie qui sépare deux héritages. L'entretien doit en être fait à frais communs, et l'un des deux propriétaires voisins peut contraindre l'autre à y contribuer. Le bois qui provient de la tonte et les fruits des arbres doivent se partager entre eux. Par conséquence de ce qui vient d'être dit, chacun peut faire l'émondage de son côté, pourvu qu'il ne nuise point au corps de la haie (1).

Dans la règle, la haie mitoyenne ne peut être détruite que du consentement commun, puisqu'elle a pour objet de clore les deux héritages. C'est la suite nécessaire de la communauté. Si néanmoins un seul avoit fait arracher la haie pour y substituer un mur bâti uniquement sur son propre terrain, il seroit difficile d'admettre l'autre à exiger que les choses soient remises dans l'état primitif; parce que l'intérêt est la véritable mesure des actions (2).

Tout ce que nous avons dit, n. 184 et 185, de la faculté du copropriétaire d'un fossé, d'en abandonner à son voisin la propriété exclusive, pour se décharger de l'entretien, et des effets ou des conditions de cet abandon, est applicable aux haies communes, sans exception.

188. Cette présomption de mitoyenneté cesse, suivant l'article 670, s'il y a titre, possession, ou présomption contraire.

(1) Pothier, *Contrat de société*, n. 226.
(2) Reject, 22 avril 1829, D. 29, 1, 420.

Le titre se juge d'après les règles ordinaires que nous avons données n. 160 et 181. La prescription pouvant être invoquée dans les mêmes cas et de la même manière que pour les murs et fossés, la possession de tailler ou de couper la haie des deux côtés, continuée pendant 30 ans, feroit acquérir la propriété exclusive (1). Nous examinerons n. 325 les effets de la possession annale.

Il y a présomption contraire lorsqu'un seul des héritages est en état de clôture. Pour déterminer cet état, il ne suffit pas qu'une clôture soit plus nécessaire à l'héritage dont le propriétaire réclame la haie, qu'à l'héritage limitrophe; par exemple, si la haie se trouve entre des vignes ou des prés d'un côté, et des terres labourables ou des bruyères de l'autre, elle ne doit pas, par cela seul, être attribuée au propriétaire de la vigne ou du pré (2); il faut que l'héritage soit *en état de clôture*, c'est-à-dire clos de toutes les autres parts, de manière qu'il soit naturel d'en conclure que la haie qui fait l'objet de la difficulté est le complément de cette clôture.

Si les deux héritages sont également en état de clôture, la haie est réputée mitoyenne, à moins de titre ou de possession contraire.

L'état de clôture n'a pas besoin d'être semblable des deux côtés. Le propriétaire d'un enclos peut

(1) Poullain Duparc, *Princ. du droit français*, liv. 4, ch. 7, n. 18. — Rejet, 14 novembre 1833, D. 34, 1, 16.

(2) Loisel, *Inst. cout.* liv. 2, tit. 3, n. 8. — Coquille, quest. 298, et Pothier, *Contrat de société*, n. 225, sont d'avis contraire.

l'avoir entouré de murs dans les parties où sa sûreté et ses besoins l'exigent, et de haies d'un ou de plusieurs côtés; tandis que le fonds voisin n'auroit de toutes parts que des haies pour entourage. Dans cet état de choses, il ne sembleroit ni naturel, ni juste d'en conclure que la haie qui sépare les deux héritages, appartient à ce dernier. Dans la vérité, les deux fonds seroient en état de clôture, et par conséquent la mitoyenneté devroit être admise, à moins que d'autres circonstances de fait ne portassent les juges à décider différemment.

Il n'est pas hors de propos d'ajouter que si, entre la haie et l'un des deux héritages qu'elle sépare, il existe un fossé, la haie est censée appartenir à celui qu'elle touche immédiatement (1). En effet, ou le fossé est mitoyen, et alors celui du côté de qui est la haie ayant encore au-delà moitié du fossé, la propriété de cette haie ne sauroit lui être contestée : ou la douve est de son côté, et alors réputé par la loi propriétaire du fossé, comme nous l'avons vu n. 181, il l'est, à plus forte raison, de la haie qui se trouve entre son héritage et ce fossé : ou cette douve est du côté du voisin, et alors celui-ci, clos par un fossé qui lui appartient, ne peut être censé avoir de propriété au-delà; il faudroit le décider également quand même le fossé seroit mitoyen (*).

(1) Coquille, quest 298. — Pothier, *Contrat de société*, n. 225.

(*) Cette opinion, partagée par M. Delvincourt, t. 1, p. 399, est combattue par M. Duranton, t. 5, pages 410 et suiv.

A plus forte raison si les bornes destinées à fixer les limites de deux fonds étoient situées au-dehors d'une haie, seroit-elle censée appartenir au fonds qu'elle touche immédiatement, car le bornage est un titre véritable qui détruit la présomption de mitoyenneté.

189. Les arbres qui se trouvent dans la haie mitoyenne appartiennent aux deux voisins. Un seul ne peut, ni les ébrancher, ni en cueillir les fruits sans le consentement de l'autre, ou au moins sans faire ordonner que ce sera à frais et profit communs (1). Chacun de ces deux propriétaires a droit de requérir qu'ils soient abattus. L'article 673 du code civil le décide ainsi, et n'exige pas le concours des deux volontés. Il s'ensuit que si, par quelque cause que ce soit, ces arbres étoient morts ou avoient été abattus, un seul des copropriétaires ne pourroit les faire remplacer sans le consentement de l'autre.

Il ne doit pas en être ainsi des arbres que des titres respectifs auroient déclaré servir de bornes communes à deux héritages. L'article 456 du code pénal garantit l'existence de ces sortes de bornes. Il classe au nombre des délits l'abattage qui en seroit fait sans le consentement des propriétaires, et par conséquent, il ne permet pas de croire que la volonté d'un seul puisse décider qu'ils ne seront point conservés.

(1) Dig. lib. 10, tit. 2, *Communi divid.* l. 19, pr.

ART. IV. *De diverses autres espèces de mitoyennetés.*

190. Nous avons dit n. 143, par quels motifs un mur mitoyen et d'autres clôtures de cette espèce n'étoient pas susceptibles d'être partagés ou licités, sans le consentement unanime de ceux qui en ont la copropriété. Nous avons ajouté que les mêmes motifs avoient fait étendre ces règles à d'autres objets dont l'indivision est indispensable et résulte de la nature des choses. Ainsi des allées, des puits, des fosses d'aisance, communs à plusieurs maisons, sont des objets indivisibles, parce que ces maisons en tirent une utilité qui cesseroit par le partage, ou qu'une licitation enlèveroit à celles dont le propriétaire ne resteroit pas seul acquéreur de l'objet commun (1). Il y a bien évidemment servitude d'indivision. D'autres motifs qui ne sont pas moins clairs, s'opposent encore à l'application de la règle que nul n'est tenu de rester dans l'indivision.

On en trouve un exemple dans une maison dont les différens étages forment autant de propriétés distinctes. Chacun a dans cette maison sa part qui n'est et ne peut pas être confondue avec celle des autres; chacun n'y a pas, comme dans un objet dont il seroit copropriétaire, le droit qu'on nomme le tout dans le tout, et le tout dans chaque partie : la licitation d'une telle maison ne pour-

(1) Brunemann ad l. 19, Dig. Communi dividundo.

roit donc être provoquée par l'un contre les autres. Mais comme ce sont les divers étages qui appartiennent ainsi à plusieurs propriétaires, chacun a un droit de copropriété indivise dans le toit, dans l'escalier qui conduit à chaque étage, et dans les murs extérieurs sans lesquels chacun de ces étages n'existeroit pas.

Les lits des cours d'eaux, des canaux, etc., en offrent d'autres exemples dont l'évidence dispense de preuves et de raisonnemens.

191. Il ne faut pas perdre de vue toutefois qu'on ne doit point étendre au-delà des justes bornes cette servitude d'indivision; elle est fondée sur la première de toutes les lois, la nécessité. Elle résulte de l'impossibilité que les parties aient voulu rendre leurs héritages respectifs sans utilité; elle doit cesser quand cette nécessité n'a pas lieu, et que le partage n'empêcheroit pas chacun de se servir utilement de son fonds (1). Ainsi une cour commune à plusieurs maisons, qui seroit assez vaste pour que chacune d'elles pût avoir une portion suffisante à son usage, pourroit être partagée à la réquisition de chacun des copropriétaires.

Ainsi, de ce qu'il peut souvent être utile à quelques copropriétaires d'un objet, de le conserver commun, plutôt que de le partager ou de le liciter, il ne faudroit pas toujours en conclure que cette utilité fût suffisante pour priver l'un d'eux du droit de provoquer le partage ou la li-

(1) Rejet, 18 novembre 1818, D. 19, 1, 23.

citation. Les servitudes ne peuvent être établies en faveur des personnes; il faut que l'utilité d'un héritage déterminé en soit la cause, comme on l'a vu n. 19 et suivans.

Un exemple fera mieux sentir cette distinction. Quatre frères partagent les vignes que le père commun leur a laissées, et décident que le pressoir restera en communauté pour l'exploitation de ces vignes; cette convention créera une servitude d'indivision sur le pressoir. L'exercice du droit d'y faire du vin suivra les règles ordinaires des servitudes, comme nous l'avons vu n. 9, et notamment celle qui ne permet pas d'étendre l'usage de la chose grevée à des biens pour lesquels la servitude n'a pas été établie. Chacun ne pourra faire à ce pressoir d'autre vin que celui des vignes de son lot. S'il les aliène, il n'aura plus de droits au pressoir (1); son droit passera à l'acquéreur. La licitation ou le partage de ce pressoir ne pourra donc pas être demandée; il y a *servitude d'indivision*.

Mais un pressoir a été acheté ou construit par plusieurs personnes qui ont stipulé que chacune auroit un certain nombre de jours pour en jouir. Il n'y a que *communauté*, comme nous l'avons vu n. 7 et suivans, et non servitude d'indivision. Chacun peut y faire le vin de telles vignes qu'il juge à propos, pendant le nombre de jours qui lui

(1) Dig. lib. 8, tit. 5, *Si servit. vindic.* l. 20, § 1. — Augeard, *Arrêts notables*, t. 1, p. 475.

est attribué; chacun aussi aura droit de provoquer la licitation; ceux qui s'y opposeront ne seront fondés à faire valoir, ni leur utilité personnelle, puisqu'elle ne peut être la cause d'une servitude, ni l'intérêt des héritages dont ils portent les fruits à ce pressoir, parce que ce n'est pas en vue de ces héritages, qui ne sont point désignés dans l'acte, que l'acquisition ou la construction du pressoir a eu lieu.

C'est donc dans la nature ou l'emploi de ces objets, et dans la manière dont les droits et les obligations réciproques ont été établis, qu'on doit chercher s'ils sont frappés de la *servitude d'indivision*, ou de la simple *communauté*.

192. L'exercice que chacun des intéressés fait de son droit est ordinairement réglé par le titre.

Ce droit à la chose indivise faisant partie de sa propriété particulière, on doit présumer, en général, quand le titre ne s'y oppose point, ou que la prescription n'a rien établi de contraire, que chacun d'eux a les mêmes droits, et autant de droits que les autres; et d'ailleurs l'inégalité de participation à l'usage ne change rien (1). Nul ne peut donc, malgré les autres, faire de disposition valable en ce qui concerne la propriété et l'usage de la chose commune au-delà de ses droits personnels; et nul aussi ne peut être empêché d'en

(1) Desgodets, sur l'article 205 de la *Coutume de Paris*, n. 21, et sur l'article 218, n. 11 et 12. — Pothier, *Contrat de société*, n. 228.

faire l'usage pour lequel l'indivision paroît avoir été établie (1). Ce ne seroit pas par les règles sur les servitudes qu'il faudroit se déterminer dans ces cas ; car l'usage de la chose commune n'est pas une servitude. Ainsi quoique nous ayons dit n. 56 que celui qui a un droit d'égoût de ses toits sur le terrain d'un autre, ne pourroit, ni faire des gouttières, ni surtout accroître ses constructions d'une manière qui aggrave la servitude, il n'en seroit pas de même de celui qui auroit un bâtiment sur la cour commune ; les tribunaux auroient seulement à examiner si le résultat de ces ouvrages n'a pas pour objet de rendre l'usage de cette cour sans utilité pour les autres (2).

Il ne peut être apporté de changement à la chose commune que du consentement de tous les intéressés : le droit de la défendre de toute usurpation, de provoquer les autres à l'entretien et à la réparation de cette chose suivant les conventions, d'après les règlemens faits par le tribunal, ou d'après la proportion de leur intérêt et l'équité (3), appartient à chacun : il n'y a même aucune raison pour ne pas décider que lorsqu'il s'agit ainsi de

(1) Dig. lib. 10, tit. 3, *Comm. divid.* l. 12, § 2. — Arrêt du 23 juillet 1643, rapp. par Desgodets, sur l'art. 205 de la *Coutume de Paris*, n. 25.

(2) Rejet 5 décembre 1827, D. 28, 1, 49.

(3) Dig. lib. 17, tit. 2, *Pro socio*, l. 52, § 13.—La Thaumassière, *Coutume de Berri*, tit. 4, art. 5. — Auroux, *Coutume de Bourbonnais*, art. 512. — Desgodets, sur l'art. 187 de la *Coutume de Paris*, n. 21, et sur l'art. 205, n. 1. — Rejet, 2 février 1825, D. 25, 1, 114.

réparer la chose commune, la préférence ne doit être accordée à celui des intéressés qui offre de le faire à moindres frais (1), Tout ce que nous avons dit, n. 164, 170 et 182, sur les murs mitoyens et les fossés, doit être appliqué dans ce cas, même en ce qui concerne le droit de se décharger de l'entretien par l'abandon de sa part (2).

Ces principes ne sont modifiés dans la manière de les appliquer, que pour les cas où l'intérêt public a rendu nécessaire d'assujétir certaines propriétés communes, tels que seroient de grands canaux, à un régime d'administration déterminé par des règlemens publics qui doivent alors être exécutés. Mais quelles que soient ces modifications, le principe de l'indivision forcée domine toujours, car il est réellement de l'essence de ces sortes de propriétés. Ainsi un décret du 16 mars 1810 relatif aux canaux d'Orléans et de Loing, portant, article 4, que la propriété des canaux dont il s'occupe est indivisible, suppose un principe général qui s'appliqueroit à une multitude d'autres cas.

193. A défaut de titres, les usages locaux doivent être observés pour déterminer les droits et les obligations respectifs, en les combinant avec la règle commune à toutes les indivisions, expliquée n. 170.

Ainsi les dispositions de plusieurs coutumes qui,

(1) Dig. lib. 39, tit. 1, *De damno infecto*, l. 41.

(2) Desgodets et son annot. sur l'art. 211 de la *Coutume de Paris*, n. 6. — Pothier, *Contrat de société*, n. 229.

suivant ce que nous avons dit n. 179, doivent continuer d'être exécutées comme règlemens locaux, décident que s'il s'agit de vider une fosse d'aisance commune à plusieurs maisons, la vidange doit se faire alternativement par chacune, et que celle dont c'est le tour de supporter cette charge, ne doit payer qu'une part de frais moindre que les autres (1). Mais si quelque titre impose à une seule des maisons l'obligation de supporter cette vidange, celui à qui elle appartient ne peut prétendre qu'il ne doit payer qu'une moindre portion dans les frais, parce qu'il n'a consenti, sans doute, à cette charge qu'au moyen d'une indemnité. Ainsi, l'usage des irrigations par le secours d'un canal ou de rigoles qui servent à plusieurs personnes ensemble ou successivement, est réglé quelquefois, à défaut de conventions, par des jugemens et même par des arrêtés de l'administration, comme on l'a vu n. 116 et suivans.

Le code a donné, dans l'article 664, des règles pour ce qui concerne les murs, toits et escaliers. Si les titres de propriété ne fixent pas le mode des réparations et reconstructions (2), elles doivent être faites ainsi qu'il suit : les gros murs et le toit sont à la charge de tous les propriétaires, chacun en proportion de la valeur de l'étage qui lui appartient, et sous ce rapport le rez-de-chaussée compte pour un étage. Les expressions de l'ar-

(1) Pothier, *Contrat de société*, n. 228. — Desgodets, sur l'art. 218 de la *Coutume de Paris*.

(2) Rejet, 9 mars 1819, D. 19, 1, 288.

ticle 664 ne nous paroissent pas limitatives; nous pensons qu'elles comprennent en général tout ce qui concerne la consistance et la solidité de la maison : telles seroient notamment les voûtes de caves, qu'il y auroit une sorte d'injustice à mettre au compte du propriétaire du rez-de-chaussée.

Pour y parvenir, on estime la valeur intrinsèque de la maison entière, et celle de chaque étage séparément. Par exemple, la valeur entière de la maison étant de 100,000 francs, le rez-de-chaussée est estimé séparément 30,000 fr. ; le premier étage, 40,000 fr.; le second, 20,000 fr.; et le troisième, 10,000 fr. : la valeur du rez-de-chaussée étant égale aux trois dixièmes de la valeur totale de la maison, le propriétaire de cet étage paiera les trois dixièmes des réparations; le propriétaire du premier paiera les quatre dixièmes; celui du second, les deux dixièmes ; et enfin celui du troisième étage, le dixième. Cette opération, que l'on nomme *ventilation*, doit être faite sans prendre en considération la valeur artificielle de chaque étage, résultant d'embellissemens ou d'ornemens.

L'obligation de refaire chaque plancher n'étant imposée qu'à celui qui marche dessus, le propriétaire du rez-de-chaussée n'est tenu de l'entretien d'aucune portion, à moins que les caves, au lieu d'être couvertes d'une voûte incorporée avec les gros murs, et faisant à ce moyen partie des constructions communes, ne se trouvassent couvertes que d'un simple plancher. Au contraire, celui du dernier étage sembleroit devoir l'entretien, tant du plancher qui le sépare de l'étage immédiatement au-dessous, que de celui qui le sépare du comble. Il faut néanmoins distinguer si le comble ou grenier appartient à ce propriétaire seul, ou s'il est à tous, et s'ils en font usage en commun, ou chacun pour sa part. Dans le premier cas, point de difficulté ; celui à qui le comble appartient *marche*, pour nous servir des expressions de la loi, sur le plancher qui couvre le dernier étage ; il doit seul l'entretenir et le rétablir : dans le second cas, tous les copropriétaires *marchent* sur ce plancher ; ils doivent le rétablir en commun, ou en proportion de leurs droits.

Lorsqu'on refait des planchers, dont l'étage du dessus appartient à une personne autre que celle qui a le dessous, on doit les remettre de niveau dans leur plus grande hauteur (1). Les plafonds sont à la charge de chacun de ceux qui occupent un appartement plafonné, s'il n'y a pas de stipulation contraire. S'il est nécessaire d'étayer, ou de déplacer les meubles des copropriétaires pendant la confection des travaux qui sont à la charge d'un seul, on suit les règles que nous avons données, n. 166, sur la réparation ou reconstruction du mur mitoyen.

Le propriétaire du premier étage fait l'escalier qui y conduit ; le propriétaire du second étage

(1) Arrêt du 18 août 1650, cité par Desgodets, sur l'art. 205 de la *Coutume de Paris*, n. 17.

fait, à partir du premier, l'escalier qui conduit chez lui, et ainsi de suite. Cette dernière disposition de l'article 664 paroît, au premier aspect, onéreuse à celui qui a le premier étage; car la partie d'escalier qu'il entretient est plus fréquentée que celle des autres copropriétaires, puisque chacun de ceux-ci s'en sert pour se rendre à son habitation. La loi a préféré ce léger inconvénient à ceux qui naîtroient d'une contribution relative, et des difficultés qu'elle entraîneroit. On peut conclure de ce qui vient d'être dit, que si les caves n'appartiennent qu'à un seul ou à quelques-uns, l'escalier qui y conduit est à la charge de ce propriétaire ou de ces propriétaires. Si l'escalier étoit couvert d'un toit particulier, chaque copropriétaire y contribueroit également pour son étage; on doit le décider par induction du premier alinéa de l'article 664.

D'après ce que nous avons dit n. 7, sur les propriétés superficiaires ou souterraines, on voit que les règles données par le code, pour l'entretien d'une maison dont les étages appartiennent à divers propriétaires, et les principes sur les mitoyennetés doivent servir à régler les contestations qui s'élèveroient relativement à ces sortes d'objets. Par exemple, si quelqu'un est légitime propriétaire d'une cave sous la cour d'un autre, celui-ci ne pourra se dispenser de paver cette cour pour empêcher l'infiltration des eaux (1). Il ne pourroit

(1) Reject, 13 mars 1827, D. 27, 1, 71.

prétendre que l'existence de la cave est simplement une servitude, et invoquer les règles expliquées n. 57.

§ II. *Des arbres.*

194. Le principe énoncé dans le n. 136, qu'on doit faire quelquefois des sacrifices à l'intérêt d'autrui lorsque le bien public l'exige, est le fondement des règles relatives à la plantation des arbres; et ces règles doivent également s'appliquer aux haies vives dont nous avons parlé n. 187 et suivans, puisqu'elles ne sont qu'une réunion d'arbres et d'arbrisseaux (1).

La diversité du sol et des espèces de plantations a donné lieu à une variété d'usages que le code a cru devoir maintenir. C'est seulement à défaut de règlemens ou d'usages reconnus et constans, que l'article 671 décide que les arbres à haute tige ne peuvent être plantés à une distance moindre de deux mètres de la ligne séparative des héritages, et ceux à basse tige, à celle d'un demimètre. Nous verrons n. 340 et suivans, ce qu'on doit entendre par *usages constans et reconnus*, et nous y examinerons si la distance peut être moindre que celle que détermine l'article 671 dans les lieux où l'on avoit coutume de planter,

(1) Desgodets et Goupy, sur l'art. 210 de la *Coutume de Paris*, n. 18. — Poullain-Duparc, *Princ. du droit français*, l. 4, ch. 7, n. 18.

sans observer de distance, ou de n'en observer qu'une moindre.

Ce que nous avons dit, n. 118, relativement au bornage, nous porte à croire que la séparation de deux propriétés, par un cours d'eau qui n'auroit pas la largeur déterminée pour la distance des arbres, ne dispenseroit pas de se conformer à l'article 671. Ici néanmoins se présentent quelques questions qu'il importe de résoudre. Il faut d'abord s'assurer s'il s'agit d'un cours d'eau naturel, ou d'un lit artificiel, tel que canal, bief de moulins, etc., suivant les distinctions faites n. 110 et 111.

Lorsqu'il s'agit d'un cours d'eau naturel dont le lit est mitoyen, il semble qu'on devroit calculer la distance du milieu du lit; s'il appartient à celui qui plante les arbres, on la calculeroit de la rive opposée; s'il appartient au voisin, celui qui plante les arbres, devroit ne les planter qu'à six pieds en deçà de sa propre rive. On ne peut cependant se dissimuler que généralement les cours d'eaux, presque toujours mitoyens, se trouvent bordés d'arbres plantés sur le bord même de l'eau, encore bien que le lit ne soit point d'une largeur double de l'espace déterminé, comme il vient d'être dit : c'est probablement parce qu'on a pensé que la nature particulière des cours d'eaux, la nécessité dans laquelle sont presque toujours les propriétaires d'en défendre les bords contre l'action des eaux, devroit permettre à chaque riverain de planter sur son bord, en calculant la distance à compter de la rive opposée.

Lorsque le cours d'eau est artificiel, tel qu'un canal, un bief, il faut nécessairement distinguer s'il existe à titre de propriété, ou à titre de servitude. S'il existe à titre de propriété, les arbres du voisin ne peuvent être plantés qu'à la distance légale des berges qui sont dépendances du canal; et si, comme on a vu n. 112 que cela n'étoit point impossible, la berge appartient au fonds riverain, le propriétaire de ce fonds ne peut planter qu'à la distance légale de la rive de l'eau. Réciproquement les propriétaires du cours d'eau ne peuvent planter sur les berges qui leur appartiennent, si elles n'ont pas une largeur telle qu'ils puissent observer à l'égard du fonds voisin, les distances légales.

Si le canal n'existe qu'à titre de servitude, celui à qui le bord appartient, ne peut planter qu'en observant une distance qui empêche les racines de nuire au canal (1). Vainement diroit-il que l'eau passant sur lui à titre de servitude, il est propriétaire du fonds du lit, et que l'article 671 ne lui est point applicable! Il n'est pas plus favorable que celui qui auroit conservé la propriété entière d'un terrain limitrophe à un autre terrain dont il auroit concédé l'usufruit. Ce propriétaire ne pourroit, sans le consentement de l'usufruitier, planter sur le fonds non grevé d'usufruit, qu'en observant la même distance que si le fonds grevé d'usufruit appartenoit à un autre.

195. Nous ne croyons pas qu'on puisse s'écar-

(1) Cæpolla, tr. 1, cap. 81, n. 1.

ter des règles prescrites par l'article 671, lorsqu'il paroît clairement que le voisin n'éprouve aucun dommage. Il n'est jamais permis, sous prétexte d'une équité susceptible de varier au gré des opinions et des circonstances, de s'éloigner du texte précis des lois (1). L'article 672 est impératif; il porte que le voisin peut exiger que les arbres plantés à une moindre distance soient arrachés.

Cependant, lorsque les arbres ne sont pas plantés à la distance légale, le voisin qui les a soufferts, sans se plaindre, pendant la durée non-interrompue, ni suspendue, de trente ans, n'est plus recevable à former cette demande; son silence équivaut à un consentement tacite (2).

On peut en donner deux motifs qui, quoique fondés sur deux manières diverses d'envisager l'existence des arbres, pendant trente ans, à une distance moindre que celle qui est fixée par la loi, semblent également décisifs. Le premier, c'est que ce droit d'avoir des arbres plantés sur un point aussi rapproché est une servitude continue et apparente qui, conformément à l'article 690 du code, s'acquiert par la possession de trente ans;

(1) Dig. lib. 40, tit, 9, *Qui et à quib. manum.* l. 13. — Dumoulin, *Coutume de Paris*, tit. 1, § 51, gl. 2, n. 87.

(2) De Cormis, t. 2, p. 1529. — Boucher d'Argis, *Cod. rur.* ch. 22, n. 7. — Julien, *Statut de Provence*, t. 2, p 553. — Poullain Duparc, *Princ. du droit français*, liv. 4, ch. 7, n. 20. — Rejet, 27 décembre 1820, D. 22, 1, 348. Rejet, 9 juin 1826, D. 25, 1, 337. Rejet, 28 février 1831, D. 31, 1, 53. Rejet, 29 mai 1832, D. 32, 1, 210. Rejet, 31 mars 1835, D. 35, 1, 371.

le second, c'est que la prescription a eu l'effet d'éteindre la servitude légale qui oblige tout propriétaire à ne planter des arbres qu'à une certaine distance du fonds voisin.

On peut objecter, il est vrai, que la possession nécessaire pour prescrire, devant être continue et uniforme, cette dernière qualité ne se rencontre pas dans celle d'un arbre qui, pendant les premières années, s'est dérobé peut-être, par sa petitesse, à tous les yeux, et qui, après avoir pris un accroissement de trente années, étend au loin ses branches, et nuit au propriétaire du fonds voisin (1). Cette objection, quoique spécieuse, peut être aisément détruite. Le voisin a pu prévoir que les arbres grossiroient tous les jours, il ne devoit pas garder, pendant trente années, un silence dont la durée présente une fin de non-recevoir légitime contre sa réclamation tardive. S'il se trouvoit que la disposition des lieux n'eût pas permis au voisin de connoître l'existence de ces arbres, on suivroit les règles sur la prescription, qui exigent qu'elle soit publique.

Mais alors peut s'élever une seconde question : si, par quelqu'événement, les arbres placés ainsi à une distance moindre que celle qui est déterminée par la loi ou par l'usage, venoient à périr, le propriétaire pourroit-il les remplacer sans observer la distance légale? En appliquant les con-

(1) Duval, *De reb. dub.* tr. 8, n. 8. — Mornac, *ad leg.* 13. *dig. Fin. reg.* — De Bezieux, *Arrêts de Provence*, liv. 8, ch. 4, § 7.

séquences des deux effets de la prescription qui seront expliqués n. 280, la réponse nous semble facile.

Si l'existence des arbres pendant trente ans a fait acquérir sur l'héritage voisin une servitude qui l'oblige à les laisser subsister, ce droit une fois acquis ne peut se perdre par le simple changement que produit dans l'état des lieux l'abattage de ces arbres; il faudroit que ce changement eût duré trente ans, c'est-à-dire que l'emplacement occupé par les arbres fût resté vide pendant ce temps, conformément à l'article 704. La servitude étoit due à l'héritage dont les arbres étoient l'accessoire; et cet héritage ne peut pas plus la perdre par la substitution de nouveaux arbres à ceux qui ont péri, que les servitudes dues à une maison ne sont éteintes lorsque la vétusté ou tout autre accident en rend la reconstruction nécessaire, cas prévu par l'article 665. Il en seroit ainsi quand même on voudroit, en raisonnant avec une sorte de subtilité, dire que c'étoit aux arbres plantés sans l'observation des distances légales que la servitude étoit due, et que leur destruction a entraîné l'anéantissement de cette charge. Le remplacement des arbres a le même effet ici que la reconstruction d'un mur auquel le même article 665 veut que les servitudes actives continuent d'être dues, après cette reconstruction.

Si l'on n'attribue à l'existence des arbres pendant trente ans, que l'effet d'avoir libéré l'héritage dont ils dépendent de la servitude légale imposée au propriétaire de ne point planter à une distance moindre que celle que détermine l'usage ou la loi, la servitude étant anéantie par la prescription ne revit plus : l'héritage rentré dans sa liberté naturelle, ne doit plus la servitude que l'intérêt du fonds voisin avoit fait établir, et il peut continuer de profiter des effets d'une libération qui, par la manière même dont elle a été acquise, n'est susceptible d'aucune restriction. D'ailleurs la prescription, soit qu'elle tende à faire acquérir, soit qu'elle tende à libérer, est établie pour suppléer au titre qui a pu être perdu (1). Dans le cas dont il s'agit, on peut présumer que dans l'origine le propriétaire des arbres a laissé, au-delà du point où ils sont plantés, l'espace déterminé par la loi ou l'usage (2). S'il n'a plus la propriété de cet espace, la présomption peut être qu'il l'a laissé acquérir à son voisin; mais, ainsi qu'on le verra n. 214 et 215, celui-ci ne l'a pas acquis autrement qu'il se trouvoit placé, c'est-à-dire dans un voisinage d'arbres dont la plantation est antérieure à la prescription (*).

Il est bien entendu que le remplacement ne pourra s'appliquer qu'aux arbres morts ou abattus,

(1) Dunod, *Traité des prescriptions*, part. 1, ch. 2, p. 10.

(2) Revel, *Usages de Bresse*, (*Coutume de Villars*), sect. 1, page 220.

(*) M. Duranton est d'avis contraire, t. 5, pages 224 et suivantes, et un arrêt de rejet, du 20 mars 1828 (D. 28, 1, 186), paroît conforme à son opinion.

sans que le propriétaire puisse en planter un plus grand nombre ou dans un autre lieu. On verra en effet n. 285, que l'acquisition par prescription est toujours limitée à la seule jouissance qui a eu lieu pendant le temps déterminé par la loi pour prescrire.

196. Dans ce cas, comme dans celui où la distance légale auroit été observée, il peut arriver que les branches s'étendent sur l'héritage voisin. La prescription dont nous venons de parler ne pourroit être invoquée pour prétendre au droit d'avoir des branches avançantes sur cet héritage, à moins d'un titre qui exprimât bien formellement cette servitude. On ne pourroit invoquer, dans ce cas, la présomption que fourniroit la destination de père de famille (1). Il en seroit ainsi, même dans des lieux où les statuts locaux toléroient cet avancement (2), sauf l'exception pour les forêts de l'état dont nous avons parlé, n. 141. L'article 672 porte que le voisin peut contraindre le propriétaire des arbres à en couper les branches, en faisant cette réquisition dans le temps usité pour la taille des arbres; mais dans aucun cas il ne peut les couper lui-même, à moins que le tribunal ne l'y ait autorisé (3). Le propriétaire voisin ayant le droit de prévenir le dommage, par les moyens que nous venons d'indiquer, ne

(1) Rejet, 16 juillet 1835, D. 35, 1, 395.
(2) Rejet, 31 décembre 1810, D. 11, 1, 74.
(3) Cassation, 15 février 1811, D. 11, 1, 144.

nous sembleroit fondé à réclamer des indemnités, qu'à compter du jour où il auroit mis celui à qui les arbres appartiennent, en demeure d'en couper les branches. L'avancement ne cause pas toujours un dommage matériel; il peut même y avoir des circonstances dans lesquelles un voisin désire qu'il subsiste. Il est donc juge de son intérêt; et tant qu'il n'a pas réclamé, on doit supposer qu'il n'a éprouvé aucun tort.

Dans divers pays, l'arbre devoit être coupé entièrement, si les branches s'étendoient sur une maison (1) : il devoit être élagué à la hauteur de quinze pieds de terre, si elles ne s'étendoient que sur un champ (2). L'article 672 a abrogé ces usages : quel que soit le fonds sur lequel s'avancent les branches, le propriétaire de l'arbre ne peut être tenu qu'à couper celles qui s'y étendent effectivement, sans égard à la circonstance que les arbres par eux-mêmes peuvent causer un ombrage désagréable.

Celui sur le terrain de qui s'étendent les branches, n'a pas droit d'en cueillir les fruits. Cette faculté pourroit à la vérité être présumée l'effet d'un consentement du propriétaire de l'arbre, en indemnité de ce que le voisin n'auroit pas encore exigé qu'il fût élagué, ce qui le rendroit non-recevable à réclamer le prix des fruits ainsi cueillis; mais elle ne formeroit pas un titre permanent, et

(1) Dig. lib. 43, tit. 27, *De arbor. cæd.* l. 1, § 2, 4, 6, 7, 8 et 9.

(2) Dig. lib. 43, tit. 27, *De arbor. cæd.* l. 2, § 8. — Bouvot, V.° *Ombrage*, t. 1, part. 3. p. 195.

une réclamation seroit toujours recevable. Les statuts locaux qui donnoient ce droit sont abolis par l'article 7 de la loi du 30 ventôse an XII. Les fruits sont la propriété exclusive du maître de l'arbre, conformément à l'article 547 ; nous croyons même qu'il auroit droit d'obtenir le passage sur son voisin, pour venir les ramasser dans un bref délai, en payant, s'il y a lieu, une indemnité, conformément à ce que nous dirons n. 218 (*).

197. Lorsque les racines de l'arbre s'étendent et s'avancent jusque dans l'héritage du voisin, celui-ci n'a pas simplement une action pour les faire couper, il peut les couper lui-même, et, par un motif encore plus décisif que celui qui a été donné relativement aux branches, aucune prescription ne peut lui faire perdre ce droit ; car il ne s'agit même pas de ce qu'il peut exiger du voisin, mais de ce qu'il est maître de faire sur son propre fonds. Cela n'empêche point que si, avant qu'il les eût coupées, elles avoient causé quelque dégradation aux fondations de son bâtiment, à un aqueduc, etc., le propriétaire de l'arbre ne fût tenu de les réparer ; car en ce cas il existe un dommage matériel qui n'a pu être deviné à l'avance.

Si un arbre, une haie, produisoient des rejetons, ou quelques accrues sur le terrain formant la dis-

(*) MM, Delvincourt, t, 1, p. 164, et Duranton, t. 5, pages 439 et suiv. ont combattu cette opinion, qui est partagée par M. Toullier, t. 3, page 378.

tance légale, le propriétaire voisin auroit droit d'exiger qu'ils fussent arrachés. Le motif qu'a eu le législateur d'empêcher que l'ombre de l'arbre ou de la haie ne nuise aux produits de l'héritage voisin, ou que les racines n'en épuisent le sol, seroit éludé si le terrain intermédiaire se peuploit de nouveaux rejetons.

Mais, dans ce cas, le droit du voisin se réduit à une action : il ne peut faire ces arrachis lui-même. Ce droit ne lui appartient que dans le cas où les accrues seroient sur son terrain, parce qu'alors le bois seroit censé sa propriété, et qu'il pourroit s'en emparer sans autre formalité (1).

Une haie vive est, comme on l'a vu n. 187, un composé d'arbres. Lorsqu'elle appartient à un seul, les distances dont nous avons parlé ci-dessus doivent être observées, et le propriétaire est tenu de la tondre. Cette obligation résulte implicitement de l'article 671, qui détermine les distances légales en raison de la hauteur des arbres, et range les haies dans la classe des arbres à basse tige, pour lesquels il requiert la moindre des distances : laisser croître les haies, seroit éluder la disposition qui détermine la distance des arbres à haute tige. Les usages locaux et même, dans l'intérêt de la conservation des chemins et des routes, les règlemens de police ont assez généralement prévu ce cas, qui peut donner lieu à tant de difficultés; ils doivent servir de règles pour les époques et la hauteur

(1) Arrêt du 15 juillet 1762, rapporté par Denisart, V.° *Haie*.

de cette tonte. Par suite de ces principes, le propriétaire d'une haie n'a le droit d'y laisser s'élever des baliveaux ou grands arbres, qu'autant qu'elle seroit placée à la distance requise pour la plantation des arbres à haute tige.

198. Ce que nous avons dit jusqu'à présent des arbres, suppose qu'il n'existe aucune incertitude sur leur propriété ; et l'on doit d'autant moins le craindre que, suivant l'article 553, les arbres sont censés appartenir à celui sur le terrain de qui ils sont plantés.

Mais il peut se présenter, lorsque les arbres sont limitrophes, des difficultés que nous ne devons point passer sous silence. Pour les résoudre sainement, il faut considérer si l'arbre est précisément sur le point extrême des deux propriétés, ou s'il est seulement sur la limite d'une seule. S'il n'est que sur une des deux propriétés, mais à son extrémité, le principe qu'il appartient à celui sur le sol de qui il est planté conserve toute sa force. Mais ce propriétaire doit justifier qu'il a droit de posséder ainsi un arbre, sans être tenu d'observer la distance légale ; autrement, on peut le contraindre à l'arracher (1). Si un titre ou une possession suffisante lui assure ce droit, il peut le conserver ; et les règles que nous avons données n. 195, reçoivent leur application.

Si, au contraire, de l'examen des lieux, de l'opé-

(1) Rejet, 22 février 1830, D. 30, 1, 138.

ration d'un arpentage, ou de tous autres renseignemens légaux, il résulte que l'arbre est sur le point extrême des deux héritages, il est réputé commun (1), sauf le droit de l'un des deux voisins d'établir, par une possession suffisante, que l'arbre appartient à lui seul; les fruits, et même l'arbre, lorsqu'il est abattu, doivent être partagés par moitié, sans considérer si l'arbre étend ses branches plus sur l'un que sur l'autre des héritages, comme c'étoit autrefois l'usage dans quelques pays (2). Si l'arbre est abattu, il doit également être partagé par moitié, et ce que nous avons dit n. 189 devient applicable.

§ III. *De la distance et des ouvrages intermédiaires requis pour certaines constructions.*

199. Nous avons déja vu n. 141 et 142, les motifs d'utilité générale qui, dans un grand nombre de circonstances[3], imposent aux propriétaires d'immeubles des servitudes, c'est-à-dire des restrictions au libre usage que naturellement ils pourroient faire de ce qui leur appartient. Les obligations relatives à la propriété des murs et aux distances pour la plantation des arbres en ont fourni des exemples. L'article 674 en présente en-

(1) Inst. lib. 2, tit. 1, *De rer. divis.* § 31. — Dig. lib. 41, tit. 1. *De adq. rer. dom.* l. 7, § 13. — Poullain Duparc, *Princ. du droit français*, liv. 4, ch. 7, n. 19.

(2) Dig. lib. 10, tit. 3, *Communi divid.* l. 19, pr.

(3) Dig. lib. 17, tit. 2, *Pro socio*, l. 85.

core dont l'objet est, ou d'empêcher qu'un voisin ne cause de dommages à son voisin, ou qu'un copropriétaire n'expose la chose commune à des dangers. Cet article ordonne que celui qui fait creuser un puits ou une fosse d'aisance près d'un mur mitoyen ou non, qui veut y construire une cheminée ou âtre, forge, four ou fourneau, y adosser une étable, établir contre ce mur un magasin de sel ou un amas de matières corrosives, laisse la distance prescrite par les règlemens et usages particuliers sur cette matière, et qu'il fasse les ouvrages prescrits par les mêmes règlemens ou usages, pour éviter de nuire au voisin.

Quoiqu'en principe il ne soit jamais permis d'ajouter aux prohibitions de la loi, on doit considérer, comme compris dans la généralité de ses expressions, les cas qu'elle n'a pas déterminés, mais que l'identité ou l'analogie avec ceux qu'elle a prévus peuvent servir à décider.

Par exemple, la loi ne parle pas des tuyaux d'une fournaise : mais comme le passage habituel de la flamme peut brûler le mur, on doit prendre les mêmes précautions que pour la fournaise elle-même (1). Les termes de la loi ne sont relatifs qu'aux puits : elle ne dit rien des canaux destinés à la conduite des eaux ou de leurs réservoirs; cependant l'humidité qu'ils occasionent et la possibilité des infiltrations doivent astreindre à de sem-

(1) Dig. lib. 8, tit. 2, *De serv. præd. urb.* l. 13, pr.; lib. 9, tit. 2, *ad leg. Aquiliam*, l. 27, § 10.

blables précautions (1). De même, quoiqu'elle ne parle que du cas où l'on veut appuyer contre un mur des matières corrosives, on doit étendre cette disposition au cas où l'on voudroit appuyer des fumiers (2) ou des terres qu'on appelle *jectisses*.

A plus forte raison, il faut appliquer l'article 674 dans les cas où la partie supérieure d'un terrain appartenant à l'un, et l'inférieure à l'autre, comme nous l'avons dit n. 7, le propriétaire supérieur feroit dans sa portion un réservoir d'eaux, un aqueduc, un égout, etc.; car ces deux propriétés, pour être, par la nature des choses, inséparables, n'en sont pas moins indépendantes l'une de l'autre.

Il n'est point ici question, ni des contre-murs, pour construire des voûtes qu'on appuie contre un mur, parce que cet appui ne pourroit se faire qu'autant que ce mur seroit mitoyen, et que c'est le cas prévu par l'article 662, dont nous avons développé les dispositions n. 170 et suivans; ni de ce qui est nécessaire pour que les terres d'un sol supérieur auquel un mur est adossé, ne nuisent pas à ce mur, parce que ce qui doit être observé dans ce cas n'est point réglé par l'article 674 qui nous occupe ici, mais par les principes que nous avons donnés n. 150.

Mais il nous semble qu'on doit encore étendre les principes de l'article 674 à plusieurs cas qui, sans doute, feront l'objet de dispositions particulières des lois rurales, et pour lesquelles, en atten-

(1) Dig. lib. 8, tit. 2, *De serv. præd. urb.* l. 19 et 20.

(2) Dig. lib. 8, tit. 5, *Si servitus vindic.* l. 17, § 2.

dant que ces lois soient rendues, il est convenable de se conformer, soit aux usages locaux, soit, dans leur silence, à ce que l'équité commanderoit. Ainsi, lorsqu'un particulier creuse un vivier, une pièce d'eau sur son propre fonds, il doit laisser un espace de terrain suffisant pour le séparer du voisin qui auroit déja un semblable réservoir (1). Vainement diroit-il qu'il use du droit naturel de faire ce qu'il veut de sa chose; qu'il est propriétaire immédiatement jusqu'au bord du réservoir de son voisin; et que c'étoit à celui-ci, lorsqu'il l'a creusé, à laisser un espace au-delà! Le propriétaire du réservoir existant seroit plus favorable, par cela seul qu'il auroit l'antériorité de construction. Nous avons déja parlé de cette obligation, n. 90, relativement aux étangs (2), et n. 112 relativement aux canaux. Nous avons vu que, dans ces cas et autres semblables, l'autorisation accordée par le gouvernement de former ces établissemens ne dispenseroit pas des précautions propres à prévenir des dommages particuliers, ni de l'obligation de les réparer.

Par la même raison, le propriétaire qui voudroit fouiller sur son propre fonds pour tirer de la pierre, de la marne, du sable, ou toutes autres matières semblables, ne pourroit ouvrir la terre au point extrême qui sépare sa propriété de celle du voisin, et continuer ainsi ses fouilles à pic,

(1) Dig. lib. 10, tit. 1, *Fin. reg.* l. 13.

(2) Revel, *Usages de Bresse* (*Cout. de Villars*), sect. 5, p. 229.

puisque le terrain de ce voisin, restant sans soutien, seroit exposé à des éboulemens. Les articles 21 et 50 de la loi du 21 avril 1810, sur les mines, prescrivent, dans ce cas, l'observation de règlemens généraux ou locaux dont l'objet est de veiller à la conservation des propriétés voisines, ou à celle des routes et des chemins publics qui passeroient, soit dans le voisinage, soit sur la superficie des mines. Dans les lieux où il n'existeroit point de règlemens, les tribunaux ne pourroient donc se dispenser d'y suppléer, et de juger les contestations entre deux propriétaires, par les principes d'équité et d'intérêt public sur lesquels ces règlemens seroient eux-mêmes fondés : surtout ils appliqueroient la règle que chacun doit répondre du dommage qu'il a causé, mais qu'il n'y a pas lieu à réparer ce qui n'a été causé ni par malice, ni par négligence ou imprudence (1).

C'est encore par suite de ces principes, que le propriétaire de la partie inférieure d'un terrain en pente ne pourroit le couper à pic, ni le défricher ou le cultiver d'une manière qui porteroit préjudice à la partie supérieure, et qu'il devroit en laisser quelque portion dans un état tel, que cette partie, quel qu'en soit le propriétaire voisin, ne se trouvât exposée à aucun éboulement (2). On donne à ces sortes de terrains les noms de *tertres* ou *rideaux*. Nous avons vu n. 122, les règles

(1) Rejet, 29 novembre 1832, D. 33, 1, 98.

(2) Dig. lib. 39, tit. 2, *De damno infecto*, l. 24, § 12.

convenables pour juger les contestations qui s'élèvent fréquemment sur leur propriété.

C'est enfin par les mêmes motifs que l'usage interdit au propriétaire d'un terrain le droit de le labourer jusqu'au pied du mur voisin, pour ne pas faciliter l'infiltration des eaux ou nuire à la conservation de ce mur.

200. L'article 674 se réfère aux règlemens et usages locaux. La sagesse de cette disposition se fait sentir facilement; elle a été dictée par les motifs qui ont maintenu ces mêmes usages relativement à la hauteur des clôtures et à la plantation des arbres. Mais, par une singularité remarquable, cet article ne détermine aucune distance, à défaut de règlemens ou d'usages. Nous verrons, n. 340, comment il faut suppléer à ce silence de la loi; et nous nous bornons ici à donner quelques règles générales sur ce qu'il faut observer, soit qu'un espace intermédiaire doive être laissé vide, soit qu'un simple contre-mur soit suffisant.

Lorsqu'il y a lieu de laisser une distance intermédiaire, l'espace doit être pris sur celui qui veut faire l'établissement pour lequel une précaution de ce genre est nécessaire; cet espace doit être mesuré à partir de la saillie la plus avançante du mur, pour la conservation duquel il est laissé. L'espace vide doit être ouvert de manière à faciliter la libre circulation de l'air (1). Si le mur que

(1) Desgodets, sur l'art. 190 de la *Coutume de Paris*, n. 1.

cette précaution a pour objet de garantir n'est pas mitoyen, il est inutile d'acquérir la mitoyenneté, la loi n'imposant cette obligation que lorsqu'on veut appuyer ou adosser. Quant au propriétaire du mur dont la conservation a exigé que le voisin prît ces précautions, s'il veut à son tour y adosser une construction du même genre, il semble qu'il n'est point tenu d'observer de distances, ou de faire des ouvrages intermédiaires, puisque son mur est sa propriété; cependant, l'article 674 ne faisant aucune exception et se servant des expressions, *mitoyen ou non*, il faut s'en tenir rigoureusement à ses termes et se conformer aux usages locaux.

S'il n'y a lieu qu'à construire un contre-mur, il semble aussi que ce mur additionnel devroit être simplement appliqué sur celui qu'il a pour objet de garantir; qu'il ne doit pas y être incorporé, puisque s'il venoit à avoir besoin de réparations, on ne pourroit les faire sans attaquer le mur principal (1). Cependant ce seroit encore aux usages locaux, susceptibles d'être connus et appréciés par les gens de l'art, que nous pensons qu'on devroit se conformer. Dans ce cas, lorsque le mur n'est pas mitoyen, il faut préalablement acheter la mitoyenneté dans toute l'étendue du bâtiment ou de la construction qui nécessite le contre-mur. L'épaisseur, la hauteur et les matériaux

(1) Desgodets, sur l'art. 191 de la *Coutume de Paris*, n. 1; mais Goupy, son annoteur, est d'avis opposé.

dont ce contre-mur doit être formé dépendent nécessairement de son objet (1). Lorsque l'autre voisin veut ensuite faire, de son côté, le même établissement, il doit construire à son tour un contre-mur, avec des précautions semblables.

201. Mais ces règles étant la conséquence du principe général, que nul ne doit être incommodé par le fait d'autrui, les distances usitées, les constructions exigées par les réglemens ou usages locaux, ne suffisent pas toujours. Les dispositions de l'article 674 ne dérogent point à celles de l'article 662 que nous avons expliquées n. 180, et ne dispensent point de faire régler spécialement par experts les précautions nécessaires pour que l'ouvrage projeté ne nuise point au voisin. Lors même qu'on n'a négligé aucun moyen de prévenir le tort que l'on peut faire, s'il en arrive, on doit le réparer conformément à l'article 1382 du code. En se conformant aux usages, on n'a point à craindre que le voisin réclame, sous prétexte de la possibilité des accidens; mais, s'il en survient, celui qui souffre est toujours le plus favorable aux yeux de la justice et peut se faire indemniser.

Souvent même il faut obtenir l'agrément de l'autorité administrative chargée, dans le silence des particuliers, de s'opposer à tout ce qui, en compromettant leur sûreté individuelle, compromettroit aussi la sûreté publique. En effet,

(1) Pothier, *Contrat de société*, n. 211.

l'obligation imposée par l'article 674 ne l'est pas seulement pour l'utilité du voisin, et n'a pas pour unique objet de lui accorder une action dont il soit le maître de se départir. Dans certains cas, la sûreté publique est intéressée à ce que la loi soit exécutée, quelque déférence qui porte un voisin à en tolérer l'inexécution; d'où il suit qu'on ne pourroit acquérir par la prescription, la décharge des obligations qui font l'objet du présent paragraphe. Il faut distinguer avec soin les prohibitions faites exclusivement dans l'intérêt particulier, de celles que dicte l'intérêt général. Le développement que recevra ce principe, n. 230, prouvera mieux encore pourquoi il n'est pas possible d'acquérir par prescription la décharge des obligations dont nous venons de parler.

§ IV. *Des servitudes légales de vues et jours.*

202. Le droit de regarder hors de l'édifice dont on est propriétaire est une conséquence naturelle du droit de propriété; et comme, d'un autre côté, ce même droit a pour conséquence que chacun soit clos chez lui, il faut que le point sur lequel le propriétaire d'un édifice veut faire des ouvertures lui appartienne, ou que par sa nature il soit destiné à cet usage, tels que sont les chemins, les rues, les places publiques, ainsi qu'on l'a vu n. 36.

Mais en poussant à toute leur rigueur les conséquences des principes sur le droit de propriété, on pourroit prétendre que celui qui possède, au-delà de son mur, un espace quelconque de terrain, a le droit de faire telles ouvertures que bon lui semble, encore bien qu'au moyen de ces ouvertures ses regards puissent plonger ou s'étendre sur la propriété voisine. Des motifs d'utilité et de bon voisinage ont décidé le législateur à restreindre, dans ce cas, l'exercice illimité du droit de vue. D'un autre côté les mêmes considérations l'ont porté à modifier la rigueur du droit par l'effet duquel, conformément à ce qui a été dit plus haut, il ne devroit pas être permis à celui dont le bâtiment joint immédiatement la propriété d'un autre, d'y faire des ouvertures pour quelque nécessité que ce soit.

Il en est résulté une série de dispositions contenues dans les articles 676, 677, 678, 679 et 680 du code, dont la théorie consiste : 1° à restreindre le droit naturel qu'auroit un propriétaire de faire des ouvertures dans son mur, lorsqu'au-delà de ce mur il possède un certain espace de terrain, à moins que ce terrain n'ait une étendue déterminée par la loi; 2° d'obliger celui dont la propriété touche immédiatement le mur d'un voisin, de souffrir que le propriétaire de ce mur y ouvre des jours en prenant quelques précautions.

Nous allons en conséquence traiter dans deux articles distincts, des servitudes légales relativement aux vues, et des servitudes légales relativement aux jours.

ART. Ier. *Des Servitudes légales de vues.*

203. On entend en général par *vues*, toute espèce d'ouvertures qui peuvent plus ou moins permettre de regarder directement hors de l'édifice pour lequel on les a faites; le code les désigne même par le mot de fenêtres : elles diffèrent des *jours* en ce que ce nom est plus habituellement donné à des ouvertures moins considérables, disposées de manière à ce qu'elles servent plutôt à éclairer un lieu, qu'à procurer la faculté de voir à l'extérieur (1).

Il n'est pas cependant hors de propos de remarquer que, souvent dans l'usage et même dans les conventions, les mots *fenêtres*, *jours*, *vues*, sont indistinctement employés et confondus. Mais il n'est point question de s'occuper ici de cette différence dont il sera traité n. 236.

A s'en tenir au droit rigoureux, il faudroit, comme on l'a vu plus haut, reconnoître que celui qui a ouvert une croisée dans son mur propre, au-delà duquel il possède une certaine portion de terrain, quelque peu étendue qu'elle soit, pourroit prétendre qu'il a ouvert sur lui-même, et non sur le voisin. Mais lorsque ce terrain a si peu d'étendue que, dans la réalité, le propriétaire du mur exerceroit sa vue bien plus sur le voisin que sur lui-même, il a paru convenable, pour préve-

(1) Coquille, *Coutume de Nivernais*, chap. 10, art. 8 et 9.

nir les inconvéniens qui pouvoient en résulter, de déterminer l'étendue de l'espace qui devroit exister entre le mur où la croisée est ouverte, et la propriété du voisin (1).

204. Les vues peuvent être de deux espèces : les vues *droites* qui s'exercent par des ouvertures faites dans un mur parallèle à la ligne de séparation des deux héritages ; les vues *de côté*, qui s'exercent par des ouvertures pratiquées dans un mur qui fait angle avec cette ligne.

Cette distinction a servi de base aux règles que détermine l'article 678 du code. Il défend d'avoir des vues *droites* ou fenêtres d'aspect, des balcons ou autres semblables saillies du côté de l'héritage clos ou non clos de son voisin, s'il n'y a, entre le mur où on les pratique et cet héritage, dix-neuf décimètres (six pieds) de distance ; et de vues *de côté*, que si la distance n'est de six mètres (deux pieds).

Ces règles doivent s'appliquer à toute sorte d'héritages clos ou non clos, quelque part qu'ils soient situés (2) ; elles n'admettent aucune exception résultant des circonstances (3). Ainsi la situation d'un héritage supérieur et formant terrasse, ne donneroit pas à celui qui voudroit le convertir en bâtiment le droit d'ouvrir des vues dans le mur

(1) Cod. lib. 8, tit. 10, *De ædificiis priv.* l. 12, § 2 et 3.

(2) Ferrière, *Coutume de Paris*, art. 202. — Desgodets, sur le même art. n. 13.

(3) Cassation, 5 décembre 1814, D. 15, 1, 45.

de ce bâtiment, qu'il auroit construit à la limite extrême de son terrain. Sans doute, tant qu'il n'y avoit pas fait de construction, la nature des lieux lui permettoit de se promener jusqu'à l'extrémité même de son terrain, et à la faveur de la disposition des lieux, de jeter ses regards sur l'héritage inférieur, sauf au propriétaire de cet héritage à le convertir en bâtiment, et à construire, s'il le vouloit, un mur suffisant pour se mettre à l'abri de ces inconvéniens. Une servitude conventionnelle de vue, au profit de l'héritage supérieur, pourroit seule modifier ces principes; et alors on suivroit les règles et les distinctions que nous donnerons n. 208 et 312. Il s'ensuit que, dans ce cas, le propriétaire du terrain inférieur peut exiger que le mur qui soutient la terrasse supérieure, soit élevé à la hauteur déterminée par l'article 663 du code; puisque c'est le seul moyen de lui donner la clôture, et de le mettre à l'abri des regards du voisin supérieur. Nous pensons toutefois que celui-ci auroit droit de s'opposer à l'exhaussement du mur, s'il abaissoit son terrain tout le long du mur de terrasse, dans la largeur déterminée par l'article 678, et à une profondeur telle que, de son côté, le mur de terrasse se trouvât avoir la hauteur de clôture fixée par l'article 663, ou par l'usage local. La sûreté de l'héritage inférieur nous paroîtroit suffisamment garantie, et dans un grand nombre de circonstances le propriétaire supérieur peut avoir un grand intérêt à opérer ainsi.

Cependant, si la vue n'étoit pas sur l'héritage

du voisin, mais seulement sur son mur; si, par exemple, ce mur étoit plus élevé que les vues, il ne seroit pas indispensable qu'il y eût dix-neuf décimètres de distance, puisque la hauteur du mur empêcheroit de regarder sur l'héritage voisin (1). Cette restriction n'a pas besoin d'être dans le texte de la loi; elle dérive du principe expliqué n. 15, que nul ne peut réclamer l'exercice d'une servitude, s'il n'y a intérêt (*). Mais dans le cas où le voisin abaisseroit son mur, ces vues devroient être supprimées : alors il est douteux que la prescription courût contre le voisin; mais le plus sûr seroit de l'interrompre. On peut, par analogie, appliquer les règles que nous donnerons n. 296.

On pourroit croire que si l'espace intermédiaire est une rue ou un terrain public, ces règles ne doivent pas moins être observées; que le droit d'ouvrir des vues sur la voie publique, lorsqu'au moyen du peu de largeur de cette voie, la vue s'exercera presqu'immédiatement sur le voisin, n'est pas plus favorable que celui d'en ouvrir sur soi-même (2); que, si la loi ne permet au propriétaire de l'espace intermédiaire d'avoir des vues droites, qu'autant que cet espace est de dix-neuf décimètres, il n'y a pas de motifs pour que cette

(1) Desgodets, sur l'art. 202 de la *Coutume de Paris*, n. 10.

(2) Duplessis, *Coutume de Paris*, des Servitudes, liv. 2, ch. 3.

(*) Cette opinion, partagée par MM. Toullier, t. 3, page 386, et Duranton, t. 5, page 452, n'est pas celle de M. Delvincourt, t. 1, page 408.

distance soit moindre, quand l'espace est public.

Ces raisons, qu'il est possible de développer, ne sont pas décisives. Les rues et les voies publiques, quelle qu'en soit la largeur, sont offertes à l'usage de tous les citoyens ; si l'on n'y avoit pas de croisées, à part l'inconvénient qui en résulteroit pour les habitations, la sûreté publique et la circulation des personnes seroient compromises ; l'aspect des villes feroit horreur, et l'on seroit sans cesse entre des murs qui ne présenteroient qu'un spectacle hideux et un passage souvent dangereux (1). Celui qui ouvre des croisées sur une rue ou une place, ne peut, d'ailleurs, être réputé ouvrir que sur ce qui est public ; et, à vrai dire, ce n'est plus l'héritage situé au-delà de cette rue ou de ce passage qu'on peut appeler l'héritage voisin, mais bien réellement cette rue (2).

Mais il n'en seroit plus de même si le terrain qui sépare les deux maisons leur étoit commun, fût-ce en vertu d'une servitude d'indivision ; l'un des propriétaires ne pourroit ouvrir de vues qu'autant qu'il existeroit, entre sa maison et l'autre, un espace double de celui que nous avons déterminé plus haut (3).

205. Aux termes de l'article 680 du code, cet

(1) Cochin, t. 2, p. 550, édit. de 1821.

(2) Bourjon, *des Servitudes*, part. 2, ch. 12, sect. 2, n. 9. — Desgodets, et les autres commentateurs de l'art. 202 de la *Coutume de Paris*.

(3) Rejet, 5 mai 1831, D. 33, 1, 281.

espace ne doit jamais être composé, en quelque partie que ce soit, d'un terrain appartenant à celui sur qui s'exerce la vue. Les distances se comptent depuis le *parement extérieur* du mur où l'ouverture se fait ; la servitude commençant à peser sur le voisin, du point où la vue pénètre au-delà du mur ouvert, c'est donc du parement extérieur de ce mur qu'on doit prendre les mesures.

Lorsque les deux héritages se joignent, sans l'intermédiaire d'aucun mur ou fossé, la ligne séparative est facile à déterminer. Seulement la prudence exige que celui qui ouvre la vue fasse constater contradictoirement l'état des lieux, pour éviter toutes difficultés qui pourroient résulter ultérieurement d'anticipations dont l'effet seroit de diminuer l'étendue de cet espace.

Quand les deux propriétés sont séparées par des murs, haies ou fossés appartenant à un seul, il n'existe pas plus de difficulté. La ligne séparative est à l'extrémité intérieure ou extérieure de ces sortes de clôtures, selon qu'elles appartiennent à l'un ou à l'autre. Lorsqu'elles sont mitoyennes, la ligne se trouve à la moitié de la clôture (1), et dans tous ces cas il est évident qu'on ne peut ouvrir de vues droites, puisque celui qui les ouvriroit ne posséderoit pas, au-delà de la ligne de séparation, une portion de terrain suffisante pour former la distance légale qui ne peut jamais être prise sur le voisin sans son consentement.

(1) Bourjon, *des Servitudes*, part. 2, ch. 12, sect. 1, n. 4.

S'il existe des balcons, le même article 680 veut que les distances se comptent du dehors de l'appui ou balustrade; mais il ne s'agit que des balcons existans dans le mur où l'ouverture se fait. Si le mur opposé, formant la ligne séparative des deux propriétés, avoit des balcons ou autres ouvrages avancés, leur saillie ne seroit pas considérée, et la distance légale se mesureroit jusqu'à l'aplomb des fondations de ce mur.

206. Les dispositions des articles 678 et 679, combinées avec celles de l'article 661 qui permet d'acquérir la mitoyenneté, donnent lieu à une difficulté; le voisin pouvant, dans la suite, acquérir la mitoyenneté du mur qui alors ne comptera plus que pour moitié dans la distance légale.

Un peu d'attention préviendra cet inconvénient. Celui qui vend la mitoyenneté du mur doit faire constater l'existence antérieure de sa vue; et, si le voisin n'y consent pas, il ne doit point lui vendre sans exiger que cette mention soit faite, ce que les tribunaux ne pourroient refuser : l'équité en fait une loi. Si même la mitoyenneté étoit vendue sans réserves, le seul fait que l'existence des vues étoit antérieure à la convention qui auroit rendu mitoyen le mur parallèle, seroit un titre suffisant pour appliquer les principes que nous établirons n. 211.

La manière de déterminer la distance légale pour les vues de côté peut aussi offrir quelques difficultés. Si l'on s'en tient rigoureusement à l'article 680, la distance doit être comptée depuis le parement extérieur du mur dans lequel l'ouverture se fait : ainsi l'on pourroit croire que tout propriétaire qui n'a pas, entre l'extrémité de son mur et la ligne séparative de l'héritage du voisin, un espace de six décimètres, n'a droit d'avoir aucune vue de côté, à quelque distance que l'ouverture soit de la propriété de ce voisin.

Sans doute telle n'a point été l'intention du législateur. La manière dont l'article 680 veut que la distance soit calculée ne s'applique évidemment qu'aux vues droites. Quant aux vues de côté, la nature des choses exige qu'on suive, dans la fixation de leur distance, les règles que l'usage et les coutumes avoient introduites, et que les six décimètres se comptent à partir de l'arrête du jambage de la croisée jusqu'à la ligne séparative des deux héritages (1). S'il en étoit autrement, toutes vues de côté seroient interdites; car, à quelque distance de la propriété voisine qu'elles fussent pratiquées, elles se trouveroient souvent l'être dans un mur qui toucheroit immédiatement l'héritage du voisin.

207. Un propriétaire pourroit essayer d'éluder ces prohibitions, en construisant dans son mur et seulement à la distance requise, un balcon dont l'avancement lui procureroit des vues directes sur l'héritage de son voisin. Dans ce cas, l'article 680

(1) Bourjon, *des Servitudes*, part. 2, ch. 12, sect. 1, n. 3 et 4. — Arrêts des 25 février 1651 et 27 août 1661, cités par Desgodets, sur l'art. 202 de la *Coutume de Paris*, n. 5 et suiv.

veut que les distances se comptent du dehors de l'appui de la balustrade. Mais nous avons fait remarquer qu'il s'agit de balcons existant dans le mur où l'ouverture se fait, et que si le mur opposé avoit des balcons ou autres ouvrages avancés, leur saillie ne pourroit préjudicier aux droits de celui qui veut ouvrir ses vues. Cette règle seroit la même pour les vues de côté. L'intention de la loi ne pouvant être qu'on abuse de son texte pour contrarier son esprit, le voisin seroit donc fondé à exiger que ce balcon fût éloigné de la ligne séparative des deux propriétés, à la même distance que celle qui est requise pour les vues droites (1).

Il semble toutefois que ces principes ne doivent point être appliqués dans toute leur étendue aux ouvertures qu'un propriétaire pratique dans son toit, et qui ne regardent que le ciel. Si de l'ouverture de ces jours, à l'extrémité du toit, il existe un espace suffisant pour qu'on ne puisse pas regarder perpendiculairement sur le voisin, celui-ci ne peut exiger qu'on observe les distances dont nous venons de parler; et, par défaut d'intérêt, il doit être déclaré non-recevable à en demander la suppression.

208. Le respect pour la liberté des propriétaires ayant fait établir ces règles, il n'est pas douteux qu'ils ne puissent, comme nous le dirons n. 230, y déroger, en accordant des vues sur leurs fonds;

(1) Desgodets, sur l'art. 202 de la *Coutume de Paris*, n. 14.

le titre deviendroit à cet égard la loi des parties.

Comme, d'un autre côté, l'obligation de laisser ces distances est une servitude imposée par la loi dans un intérêt particulier, celui qui avoit le droit de l'invoquer peut, par l'effet de la prescription qui éteint les servitudes, subir des modifications au droit que la loi lui donne contre son voisin. Nous verrons n. 312, quelle est la mesure des droits que cette prescription peut faire acquérir.

Mais c'est ici le lieu d'examiner ce qui devroit avoir lieu, s'il arrivoit que le terrain appartenant à celui qui a ouvert les vues, devînt la propriété d'une autre personne qui, à ce moyen, se trouveroit toucher sans intermédiaire le mur où ces vues sont ouvertes. Cette nouvelle situation des choses donnera-t-elle le droit au propriétaire d'en exiger la suppression? La mutation de propriété peut avoir eu lieu par titre ou par prescription; si elle a eu lieu par titre, les principes que nous expliquerons n. 288 et suiv. suffisent pour démontrer que le nouvel acquéreur est tenu de laisser subsister les vues dont l'existence est devenue, à son égard, une servitude. Si la mutation de propriété a eu lieu par prescription, la décision doit être la même : d'abord parce qu'il n'est pas raisonnable de donner à l'acquisition par prescription, fondée sur la simple présomption d'une volonté d'aliéner, des effets que n'auroit pas une aliénation expressément consentie; en second lieu, parce que, ainsi que nous le verrons n. 215 pour un cas analogue, la prescription n'a pu faire acquérir le terrain que dans l'état où il étoit, et avec les services qu'y avoit imposés le propriétaire.

ART. II. *Des servitudes légales de jours.*

209. Hors les cas prévus dans l'article précédent, les vues sur l'héritage d'autrui sont des servitudes. Mais il pourroit arriver que la privation absolue de la lumière nuisît à des édifices; et, par suite du principe qu'on doit faire des sacrifices pour l'utilité des autres, le code a établi la servitude légale de jours : c'est l'objet des articles 676 et 677.

Les murs qui séparent deux héritages sont, ou mitoyens, ou la propriété exclusive de l'un des voisins. Lorsque le mur est mitoyen, le droit que l'article 662 accorde à tout voisin d'y faire des enfoncemens ne va pas, suivant les dispositions de l'article 675, jusqu'à pouvoir y pratiquer des ouvertures malgré l'autre : elles ne peuvent être acquises que par titre ou par prescription. Il importe peu que le copropriétaire du mur mitoyen ait, de son côté, des terrains vagues, des cours et jardins ou des appartemens. La prohibition est fondée principalement sur le principe que le mur appartenant à deux propriétaires indivis, l'un n'a pas le droit d'y pratiquer des ouvertures, sans le consentement de l'autre (1).

Mais ce droit est accordé à celui à qui le mur appartient exclusivement, encore qu'il touche

(1) Dig. lib. 8, tit. 2, *De servitutibus præd. urb.* l. 40.

immédiatement l'héritage voisin. Nous donnons à ces ouvertures le nom de *jours*. L'article 676 qui les autorise, doit être sainement entendu ; on ne peut conclure de ses termes généraux, que le propriétaire d'un mur non mitoyen, mais auquel cependant le voisin auroit adossé un bâtiment, puisse, de son chef, pratiquer dans ce mur des jours sur quelques appartemens (1). La sûreté publique et l'équité s'y opposeroient. Ce propriétaire du mur auroit simplement une action pour contraindre son voisin à détruire le bâtiment appuyé ; et alors il useroit de la faculté qu'il tient de la loi.

210. Le droit d'ouvrir les jours dont nous parlerons est soumis, sauf les modifications qu'y apporteroit un titre ou la prescription (2), à des règles que la sûreté commune a dictées, afin qu'on ne puisse s'en servir pour jeter quelque chose dans l'héritage voisin, ou pour y porter un œil curieux sans son consentement.

Lorsque la chambre ou l'appartement qu'on veut éclairer est au rez-de-chaussée, ces jours ne peuvent être établis qu'à vingt-six décimètres (huit pieds) au-dessus du plancher ou sol de cette chambre ; peu importe la hauteur du côté du voisin, dont le sol pourroit n'être pas de niveau avec celui du propriétaire qui se procure les jours (*).

(1) De Bezieux, liv. 2, ch. 6, § 3.

(2) Rejet, 9 août 1813, D. 13, 1, 498.

(*) Cette opinion, partagée par M. Delvincourt, t. 1, page 407, est combattue par M. Toullier, t. 3, p. 384.

On n'exige qu'une hauteur de dix-neuf décimètres (six pieds) au-dessus du plancher, pour les étages autres que le rez-de-chaussée (1).

Les articles 676 et 677 qui contiennent ces règles, ne s'expliquant point sur l'étendue des ouvertures, il faut en conclure que chacun est libre de leur donner la hauteur, la largeur ou l'évasement qu'il juge à propos, pourvu qu'il se conforme à la distance, à partir du sol ou plancher intérieur que nous venons d'indiquer (2); car c'est cela qui intéresse réellement la sûreté et l'intérêt du voisin.

Ces ouvertures, qui portent des noms divers selon l'usage des lieux, doivent être garnies de treillis de fer, dont les mailles aient au plus un décimètre (environ trois pouces huit lignes); les châssis doivent être à verre dormant, c'est-à-dire arrêtés dans le mur et à demeure, en un mot scellés de manière à ne pouvoir s'ouvrir (3).

Lorsque ces sortes de vues servent à éclairer des escaliers, et que les marches sont le long du mur dans lequel on les pratique, on doit, à chaque étage, compter la distance légale à partir de la plus haute marche qui est au-dessous des vues, et faire suivre à ces ouvertures la direction de l'escalier.

L'usage paroît avoir modifié cette règle pour

(1) Boniface, t. 1, tit. 26, p. 568.—De Bezieux, liv. 2, ch. 6, § 3, p. 162. — Julien, *Statut de Provence*, t. 1, p. 551. — Desgodets, sur l'art. 200 de la *Cout. de Paris*.

(2) Coquille, *Coutume de Nivernais*, tit. 10, art. 9.

(3) Desgodets, sur l'article 201 de la *Coutume de Paris*.

les soupiraux destinés à donner du jour à des caves ; beaucoup n'ont pas, du sol à la voûte, une hauteur qui permette d'observer la distance fixée par l'article 677. Il ne nous semble pas qu'un voisin qui n'en éprouveroit aucun tort pût s'en plaindre.

Au surplus, on sent bien que l'existence des jours autorisés par cet article n'étant qu'une faculté, une tolérance de la loi, à laquelle le propriétaire voisin est obligé de se soumettre, celui-ci ne perd point le droit de faire, sur son terrain, ce qu'il juge à propos. Il pourroit donc y élever des constructions qui rendroient inutiles en tout ou en partie les jours ouverts, à moins qu'il n'eût consenti la servitude de s'en abstenir (1).

211. On a vu, n. 155, que celui dont l'héritage touche le mur d'un autre avoit le droit d'en acquérir la mitoyenneté, et que le propriétaire de ce mur ne pouvoit s'y refuser sous prétexte qu'il y avoit pratiqué des vues ou des jours. Mais une fois que le mur sera devenu mitoyen, le voisin pourra-t-il exiger qu'ils soient bouchés? Plusieurs distinctions nous paroissent nécessaires. D'abord s'agit-il de vues, c'est-à-dire de ces ouvertures pleines et libres dont nous avons parlé n. 203 et suivans? Le droit de les faire supprimer est incontestable, car il ne dépendoit même pas de l'acquisition de la mitoyenneté. Le seul point à

(1) Cod. lib. 3, tit. 34, *De servitutibus et aquâ*, l. 8 et 9.

examiner sera donc de savoir si ou non, d'après les règles que nous avons expliquées, celui qui les a ouvertes a le droit d'en jouir, encore bien qu'il n'ait pas observé les distances légales; et nous renvoyons à ce qui a été dit n. 204.

S'agit-il de simples jours autorisés par les articles 676 et 677, sous obligation d'observer les règles fixées par l'article 678? Dans cette seconde hypothèse, il y auroit peut-être de puissantes considérations pour laisser ces jours subsister jusqu'à ce que le voisin, usant du droit que lui donne la mitoyenneté acquise, bâtisse contre ce mur (1). L'article 675 qui ne défend pas de conserver, mais seulement de pratiquer des jours, pourroit s'entendre d'une ouverture nouvelle et postérieure à l'acquisition de la mitoyenneté. Mais la jurisprudence paroît avoir écarté cette distinction. On peut dire, en effet, que celui qui acquiert la mitoyenneté s'y est décidé par des raisons de sûreté, pour être chez lui à l'abri des regards du voisin; et ce seroit trop exiger, que de vouloir qu'il construise pour faire boucher les jours (2).

(1) Novel. 63, cap. 1. — Arrêts des 24 novembre 1617, 24 mai 1624, 15 février 1635, 16 mars 1641, 22 juin et 20 juillet 1651 et 17 janvier 1665, cités par Desgodets sur l'art. 199 de la *Coutume de Paris*, n. 7, et sur l'art. 200, n. 10 à 17. — Ferrière, *Coutume de Paris*, art, 199, n. 11, et art. 200, n. 3, et arr. du 22 avril 1662, qu'il cite. — Coquille, *Coutume de Nivernais*, tit. 10. art. 9.

(2) Lemaître, *Cout. de Paris*, p. 227. — De Laurière, *Coutume de Paris*, art. 199. — Pothier, *Contrat de société*, n. 248, et *Coutume d'Orléans*, art. 231, n. 2. — Cassation, 5 décembre 1814, D. 15, 1, 45.

Une seconde question peut s'élever; elle consisteroit à savoir si l'un des copropriétaires du mur, mitoyen seulement en partie, peut ouvrir quelques jours dans la partie non-mitoyenne qui lui est restée, ou qu'il a seul construite par un exhaussement.

Cette question est plus facile à résoudre que la précédente. La loi ne défend de pratiquer des jours que dans le mur mitoyen; or, nous avons vu que la partie exhaussée n'est pas mitoyenne, qu'elle est aux seuls risques, aux seules charges de celui qui l'a construite; il peut donc en tirer tous les avantages que, par sa nature, elle est susceptible de lui procurer (1).

§ V. *De l'égoût des toits.*

212. Nous avons vu, n. 82, que l'obligation imposée à tout propriétaire inférieur de recevoir les eaux qui découlent de l'héritage supérieur ne s'étendoit qu'à celles qui y arrivent naturellement. Il s'ensuit que le propriétaire d'un toit ne peut faire tomber les eaux qui en découlent sur l'héritage voisin, quoique certainement, si le terrain sur lequel le bâtiment est construit fût resté vague, les eaux pluviales qui tombent sur le toit se fussent naturellement écoulées sur ce voisin, conformément à ce qui a été dit n. 86. Tout propriétaire doit donc, suivant l'article 681, construire sa mai-

(1) De Laurière, *Coutume de Paris*, art. 200.

son de manière que ses eaux pluviales s'écoulent sur son terrain ou sur la voie publique ; il ne peut les faire verser sur le fonds de son voisin, sans avoir acquis ce droit de la manière dont nous verrons, dans la suite, que les servitudes peuvent être acquises (1).

Il résulte clairement de cette disposition qu'on ne peut avoir, sur son voisin, d'avancement de toit, puisqu'il porteroit les eaux sur celui-ci ; et quoique la loi ne s'en explique pas d'une manière formelle, il n'est pas davantage permis de le faire, quand même on y placeroit des gouttières pour recevoir les eaux et les détourner sur son propre fonds. En effet, comme nous l'avons dit, n. 71, une portion de terrain du voisin seroit couverte, et la libre disposition de sa propriété seroit entravée.

213. Celui qui construit un bâtiment dont l'égoût sera du côté de l'héritage voisin, doit donc laisser au-delà de son mur un espace de terrain suffisant pour recevoir les eaux de ses toits, de ses cours ou de ses cuisines. Il ne peut y avoir de règles certaines sur l'étendue de ce terrain. Elle est assez généralement fixée au double de l'avancement du toit, afin que les eaux ne tombent pas immédiatement sur l'héritage limitrophe (2). Mais si le propriétaire du toit y plaçoit une gouttière, alors il

(1) Dig. lib. 8, tit. 1, *De servitutibus*, l. 7, lib. 39, tit. 3, *De aquâ et aquâ pluv. arcendæ*, l. 1, § 19.

(2) Desgodets, sur l'art. 210 de la *Coutume de Paris*, n. 14.

pourroit ne laisser aucune portion de terrain au-delà. Le plus expédient, dans ces deux cas, seroit de faire déterminer par experts ce qui est nécessaire pour ne pas nuire au voisin; et si celui-ci avoit un mur le long du terrain laissé pour recevoir l'égoût, il faudroit paver ce terrain pour empêcher l'eau de nuire aux fondations (1).

Si, par la disposition des lieux, le terrain ainsi laissé étoit supérieur à celui du voisin, celui-ci ne pourroit s'opposer à ce que les eaux coulassent ensuite sur sa propriété. Il ne faut même pas se dissimuler que, sans qu'il existe une inégalité de sol bien sensible, l'eau s'étend nécessairement et ne peut manquer d'atteindre le terrain du voisin; mais l'écoulement est réputé naturel quand la chute n'est pas immédiate.

L'espace que laisse celui qui construit reste toujours sa propriété; il peut y ouvrir une porte, des jours (2), dans les distances et les dimensions indiquées au paragraphe précédent, et même en acquérir par prescription, suivant les règles que nous donnerons dans la troisième partie. Mais il seroit prudent qu'il fît constater la réserve de terrain qu'il laisse au-delà de son mur, par un titre contradictoire avec ses voisins, ou qu'il fît construire un avancement de mur qui déposât sans cesse de la propriété qu'il s'est réservée. Ceux-ci pourroient à la longue lui opposer la présomption

(1) Desgodets, sur l'art. 210 de la *Coutume de Paris*, n. 14.
(2) Dig. lib. 8, tit. 2, *De servit. præd. urb.* l. 41, § 1.

ordinaire, qu'on est censé bâtir à l'extrémité de sa propriété (1); s'ils ne lui disputoient pas la totalité de l'espace laissé au-delà de son mur, ils pourroient lui refuser la portion de terrain au-delà de la ligne d'aplomb de l'avancement de son toit, et le forcer à établir une gouttière qui reporteroit les eaux sur son héritage.

214. Mais il peut arriver qu'un propriétaire, en construisant, n'ait pas pris cette précaution. C'est donc une importante question à examiner que celle de savoir comment la propriété de cet espace de terrain doit être établie (2).

Le terrain qu'un propriétaire laisse en construisant pour recevoir l'égoût de son toit, n'est pour lui d'aucune autre utilité. Rarement il se réserve un passage pour s'y rendre et le cultiver; le voisin dont le terrain est limitrophe ne manque presque jamais, au contraire, de prolonger sa culture jusqu'au mur, ou au moins jusque sous l'avancement de toit de l'autre. Ces faits de culture deviennent pour lui des preuves d'une possession qui peut le faire présumer propriétaire. Il peut en tirer la conséquence que celui à qui le toit appartient n'a aucun droit de laisser tomber ses eaux sur ce terrain, et invoquer les dispositions de l'article 681.

Une telle prétention pourroit être soutenue d'argumens spécieux. Nous allons essayer d'établir les

(1) Pothier, *Contrat de société*, n. 244.

(2) Cæpolla, tr. 1, cap. 40, n. 8.

principes à l'aide desquels il nous semble qu'on devroit se décider.

Sans doute, en thèse générale, la possession prolongée pendant le temps déterminé par la loi fait présumer ou attribuer la propriété d'un immeuble; mais il faut que cette possession soit exclusive, qu'elle ne soit point contrariée par la possession d'un autre : or, peut-on voir ce caractère dans la possession qu'un voisin auroit, du terrain qui sert à l'autre pour recevoir l'égoût de son toit? N'y a-t-il pas en quelque sorte de la clandestinité dans cette jouissance? Le propriétaire du toit a peu d'intérêt à vérifier ce que devient un terrain sur lequel il n'a conservé ni jours ni sortie : il l'a destiné à recevoir les eaux de son toit, il n'éprouve aucun obstacle dans cette manière de jouir du terrain; il n'a dès-lors aucun sujet de réclamer. Sa jouissance se rattache à l'instant même qu'il a consacré le terrain à cet usage; elle est l'exercice de son droit de propriété, de la seule manière qu'exige son intérêt. Comme il ne peut pas y avoir deux propriétaires exclusifs d'une même chose, comme la propriété ne peut se perdre que par l'effet de l'usage absolu du nouveau possesseur à l'exclusion de l'ancien, on ne peut dire que la prescription l'ait dépouillé pour investir l'autre.

Il ne s'agit donc, selon nous, que de reconnoître qui des deux est présumé avoir possédé par un effet et une suite de sa propriété, ou par une usurpation postérieure. La présomption, dans ce cas, est que celui qui a bâti a dû laisser un espace nécessaire pour recevoir l'égoût de son toit. Il n'est pas naturel de croire qu'il l'ait dirigé sur le terrain de son voisin, parce que nul n'est censé vouloir se préparer volontairement un sujet de procès; parce que, connoissant les dispositions de la loi, il a dû prévoir qu'elle seroit invoquée contre lui; qu'il est contraire à la raison que, pouvant diriger ses eaux sur son propre fonds, il ne l'ait pas fait, et se soit exposé à y être contraint; qu'enfin on doit croire qu'à l'instant de la construction, le voisin eût réclamé contre l'entreprise sur son terrain.

215. On ne doit point d'ailleurs douter que les titres, la position des parties, la preuve testimoniale, ne puissent aider, dans bien des cas, à résoudre la difficulté. Celui qui aura acquis un bâtiment, indiqué comme ayant sa *basse-goutte* sur le voisin, sera fondé incontestablement à prétendre au-delà de son mur le terrain nécessaire à l'égoût du toit : la même règle s'observera plus strictement encore lorsque le bâtiment et l'héritage voisins auront appartenu originairement au même individu. Enfin, les témoins de la construction pourront certifier que le propriétaire du bâtiment a laissé au-delà de son mur l'espace nécessaire pour l'égoût du toit.

Si tous ces moyens manquent au maître du bâtiment, et s'il ne jouit pas de son égoût depuis trente ans, il succombera, il est vrai; mais alors toutes les probabilités seront qu'effectivement il n'a point laissé d'espace.

D'un autre côté, si la culture et les faits possessoires du voisin sur le terrain que le propriétaire d'un bâtiment justifieroit lui appartenir, sont tels et durent depuis si long-temps, qu'il ait un juste motif d'invoquer la prescription, il ne pourra pas pour cela faire détruire l'égoût et l'avancement du toit, parce qu'il n'aura acquis que comme il aura possédé, et que sa possession aura toujours été modifiée par l'exercice des droits de son voisin : l'avancement du toit au-dessus du terrain étant un signe permanent d'occupation qui indique la propriété, la chute des eaux, par le moyen de cet avancement, aura été un signe permanent de l'usage qu'il en faisoit.

En effet, si l'autre est fondé à invoquer la prescription pour s'attribuer seul la propriété du terrain, il n'a pu l'acquérir que de la manière dont il a joui; que dans l'état où étoit le terrain, et suivant la disposition des lieux qui en étoit la suite, conformément aux principes que nous avons donnés n. 195. L'effet de la prescription est de supposer un titre. Cette supposition, si elle a lieu pour attribuer la propriété à l'un, a lieu aussi pour attribuer la servitude à l'autre. Ce sont deux corrélatifs inséparables. C'est d'ailleurs une règle générale, que l'on n'acquiert par prescription que ce que l'on possède. Tout ce que l'incertitude absolue produiroit donc, seroit que le terrain fût déclaré commun (1), ou qu'en l'attribuant au voisin qui

(1) Cæpolla, tr. 1, cap. 40, n. 8.

n'est pas propriétaire du bâtiment, on déclarât cet espace grevé de la servitude d'égoût, servitude au préjudice de laquelle celui-ci ne pourroit faire aucune construction ou aucune disposition susceptible d'en empêcher l'usage.

Au surplus, les contestations sur cette matière, que les principes de l'ancienne jurisprudence rendoient si fréquentes et si difficiles, la plupart des coutumes rejetant la prescription dans ce cas, seront plus aisées à résoudre, même en les envisageant sous le seul rapport de la servitude, et en mettant à part la question de propriété. Les articles 688 et 690 du code ont placé le droit d'égoût des toits au rang des servitudes qui s'acquièrent par trente ans.

Mais on voit par ce que nous avons dit que la difficulté peut être plutôt envisagée sous le rapport de la propriété; et, sous ce point de vue, peu importe ce que régloient les coutumes sur l'acquisition des servitudes.

§ VI. *Du passage sur le fonds d'autrui.*

216. Les mêmes motifs qui ont porté le législateur à exiger que le propriétaire d'un mur en vendît la mitoyenneté, ont dicté l'article 682 du code, relatif au passage sur le fonds d'autrui. L'intelligence de cette disposition exige quelques notions sur les diverses espèces de chemins qui peuvent servir à l'usage public ou particulier.

On entend en général par *chemin*, un espace de

terrain servant à la communication d'un lieu à un autre, quelle que soit sa longueur ou sa largeur, et indépendamment de ce qu'il est plus ou moins fréquenté (1).

Les chemins ainsi considérés génériquement, peuvent être divisés en chemins *publics* et chemins *privés*. Cette distinction, qui existe par le fait, et que les plus anciennes lois françaises ont constatée (2), est fondée, dans le droit, sur ce que s'il est du devoir de l'administration d'assurer la communication des diverses parties du territoire, elle ne peut être tenue de fournir aux besoins des particuliers les passages de simple convenance (3).

Les chemins publics se divisent en deux classes. La première comprend les chemins à la charge de l'état, que l'article 538 place dans le domaine public, et dont le classement ainsi que le mode d'entretien ont été réglés par le décret du 16 décembre 1811. L'autorité administrative, à qui appartient le droit d'en déterminer la largeur et les limites, conformément à ce que nous avons dit n. 77, est investie par la loi du 28 floréal an x du droit de réprimer les anticipations ou dégradations qu'y commettroient les particuliers; mais c'est là que se borne son droit, et s'il s'élevoit une question sur la propriété des arbres qui les bordent, elle seroit de la compétence des tribunaux.

(1) Nouveau Denisart, V.° *Chemin*, § 1, n. 1.

(2) Capitul. lib. 5, cap. 353 et 354.

(3) Dig. lib. 43, tit. 8, *Ne quid. in loc. publ.* l. 2, § 21.

La seconde classe comprend les chemins vicinaux, sur lesquels nous avons donné des notions n. 35. Quoique cette seconde espèce de chemins soit moins importante que la première, on n'auroit pu, sans de graves inconvéniens, en abandonner la conservation ou les changemens dont ils pourroient être susceptibles, au caprice des propriétaires riverains. En vain prétendroient-ils que l'emplacement en a été pris sur leur propriété ; ils sont censés avoir été indemnisés, ou avoir perdu par leur silence, pendant le temps de la prescription, le droit de réclamer (1). Trop d'inconvéniens résulteroient de la liberté que chacun auroit d'en jouir à son gré : et leur utilité, qui ne se borne pas toujours aux seules propriétés riveraines, feroit naître trop de conflits entre les intérêts particuliers. On a vu, n. 41, qu'ils appartenoient aux communes, sous la surveillance de l'administration publique.

Les lois les plus récentes et les plus importantes sur cette matière sont celles des 28 juillet 1824 et 21 mai 1836. Lorsqu'il y a lieu de prononcer pour distinguer les chemins vicinaux de ceux qui, en qualité de chemins de l'état, appartiennent au domaine public, le gouvernement est seul compétent pour statuer (2).

Toutes les contestations, non-seulement re-

(1) Dig. lib. 43, tit. 7, *De loc. et itin. publ.* l. 3 ; lib. 43, tit. 8, *Ne quid in loco publico.* l. 2, § 23.

(2) Cassation, Ch. cr. 14 thermidor an 13, D. 2, 1096, n. 17 et 1505.

latives aux anticipations et dégradations ou autres atteintes qu'on pourroit y porter (1), mais encore celles qui tiennent à la propriété de tout ou partie de ces chemins appartiennent aux tribunaux (2).

Cette compétence du pouvoir judiciaire n'est plus aujourd'hui une question susceptible de controverse. Les droits de l'administration et des tribunaux ont été clairement définis et déterminés par deux décrets du 16 octobre 1813 et par un autre du 6 janvier 1814, insérés au Bulletin des lois. Voici en quoi consiste la théorie sur cette matière.

Les préfets ayant été chargés par l'arrêté du directoire exécutif du 23 messidor an v, et par l'instruction ministérielle du 7 prairial an XIII, de dresser un état des chemins communaux, et cette délégation ayant été renouvelée par l'article 1er de la loi du 28 juillet 1824, l'état, ainsi dressé suivant les formes prescrites, lorsqu'il n'a pas été attaqué devant l'administration supérieure, ou s'il a été attaqué, lorsqu'il a été maintenu, attribue à tout chemin qui y est porté la qualité de chemin communal; cette décision est irréfragable pour les tribunaux. Toutefois, comme il n'a pas paru juste que l'administration se fît un titre à elle-même et jugeât une question de propriété, celui qui prétend que le chemin lui appartenoit, peut

(1) Cassation, 28 décembre 1809, D. 2, 1507.

(2) Rejet, 23 février 1809, D. 2, 1506. Rejet, 17 avril 1825, D. 25, 1, 314. Cassation, 30 mars 1829, D. 36 1, 276.

traduire la commune devant les tribunaux, et dans le cas où son droit de propriété seroit reconnu, il est fondé à lui demander une indemnité pour prix du terrain qu'elle a ainsi converti en chemin.

Ces principes ont été consacrés de nouveau par l'article 15 de la loi du 21 mai 1836, qui les a appliqués à la largeur des chemins. Déja l'article 6 de la loi du 9 ventôse an XIII avoit déclaré qu'à l'administration appartenoit le droit de faire rechercher la largeur des chemins. Les préfets fixent cette largeur ; et sauf le recours à l'administration supérieure, leurs arrêtés sont irrévocables. Si un riverain prétend qu'en déterminant cette largeur on a empiété sur sa propriété, le jugement de la question appartient aux tribunaux ; et s'il établit son droit, une indemnité lui est due.

Mais les chemins portés sur les tableaux dressés en vertu des lois et des instructions précitées, ne sont pas les seuls qui puissent appartenir à des communes ; on n'y place en général que les principales communications dont les réparations et l'entretien habituels touchent à la plus grande masse d'intérêts locaux. Une commune peut donc être dans la nécessité, ou de réclamer contre des usurpations, ou de défendre contre des contestations, des chemins non classés. La compétence des tribunaux est encore moins douteuse dans ce cas. Seulement à la différence du précédent, si la commune succombe, elle n'a pas le droit de conserver immédiatement l'usage du chemin, sauf à payer une indemnité; il faut qu'elle remplisse les formalités prescrites pour obtenir que le préfet, ou, à son refus, l'administration supérieure, place le chemin sur le tableau légal, au moyen de quoi elle sera admise à s'en emparer en indemnisant son adversaire.

Dans l'une et l'autre hypothèse, les tribunaux ont, comme on le voit, à juger si ou non le chemin contentieux appartient à la commune. Ils ne peuvent se décider que par les mêmes règles qui servent à juger les contestations relatives au droit de propriété.

Les titres, la possession continue pendant un temps suffisant pour suppléer aux titres, sont les élémens qui doivent servir à prononcer sur les prétentions respectives.

Les titres, lorsque pour en invoquer on se reportera à des temps antérieurs à 1789, peuvent, dans un grand nombre de circonstances, se rattacher au régime féodal. Nous avons vu, n. 35, que, sous ce régime, les chemins publics étoient dans la main des seigneurs. Les communes que les lois nouvelles déclarent propriétaires de ces mêmes chemins, n'auront donc souvent d'autres preuves de leur droit que les indications faites dans des plans, des terriers, des cadastres rédigés par les officiers de ces mêmes seigneurs.

Les autres titres privés dans lesquels l'adversaire de la commune ou ses auteurs auroient qualifié de chemin public, le terrain contesté, en le donnant ou en le recevant comme confronts et limites de leurs héritages, ne seroient pas moins décisifs.

On ne pourroit encore refuser de considérer comme tels, les actes intervenus avec les représentans ou les administrateurs de la commune, par lesquels des particuliers auroient été admis à faire, soit à leurs seuls dépens, soit avec le concours de deniers publics, des travaux sur certains chemins; ou les actes par lesquels des particuliers, après avoir ouvert un chemin sur leur propre fonds, se seroient déchargés, sur la commune, du soin de les entretenir.

Il en seroit de même des actes d'alignement, des autorisations de construire, de planter ou de faire d'autres travaux aux bords de l'emplacement contentieux, si celui même qui conteste la qualité de chemin communal ou ses auteurs avoient obtenu ces autorisations, soit des anciens officiers de la voirie, soit de l'administration municipale; car alors les documens n'étant pas des actes avec des tiers, pourroient, suivant leur texte plus ou moins précis et décisif, être considérés comme des aveux écrits qui rendroient l'adversaire de la commune non recevable à élever une prétention différente, à moins qu'il ne prouvât qu'il n'a agi ainsi que par erreur.

Il est presque inutile d'ajouter que si un chemin étoit des deux côtés bordé par des propriétés qui, lors de sa formation, étoient communales, la présomption naturelle seroit que le fonds de ce chemin appartenoit à la commune, et qu'elle l'a conservé lors même qu'elle auroit aliéné les propriétés riveraines.

La prescription seroit un second moyen que la commune emploieroit avec succès. Mais il importe de bien apprécier les faits articulés en sa faveur. Le seul fait qu'un grand nombre de personnes auroient exercé le passage sur un espace de terrain ne seroit pas toujours suffisant pour en conclure que ce terrain fût un chemin public; car si le passage a pu être exercé par suite de ce que le terrain étoit consacré à l'usage public, il a pu l'être aussi par l'effet de la simple tolérance du propriétaire, qui avoit peu d'intérêt à s'y refuser, sûr que cette tolérance ne pourroit lui nuire, surtout sous l'empire des législations qui ne permettoient pas d'acquérir une servitude de passage par prescription.

Ces faits de passage, seuls et sans autres circonstances, quelque nombreux et multipliés qu'ils fussent, seroient donc équivoques (1); car s'il est vrai que la propriété s'acquiert par la possession, il ne faut pas que cette possession consiste uniquement dans des faits auxquels la loi n'attribueroit pas même le caractère suffisant pour constituer une servitude ; surtout si la commune avoit d'autres chemins non contestés, qui encore bien qu'ils

(1) Barthole, ad leg. 1, Dig. de his que effuderint, vel dejicerint. — Cæpolla, tr. 2, cap. 3, n. 18. — Berault, sur l'art. 662 de la *Cout. de Normandie*. — Arrêt du Parlement de Paris, du 10 juillet 1782, *Gazette des Tribunaux*, t. 14, page 292. — Cassation, 5 messidor an 5, B. C. page 32.

fussent plus longs, rempliroient le même but (1). A bien plus forte raison faudroit-il reconnoître la vérité de ces principes si le passage sur le point contesté avoit eu lieu par l'effet du mauvais état du véritable chemin (2).

Mais s'il s'y joignoit d'autres circonstances, telles que des actes de voirie, de conservation, de réparations faites avant 1789 par les seigneurs ou les autorités chargées de cette surveillance; si des plans dignes de foi, soit par leur ancienneté, soit par le caractère de ceux qui les ont dressés ou fait dresser, donnoient à ces passages la dénomination de chemins; si des actes entre des particuliers les indiquoient avec cette qualification de chemins ou de routes, comme limites ou séparations des héritages riverains : encore que ces documens divers ne fussent point contradictoires avec l'adversaire de la commune ou ses auteurs, encore même que seuls et isolés de la possession du public, ils ne pussent fournir un titre à la commune, leur réunion à la preuve d'un passage continu et sans opposition de ceux qui en contesteroient aujourd'hui la qualité, serviroit à expliquer la jouissance du public. Elle prouveroit qu'il ne s'agit pas simplement d'une servitude non-susceptible d'être acquise par la prescription. Il faudroit y voir une véritable preuve de propriété dont la nature des

(1) Rejet, 30 novembre 1830, D. 30, 1, 406. Rejet, 26 mai 1834, D. 34, 1, 257.

(2) Dig. lib. 43, tit. 19, *De itinere actuque privato*, l. 6. — *Coutume d'Orléans* art. 251.

choses ne permettoit pas au public de faire un autre usage que de s'en servir pour les communications.

De même, encore bien que le tableau dressé par le préfet en vertu des lois des 9 ventôse an XIII et 28 juillet 1824, ne fût pas par lui-même un titre en faveur de la commune, si depuis qu'il a été rédigé et affiché, le public avoit constamment usé du passage pendant trente ans, sans réclamation ni opposition de celui qui le conteste maintenant, ce dernier ne seroit plus recevable à élever la question de propriété, même pour obtenir une indemnité (1).

A plus forte raison faudroit-il décider en faveur de la commune, si la contestation s'élevoit entre elle et celui qui en étoit autrefois seigneur, ou les successeurs de ce dernier à quelque titre que ce soit, parce que la réunion qui a existé autrefois dans les mains du seigneur, de l'autorité publique sur les chemins et de la qualité de propriétaire de fonds traversés par ces mêmes chemins, seroit la cause principale d'une incertitude qui, dans un tel cas, doit être décidée en faveur de la commune, conformément à l'article 12 de la loi du 28 août 1792.

Nous ne devons pas entrer dans un plus long développement sur ce point, qui ne touche que d'une manière éloignée à la matière des servitudes, puisqu'il s'agit ici de propriété.

(1) Rejet, 2 juin 1830, D. 30, 1, 277. Rejet, 7 juin 1832, D. 32, 1, 258.

217. Le gouvernement ou l'administration locale ne pouvant, comme nous l'avons dit, procurer des chemins à tous ceux qui en ont besoin, et se prêter à toutes les convenances, les conventions particulières ont donné lieu, soit à l'établissement de chemins privés dont le fonds est la propriété, et dont l'entretien est la charge de ceux qui en usent, conformément à ce qui a été dit n. 90 et suiv.; soit à des servitudes de passages qui, suivant les principes expliqués n. 66, sont entretenus par le propriétaire du fonds grevé (1).

Ces deux choses doivent d'autant moins être confondues que, dans le premier cas, un titre n'est pas nécessaire, la copropriété pouvant être acquise par la prescription, ainsi qu'on l'a vu n. 7 et suiv. Dans un grand nombre de pays il existe des enclos, de vastes étendues de terres, prés, bois, etc., qui, probablement, dans l'origine formoient une seule propriété, mais qui maintenant et depuis long-temps appartiennent à divers particuliers. Ces enclos et ces terres sont coupés par divers sentiers servant à l'exploitation des portions particulières : ces sentiers, qui ne sont pas des voies publiques, sont communs, en sorte que celui qui auroit des vignes ou des terres des deux côtés d'un sentier semblable, ne seroit pas admis à en défendre le passage aux autres, sous prétexte qu'ils n'en rapporteroient point de titres.

Les questions qui s'élèvent sur la nature de ces

(1) Dig. lib. 43, tit. 8, *Ne quid in loco*, etc. l. 2, § 21, 22 et 23.

espèces de passage sont jugées par les tribunaux. Souvent ils ont à se décider par les principes sur la propriété indivise, parce qu'on peut y voir moins des servitudes, que des accommodemens nécessaires entre voisin (1) : souvent aussi d'après les faits et les circonstances dont ils ont l'appréciation, ils doivent se décider par les seules règles sur l'établissement et la preuve des servitudes conventionnelles, et notamment de celles qui naissent de la destination du père de famille (2).

Mais dans un grand nombre de cas ils peuvent aussi avoir à se décider par des considérations et des faits d'un ordre différent, sur lesquels il n'est pas sans utilité de donner quelques explications.

Un espace de terrain, après avoir été long-temps considéré et fréquenté comme chemin, peut avoir été abandonné, par l'effet d'intérêts nouveaux et de communications plus faciles ou plus courtes, de manière à ne plus avoir été utile qu'à un ou quelques propriétaires pour se rendre à leurs fonds ou à leurs habitations. Dans cet état, celui dont ce chemin traversoit ou bordoit les héritages a pu s'en emparer en laissant toutefois des particuliers libres d'en continuer l'usage. Dans un tel état de choses, pourroit-il ultérieurement refuser le passage à ces particuliers, sous prétexte que le chemin n'étant plus voie publique est devenu sa propriété, et que ces particuliers n'ayant point de

(1) Boucheul, *Cout. de Poitou*, art. 12, n. 18. — Rejet, 29 novembre 1814, D. 1, 791. Rejet, 27 décembre 1830, D. 31, 1, 29.
(2) Rejet, 26 février 1829, D, 29, 1, 161.

titres émanés de lui ou de ses auteurs, sont sans droit pour exercer sur son fonds une servitude de passage?

Nous ne le croyons pas. De ce qu'un chemin auroit été abandonné depuis un temps plus ou moins long par le plus grand nombre de ceux qui en faisoient usage, il n'en résulteroit pas en principe que ce chemin dût être considéré comme ayant été supprimé; comme ayant passé de la classe des choses imprescriptibles, à cause de leur destination à un service public, dans la classe des propriétés privées (1).

Sous l'empire des principes anciens, les seigneurs à qui on reconnoissoit le droit de s'approprier les chemins supprimés (2), n'étoient pas maîtres de prononcer cette suppression à leur gré. Si l'on n'exigeoit pas toujours des lettres-patentes, à l'enregistrement desquelles les intéressés étoient autorisés à s'opposer, au moins falloit-il des arrêts de cours souveraines (3); et tant que ces conditions n'avoient pas été remplies, l'occupation du chemin n'étoit considérée que comme une usurpation qu'aucun laps de temps ne légitimoit. Comment donc celui qui se seroit ainsi emparé d'un chemin sans titre, pourroit-il s'opposer à ce que

(1) Dig. lib. 43, 11, *De viâ publicâ*, etc. l. 2. — Pothier, *Traité de la prescription*, n. 7. — Poullain du Parc, *Princ. de jur. franç.* t. 6, page 511.

(2) Nouveaux éditeurs de Denisart, V.° *Chemin*, § 3, n. 3, et les auteurs cités note 2 de la page 83 ci-dessus.

(3) Nouveaux éditeurs de Denisart, V.° *Chemin*, § 3, n. 6 et 7.

ceux à qui il en a laissé l'usage pendant un tems plus ou moins long, continuent de s'en servir, et exiger d'eux la production de titres, comme s'il s'agissoit d'une servitude conventionnelle?

La conséquence de ces principes, peu susceptibles d'être contestés, conduit à décider que si un particulier ou même un ancien seigneur s'étant emparé d'un chemin dont le public a cessé d'user, la suppression n'en ayant pas été légalement prononcée, l'emplacement de ce chemin ne seroit pas devenu tellement la propriété privée de celui qui s'en est emparé, qu'il pût avoir le droit d'en contester l'usage à celui ou à ceux qui l'ont conservé, et d'invoquer contre eux les dispositions des coutumes ou du code, d'après lesquelles le passage ne peut être acquis par prescription.

La véritable règle dans ce cas, seroit qu'il faut toujours remonter au principe de la possession pour la qualifier et pour apprécier les droits qui en résultent. S'il est prouvé qu'à une époque plus ou moins ancienne, le terrain sur lequel est exercé le passage contesté, étoit un chemin public, toute présomption de tolérance et de familiarité disparoît. Quand on admettroit qu'un chemin peut perdre sa qualité par le non-usage et que, devenu ainsi succeptible de propriété privée, il a pu être acquis par prescription, ce qui ne seroit peut-être pas sans quelques difficultés, cette prescription n'auroit pu faire acquérir le terrain qu'avec la charge de laisser passer celui ou ceux qui y passoient quand elle a commencé, et qui ont continué d'y passer pendant toute la durée de cette prescription, ainsi qu'après son accomplissement. C'est ce que nous avons déja expliqué n. 214.

Il importeroit peu que celui qui s'est emparé du chemin l'eût englobé dans un parc, dans une propriété close, si sa clôture, ses portes, ses barrières n'avoient pas été un obstacle à la continuation de l'usage qu'en ont conservé ceux à qui il voudroit le dénier plus tard. On conçoit en effet que la tolérance fasse supporter un passage sur un terrain ouvert ou en friche. Mais on concevroit moins qu'un homme riche, en état, par sa fortune ou sa position, d'enclore à grands frais de vastes terrains pour se procurer tout l'agrément ou si l'on veut toute l'utilité d'une telle clôture, eût bénévolement laissé exercer dans cet enclos un passage de simple tolérance. Celui qui prouveroit que le parc de son adversaire a été formé au moyen d'acquisitions de terrains traversés ou limités par des chemins publics, et que depuis l'agglomération de toutes ces propriétés dans la même main, et la clôture du parc ainsi formé, il n'a jamais cessé d'user, sans trouble, sans protestation, pour l'utilité de sa propriété, du chemin que la masse des habitans a cessé de fréquenter, n'auroit donc point à craindre que ce droit lui fût valablement contesté, sous prétexte qu'il veut exercer une servitude sans titre.

218. Mais il peut arriver souvent qu'un propriétaire n'ait aucun des moyens dont nous venons

de parler pour exploiter son fonds. Le législateur a dû pourvoir à ce que la privation d'un passage ne le réduisît pas à l'impossibilité de le cultiver et d'en recueillir les fruits (1).

L'article 682 porte que le propriétaire dont les fonds sont enclavés, et qui n'a aucune issue sur la voie publique, peut réclamer un passage sur le fonds de ses voisins pour l'exploitation de son héritage, à la charge d'une indemnité proportionnée au dommage que ce passage peut occasioner.

L'obligation qu'impose cet article est une nouvelle dérogation au principe général, qui ne permet pas que qui ce soit puisse être contraint à vendre sa propriété malgré lui. Nous en avons déja vu un exemple relativement à la mitoyenneté des murs. Les mêmes motifs d'utilité publique ont fait établir la servitude légale de passage. Le droit de l'exiger n'appartient qu'à celui qui n'a aucune issue sur la voie publique (2); la seule circonstance que celui qui l'exige auroit trop de peine à user d'un passage existant ne constitueroit pas la nécessité (3), et les tribunaux peuvent seuls juger dans quel cas une impossibilité morale, celle, par

(1) Cæpolla, tr. 2, cap. 1, n. 24. — Domat, *Lois civiles*, liv. 1, tit. 12, sect. 1, n. 10. — Julien, *Statut de Provence*, t. 1, p. 506. — Dunod, *Traité des prescriptions*, part. 1, ch. 12, p. 85.

(2) Dig. lib. 11, tit. 7, *De relig. et sumpt. fun.* l. 12. — Bouvot, V.° *Servitude*, t. 2, quest. 1. — Julien, *Statut de Provence*, t. 1, p. 506. — Arrêt du 12 août 1763, rapporté par Poullain du Parc, *Journ. du parl. de Bretagne*, t. 5, p. 611.

(3) Rejet, 31 mai 1825, D. 25, 1, 328.

exemple, de passer sans construire un pont ou d'autres ouvrages d'une excessive dépense, équivaudroit à une impossibilité physique (1).

Puisque c'est seulement dans le cas d'une absolue nécessité qu'on peut forcer des voisins à fournir un passage, il est naturel que celui contre qui la demande est formée puisse contester cette nécessité. Il lui est donc permis de repousser l'action, en articulant qu'il existe, ou a existé autrefois, un chemin dont celui qui prétend sa propriété enclavée peut encore user. Les tribunaux doivent vérifier ce fait dont l'appréciation leur appartient. Mais comme il leur est interdit de s'immiscer dans les opérations administratives, au nombre desquelles on a vu n. 41, qu'étoit la réparation des chemins vicinaux, l'état impraticable dans lequel l'administration abandonne un chemin doit provisoirement le faire considérer comme s'il n'existoit pas; et en conséquence ils doivent acccorder le passage jusqu'à la réparation (2).

219. Cette obligation de fournir passage étant imposée par la loi à tous les voisins d'un héritage enclavé et sans issue, nul ne peut s'y soustraire, même sous prétexte que son héritage est enclos, ainsi que nous l'avons dit n. 134. Mais, d'un autre côté, celui qui a besoin du passage n'a

(1) Rejet, 23 août 1827, D. 27, 1, 498.

(2) De Lhommeau, *Maximes de droit*, maxim. 437 et suiv. — Cassation, 16 février 1835, D. 35, 1, 169.

pas le droit d'en choisir le point indistinctement (1).

D'abord, il doit s'adresser de préférence à celui du côté de qui le trajet est le plus court pour joindre la voie publique. C'est le vœu de l'article 683; d'où il faut conclure qu'un des voisins, contre qui une telle demande seroit dirigée, pourroit s'y refuser, en alléguant et en prouvant que l'héritage d'un autre voisin présente un trajet moins long. En second lieu, l'équité et la position des lieux doivent être singulièrement considérées : car, si l'héritage qui offriroit un trajet plus court étoit un clos, un jardin, un bâtiment (2), il ne seroit pas juste de s'adresser au propriétaire de ce lieu par préférence; et si l'on s'adressoit à un autre voisin, dont le terrain ouvert ou moins précieux offriroit un trajet plus long, ce dernier ne seroit pas admis à invoquer le texte rigoureux de l'article 683.

Le principe général peut aussi, dans quelques circonstances, recevoir des modifications en faveur de celui qui a besoin du passage. Si l'usage du plus court trajet l'obligeoit à des dépenses considérables, par exemple, à la construction d'un pont sur quelque ruisseau ou ravin, il pourroit s'adresser à un autre voisin dont la propriété offriroit un trajet plus long, mais plus commode. Les termes de l'article 683 ont pour objet d'expri-

(1) Peleus, quest. 108. — Papon, liv. 14, tit. 1, art. 3.
(2) Dupérier, t. 2, p. 476, éd. de 1721.

mer ce qui doit avoir lieu le plus ordinairement. C'est ce que signifie le mot *régulièrement*, dont se sert le législateur (1).

Il sembleroit juste que celui qui se trouve ainsi avoir besoin du passage, s'adressât de préférence, soit à ses copartageans, si le terrain enclavé lui provenoit d'un partage, soit à son vendeur, soit à son donateur, soit aux héritiers de celui qui le lui auroit donné ou légué, encore bien que le trajet par leurs fonds ne fût pas le plus court; car il n'est pas douteux, suivant les principes consacrés par les articles 1018 et 1615 du code, que la transmission d'un fonds à l'un de ces titres n'entraîne l'obligation de souffrir le passage pour y parvenir (2). Dans ce cas il ne leur devroit pas d'indemnité, car il n'agiroit pas en vertu de l'article 682, mais en vertu des règles de garantie propres au contrat invoqué par lui. Ce principe a même été expressément reconnu par l'article 23 de la section 3 de la loi du 10 juin 1793, sur le partage des communaux.

Mais le défaut de vigilance dans la rédaction des actes, ou quelques autres causes, peuvent l'avoir rendu non recevable contre ses garans; son imprudence seroit punie trop sévèrement, si elle avoit

(1) Rejet, 1er mai 1811, D. 11, 1, 340. Rejet, 8 juillet 1812, D. 1, 86.

(2) Dig. lib. 7, tit. 6, *Si usuf. pet.* l. 1; lib. 8, tit. 2, *De serv. præd. urb.* l. 10; lib. 8, tit 5. *Si serv. vind.* l. 2, § 2. l. 20; lib. 11, tit. 7. *De relig. et sumpt. fun.* l. 10; lib. 18, tit. 1, *De contrahendâ emptione*, l. 40, § 1.

pour résultat de frapper sa propriété d'une éternelle inutilité(1) ; l'intérêt public en souffriroit. Il peut donc, dans ce cas, s'adresser au voisin qui, comme nous venons de le dire, est le plus à portée de lui fournir un passage(*).

220. Le lieu où le passage sera pris, la largeur qu'il aura et les autres conditions y relatives, doivent être déterminés par les juges, sur un rapport d'experts, si les parties ne s'accordent pas.

Il seroit difficile d'offrir des règles générales à cet égard ; tout ce qu'on peut dire, c'est qu'il faut chercher à concilier, autant que possible, l'avantage des intéressés et les besoins de l'agriculture. On doit ne l'établir que sur le point le moins dommageable ; il ne faut pas chercher en pareil cas la commodité du propriétaire enclavé, mais bien celle du voisin tenu de fournir le passage (2), et le prendre du côté où le trajet est le plus court pour se rendre au chemin public le plus proche, ou à un fonds non enclavé de celui qui le réclame (3); à moins que des considérations puissantes n'engagent à agir différemment, comme nous l'avons dit n. 218.

Souvent le seul objet du passage demandé est de cultiver une propriété enclavée, ou d'en

(1) Fromental. *Décisions du droit civil*, V.° Servitudes, p. 657.

(2) Brodeau sur Louet, lettre C, som. 1. — Julien, *Statut de Provence*, t. 1, p. 506.

(3) Masuer, tit. 39, n. 1. — Legrand, *Coutume de Troyes*, art. 130, n. 34. — Pocquet de Livonière, *Coutume d'Anjou*, art. 449, observ. nouv. 2.

(*) Cette opinion est combattue par M. Duranton, t. 5, pag. 462 et suiv.

enlever les fruits. Dans ce cas, celui qui est tenu de fournir le passage peut se refuser à ce qu'il soit permanent et indéfini ; il ne peut être forcé de le consentir que pour l'objet et le temps nécessaires (1). Ce tempérament, qui n'a rien de contraire aux dispositions du code, nous semble être une conséquence de l'article 684, qui veut que le passage soit le moins dommageable possible. Par suite des mêmes principes, celui à qui un simple sentier seroit suffisant, ne pourroit exiger un chemin ; c'est assez qu'il lui soit accordé de quoi exploiter son héritage (2).

Nous avons suffisamment expliqué, n. 83, que la disposition de l'article 682, ne pourroit, par analogie, être étendue, de plein droit, à d'autres cas qu'à celui qu'il a spécialement prévu.

221. Tout héritage étant naturellement libre, on ne peut, même en cas de nécessité absolue, acquérir de servitude sur un fonds, sans en indemniser le propriétaire. La loi a pris soin de déterminer les bases de l'indemnité : elle doit être proportionnée au dommage que peut éprouver celui qui fournit ce passage ; car c'est la perte seule qu'il éprouvera qu'on doit considérer, et non l'avantage qu'en pourra retirer celui qui demande le passage.

Ainsi, on ne doit pas obtenir de dédommage-

(1) Arrêt du parl. de Paris du 19 mai 1778, *Gazette des tribunaux*, t. 5, p. 243.

(2) Arrêt du 3 avril 1756, rapporté par Denisart, V°. *Laboureur*, n. 13.

ment dans tous les cas : il est d'usage que les possesseurs de prés ou de terres, situés au milieu d'une plaine, passent pour les exploiter sur les prés, sur les terres limitrophes, sans qu'il y ait lieu aux réclamations des voisins qui n'éprouvent point de perte réelle (1). C'est la conséquence de ce que nous avons dit n. 142, et plus spécialement n. 217. En général, tout ce qui tient au caprice ne peut être accueilli ; il s'ensuit que si quelqu'un laisse un terrain vague devant sa maison, ce n'est pas un tort réel, qui puisse fonder une action de sa part, que d'y passer et de s'y reposer.

Mais du moment que le propriétaire veut disposer de son héritage, d'une manière qui ne permettra plus d'user de cette faculté, par exemple, s'il veut l'enclore, alors les choses rentrent dans l'ordre, et celui qui usoit de la faculté ne peut la conserver que suivant les règles données ci-dessus relativement au passage forcé (2).

De même on accorderoit difficilement une indemnité à celui que la disposition des lieux contraignoit à livrer un passage, par exemple, s'il étoit le vendeur, le donateur, l'héritier du vendeur ou du donateur du fonds enclavé, ou même l'un de ceux qui l'ont partagé (3). Suivant les prin-

(1) Pocquet de Livonière, *Cout. d'Anjou*, art. 449, obs. 3. — Bouvot, t. 1, part. 1. V°. *Chemin*, quest. 1.— De La Rocheflavin, liv. 3, lettre S, tit. 4, art. 1.— Denisart, V°. *Laboureur*, n. 12.

(2) Dunod, *Traité des prescriptions*, part. 1, ch. 12, p. 85.

(3) Dig. lib. 8, tit. 3, *De serv. præd. rust.* l. 23, § 3. — Coquille, *Coutume de Nivernais*, ch. 10, art. 3 et quest. 64. — La Peyrère, lettre S. V°. *Servitude*, n. 39.

cipes expliqués n. 219, il devoit ce passage comme accessoire : cette obligation peut donc produire une exception légitime contre sa demande en indemnité.

Nous ne croyons pas indispensable que cette indemnité soit payée avant que celui qui demande le passage en use; il peut être autorisé par les tribunaux à en jouir, pendant les opérations de l'expertise, ou obtenir un délai pour s'acquitter. Nous allons même voir que le droit de l'exiger se prescrit sans que le passage en subsiste moins, ce qui suppose qu'il peut commencer avant que l'indemnité soit payée.

222. Il faut bien se garder de confondre cette espèce de passage, qui a une cause légale, avec le passage que ne justifie point une nécessité absolue, et qui ne peut avoir lieu que comme servitude conventionnelle.

Lorsque celui qui exerce un passage sur l'héritage d'autrui est troublé dans cet usage, il n'a pas besoin de produire de titre; ce titre est dans la loi qui l'accorde à la nécessité; il peut faire valoir pour exception qu'il n'a aucun moyen d'exploiter son héritage sans le passage contesté. S'il ne fait pas cette preuve, la nécessité n'existe point (1); et il doit rapporter un titre de la servitude qu'il prétend (2),

(1) Rejet, 31 mai 1825, D. 25. 1, 328. Rejet, 8 janvier 1829, D. 29, 1, 99.

(2) Legrand, *Coutume de Troyes*, tit. 4, art. 61, gl. 5, n. 22. — Dunod, *Traité des prescriptions*, part. 1, ch. 12, p. 84.

parce que nous verrons dans la troisième partie qu'elle n'est pas du nombre de celles qui s'acquièrent par prescription.

S'il prouve, au contraire, qu'il n'a pas, pour arriver à sa propriété, d'autre moyen que de passer sur l'héritage d'un de ses voisins, la contestation doit être jugée conformément aux principes sur la servitude légale de passage : toute la question se réduit à savoir s'il faut un passage, si la nécessité en est établie; et, ce point de fait reconnu par le tribunal, qui peut s'éclairer par un rapport d'experts, mais qui cependant n'y est pas rigoureusement obligé (1), le voisin ne peut le contester (2).

223. A la vérité, en appliquant les principes que nous avons établis n. 219, le voisin sur le terrain de qui on passe pourroit se croire fondé à soutenir que son héritage n'est pas celui qui présente le trajet le plus court, et que *tel* autre voisin doit plutôt en être chargé, soit pour cette cause, soit pour quelqu'une de celles qui ont été indiquées n. 221. La légitimité de cette exception doit être examinée et appréciée par les juges, si l'exercice du passage ne dure pas depuis trente ans. Mais si ce temps est écoulé, alors il y a présomption qu'au commencement de la possession l'état

(1) Rejet, 24 décembre 1835, D. 36, 1, 36.

(2) Pocquet de Livonière, *Coutume d'Anjou*, art. 449, obs. 2. — Poullain Duparç, *Coutume de Bretagne*, t. 3, p. 739; *Principes du droit français*, t. 6, p. 324. — Rejet, 23 août 1827, D. 27, 1, 498.

des lieux et la convenance ont été vérifiés; et que c'est parce qu'il ne pouvoit s'y refuser que celui sur qui le passage est exercé l'a souffert aussi longtemps sans réclamer.

Il ne pourroit pas davantage, après un exercice de trente ans, exiger que le lieu du passage fût déterminé par un autre point que celui sur lequel il s'exerce; sauf le droit que lui accorde l'art. 701, dont nous avons parlé n. 70.

Si la possession trentenaire ne rendoit pas irrévocable le lieu d'exercice du passage, les propriétés deviendroient inutiles, ou, ce qui seroit presque aussi funeste, elles deviendroient l'occasion de procès ruineux.

224. Celui sur qui s'exerceroit ainsi, depuis plus de trente ans, un passage fondé sur la nécessité, ne pourroit également prétendre une indemnité, ou exiger qu'on lui justifiât qu'elle a été acquittée. Suivant l'article 2262, son action est prescrite. La nécessité du passage étant, comme nous l'avons dit, le titre de celui qui en use, le droit de réclamer l'indemnité, créance prescriptible comme toute autre, est anéanti par la prescription, sans que le passage cesse d'être dû (1).

En effet, puisque la loi ouvre une action en indemnité, elle suppose que l'exercice du passage a pu avoir lieu par un fait indépendant de toute convention; puisque, encore bien que cette action

(1) Reject, 23 août 1827, D. 27, 1, 498.

ne soit plus recevable, elle veut que le passage soit continué, elle admet nécessairement cette succession de faits, cette continuation, comme équivalant à un titre (1). Tout cela est fondé sur l'article 685 du code.

Le temps de la prescription court du premier jour que le passage a commencé, parce que dès ce jour la loi l'a accordé à celui qui n'en avoit point d'autre, et a ouvert à celui sur l'héritage de qui il étoit exercé une action en indemnité (2). Mais il peut se faire que le passage ait d'abord été exercé par l'effet d'une simple tolérance, sans nécessité absolue, et qu'ensuite des événemens particuliers l'aient rendu nécessaire. Dans ce cas, il faudra distinguer les époques. La fin de non-recevoir contre le droit de prétendre que le passage est dû par un autre voisin, ou qu'il faut le prendre sur *tel* point et non sur *tel* autre, et la prescription de l'indemnité, ne comptent que du jour où le passage est devenu nécessaire. Avant ce moment, celui sur qui il étoit exercé n'ayant vu qu'une tentative que la nécessité ne justifioit point, et qu'il seroit toujours à même de repousser, a pu ne pas y faire d'opposition.

225. Si le passage accordé au fonds enclavé cessoit d'être nécessaire, soit par l'établissement d'un

(1) Arrêt du parl. de Toulouse du 21 mai 1723. *Journal du parlement de Toulouse*, t. 4, p. 253. — Cassation, 10 juillet 1821, D, 22, 1, 44. — Rejet, 8 janvier 1829, D. 29, 1, 99.

(2) Rejet, 11 août 1824, D. 2, 1258.

chemin, soit par la réunion du fonds originairement enclavé à une propriété qui communiqueroit immédiatement à la voie publique, il sembleroit juste que la servitude légale du passage dût cesser. La multiplication des passages subdivise les propriétés d'une manière nuisible à l'agriculture, et lui enlève des terrains précieux. Cette considération, laissée à l'appréciation des tribunaux, suffit pour les guider, lorsque le fait de l'inutilité du passage étant avéré et constant, celui qui a été contraint de le fournir aura quelque intérêt sensible à rentrer dans la libre propriété de son terrain, en restituant l'indemnité. C'est d'ailleurs un cas analogue à celui qu'a prévu l'article 701 du code (*).

Faut-il en conclure que ce passage pourroit être perdu, par défaut d'exercice pendant trente ans? Une distinction paroît nécessaire. Si l'on a passé sur un autre point, sur une autre propriété pendant trente ans, on ne peut changer ce nouvel état de choses, et revenir passer sur celle qui étoit autrefois grevée du passage, sans le consentement du propriétaire. Mais si le fonds pour lequel le passage avoit été acquis a été laissé inculte, de manière qu'on n'en ait pas eu besoin, il sembleroit assez juste, au premier aspect, qu'en reprenant la culture de son champ, le propriétaire pût de nouveau réclamer, moyennant indemnité, un passage qui se trouve encore nécessaire. Il ne pourra, sans

(*) Cette opinion, partagée par MM. Delvincourt, t. 1, page 590, et Toullier, t. 3, page 554, est combattue par M. Duranton, t. 5, page 474.

doute prétendre que l'ancien passage lui est dû, parce qu'il étoit maître de cultiver ou de ne pas cultiver son fonds; il n'est pas plus favorable que celui qui auroit acquis conventionnellement un passage, et nous verrons, n. 301 et suiv., que la prescription le lui feroit perdre dans ce cas. Voici seulement en quoi consisteroit la différence : celui qui avoit un passage conventionnel, court, commode, agréable, et qui l'a perdu par le non usage, ne pourra le réclamer, même en offrant une indemnité, s'il lui en reste un autre, quoique plus long. Celui qui, par le non usage, a perdu le passage nécessaire qu'il avoit acheté, pourra l'acheter de nouveau dès que la nécessité sera reconnue subsister encore.

226. L'obligation d'accorder un passage à travers sa propriété n'est pas bornée aux seuls cas indiqués ci-dessus. Nous serions porté à croire qu'elle pourroit être étendue au passage pour se rendre à une fontaire publique nouvellement établie, qui offriroit à des habitations, à des fermes, l'eau qu'elles étoient précédemment obligées d'aller chercher à de grandes distances; elle devroit l'être surtout s'il s'agissoit de décider sur le maintien d'un passage de cette sorte exercé depuis longtemps, mais sans titre.

Nous avons examiné, n. 83, une question relativement aux canaux d'irrigation. Les lois particulières sur les mines et sur le dessèchement des marais accordent aux concessionnaires les passages nécessaires à leurs exploitations, non-seulement sur le fonds de ceux dans le terrain de qui est la mine ou le marais, mais encore sur les propriétaires voisins, sauf indemnité. C'est une servitude légale de passage qu'impose l'intérêt public.

Le code ne contient pas de disposition sur les cas où le passage forcé sur la propriété d'autrui n'est qu'accidentellement nécessaire. Si le chemin par lequel un propriétaire se rend à son héritage est momentanément inondé ou impraticable, celui-ci peut-il exiger un passage provisoire sur le terrain de son voisin? Cette faculté ne nous semble pas contraire au vœu de la loi; car nous avons vu, n. 218, que l'état impraticable dans lequel l'administration abandonne un chemin, avoit l'effet d'en priver ceux à qui il est nécessaire, et les réduisoit à la position de ceux qui n'ont aucune voie publique pour se rendre à leur propriété (1). Elle dérive des dispositions mêmes de l'article 41 du titre 2 de la loi du 6 octobre 1791, qui excuse celui que le mauvais état d'un chemin oblige à passer sur l'héritage d'autrui, à la seule différence que l'indemnité temporaire due dans ce cas doit être payée par la commune.

Par une analogie qui n'a pas eu besoin d'être expressément indiquée, parce qu'elle est une conséquence des mêmes principes, si un débordement entraîne des matériaux ou des meubles

(1) Dig. l. 8, tit. 6, *Quemadm. servit amitt.* l. 14, § 1. — Maynard, liv. 4, chap. 59, n. 2. — Le Caron, *Coutume de Péronne*, art. 212, n. 20.

sur quelque héritage riverain, le propriétaire est obligé d'en permettre l'entrée et de souffrir qu'on enlève les objets que les eaux y auroient laissés. Mais alors une indemnité est due à celui qui souffre ce passage ou ce dépôt (1), à moins que l'autorité administrative n'ait prescrit ces mesures, dont l'exécution seroit alors commandée par suite de l'obligation imposée à chacun de sacrifier à l'intérêt général (2), et particulièrement reconnue, pour les cas d'accidens, par le douzième alinéa de l'article 475 du code pénal, ou à moins qu'il n'en résulte aucun tort pour ce propriétaire.

227. Ce que nous venons de dire conduit naturellement à parler de la faculté de passer sur l'héritage d'autrui, pour faire des réparations au bâtiment ou au mur contigu. Quelques coutumes en faisoient une servitude légale, qui résultoit du seul voisinage, sans qu'il fût besoin de titre pour l'établir (3). Les autres, au contraire, la considéroient comme un droit qui devoit être acquis de la même manière que les diverses autres servitudes. Nous allons essayer d'offrir quelques règles sur ce point, dont le code ne s'est pas occupé, et qui donne fréquemment lieu à des difficultés.

Il faut considérer d'abord si les réparations à faire doivent l'être seulement au mur, ou si elles

(1) Dig. lib. 10, tit. 4. *Ad exhib.* l. 5, § 4; lib. 47, tit. 9, *De incend.* etc. l. 8.

(2) Pocquet de Livonière, *Coutume d'Anjou*, art. 449, 2e obs.

(3) *Coutume de Melun*, art. 204; d'*Etampes*, art. 86; d'*Orléans*, art. 240; *de Dunois*, locale de Blois, art. 62.

doivent être faites à la couverture du bâtiment que ce mur sépare de l'héritage du voisin.

S'il ne s'agit que des réparations du mur, il faut distinguer s'il est mitoyen ou non. S'il est mitoyen, chaque voisin fournira le passage nécessaire. C'est une suite du concours à son entretien auquel les oblige l'article 655 du code. Si le mur n'est pas mitoyen, il faut encore considérer s'il est situé à la ville ou à la campagne. Dans les villes où la clôture est forcée, celui à qui appartient le mur dont la réparation est urgente peut exiger ce passage. L'article 663 lui donne le droit de contraindre son voisin à concourir à la construction d'un mur de clôture; et lors même qu'on ne croiroit pas, d'après ce que nous avons dit n. 152, qu'il puisse contraindre son voisin à lui rembourser la moitié de la construction faite, l'équité veut qu'il ne doive pas d'indemnité pour le passage, puisqu'il a pour objet l'entretien d'un mur dont ce voisin profite pour être clos.

S'il s'agit de réparations à faire au toit, il faut considérer si l'héritage du voisin est asservi à l'égoût du toit; dans ce cas, il ne peut se refuser au passage pour les réparations, parce que c'est une suite nécessaire de la servitude d'égoût (1), suivant les règles que nous avons données n. 54. C'est la conséquence du principe général, qui veut que le propriétaire du fonds assujéti laisse faire tout ce qui est nécessaire pour l'établissement ou l'entre-

(1) Buridan, *Coutume de Reims*, art. 378.

tien de la servitude, et particulièrement qu'il fournisse un passage pour les ouvriers employés à cet effet, lorsqu'il n'y en a pas d'autre.

La difficulté se réduiroit donc aux murs de simple clôture dans la campagne, et aux cas où il faudroit réparer la couverture de bâtimens qui n'auroient aucun droit d'égoût. Il est évident que, dans ce cas, le propriétaire n'a pas droit de passer sur son voisin : il a dû construire de manière à n'en avoir aucun besoin (1) ; il a dû laisser un espace suffisant de terrain pour réparer facilement ses bâtimens ou ses murs, comme nous l'avons dit au paragraphe précédent pour l'avancement du toit.

Cependant, s'il justifioit qu'il n'a aucun moyen de faire ces réparations, il seroit fondé, par une induction aussi juste que naturelle de l'article 682 du code, à exiger de son voisin qu'il lui accorde cette faculté, moyennant une indemnité (2).

Si même il étoit indispensable, pour réparer un bâtiment, de rompre une partie de la couverture du voisin, celui-ci ne pourroit s'y refuser, pourvu que tout fût rétabli promptement, et qu'on l'indemnisât (3). Dans ces cas, la faveur de la propriété cède à des considérations plus puissantes.

Mais il est naturel que celui qui est obligé

(1) Dig. lib. 50, tit. 17, *De reg. jur.* l. 61. — Acte de notoriété du Châtelet du 23 août 1701.

(2) Godefroy, *Coutume de Normandie*, art. 607. — Dupineau, *Coutume d'Anjou*, art. 450. — Bannelier, sur Davot, *Traités à l'usage de Bourgogne*, t. 3, p. 249.

(3) Pothier, *Contrat de Société*, n. 246.

de souffrir ce passage en éprouve le moins d'incommodité possible (1); ainsi le voisin ne peut en user que pour le temps nécessaire et que pour cet objet seulement (2). C'est une conséquence des principes généraux que nous avons posés, et des développemens qu'ils ont reçus dans les numéros précédens.

228. Ce peu de mots suffit pour détruire l'erreur de quelques praticiens sur ce qu'ils appellent le *tour d'échelle*. Il n'existe point de tel droit à titre de servitude légale. Lorsqu'il est indiqué dans des actes, ou prétendu comme dépendant d'une construction quelconque, ce n'est que comme propriété accessoire, ou comme servitude conventionnelle; et les effets en sont différens. Au premier cas, le voisin ne peut faire aucune entreprise sur le terrain dit *tour d'échelle;* il ne lui appartient pas; on suit les règles que nous avons données n. 215. Au second cas, celui dont l'héritage se trouve grevé d'une servitude consistant à laisser son voisin venir planter ses échelles et faire passer ses ouvriers pour réparer son bâtiment ou son mur, peut tirer de ce terrain tel parti qu'il juge à propos, pourvu que la servitude puisse être exercée suivant les principes généraux, ou suivant le titre qui la constitue.

La différence entre l'une et l'autre résulte de ce

(1) De La Lande, *Coutume d'Orléans*, art. 240.

(2) Auroux, *Coutume de Bourbonnais*, art. 510.

que, dans les actes, la propriété est ordinairement qualifiée *tour d'échelle*, tandis que la servitude est désignée par les mots, *droit de tour d'échelle*.

§ VII. *De la vaine pâture et du parcours.*

229. On a vu, n. 131, comment l'article 647 du code permettoit aux propriétaires de soustraire leurs héritages à la vaine pâture et au parcours, qui, jusqu'à présent, sont autorisés par les lois, et qui peuvent, par leur objet, être considérés comme des servitudes. Nous croyons utile de donner quelques règles pour connoître quand et à quelles conditions la faculté de faire paître ses bestiaux sur l'héritage d'autrui, à ce titre de vaine pâture et de parcours, existe et peut être exercée.

L'origine de la vaine pâture peut être attribuée à un consentement des propriétaires d'une même commune pour leur commodité respective; peut-être aussi à l'intérêt qu'inspiroient les besoins du pauvre. Dans quelques parties de la France elle étoit un droit qui constituoit une servitude légale à laquelle il n'étoit pas permis de se soustraire; dans le plus grand nombre, une simple faculté fondée sur le défaut d'intérêt que le propriétaire sembloit avoir à s'y refuser, tant qu'il n'avoit point disposé son héritage de manière à annoncer qu'il ne vouloit plus user de tolérance (1).

(1) Coquille, *Coutume de Nivernais*, ch. 10, art. 26. — Legrand, *Cout. de Troyes*, art. 169, et 170.

L'article 3 de la section 4 du titre 1er de la loi du 6 octobre 1791, a substitué à la variété des coutumes et des usages locaux sur cette matière, une règle uniforme, quoique provisoire, d'après laquelle la vaine pâture est maintenue, seulement dans les lieux où elle est fondée sur un titre particulier, sur la loi, ou sur une possession immémoriale. Mais, d'après cet article et l'article 647 du code, les propriétaires peuvent toujours en affranchir leurs héritages par la clôture.

La vaine pâture est donc la seule des deux espèces de servitudes qui viennent d'être définies à laquelle on puisse donner le caractère de servitude légale, puisqu'elle est admise, non seulement lorsqu'elle est fondée en titre, mais encore lorsque la loi, ou un usage immémorial qui en tient lieu, l'autorisent.

Nous n'avons point à nous occuper ici de la vaine pâture établie par titre; cette circonstance la fait rentrer dans la classe des servitudes conventionnelles dont nous parlerons n. 230 et suivans; il ne doit être question, en ce moment, que de la vaine pâture considérée comme servitude légale.

Le mot *loi*, dont se sert l'article 3 de la section 4 du titre 2e de la loi du 6 octobre 1791, désigne évidemment des actes directement émanés du roi, ou des seigneurs qui étoient souverains de quelques provinces avant leur réunion à la couronne; et surtout les coutumes locales dûment homologuées par des actes de l'autorité souveraine ou par les parlemens qui, à cet égard, exerçoient cette autorité. Elles avoient le véritable caractère de lois, ainsi que le reconnoît l'article 3 de la loi du 1er décembre 1790, portant que la contravention à ces coutumes est un moyen de cassation. Elles l'ont conservé, sous le rapport qui nous occupe ici, nonobstant l'abrogation générale portée dans l'article 7 de la loi du 30 ventôse an XII, puisque cette abrogation ne porte que sur les matières régies par le code civil, et que précisément l'article 647 de ce code, en permettant de se soustraire à la vaine pâture, dans certains cas, suppose que la loi du 6 octobre 1791 continue de régir la matière, dans les cas non exceptés. A cet égard encore nous n'avons rien à dire; c'est le texte de la coutume locale qui doit être consulté.

Mais à défaut d'une loi ou d'une coutume expresse, l'article 3 de la section 4 du titre 1er de la loi du 6 octobre 1791, autorise, comme on l'a vu, l'exercice de la vaine pâture, lorsqu'il est réclamé en vertu d'un usage immémorial, encore bien que la loi du lieu où l'on prétend l'exercer n'admît point la prescription, comme titre, pour acquérir des servitudes discontinues. Le cas dont il s'agit ici étant le seul dans lequel notre législation exige la preuve immémoriale, il faut nécessairement recourir aux principes anciens pour déterminer ce qu'on doit entendre par ce mot.

La possession immémoriale est celle dont aucun homme vivant n'a vu le commencement, dont il a appris l'existence de ses ancêtres, et dont il n'a rien appris de contraire, de quelqu'un qui l'ait vu ou qui l'ait entendu dire de ceux qui l'auroient vu. Cette définition exclut toute limitation de temps; elle se rapporte au fait qu'aucune personne vivante n'en a vu le commencement et n'a entendu dire à qui que ce soit qu'il l'eût vu. Ainsi, pour prouver un usage immémorial, les témoins doivent déposer qu'ils ont vu, ou qu'ils ont ouï dire que l'exercice avoit lieu sur le pied actuel; que l'opinion commune est, et a toujours été telle; que cet usage n'a jamais été contesté, et qu'ils n'ont pas mémoire de son commencement. Pour détruire cette preuve, il faut que les témoins adverses disent qu'en *tel* temps ils ont vu des actes contraires, ou qu'ils savent ou qu'ils ont appris de leurs ancêtres qu'il en a été fait autrefois.

Dans le concours de deux preuves, on préfère celle qui est appuyée sur des témoins plus irréprochables et dont les dépositions sont plus pertinentes. Ainsi, les témoins qui déclarent avoir vu, l'emporteront sur ceux qui se borneroient à la simple négative.

Les témoins doivent faire connoître ceux à qui ils ont entendu parler des faits de possession dont ils déposent, parce qu'il est convenable qu'on puisse établir la confiance due à ces personnes. Mais quoique les témoins déposent de faits divers qu'ils tiennent chacun de différentes personnes, leurs témoignages ne sont pas réputés singuliers, parce qu'il n'est pas nécessaire que chaque témoin dépose d'une possession immémoriale complète;

il suffit qu'elle résulte clairement du rapprochement de toutes les dépositions (1).

Quant à l'époque à laquelle il faut se reporter pour prouver l'usage de la vaine pâture dans une commune, il est évident qu'elle doit être antérieure à la loi du 6 octobre 1791. Quelque longue et constante qu'eût été une possession dont les faits n'auroient eu lieu que depuis cette loi, sans se reporter à une possession antérieure, la preuve en seroit inutile, car le législateur n'a pas dit qu'il autorisoit à acquérir dorénavant la vaine pâture par la possession, mais qu'il conservoit celle qui étoit déja acquise.

Nous ne croyons point devoir nous livrer à des recherches sur les règlemens locaux divers et nombreux qui ont déterminé le mode d'exercice de la vaine pâture. Il suffit, à cet égard, de dire que conformément à l'article 18 de la section 4 du titre 1er de la loi du 6 octobre 1791, si une circonscription nouvelle de communes avoit réuni à l'une, des fractions de territoire précédemment soumises à des usages différens, la plus petite partie devroit suivre la loi de la plus grande; et que l'administration est seule compétente pour statuer sur ce point.

Mais il est convenable de faire connoître les dérogations générales que la législation nouvelle a apportées aux règlemens locaux, en telle sorte qu'ils ne sont réputés avoir conservé leur force qu'en

(1) Dunod, *Traité des prescriptions*, liv. 3, ch. 14, page 214.

tout ce qui n'est pas contraire à cette législation.

Ainsi, quels que fussent les usages anciens, la vaine pâture ne peut, aux termes de l'article 9 de la section 4 du titre 1er de la loi du 6 octobre 1791, être exercée sur des terrains en prairies artificielles, ni sur aucune terre ensemencée ou couverte d'une production quelconque, qu'après l'extraction de la récolte; ni, d'après l'article 10, sur les premières herbes des prairies naturelles. Suivant l'article 24 du titre 2 de la même loi, la vaine pâture ne peut être exercée dans les vignes, oseraies, dans les plants de câpriers, d'oliviers, de mûriers, de grenadiers, d'orangers, dans les plants ou pépinières d'arbres fruitiers ou autres, faits de main d'homme. L'article 38 du même titre étend cette prohibition aux bois taillis, et par conséquent s'en réfère, pour ce qui concerne les futaies, aux usages ou règlemens locaux.

L'article 12 de la section 4 du titre 1er abroge les usages locaux qui ne permettoient pas à un propriétaire de faire conduire par un pâtre de son choix la quantité de bestiaux qu'il avoit droit d'envoyer à la vaine pâture. L'article 13 maintient les usages sur la détermination du nombre proportionnel de bestiaux qu'il est permis d'envoyer, et à défaut de règlement il confie cette détermination au conseil municipal; mais l'article 14 ajoute que les habitans de la commune, non propriétaires ou fermiers de terrains qui leur donnent droit à une participation à la vaine pâture, peuvent cependant y envoyer jusqu'au nombre de six bêtes à laine et d'une vache avec son veau, sans préjudice des droits plus étendus que des règlemens locaux leur accorderoient.

L'article 15 déclare qu'il n'est pas nécessaire d'être domicilié dans la commune pour exercer le droit de vaine pâture proportionné à la quantité de terres qu'on y exploite comme fermier ou propriétaire; mais il interdit aux forains de céder ce droit à qui que ce soit.

On pourroit, avec quelque apparence de fondement, conclure de cette dernière disposition que les domiciliés ont seuls la faculté de céder leurs droits. Mais il nous paroît plus exact de dire que la prohibition faite aux non-domiciliés, a plutôt pour objet de prévenir une fausse interprétation de leur part, que d'introduire un droit nouveau en faveur des domiciliés à qui les règlemens locaux n'accorderoient pas expressément la faculté de céder leurs droits. Nous croyons pouvoir ajouter que si ces règlemens l'accordoient simplement, sans dire si la cession peut être faite à des domiciliés ou à des étrangers, ces derniers en devroient être exclus.

Rien dans la loi du 6 octobre 1791, ne nous semble interdire, à moins de règlemens locaux qui auroient prévu ce cas, à un fermier ou à un propriétaire exploitant, domicilié ou non, la faculté de prendre en placement, lorsqu'ils n'en ont point en propriété, une quantité de bestiaux proportionnée à leur exploitation; mais ils ne doivent prendre ainsi que les bestiaux utiles et nécessaires à l'exploitation de leurs métairies, et non ceux destinés simplement à être mis dans le commerce (1).

On pourroit objecter à ce sentiment, que nous aurons occasion de développer n. 237, la difficulté de distinguer le bétail destiné à l'exploitation, de celui qui seroit destiné à la vente, et l'embarras des contestations qui en résulteroient. Mais la précaution de déterminer la quantité proportionnelle que chacun a le droit de faire paître, en raison des terres qu'il exploite, l'attention de veiller à ce que personne ne l'excède, sont suffisans pour prévenir les abus. Les bouchers avoient été exceptés de cette interdiction par un arrêt de règlement de 1721, dont la décision ne nous semble plus devoir être suivie d'après l'avis du conseil d'état du 3 frimaire an XII.

Ces notions suffisent pour donner une juste idée de la vaine pâture, qui n'est point, comme on doit le reconnoître, une servitude proprement dite, mais une tolérance supposée par la loi; tolérance dont, il est vrai, cette loi impose l'obligation, mais en assurant à tout propriétaire le droit de s'y soustraire par la clôture, ainsi que nous l'avons dit n. 131.

Le parcours qui n'est que cette même vaine pâture exercée d'une commune sur une autre, ne pouvant pas être aussi facilement supposé avoir pour cause un consentement tacite entre les pro-

(1) Pothier, sur l'art. 145 de la *Coutume d'Orléans*.

priétaires de ces communes diverses (1), n'a pas été vu d'un œil aussi favorable. L'article 2 de la section 4 du titre 1er de la loi du 6 octobre 1791, abolissant tous les anciens usages contraires, ne le considère que comme une véritable servitude qui doit être justifiée par un titre ou par la prescription, dans les lieux qui, avant la promulgation du code civil, admettoient ce mode d'acquérir les droit de pâturage (2).

Nous pensons que par *titres*, la loi a entendu des conventions intervenues entre les communes voisines qui ont consenti d'établir entre elles cette réciprocité. Si une convention de ce genre existe, les propriétaires d'une de ces communes ne peuvent refuser de souffrir l'exercice de la vaine pâture par les bestiaux qu'envoient ceux de l'autre commune, sous prétexte qu'ils n'y ont point individuellement consenti, par eux ou par leurs auteurs.

A défaut de conventions qui doivent être produites et que les tribunaux apprécieront suivant les principes du droit commun, la possession peut être invoquée, mais seulement dans les lieux où la coutume permettoit d'acquérir ainsi le parcours, et lorsque cette possession a subsisté sans interruption pendant le temps exigé. Dans les autres lieux, le parcours est réputé n'avoir été que l'effet d'une tolérance que la loi du 6 oc-

(1) Legrand, *Coutume de Troyes*, art. 169.

(2) Rejet, 25 mai 1830, D. 30, 1, 252.

tobre 1791 a abolie, sans imposer la condition de clôture, comme pour la vaine pâture sur le territoire de la même commune.

Cette acquisition du droit de parcours respectif entre des communes voisines, les met en compascuité sur les héritages qui, dans chacune de ces communes, sont susceptibles de vaine pâture, d'après les règles expliquées ci-dessus. Cette compascuité est réglée par les titres, ou par le mode d'exercice qui les a expliqués depuis un temps assez long pour produire cet effet. Mais le caractère primitif de vaine pâture, que le parcours a simplement pour objet d'étendre au-delà des limites des communes respectives, est toujours subsistant; et par conséquent tout propriétaire qui, dans une de ces communes, prend les mesures convenables pour y soustraire son héritage, n'est plus tenu de la supporter, ni envers les autres propriétaires ou habitans de sa commune, ni envers ceux de la commune voisine que le parcours mettoit en compascuité avec la sienne.

CHAPITRE III.

Des servitudes conventionnelles.

230. Les servitudes dont nous avons parlé dans les deux chapitres précédens, existent par la seule disposition des lieux, ou par la volonté de la loi, sans qu'il soit nécessaire que le propriétaire du

fonds grevé ait consenti cet assujétissement, et souvent même malgré sa volonté. Il étoit dans l'ordre des choses que le nombre en fût restreint. Mais le droit de propriété rendant chacun maître de disposer de sa chose à son gré, les servitudes peuvent encore être constituées par la volonté des parties, manifestée expressément ou reconnue par l'appréciation qu'en font les tribunaux.

On nomme ces espèces de servitudes, *conventionnelles;* non pas qu'elles ne puissent jamais être constituées que par des contrats dans lesquels les intéressés stipuleroient ou promettroient respectivement : mais en ce sens que lors même qu'il n'intervient aucun écrit pour les constituer, par exemple, lorsqu'elles résultent de la prescription, la volonté de l'un d'acquérir, et de l'autre de supporter la servitude, est toujours supposée.

Leur caractère essentiel consiste dans cette volonté exprimée ou supposée par des faits auxquels est attaché le caractère d'une présomption légale de consentement. Nul ne pourroit contraindre un autre à souffrir une servitude, si ce n'est dans les cas où la loi s'en explique d'une manière formelle, et alors elle prend le caractère de servitude légale; ou dans les cas auxquels s'appliqueroient les principes généraux de l'expropriation pour cause d'utilité publique.

Dès que la volonté des parties est la source essentielle des servitudes conventionnelles, il s'ensuit que le nombre en est aussi varié que peuvent l'être les intérêts, quelquefois même les simples convenances des propriétaires de fonds; que les effets en peuvent être modifiés avec la même latitude; qu'en un mot, cette liberté n'a d'autres limites que celles qui sont imposées à toutes les conventions en général, savoir qu'elles ne doivent avoir rien de contraire aux lois.

A cet égard, il importe encore de bien s'entendre. Les lois auxquelles il n'est jamais permis de déroger par des conventions, sont seulement celles qui ont rapport à l'ordre ou à l'intérêt public.

La stipulation d'une servitude tendant à modifier quelques dispositions d'une loi, ne seroit pas en elle-même, et par cette seule considération qu'elle déroge à la loi, une stipulation illicite. Ainsi, quoiqu'un voisin ait droit, d'après l'article 651 du code, de faire l'abandon du mur mitoyen, pour se décharger de l'entretien, la renonciation à cette faculté seroit permise et devroit être exécutée par l'autorité des tribunaux; quoique l'article 663 n'oblige à la clôture que dans certaines localités, une convention pourroit y obliger des voisins dans d'autres localités.

On doit même ajouter que toutes les lois conçues en termes négatifs, ne sont pas pour cela prohibitives. Ainsi les articles 675 et suivans du code, refusent à un voisin le droit de vue dans certains cas, et dans d'autres ne le permettent qu'à certaines conditions; ces dispositions prohibitives n'empêchent pas qu'un voisin puisse, comme nous l'avons dit n. 195 et 210, consentir à ces vues, ou dispenser des conditions imposées par la loi. Il n'est pas plus contraire à la bonne police et à la bienséance d'avoir des vues pleines sur la maison de son voisin, que de laisser deux locataires différens dans la même maison, jouir de vues l'un sur l'autre, comme cela arrive très fréquemment (1).

D'un autre côté, l'article 674 prescrit dans certains cas l'observation de distances, ou la construction d'ouvrages, *pour éviter de nuire au voisin.* Il ne faut pas cependant induire de ces expressions que l'intérêt du voisin ait été l'unique but de la loi. Une légère attention suffit pour voir que la distance entre un fourneau et un mur, que le contre-mur pour des fosses d'aisance ou un puits, ont pour objet de prévenir les incendies ou l'infection des eaux. La règle qu'on doit suivre à cet égard est d'examiner si la loi qui ordonne ou défend quelque chose, se lie à l'intérêt public, ou seulement à celui des particuliers. Dans le premier cas, il n'est pas permis d'y déroger; ainsi la convention par laquelle un voisin auroit consenti à ce que l'autre construisît une fosse d'aisance, un puits, sans faire de contre mur, seroit nulle (2). Dans le second cas, ceux pour qui la loi a été établie peuvent renoncer au bénéfice qu'elle a introduit en leur faveur (3).

(1) Bretonnier, sur la quest. 80 d'Henrys, liv. 4, ch. 6, t. 2, est d'avis contraire.

(2) Arrêt du Parlement de Paris, du 5 septembre 1780, *Gazette des tribunaux*, t. 10, p. 225.

(3) Rejet, 9 juin 1823, D. 2, 911.

Les dispositions du code forestier relatives aux usages dans les bois présentent deux exemples qui feront encore mieux comprendre la distinction qui vient d'être indiquée.

Il est interdit par les articles 79 et 120 aux usagers de prendre les bois auxquels ils ont droit, sans une délivrance du propriétaire ; et nous avons dit n. 58, que celui-ci pouvoit les en dispenser par une convention qui nous paroît valable et licite. La formalité de la délivrance a pour objet d'éveiller plus particulièrement l'attention du propriétaire, mais elle est dans son seul intérêt ; elle ne tient pas à l'ordre public ; elle n'est pas essentiellement liée à la conservation des bois, qui intéresse l'état. Il ne résulte pas de ce défaut de délivrance que l'usager puisse mal user et commettre des délits.

Mais on a vu aussi que les articles 67 et 119, dans la vue de conserver les bois, avoient défendu d'y exercer le pâturage avant qu'ils eussent atteint un âge tel qu'ils fussent à l'abri du dommage que la dent des bestiaux cause aux jeunes pousses. Cette prohibition intéresse donc l'ordre public, et par conséquent le propriétaire ne peut donner par aucune convention la permission de la violer. Une telle convention seroit nulle et non obligatoire. Vainement opposeroit-on qu'un avis du conseil d'état du 16 frimaire an XIV, rendu sous l'empire de l'ordonnance de 1669, entièrement semblable en ce point au code forestier, a décidé qu'on ne pouvoit poursuivre devant les tribunaux le propriétaire qui faisoit paître ses bestiaux dans ses propres bois avant l'âge de défensabilité. Cet avis peut d'abord s'expliquer par la considération que la loi prononçant des peines, seulement contre les usagers, il n'étoit pas permis, en matière de délits, de raisonner par analogie. Tout ce qui peut résulter du même avis et du silence gardé par le code forestier, relativement aux propriétaires, c'est que nulle peine ne sauroit être prononcée contre eux; mais non qu'ils puissent, par leur volonté, permettre aux usagers de faire une chose que la loi défend à ceux-ci, par des motifs d'utilité publique dont l'évidence est incontestable (1).

Nous n'hésitons point à croire qu'il en doit être de même de l'introduction dans les bois, des moutons, brebis et chèvres, prohibée par les articles 78 et 120 du même code forestier.

Ce n'est pas seulement aux lois, c'est-à-dire aux actes émanés du pouvoir législatif que ces principes seroient applicables. Si dans quelques villes, un règlement de police obligeoit tous les propriétaires de maisons à y avoir des puits, un voisin ne pourroit valablement interdire, par convention, à son voisin la faculté de creuser un puits sur son terrain; cette convention licite en elle-même, comme on l'a vu n. 13, cesseroit de l'être dans une telle circonstance spéciale.

231. Les propriétaires ayant la plus grande liberté d'imposer des servitudes sur leurs héritages,

(1) Cassation, 2 février 1831; D. 31, 1, 94.

sous la restriction que nous venons d'indiquer, il n'est pas possible d'entrer dans des détails sur les noms et les effets de chacune de ces servitudes. Nous devons nous borner à quelques principes propres à faciliter l'interprétation des actes, dans les cas où la volonté des parties ne paroîtroit pas assez clairement expliquée.

Le premier soin des juges doit être de s'assurer de ce qui a été convenu; l'imperfection du langage usuel qui quelquefois emploie le même mot à exprimer des choses très différentes, pouvant être une cause d'incertitudes. Par exemple, le mot *passage* est équivoque, puisqu'il peut très grammaticalement être expliqué dans le sens de propriété du terrain sur lequel on passe, ou dans le sens d'une servitude consistant à passer sur le fonds d'autrui. Nous avons déja vu n. 217, quelle étoit la différence entre ces deux cas. Si celui à qui un passage a été concédé, a acquis l'espace de terrain même dont il se servira pour passer, les circonstances qui lui rendroient inutile l'emploi de ce terrain à un passage, ne lui enlèvent point le droit d'en faire ultérieurement un autre usage; et ce qui est surtout à remarquer, il est libre de concéder le droit d'en user, concurremment avec lui, à qui bon lui semble. C'est tout le contraire lorsqu'il n'existe en sa faveur qu'une servitude.

Si le titre employoit le mot, *droit de passage*, il seroit difficile, à moins de quelques circonstances décisives, de ne pas reconnoître qu'on ne doit entendre qu'une servitude; mais le mot *passage*, sans autre explication, présenteroit plus de doutes; et ce seroit aux juges à les résoudre par une interprétation sur laquelle ce qui a précédé, accompagné et suivi la convention, auroit une grande influence (1).

Le mot *pâturage* peut donner lieu à la même équivoque, et par conséquent aux mêmes observations; car les effets du titre seront différens, selon qu'on a voulu désigner la propriété du terrain propre à nourrir des bestiaux, ou le simple droit de les envoyer paître sur le fonds d'autrui.

Ce pouvoir d'interprétation qui nécessairement est sujet à beaucoup d'arbitraire, ne doit être exercé par les tribunaux qu'en cas d'une incertitude évidente, et lorsque les mots, par la double signification que la langue leur attribue, présentent une véritable équivoque. Il ne seroit pas convenable et logique d'en user lorsque cette double acception est abusive, contraire à la nature des choses et surtout aux définitions données par le législateur. Ainsi, d'après les articles 625 et suivans du code civil, conformes au plus anciens principes du droit, l'*usage* consiste à percevoir dans une étendue plus ou moins grande, les fruits d'un fonds appartenant à un autre que l'usager. Si un titre attribuoit un usage à quelqu'un, il seroit contraire à l'acception naturelle et légale de ce mot d'en conclure et de prétendre que la propriété a été transmise par ce titre. Il est bien vrai

(1) Dig. lib. 8, tit. 3, *De serv. præd. rust.* l. 30.

qu'assez habituellement les communes auxquelles des usages ont été concédés, leur donnent le nom de *communaux;* et même nous avons vu n. 45 que le législateur s'étoit servi de cette expression pour désigner à la fois et les biens dont la propriété appartient aux communes, et les droits de jouissance qu'elles ont sur le fonds d'autrui. Mais cette locution employée pour qualifier l'émolument que la commune tire de la chose, émolument qui étant attribué à l'ensemble de cette commune, peut sans inconvénient être appelé communal, ne sauroit être étendue au-delà de son objet ; jamais on n'en pourroit conclure, sans violer les règles les plus certaines, que le propriétaire d'un fonds qui en a concédé l'usage, a entendu en transmettre la propriété (1).

Il importeroit peu que, soit d'après les termes du contrat, soit par suite d'extensions exercées et tolérées pendant un temps suffisant pour le modifier, les concessionnaires de l'usage perçussent d'une manière si complète, si absolue, les produits du fonds grevé, qu'il ne restât plus rien d'utile au concédant. L'usager ne seroit pas pour cela propriétaire, parce que l'exercice d'un droit conserve toujours la qualité dans laquelle il a été acquis, sauf l'interversion de titre prévue par les articles 2238 et 2239 du code, question dont il ne s'agit point ici. Quelle que soit d'ailleurs

(1) Cassation, 27 nivôse an 12, D. 1, 690. Cassation, 8 avril 1814, D. 1, 691.

l'étendue de l'usage, le droit de propriété n'est point encore inutile, puisque l'usage peut s'éteindre par un des moyens qui font cesser les servitudes; et à quelqu'époque incertaine ou éloignée que cette extinction arrive, le propriétaire reprendra son fonds: ce que ni lui, ni ses héritiers n'auroient le droit de faire, s'il avoit abdiqué la propriété.

232. Les actes par lesquels des servitudes conventionnelles sont constituées doivent non-seulement avoir les formes externes de validité exigées par le droit commun, mais surtout aussi les conditions internes exigées pour qu'une convention soit valable. Ainsi, on ne peut, par une convention, concéder à titre de servitude, des droits qui n'en auroient pas le caractère d'après les règles que nous avons données n. 10 et suivans. Si l'acte de concession n'avoit que ce vice, il ne seroit pas nul, sans doute; mais les effets de la concession ne seroient pas régis par les principes spéciaux des servitudes.

On ne peut aussi constituer une servitude qui seroit purement dépendante de la volonté de celui qui la souffrira. Une pareille concession, opposée à l'article 1174 du code, seroit illusoire, puisque celui qui auroit consenti la servitude seroit toujours maître de la faire cesser, et que le lien de l'obligation n'existeroit pas. Mais il n'est pas contraire à ces principes d'établir une servitude dont le mode d'exercice sera subordonné à la volonté de celui qui la consent : par exemple, s'il s'agissoit d'un passage, celui qui l'accorde pourroit se réserver le droit de déterminer s'il sera pour gens de pied, pour voitures, ou pour bêtes de somme, et de désigner sur quel point il sera exercé (1).

Dans ce cas, en effet, la servitude ne dépend point de sa volonté; le mode seul de l'exercice y est subordonné; mais s'il se refusoit à faire connoître son intention, ou s'il déterminoit un mode qui rendît la servitude illusoire, alors les tribunaux feroient justice de ce refus ou de cette mauvaise volonté (2).

A l'exception des cas qui seront expliqués n. 288, où des servitudes peuvent résulter d'une certaine disposition des lieux, connue sous le nom de *destination du père de famille*, que des contractans par vente, échange, ou partage, sont réputés avoir voulu maintenir à titre de servitude, lorsqu'ils n'ont point fait de déclaration contraire, toute servitude établie par convention doit être énoncée et désignée de manière à ne laisser aucun doute sur le domaine au profit duquel elle est établie, sur celui qui en est grevé, et sur l'espèce ou au moins le genre de service qui doit avoir lieu. L'incertitude absolue sur l'un de ces points anéantiroit la stipulation, par l'impossibilité de connoître la véritable intention des parties (3).

Mais si le titre contient ces désignations, il n'est

(1) Dig. lib. 8, tit. 1, *De servitutibus*, l. 4, pr. § I.

(2) Dig. lib. 8. tit. 3, *De serv. præd. rust.* l. 13, § 2.

(3) Dig. lib. 8, tit. 4, *Communia præd.* l. 7, pr. — De Ferrière, *Coutume de Paris*, art. 215, n. 4.

pas nécessaire que le mode, les conditions d'exercice et les accessoires soient circonstanciés. Par exemple, si le propriétaire de deux maisons contiguës en vendoit une, avec réserve de percer, sur la cour, des vues droites, en *telle* quantité et de *telles* grandeurs qu'il jugeroit à propos, ou sans désignation de quantité ou de dimension, la servitude n'en devroit pas moins subsister. S'il avoit vendu avec charge d'un passage, sans en désigner la largeur ou le point d'ouverture, ce défaut d'une exacte désignation ne le priveroit point de son droit; les tribunaux prononceroient. Nous avons déja donné quelques explications à ce sujet n. 62.

233. Lorsque nous avons parlé des servitudes naturelles ou légales, l'analogie et en quelque sorte l'indivisibilité des matières nous ont entraîné à prévoir quelques-uns des cas où les conventions expresses ou présumées des parties pouvoient y apporter des extensions ou des modifications. Nous sommes loin de croire qu'il soit possible d'établir une théorie complète : surtout nous n'hésitons point à dire qu'à l'exception d'un petit nombre de cas où la fausse interprétation d'un titre, conduiroit à une violation expresse de la loi, les décisions rendues par les cours ne pourroient présenter que de simples mal jugés, contre lesquels le recours en cassation seroit inadmissible (1). Mais les exemples que nous allons donner et les motifs d'après lesquels nous résoudrons les difficultés

(1) Rejet, 29 juillet 1812. D. (rec. alph.) t. 12, page 52.

qu'ils présentent, pourront du moins offrir quelques secours.

Nous les puiserons principalement dans les concessions qui grèvent les bois, connues sous le nom d'*usages*, sur lesquelles nous avons déja exposé quelques notions n. 11, parce qu'elles peuvent donner lieu à des difficultés d'interprètation dont on chercheroit vainement la solution précise dans les lois destinées à en régler l'exercice, auxquelles renvoie l'article 636 du code civil; lois que remplace aujourd'hui celle du 21 mai 1827, connue sous le nom de code forestier.

Si d'abord nous considérons ces usages dans leur consistance, nous trouvons qu'ils sont assez variés. Un des plus fréquens est le droit de prendre dans une forêt, ou sur tout autre terrain plus ou moins planté d'arbres, le bois nécessaire pour se chauffer et cuire les alimens. Il faudroit une clause expresse pour l'étendre au bois nécessaire à la cuisson de la chaux ou du plâtre, fussent-ils nécessaires aux constructions des maisons des usagers. On peut même assurer qu'une concession de droit d'usage dans un bois ne donne rien de plus que le chauffage.

En supposant que, soit d'après le texte exprès du titre, soit d'après son interprétation, on ait reconnu en quoi consiste le chauffage concédé, il reste à déterminer ce qui en est grevé. La plupart des titres désignent comme objet du chauffage accordé sans autre explication, le bois-mort et mort-bois. Le sens du mot *bois-mort* ne sauroit être l'objet d'une difficulté sérieuse. Il s'entend des arbres ou branches d'arbres qui ont perdu leur végétation et sont secs en cime et racines ; mais on ne sauroit donner ce nom à des arbres que l'impétuosité des vents auroit renversés ou que des délinquans auroient coupés.

Il y a plus de difficultés sur le sens du mot *mort-bois*. Le sens légal sembleroit en avoir été donné par une ordonnance du mois de janvier 1518, désignant par cette acception les arbres qui ne portent aucun fruit. Mais comme il n'y a point de plante qui ne porte un fruit tel quel; comme, d'un autre côté, les fruits des arbres forestiers, si on en excepte le gland et le faîne, ne sont d'aucune utilité, cette définition pourroit être, ou trop étendue, ou trop étroite. Les usages locaux seroient incontestablement le véritable guide à suivre, conformément à l'article 1159 du code, et surtout la manière dont le titre est exécuté depuis trente ans. La même règle devroit être suivie dans l'interprétation d'un titre qui seroit reconnu attribuer le droit de chauffage, mais sans le restreindre au bois-mort et mort-bois. Dans plusieurs pays, la coutume écrite ou traditionnelle ne considéroit pas le défaut d'emploi de ces mots comme donnant à l'usager plus que cette espèce de bois; et même on peut dire que les plus anciens monumens législatifs sur le droit de chauffage dans les bois, ne concédoient rien au-delà (1). Dans d'au-

(1) *Lex Burgundionum*, cap. 28, § 1.

tres pays, le mot chauffage, sans plus d'explication, comprenoit les arbres appelés bois vif. Mais dans ce dernier cas, il faudroit dire encore, suivant les règles expliquées n. 54 et suivans, que l'usager doit commencer par exercer son droit sur le bois-mort et sur le mort-bois, et qu'il ne peut l'exercer sur d'autres bois que subsidiairement. En effet, l'usager doit user en bon père de famille, et tout bon père de famille commenceroit par consommer le bois mort, ou le bois dont toute l'utilité consiste à être propre au chauffage, avant d'abattre des arbres propres à beaucoup d'autres services.

Un autre droit connu sous des dénominations assez variées, a pour objet de prendre le bois nécessaire à des constructions ou réparations. Il est évident que, par sa nature, il ne peut être restreint au bois-mort et mort-bois. Il donne droit d'exiger des bois propres à la charpente et aux constructions, connus ordinairement sous le nom de *futaies :* mais précisément parce qu'il a un objet déterminé, l'usager n'a pas le droit d'être cru sur parole relativement au besoin de bois. L'article 123 de l'ordonnance du 1er août 1827, qui le décide relativement aux bois de l'état, est l'application d'une règle de droit qui nous semble incontestable. Par suite des mêmes principes l'usager n'a droit d'exiger que des corps d'arbres; il ne peut rien prétendre sur les branchages, si ces portions des arbres ne sont pas elles-mêmes susceptibles d'être employées en constructions. Nous pensons encore que si le propriétaire veut faire exploiter les bois pour en livrer la quantité et les dimensions dues par lui, il conserveroit légitimement les produits de l'équarissage.

Le droit d'usage consiste quelquefois dans celui de prendre, dans un bois, les échalas nécessaires à des vignes (1). Par ce mot, on peut entendre deux espèces de bois très différens, savoir, des tiges d'arbrisseaux, des branches de gros arbres dont on forme des pieux longs, qu'on plante auprès des ceps afin de les soutenir, ou des pieux de la même forme, mais produits par la fente de grosses billes de bois provenant d'arbres qu'on débite pour cet emploi.

Nous ne saurions croire qu'à moins d'un titre bien positif, ou d'un usage long et constant, il puisse jamais s'agir de cette seconde espèce d'échalas. Dans le silence du titre et l'incertitude de la possession, le droit d'échalas nous paroît devoir consister dans la délivrance de brins de menus arbrisseaux ou, à défaut, de branches de plus gros arbres, s'il en existe qui puissent être coupées sans leur nuire. Si par une cause quelconque, qui ne seroit point imputable au fait du propriétaire du fonds grevé, ce fonds ne pouvoit fournir tout ce qui est nécessaire à l'usage concédé, l'usager ne pourroit, à défaut de titre ou d'une possession qui l'auroit expliqué, exiger que des arbres futaies soient coupés à l'effet d'être débités en échalas.

Si l'usage consistoit dans le droit de prendre du

(1) Dig. lib. 8, tit. 3, *De servitutibus præd. rust.* l. 3, § 1.

bois pour construire des voitures, charrues, cuves et autres vases de bois propres à contenir des liquides, la nature du bois exigible ne pourroit être déterminée dans le silence du titre que par la coutume des lieux.

234. Après avoir considéré les droits d'usage dans leur consistance, il est naturel de voir comment, toujours à défaut de précision des titres, les effets en devroient être déterminés. Nous commencerons par offrir quelques réflexions relatives au chauffage. Lorsqu'il a été accordé à des habitations désignées, mais que la mesure n'en est point précisée, par exemple qu'on a employé le seul mot *chauffage*, il semble naturel de se reporter au nombre de feux ou de cheminées qu'avoit chaque maison à l'époque de la concession (1) : et, comme il est dans les principes particuliers du droit d'usage que la position sociale de ceux à qui il est accordé, soit prise en considération lorsqu'il s'agit de déterminer ce qu'ils ont droit d'exiger (2), on devroit aller jusqu'à s'enquérir de la position de chacun des propriétaires de maisons au temps où la concession a été faite (3).

Cet ancien état de choses étant souvent très difficile et à retrouver et à constater, la raison, d'accord avec les principes du droit, nous paroît four-

(1) Coquille, *Coutume de Nivernais*, ch. 17, art. 12.

(2) Dig., lib. 7, tit. 8, *De usu et habit.* l. 12. § 1.

(3) Legrand, *Coutume de Troyes*, art. 168, gl. 2, n. 20 et 21. — Bouhier, *Cout. de Bourgogne*, ch. 62, n. 102.

nir les moyens de résoudre la difficulté. Celui à qui appartient la forêt grevée d'un chauffage a dû veiller à ses propres intérêts. Aussitôt que la modification dans l'état primitif des choses est arrivée et a servi de prétexte à une demande en délivrance, ou à une consommation plus grande que celle qui avoit lieu dans les premiers temps voisins de la concession, il a dû s'y refuser et invoquer les principes expliqués ci-dessus. S'il a gardé le silence, s'il a délivré et laissé prendre une plus grande quantité de bois que celle qui étoit originairement perçue, cet état des choses, continué pendant le temps légal des prescriptions et constaté par ses propres actes de délivrance, établira contre lui une fin de non recevoir invincible. Toutefois, il n'y aura pas lieu à raisonner contre lui en sens inverse; et si après que pendant un temps plus ou moins long, il aura délivré ou laissé enlever une certaine quantité de bois calculée sur un certain nombre de feux, quoique le nombre fût diminué, il sera toujours recevable à faire réduire l'usage à ce que le nombre actuel de feux, rendroit nécessaire, sans réclamation pour le passé.

Le nom et l'objet d'une concession de chauffage suffisent pour démontrer qu'il ne peut être réclamé que par ceux qui habitent la maison usagère d'une manière permanente et à titre de famille; le propriétaire de cette maison ne pourroit, s'il la convertissoit en une auberge, ou même en un pensionnat, exiger une quantité de bois, proportionnée aux nouveaux besoins de cette exploitation. Nous avons vu aussi, n. 59, qu'en conséquence de cette destination du chauffage, celui qui, par une cause quelconque, n'auroit pas consommé ce qui lui a été délivré, n'auroit pas droit de vendre ou de donner l'excédent de ses besoins (1).

Mais cette manière d'interpréter et d'exécuter l'acte de concession, si facile à saisir lorsqu'il s'agit d'usages accordés à des habitations dénommées, présente de sérieuses difficultés, relativement aux droits semblables accordés à des communes.

S'il ne s'agissoit que de la concession faite à la commune pour l'utilité de *tel* ou *tel* domaine qui lui appartient, ce que nous venons de dire seroit suffisant. Le principe qui permet aux corps moraux d'être propriétaires, au même titre que le sont les particuliers, serviroit à régler l'effet d'un usage attribué à un fonds communal. Les personnes qui, au nom de la commune, exploiteroient ou occuperoient ces fonds, en exerceroient les servitudes, sans que tous les habitans de la commune pussent réclamer cet exercice pour eux. Ainsi, de même que si le presbytère, la maison de la mairie, de l'instituteur, ont quelque droit de vue ou de passage sur un fonds, tous les habitans de la commune ne peuvent pas en tirer la conséquence qu'ils aient le droit de voir, de passer sur le fonds grevé; de même il en seroit d'un droit de chauffage attribué à ces édifices.

(1) Bouhier, *Obs. sur la Cout. de Bourgogne*, ch. 62, n, 54 et suivans.

Mais si le chauffage a été accordé à l'ensemble de la commune, pour être exercé par tous ses membres ; dont les propriétés sont de nature à en profiter, c'est alors que des difficultés assez sérieuses peuvent se présenter, parce qu'il est rare que les titres, la plupart très anciens et très vagues, présentent des énonciations propres à lever les incertitudes.

La question la plus fréquente sera de savoir si, dans le cas où depuis la concession d'un droit de chauffage, le nombre des ménages s'est augmenté par la construction d'habitations nouvelles, tous ceux qui les occupent ont droit de demander leur chauffage. On peut dire en leur faveur, que la servitude n'a pas été accordée simplement à quelques maisons, plus ou moins nombreuses, désignées dans le titre; qu'elle l'a été à l'ensemble de la commune et dans l'intérêt de tout son territoire; que s'il est vrai que la charge ne doive pas être augmentée par l'effet d'une adjonction de territoire que la commune ne comprenoit point alors, la prétention à une augmentation progressive est fondée, tant qu'elle n'est réclamée que pour des ménages fixés sur l'ancien territoire, parce que les communes renferment dans la perpétuité de leur existence, un germe perpétuel de variations relativement au plus ou moins grand nombre d'habitations; que la concession faite à une commune en nom collectif, est censée faite sous la chance de ces variations, lesquelles, si elles peuvent quelquefois accroître la charge, parce que la population s'est accrue, peuvent aussi la diminuer lorsque la population s'en éloigne ; que les auteurs de ces concessions, presque toujours faites par des seigneurs qui vouloient attirer des cultivateurs dans leurs domaines, ont dû s'attendre à un résultat qu'ils provoquoient eux-mêmes en offrant ces avantages (1).

Quelque séduisantes que soient ces considérations, elles ne nous paroissent pas décisives pour en conclure que, par cela seul qu'un droit de chauffage auroit été concédé à une commune, on doive décider que toutes les habitations dont le territoire sera ultérieurement couvert, auront droit d'en profiter. Nous convenons que les termes de la concession et le but même qu'elle annoncera, pourront quelquefois conduire à cette conséquence. Mais dans ces cas encore, les tribunaux doivent user d'une grande réserve lorsqu'il s'agit de donner une interprétation extensive. Il ne faut pas perdre de vue que, toute favorable que puisse être une commune, le droit qu'elle prétend n'est toujours qu'une servitude, et qu'en cette matière, la règle d'interprétation est toujours la faveur de la liberté ou de moindre assujétissement du fonds grevé, principe consacré par l'article 1162 du code; qu'une convention ne comprend que les choses sur lesquelles il paroît que les parties se sont proposé de contracter, conformé-

(1) Perez, *ad. Cod.* lib. 3, tit. 33, n. 35. — Freminville, *Pratique des terriers*, t. 3, p. 563, quest. 14.

ment à l'article 1163; que dans le doute, on doit interpréter l'acte dans le sens que les parties ont vraisemblablement voulu qu'il fût exécuté, conformément à l'article 1175.

S'il est vrai que les usages aient été originairement concédés par des seigneurs qui vouloient accroître la population et attirer les cultivateurs sur leurs vastes domaines presque incultes, il faut reconnoître aussi que leurs concessions, presque toujours gratuites, ou sous la condition de redevances si modiques, qu'il y avoit une véritable gratuité, étoient régies par le principe de droit et d'équité, qu'un bienfait ne doit pas tourner à la ruine de son auteur. Ils n'entendoient pas grever leurs forêts d'une charge telle qu'elle finît par en absorber tous les produits. S'ils avoient eu cette intention, ils auroient concédé à la commune toute la coupe des bois; et chacun sait qu'il existe des concessions de ce genre, qui sans doute doivent être exécutées sans restriction, puisque telle est la loi expresse du contrat.

Dans la rigueur du droit, le propriétaire peut faire ce raisonnement : ou le chauffage a été une concession personnelle, ou il a été une concession réelle. Veut-on le considérer comme une concession personnelle accordée à tous les habitans! Ses limites seront celles des usufruits accordés à des corps moraux, cent ans, suivant le droit ancien, trente ans, suivant le code civil; et dans ce système, la commune auroit depuis long-temps perdu, ou seroit prête à perdre son droit pour toujours.

Est-ce une concession réelle! Alors il n'y a pas, dans la vérité et l'acception légale des mots, des individus usagers; il y a des propriétés usagères; et puisqu'il s'agit d'un chauffage, ces propriétés usagères ne peuvent être que des maisons; et ces maisons usagères ne peuvent être que celles qui existoient lorsque la servitude a été constituée. Si ces maisons, après avoir été détruites par une cause quelconque, ont été reconstruites, elles conserveroient leur droit de servitude, conformément à l'article 665 du code; mais ce principe ne conduit pas à attribuer le même droit à celles qui n'existant pas encore quand la servitude a été concédée, n'ont rien acquis. Tout autre système conduiroit à introduire dans le droit une nouvelle classe de servitudes à la fois personnelles et réelles, qui, dans le résultat, n'auroient envisagé que les personnes, et dont les fonds ne profitent que d'une manière indirecte; ce qui est tout juste le contraire du caractère essentiel des servitudes, expliqué n. 10 et suivans.

Diroit-on, dans l'intérêt des maisons construites depuis la concession, qu'on peut stipuler une servitude en faveur d'une maison qu'on se propose de bâtir, comme nous l'avons vu n. 13! Il faudroit reconnoître aussi, que pour la validité d'une telle convention, le contrat doit s'expliquer et déterminer la volonté de construire l'édifice pour lequel on stipule la servitude; et s'il n'est pas construit avant que le temps qui fait perdre les servitudes par non usage soit expiré, le droit stipulé ne peut plus être réclamé, comme nous le verrons n. 301 et 310.

La restriction de la servitude aux seules maisons dont la commune étoit composée, soit qu'elles n'aient pas cessé de subsister, soit qu'elles aient été remplacées par d'autres, seroit donc, dans la rigueur du droit, le véritable principe à suivre dans cette matière, parce qu'en fait de contrats, on doit s'en tenir à l'état où étoient les choses au temps de la convention (1). On pourroit ajouter que la question ne peut être résolue autrement sans s'exposer à des injustices frappantes. Des communes entièrement rurales, et dont tout le territoire consacré, lors des concessions, à un seul genre de culture, supposoit une population très limitée et un très petit nombre d'habitations, peuvent être devenues, par un concours de circonstances imprévues et imprévoyables, de véritables bourgs, des villes dont le territoire s'est converti presqu'entièrement en habitations : faudra-t-il que tous les habitans de ces nouvelles maisons jouissent aussi d'un chauffage que personne certainement n'avoit l'intention de leur concéder, ni de stipuler pour eux? Si l'on veut, pour échapper à la conséquence effrayante d'une telle prétention, entrer dans des distinctions sur les causes de l'accroissement, on tombe dans un arbitraire qu'aucune règle raisonnable ne pourra diriger ou restreindre.

(1) Coquille, *Cout. de Nivernais,* ch. 17. — Bouhier, *Cout. de Bourgogne,* ch. 62, n. 96.

Dans l'embarras véritable que produit la force des argumens respectifs, on peut, nous le croyons, présenter un guide assuré. C'est le principe que l'exercice d'un droit, et surtout la souffrance volontaire d'une charge pendant un long temps, forme une sorte de contrat, contre lequel nul n'est recevable à réclamer. La conduite tenue par celui qui avoit concédé l'usage pendant un temps suffisant pour constituer une prescription, nous semble donc le seul moyen de concilier la justice, et les vrais principes, avec tous les intérêts. D'abord, il ne sauroit y avoir de difficultés dans les pays où la loi admettoit l'acquisition des servitudes discontinues par prescription. Quand à ceux où ce mode d'acquisition n'étoit pas reconnu, la prescription n'en seroit pas moins susceptible d'être invoquée, parce que le titre qui accordoit l'usage à la commune, sans expressions limitatives, ayant besoin d'être interprété, deviendroit un commencement de preuve par écrit qui rendroit la preuve testimoniale admissible. Les maisons construites depuis la concession, ne tiendront pas leur droit, uniquement du titre primitif, puisqu'il n'a pu les comprendre dès qu'elles n'existoient pas; mais elles le tiendront de la volonté du propriétaire de la forêt, qui maître de leur refuser l'usage, en vertu du titre vague qu'elles invoquoient, les aura laissé en jouir; et même qui, par des délivrances ou tous autres actes d'un concours personnel, aura reconnu qu'elles étoient usagères.

Ce moyen de résoudre les difficultés est d'autant plus raisonnable qu'il est en harmonie avec les anciens principes du droit féodal qu'il faut bien rappeler, puisque les usages dans les bois ont été constitués sous son empire, et qu'on ne peut espérer, dans l'état actuel de la société, de trouver des constitutions d'usages postérieurs à l'abolition de ce régime. Les seigneurs furent sans doute excités à concéder des usages aux communes pour y attirer la population. Mais ils trouvoient dans leur puissance, dont nous n'avons plus à examiner la légitimité ou l'utilité, les moyens d'empêcher qu'on n'abusât de leur concession par la multiplication des maisons usagères. Ils avoient le droit d'empêcher les nouvelles constructions (1). Lorsqu'ils les autorisoient, une présomption assez naturelle pouvoit porter à croire qu'ils entendoient faire jouir ces nouveaux édifices des mêmes droits que les anciens; et le fait qu'ils les en avoient laissé jouir, deviendroit naturellement une preuve de concession, à laquelle ils ne sont plus recevables à s'opposer.

Mais la puissance féodale ayant été abolie en 1789, il n'y a plus lieu à s'attacher à cette présomption. C'est donc à l'année 1789 qu'on doit se reporter, pour compter la prescription destinée à fixer l'état des droits et des obligations respectives résultant du mode d'exécution supporté par les grevés d'usages. Quant à la durée de cet état

(1) Chopin, *De civilibus Parisiorum moribus*, lib. 1, tit. 7, n. 3. — Gabriel, *Cout. de Metz*, t. 1er, page 124.

de choses qui, dans notre opinion, doit avoir précédé 1789, elle sera plus ou moins longue, suivant que la loi locale exigeoit plus ou moins de temps pour la prescription destinée à expliquer le mode d'exécution d'une obligation, ou le mode d'exercice d'un droit.

Quant aux maisons construites depuis cette époque, les habitans hors d'état de justifier de titres ou de transactions qui, dans l'interprétation laissée à la conscience des juges (1), leur attribueroient la participation aux usages, n'ont pu les acquérir par le seul fait qu'ils en auroient joui. Ce point est incontestable partout où la prescription ne faisoit point acquérir de servitudes discontinues; et, dans les lieux mêmes où elle les faisoit acquérir, comme il ne s'est point écoulé de 1789 à 1804, époque de la publication du code civil, un temps suffisant, cette possession incomplète seroit insuffisante, comme on le verra n. 342.

Nous n'avons raisonné que dans l'hypothèse du droit de chauffage. Il est facile d'appliquer les mêmes règles aux autres usages dans les bois dont nous avons donné plus haut la définition.

On peut de même appliquer les principes qui nous ont guidé au sujet des usages, à des concessions sur des canaux d'arrosage. Comme toutes autres servitudes conventionnelles, ces concessions ne doivent pas être étendues au-delà des termes de la convention, et jamais elles ne peuvent, au pré-

(1) Rejet, 12 août 1829, D. 29, 1, 405.

judice du concédant, être appliquées à un autre usage que celui qui a été déterminé (1). Toute concession, quelqu'illimitée qu'elle soit, est bornée à l'état des lieux qui existoit au moment où elle a été faite, sauf la modification indiquée n. 59 relativement aux alluvions. Il n'en faudroit pas, néanmoins, conclure qu'il soit interdit à l'ayant droit à l'arrosage, de changer le mode de culture de son fonds, même quand cette culture nouvelle absorberoit plus d'eau que celle qui existoit à l'époque de la concession. Le propriétaire du canal a dû s'attendre à cet événement, et le prévenir en déterminant la quantité d'eau concédée.

Au surplus, il est rare que les contrats ne s'en expliquent pas d'une manière expresse ou par l'indication de bases facile à appliquer (*).

Le plus ordinairement, le mesurage de la quantité concédée est fait au point où s'embranche sur le canal principal, ou sur une de ses sous-divisions, le canal particulier qui doit porter l'eau au fonds à qui elle est due. A ce moment, elle devient aux risques du concessionnaire; si par l'évaporation dans le trajet, ou par l'imbibition du terrain qu'elle parcourt pour atteindre ce fonds, elle perd de son volume, il ne peut prétendre qu'on ne lui a pas délivré la quantité promise (2). Le point de la prise une fois établi, par le con-

(1) Dig. lib. 43, tit. 20, *De aquâ quotid. et æstiv.* l. 1, § 16.

(2) Pecchius, *De aquæductu*, lib. 2, cap. 10, quæst. 3.

(*) Voir la note F à la fin de l'ouvrage.

sentement des parties ou par un état de choses, ancien, ne peut plus être changé (1).

235. Les explications qui précèdent sont au surplus une conséquence de la règle fondamentale que, dans les cas où le titre n'étant ni assez clair, ni assez explicite, une interprétation en devient nécessaire, la convention par laquelle une servitude est constituée, doit être entendue dans le sens le plus favorable à la liberté de l'héritage grevé (2); surtout si la servitude a été établie par un contrat synallagmatique ou par une condamnation. Dans le premier cas, celui qui dictoit la loi doit s'imputer de ne s'être pas expliqué clairement; dans l'autre, la libération est favorable.

Peut-être cependant s'il s'agissoit d'une servitude accordée par un acte testamentaire, ne faudroit-il pas suivre cette règle à la rigueur, parce que la volonté de celui qui donne, doit être entendue dans un sens avantageux au légataire, qui n'a pu être à portée de rendre la loi claire et précise (3). Nous en parlerons n. 270.

Cette faveur de la libération doit encore céder lorsque les parties ont, d'une manière expresse et incontestable, envisagé le plus grand avantage du fonds auquel la servitude est accordée. Ainsi quoiqu'en principe, ainsi qu'on l'a vu n. 71, la prohibition d'élever un bâtiment plus haut que

(1) Pecchius, lib. 2, cap. 10, quæst. 6.

(2) Leyser, *Meditat. ad. Pandectas*, t. 1er, page 161.

(3) Cæpolla, tr. 1, cap. 38, n. 3.

telle dimension, ne s'oppose point à ce qu'on plante des arbres, dont la hauteur excéderoit même celle au-dessus de laquelle le bâtiment ne peut être élevé (1); cependant si la convention portoit que cette obligation de ne pas élever de bâtiment est imposée, afin que le voisin ait une vue libre, on ne pourroit planter d'arbres, parce qu'ils nuiroient à l'usage de la vue, que les parties ont indiquée comme l'objet de la servitude (2).

Mais on doit remarquer ici combien tout est à considérer; le moindre changement d'expressions peut produire une différence essentielle : par exemple, accorder des jours ou des vues à une maison, c'est consentir seulement qu'elle en prenne sur le fond assujéti (3); et le propriétaire de la maison à laquelle cette servitude est accordée, ne peut s'opposer aux constructions nouvelles qui ne l'empêcheroient pas d'avoir un jour suffisant (4) : se soumettre à ne pas nuire aux jours, aux vues, s'étend jusqu'à la prohibition d'élever rien qui puisse diminuer l'avantage de la disposition des lieux, dans l'état où les parties les considéroient au moment de la convention. Ainsi, celui qui promettroit simplement de ne point nuire à la vue de son voisin, en élevant un mur ou une maison, pourroit, comme nous l'avons dit n. 70,

(1) Dig. lib. 8, tit. 2, *De servit. præd. urb.* l. 12.

(2) Dig. lig. 8, tit. 2, *De servit. præd. urb.* l. 17, pr.

(3) Dig. lib. 8, tit. 2, *De servit. præd. urb.* l. 4.

(4) Dig. lib. 7, tit. 1, *De usuf. et quemad.* l. 30. — Desgodets, sur l'art. 200 de la *Cout. de Paris.*

planter des arbres dans ce même lieu où il n'a pas droit de bâtir; mais s'il avoit promis de ne faire aucun obstacle à cette vue, il ne pourroit planter. Dans le premier cas, la stipulation a eu pour but que la vue ne fût point gênée par un mur; et comme la condition de l'héritage grevé doit être envisagée avec faveur, la servitude est restreinte à ce qu'a dit expressément celui qui l'a imposée. Dans le second cas, on a voulu que la vue de l'héritage auquel la servitude est due, fût libre; et en ne déterminant point quels obstacles étoient prohibés, on les a tous interdits (1).

Ce que nous venons de dire d'une manière générale sur la faveur que méritoit l'héritage grevé, ne sauroit toutefois être étendu jusqu'au point de méconnoître la force de conventions, quelqu'onéreuses qu'elles fussent au propriétaire de ce fonds. Puisqu'il auroit bien pu l'aliéner, il a pu le grever aussi d'une manière qui en attribue tout le produit à d'autres. Ce seroit une véritable injustice que de restreindre une obligation, sous prétexte d'une équité capricieuse et arbitraire (2). Elle doit être exécutée, quelque dure qu'elle soit, du moment où les tribunaux reconnoissent qu'elle n'offre aucune incertitude dans son effet et son étendue. Sans doute ils peuvent, en étudiant avec scrupule les termes d'une concession, déclarer qu'elle ne s'oppose point à ce que le propriétaire

(1) Cæpolla, tr. 1, cap. 27, n. 3.

(2) Rejet, 25 juin 1834, D. 34, 1, 329.

grevé la restreigne. Par exemple si un droit de pâturage avoit été concédé sur des terrains, pour en jouir tant qu'ils seront en friche, le propriétaire pourroit les défricher, les cultiver et se libérer ainsi de la servitude. Mais la seule circonstance qu'ils étoient en friche au moment où la concession a été faite, ne seroit pas, quoique l'opinion contraire ait quelque chose de spécieux (1), une raison décisive pour autoriser le propriétaire à défricher ainsi son terrain, de manière que le pâturage concédé ne puisse continuer d'y être exercé. Si lui, ou plutôt ses auteurs, car ces sortes de concessions sont anciennes, n'ont pas prévu les inconvéniens ultérieurs d'un engagement peut-être inconsidéré, ils doivent en subir toutes les conséquences. Il ne leur reste que la ressource du rachat ou du cantonnement, ainsi que nous l'expliquerons n. 320; à moins que la loi n'ait elle-même déterminé les limites dans lesquelles l'exercice du droit doit être renfermé. C'est ainsi que les articles 65 et 119 du code forestier, consacrant des principes qui remontent à la plus haute antiquité et sous l'influence desquels toutes les concessions sont réputées avoir été faites, déclare que les pâturages, pacages, glandées et autres droits de cette espèce, constitués sur des bois, ne peuvent

(1) Capiblius, *Practicæ quæst. super gravaminibus baronum*, t. 2, page 75. — Nowarius, *De gravaminibus vassallorum*, t. 1, grav. 36, n. 13. — Bouhier, *Observ. sur la cout. de Bourgogne*, chap. 62, n. 72. — Dunod, *Traité des prescriptions*, part. 1, chap. 12, page 83.

être exercés que suivant l'état et la possibilité des fonds grevés. Mais cette restriction, limitée à l'espèce de servitudes pour laquelle elle a été faite, ne fourniroit pas de règle générale applicable aux autres.

A son tour, cette restriction a besoin d'être sainement entendue; si depuis la concession primitive le propriétaire de la forêt avoit, soit arbitrairement, soit même en usant de droits que l'état des concessions primitives lui laissoit, réduit l'étendue ou la consistance du fonds grevé, ce ne seroit plus d'après ce dernier état qu'il faudroit se déterminer pour appliquer les articles que nous venons de citer; il faudroit remonter plus haut.

Souvent le caractère particulier de la concession peut servir à juger quelle restriction doit éprouver le principe, vrai en lui-même, qu'on doit concilier l'exercice d'une servitude avec les droits de la propriété grevée. Sans doute, si le propriétaire inférieur d'un fonds sur lequel une source prend naissance a acquis les droits définis par l'article 642 du code, le propriétaire de ce dernier fonds ne sauroit être gêné dans l'usage qu'il veut faire des eaux sur lui-même; nous l'avons dit n. 102.

Mais le motif de notre opinion étoit que l'inférieur n'a pas acquis les eaux; qu'il a seulement acquis le droit d'empêcher que le propriétaire de la source en changeât le cours à la sortie de son fonds. Si ce propriétaire avoit vendu une prise d'eau dont le calibre ou la quantité seroient déterminés par le titre, ou par l'interprétation qu'y donneroit le tribunal, il ne pourroit plus en employer que le superflu à ses propres usages; et si quelque événement diminuant le volume des eaux, ne lui laissoit aucun superflu, dans la rigueur du droit, il ne pourroit prétendre qu'il lui est permis de réduire la concession. L'équité qui décideroit le tribunal à le lui permettre (1), devroit être du moins conciliée avec les droits légitimes et incontestables concédés par lui ou ses auteurs. Si les juges croyoient pouvoir autoriser cette modification, ils devroient tenir une balance impartiale entre le concédant et le concessionnaire; et quel que fût le besoin du premier, ils ne pourroient lui en attribuer la totalité, au préjudice de celui qui a acheté un droit dont il est naturellement garant.

236. Les titres récognitifs d'une servitude peuvent souvent expliquer l'intention des parties et suppléer à l'incertitude que laisse le titre originaire : ils peuvent même accroître les droits accordés, lorsqu'ils émanent des propriétaires de l'héritage assujéti, parce qu'alors ils équivalent à une transaction; nous développerons ces principes n. 269 : il en est de même de la manière dont la servitude a été exercée pendant le temps requis pour la prescription (2). Nous avons donné

(1) Cod. lib. 3, tit. 34, *De servitutibus et aquâ*, l. 6.

(2) Cæpolla, tr. 1, cap. 4, n. 21. — Dumoulin, *Comment. sur la Coutume de Paris*, titre des fiefs, § 68, n. 23; Cons. 50, n. 38. — Cancerius, *Variar. resolut.* part. 3, cap. 2, n. 224. — De Cormis, tom. 1, cent. 4, chap. 55.

n. 84 et 87 des explications qui, tout en étant relatives aux servitudes naturelles, sont, par la force des choses, applicables à toutes les autres.

L'état des lieux et la situation respective des parties, à l'époque où la servitude a été établie, doivent aussi servir pour en déterminer l'étendue et le mode d'exécution (1), à moins que le titre primitif ou d'autres postérieurs, ne donnent le droits d'accroître la servitude à celui à qui elle a été concédée. Aussi le nombre des bestiaux qu'on pourra conduire à l'abreuvoir ou au pâturage, à titre de servitude, ne sera que celui qui existoit, ou que la métairie comportoit à l'époque de la convention : la maison qui avoit seulement deux pavillons lorsque le droit de vue a été stipulé, ne jouira pas de ce droit pour un troisième qui y seroit ajouté (2). Si, à la même époque, il existoit, en face de l'édifice auquel ce droit a été accordé, un bâtiment qui laissoit moins d'agrément ou d'étendue à l'usage de la servitude, le propriétaire de ce bâtiment pourra le conserver et même le reconstruire s'il venoit à périr, dans les circonstances et sous les conditions que nous indiquerons n. 295.

237. Lorsque, dans un titre, il est question

(1) Dumoulin, *Divid. et individ.* part. 3, n. 342, 349, 350. — Domat, *Lois civiles*, liv. 1, tit. 12, sect. 1, n. 12. — Rejet, 9 novembre 1824, D. 24, 1, 501.

(2) Cod. lib. 3, tit. 34, *De serv. et aq.* l. 1 ; lib. 8, tit. 10, *De ædific. priv.* l. 12, § 1.

d'un droit dont l'exercice est déterminé, quoique l'espace de terrain sur lequel on l'exercera ne le soit pas, il faut se décider par la nature des choses et l'usage. Ainsi la servitude de tour d'échelle, dont nous avons parlé n. 228, est assez généralement d'un mètre (trois pieds) (1) : celle d'égout d'un toit, est de l'espace de terrain égal à l'avancement de ce toit; et si le propriétaire du fonds greyé vouloit exiger que cet avancement fût réduit à une moindre étendue, il faudroit que l'acte ou la manière de l'exercer depuis trente ans justifiât cette limitation (2).

Le but dans lequel la servitude a été concédée doit être pris en grande considération; ainsi le droit de pâturage accordé, soit à un domaine particulier, soit même à une commune, ne doit point être étendu à des bestiaux dont les usagers feroient commerce; car, on sortiroit alors des règles sur le caractère des servitudes, d'être des charges d'un fonds en faveur d'un autre fonds. C'est l'intérêt agricole du fonds auquel est due la servitude qu'on doit considérer; or le commerce de bestiaux que feroit le propriétaire de ce fonds seroit étranger à cet intérêt agricole. Mais cette règle que nous croyons incontestable devroit être entendue avec sagesse; et ce ne seroit pas parce que le cultivateur d'un fonds auroit l'habitude de vendre ou d'échanger les bestiaux qu'il élève, qu'on pourroit

(1) Acte de notoriété du Châtelet, du 23 août 1701.

(2) Dig. lib. 8, tit. 3, *De servit. præd. rust.* l. 7, pr. — Dumoulin, *Div. et indiv.* part. 3, n. 83.

y voir un commerce. Ce genre d'exploitation existe dans un grand nombre de provinces, et ses rapports avec l'agriculture doivent l'en faire considérer comme une dépendance. L'agriculture ne se borne pas au seul travail de la terre et à la récolte de ses fruits ; l'éducation et la nourriture des chevaux, des troupeaux, etc., en sont une partie essentielle.

Quelquefois la loi a posé, relativement à l'exercice de certaines espèces de servitudes, des règles qui deviennent le supplément des titres.

Ainsi, les articles 66 et 120 du code forestier, limitent un temps pendant lequel la glandée peut être exercée dans les bois. Ainsi, lorsqu'un droit de pâturage a été concédé à une commune, tous les usagers doivent mettre leurs bestiaux sous la garde d'un pâtre commun, conformément aux articles 72, 75 et 126, leur attacher des clochettes et les marquer. Ce n'est point le cas d'appliquer ce qui a été dit n. 230, relativement à la faculté de vaine pâture sur les terrains dépouillés de leurs fruits.

En ce qui touche les bois de l'état, l'article 74 oblige même l'usager à déposer la marque au greffe du tribunal. Cette mesure n'ayant pas été appliquée aux bois des particuliers, il est douteux qu'on pût y astreindre les usagers ; mais certainement le propriétaire du bois pourroit fournir la marque à ses frais et obliger ces usagers à l'apposer à leurs bestiaux, car il a intérêt à ce que des bestiaux appartenant à des non-usagers ne soient point frauduleusement mêlés à ceux des véritables usagers.

Dans d'autres cas, on peut, par analogie, recourir aux dispositions des lois, quoiqu'elles n'aient pas été spécialement faites pour régler l'exercice de certaines servitudes sur lesquelles la convention des parties ne s'est pas suffisamment expliquée.

Lorsqu'il s'agit d'un droit qui, dans certains cas, est une servitude légale, à défaut d'expression claire et non équivoque, la servitude, quoique conventionnelle, doit être renfermée dans les bornes de la servitude légale. Ainsi le droit d'avoir des *jours*, sans autre explication, exprimé dans un acte, sera restreint à la dimension et assujéti aux charges des jours dont nous avons parlé n. 210 (1). Le droit de *vue* ne sera pas soumis à ces assujétissemens; et même celui à qui il appartient pourra exiger que le propriétaire du fonds sur lequel il l'exerce, qui, d'après les principes établis ci-dessus, voudroit bâtir devant les croisées de servitude, ne construise que dans les distances déterminées par l'article 678 du code, et conformément à ce que nous avons dit n. 204 (2). Mais à moins de termes exprès ou d'une interprétation que

(1) Dig. lib. 8, tit. 2 *De serv. præd. urb.* l. 14. — Arrêt du 17 avril 1605, rapporté par Desgodets, sur l'art. 199 de la *Coutume de Paris*, n. 2. — Pothier, *Coutume d'Orléans*, art. 229.

(2) Arrêts des 30 mars 1627 et 17 mai 1653, cités par Desgodets, sur l'art. 201 de la *Coutume de Paris*, n. 20. — Rejet, 23 avril 1817, D. 17, 1, 98. — Cassation, 24 juin 1823, D. 23, 1, 307.

les tribunaux ont droit de donner aux titres (1), d'où il résulteroit que celui qui veut construire un mur, ou n'en a pas le droit du tout, ou doit laisser un certain espace déterminé conventionnellement, il aura la faculté de faire cette construction en laissant la distance déterminée par l'article 678.

Ainsi, dans les pays où le droit romain servoit de loi ou seulement de raison écrite, le passage avec voiture doit avoir deux mètres et demi (environ huit pieds); le passage avec bêtes de somme, moitié de cette largeur; et celui pour un homme à pied, moitié de la précédente (2). Dans les autres, les dimensions fixées par les coutumes serviront de règle. Ce ne sera point comme ayant le caractère de loi, sans doute, mais comme usages qui, d'après les art. 1159 et 1160 du code civil, doivent suppléer à ce qui est omis ou obscur dans les contrats. Toutefois, ni l'intention des parties, ni l'usage, ni la position des lieux, ne pourroient l'emporter sur la lettre non équivoque des actes, parce que ce sont, conformément à l'article 686 du code, ces actes qui doivent servir de base, surtout lorsqu'il s'agit de ne pas aggraver le sort de l'héritage tenu de la servitude : ainsi, dans le cas d'un droit d'appui de pièces de bois, s'il est dit que le voisin en appuiera *tant*, il n'en pourra placer un plus grand nombre.

(1) Rejet, 26 juillet 1831, D. 31, 1, 158.

(2) Heineccius, *Elem. jur. sec. ord. instit.* § 309.

238. Les termes de la rédaction de l'acte constitutif de la servitude doivent être examinés avec d'autant plus de soin que, dans certains cas, ils peuvent influer sur ses effets : par exemple, une servitude est constituée en faveur d'un héritage planté en vignes ; il est intéressant de peser les termes du titre, afin de connoître si elle a eu plus pour objet la superficie que le fonds. Car, dans le doute, elle est censée avoir le fonds pour objet (1) ; et, à moins de preuve contraire, elle subsistera, quand même les vignes seroient arrachées par la suite (2), parce que la servitude seroit toujours due à ce fonds (3).

Quelquefois, d'ailleurs, la différence entre des dénominations en entraîne une essentielle dans les effets. La servitude d'égoût, sans autres circonstances propres à expliquer l'acte, ne s'entend que de celui des toits ; celle de recevoir les eaux ne s'étend point aux urines et aux eaux de fumier, s'il n'est pas évident, par l'objet de la convention, qu'elles y ont été comprises. Dans la stipulation d'un droit de pacage ou d'abreuvage, on pourroit être fondé à distinguer si le titre se sert du mot de *bestiaux* ou *troupeaux :* le premier est générique, et comprend toute espèce de quadrupèdes consacrés à l'agriculture ; le second nous semble devoir être restreint aux moutons ou autres animaux qui vivent en troupe.

(1) Barthole, *ad leg.* 13, *Dig. de serv. præd. rust.*

(2) Cæpolla, tr. 2, cap. 16, n. 1.

(3) Dig. lib. 8, tit. 3, *De serv. præd. rust.* l. 13.

La servitude de *jour* est moindre que celle de *vue* : la première expression ne s'entend que de la simple lumière, sans qu'on puisse porter les regards sur le fonds assujéti ; la seconde comprend en outre la faculté de regarder librement sur ce fonds (1).

Cependant, ce qui paroîtra peut-être bizarre, sans être moins exact, il y a une grande différence entre *la vue* et *les vues*. On entend par ce dernier nom les ouvertures qui peuvent donner la lumière avec plus d'étendue que de simples *jours*, comme nous l'avons dit n. 202 ; ce qui n'empêcheroit pas celui qui les souffre, de planter ou de construire dans les distances que nous avons fait connoître n. 205. Les mots *la vue*, signifient ce que l'on pourroit nommer *prospect*. Ce droit consiste dans la faculté de voir librement toutes les choses que la perspective présente aux regards (2).

De même, dans les expressions de *chemin*, *voie*, *sente*, *sentier*, qu'on emploie pour exprimer le droit de passage, il existe des différences sur lesquelles les usages locaux ou l'objet de la servitude peuvent seuls fournir quelque solution (3).

Il ne faut pas toutefois se dissimuler que la confusion des dénominations est fréquente, soit par le

(1) Coquille, *Coutume de Nivernais*, ch. 17, art. 2.

(2) Dig. lib. 8, tit. 2, *De serv. præd urb.* l. 15 et 16.

(3) Instit. lib. 2, tit. 3, pr.—Dig. lib. 8, tit. 1, *De servitutibus*, l. 13; tit. 3, *De serv. præd. rust.* l. 1, pr.—Bouvot, t. 2, V.° *Servitudes*, quest. 7.

peu de richesse de la langue, soit par le peu de sagacité de ceux qui rédigent les actes; et la différence d'acception des mots doit être considérée avec une extrême précaution, plutôt pour corroborer d'autres idées que pour servir de preuve.

La rédaction de la clause peut, à son tour, influer sur les effets futurs de la servitude. Ainsi, l'obligation de ne pas nuire aux vues ou aux jours d'un édifice n'auroit pas autant de latitude que la concession de vues ou de jours. La première suppose des vues ou jours existans; la seconde, des vues ou jours dont le droit n'existe pas encore (1) : l'une est limitée à l'état des lieux au temps de la convention, comme nous l'avons dit plus haut; l'autre laisse la liberté d'ouvrir autant de fenêtres qu'on veut, dans l'édifice dont il s'agit, ou du moins autant qu'il en résulte des termes ou de l'interprétation de la convention.

Il n'en est pas de même si la servitude est imposée en ces termes : *les égoûts, les gouttières, les jours ou les vues demeureront tels qu'ils sont.* Le propriétaire de l'héritage à qui elle est due ne peut en ouvrir de nouveaux (2). Si la clause étoit ainsi conçue : *tel ne pourra être contraint à boucher les jours*, il est naturel de croire qu'on a entendu parler seulement des jours qui existoient lors de la passation de l'acte, et qu'il n'en résulte aucun droit d'en ouvrir par la suite; l'opinion

(1) Cæpolla, tr. 1, cap. 34, n. 3 et 4.

(2) Dig. lib. 8, tit. 1, *De servitutibus*, l. 53; tit. 2, *De servitutibus præd. urb.* l. 17, § 3.

contraire (1) seroit trop rigoureuse. Celui qui veut, par une telle clause, se réserver le droit d'ouvrir de nouveaux jours, doit l'exprimer. Il ne faut jamais oublier, dans ce cas, la faveur que celui qui supporte la servitude mérite d'obtenir sur son adversaire; ce dernier devant s'imputer de n'avoir pas fait rédiger assez clairement le titre constitutif de son droit.

239. De ce qu'il est incontestable que la volonté exprimée des parties doit être la règle des tribunaux, et qu'ils ne doivent se livrer à l'interprétation qu'autant qu'il y a nécessité de bien expliquer ce qui n'auroit pas été dit assez clairement, on doit, sans le moindre doute, conclure que la constitution conventionnelle d'une servitude ne sauroit être déduite de présomptions dont la base fondamentale ne se trouveroit pas dans le titre invoqué.

En général, une servitude doit avoir été expressément consentie par le propriétaire du fonds qu'il s'agit de grever. Il faut en excepter le cas où elle seroit tellement accessoire d'un fonds dont la propriété a été concédée, qu'il fût impossible de douter que le concédant n'ait pas entendu accorder aussi cette servitude. Déja, par ce motif, nous avons dit, n. 54, qu'un droit de puisage entraîne nécessairement, lors même que celui qui l'a concédé n'en auroit pas parlé, le droit de passage pour aller puiser. Nous ajoutons, d'après les principes

(1) Dig. lib. 8, tit. 2, *De serv. præd. urb.* l. 23.

expliqués n. 219, que le legs d'un terrain, auquel on ne peut se rendre qu'en passant sur d'autres fonds du testateur, entraîneroit, comme accessoire, le droit de passage. Mais lorsqu'il s'agit d'accorder une servitude comme accessoire, les tribunaux ne substituent pas une volonté à celle de l'auteur du titre; ils interprètent son intention. De là il faut conclure qu'une telle servitude ne doit être accordée qu'autant qu'elle est indispensable pour l'exécution de la volonté manifestée, et qu'ils ne devroient pas en accorder une propre à donner un plus grand agrément (1).

240. Les notions que nous avons données dans ce chapitre sont spécialement applicables aux servitudes constituées par des titres ou actes qui en tiennent lieu; elles serviront à l'interprétation de ces actes. On ne pourroit les appliquer sans restriction aux servitudes qui ne sont fondées que sur la prescription. Nous offrirons dans la troisième partie n. 275 et suiv., les règles qui leur sont spéciales.

Du reste, tout ce qui concerne l'exercice de ces servitudes, auxquelles on donne le nom de *conventionnelles*, trouve son supplément naturel, non-seulement dans les principes généraux et communs à toutes les servitudes, auxquels nous avons consacré la première partie, mais encore dans tout ce que nous avons dit sur les servitudes

(1) Dig. lib. 7, tit. 6, *Si usufructus petatur, etc.* l. 1, § 4.

naturelles et légales. Les circonstances peuvent seules indiquer les modifications dont ces principes sont susceptibles.

La variété infinie des besoins et des stipulations possibles ne nous permet pas aussi d'entrer dans le détail des différentes espèces de servitudes qu'on a droit d'établir. Notre but n'a été que de présenter des principes généraux, et notre désir, d'y mettre assez d'ordre et de clarté pour qu'on puisse les appliquer facilement à tous les cas particuliers.

FIN DU TOME PREMIER.

www.ingramcontent.com/pod-product-compliance
Lightning Source LLC
Chambersburg PA
CBHW031346210326
41599CB00019B/2663

* 9 7 8 2 0 1 2 7 7 4 0 9 4 *